Pädagogische Kontroversen
Band 2

Pädagogische Kontroversen

Herausgegeben von Werner Faber

Band 2

Ehrenwirth Verlag München

Pädagogische Kontroversen

Das Problem der Didaktik

Hans-Karl Beckmann Paul Heimann
Wolfgang Klafki Karl Ernst Nipkow
Peter-Martin Roeder Wolfgang Schulz
Helmut Seiffert

Ehrenwirth Verlag München

ISBN 3-431-01591-3

Umschlaggestaltung: Rudolf Huber-Wilkoff
Satz und Druck: Presse-Druck GmbH Augsburg
Printed in Germany 1973

Inhalt

Vorwort

Der zweite Band der »Pädagogischen Kontroversen« greift das Problem der Didaktik auf, das in der erziehungswissenschaftlichen Diskussion der Gegenwart wegen seiner zentralen Bedeutung außerordentliche Beachtung findet. Die genauen Hintergründe des großen Interesses im einzelnen zu analysieren, ist hier nicht der Ort. Man wird sie – wissenschaftstheoretisch – in der Spannweite jenes Prozesses suchen dürfen, den Brezinka durch die Formel »von der Pädagogik zur Erziehungswissenschaft« markiert hat; man wird sie – bildungspolitisch – in der Dimension forcierter gesellschaftlich orientierter Strukturveränderungen finden können, in welchem Zusammenhang das geschärfte Bewußtsein für ideologische Implikationen seitens der konkurrierenden gesellschaftlichen Mächte von Bedeutung ist; man wird schließlich auf die betonte Praxisnähe der gegenwärtigen pädagogischen Interessenlage hinzuweisen haben, die sich akzentuiert auf schulpädagogische Effizienz einstellt und die Faktoren der Rationalität und Kontrolle für Unterrichtsplanung und Unterrichtsgestaltung expressis verbis anmeldet.

Daß die vorliegenden verschiedenen Ansätze und Positionen der Didaktik kontroverser Art sind, ist aus der Diskussion und der jeweiligen Selbstdarstellung unmittelbar zu entnehmen. Die konstruktive Sichtung der Problemansätze durch H. Blankertz (»Theorien und Modelle der Didaktik«) hat für unseren Zusammenhang auf zweierlei aufmerksam gemacht: eine grundsätzliche »Aspektverschiedenheit« einerseits, die Notwendigkeit interpretatorischer »Verschränkung und Überlagerung« andererseits. In dieser Spannung sind die hier vorgelegten Texte zur Didaktik zu sehen. Die drei bekannten markanten Grundmodelle: die »bildungstheoretische« Position (erläutert durch die Namen Weniger/Klafki), die »lerntheoretische« Position (verbunden mit den Namen Heimann/Schulz), die »informationstheoretische« Position (v. Cube/Frank) stellen sich gegenwärtig noch, bei allen ausbaufähigen Kontaktversuchen, als primär in sich zentrierte Konzeptionen mit eigenem Anspruch dar. Das Moment der Konkurrenz dieser Modelle impliziert insofern bereits das Merkmal fruchtbarer Kontroverse.

Der Sammelband »Pädagogische Kontroversen 2« soll mit einer begrenzten Auswahl von kontrovers orientierten Veröffentlichungen zur Didaktik in die Auseinandersetzung einführen, und zwar besonders in die Diskussion zwischen bildungstheoretischer und lerntheoretischer Position. Dabei hat den Herausgeber wieder das vom ersten Band der Reihe bekannte Editionsprinzip bestimmt, verstreute Texte zum gleichen Problem zusammenzufassen, die aus wissenschaftlicher Gegenposition, in mehr oder weniger akzentuierter unmittelbarer Bezugnahme aufeinander, verfaßt worden sind – abgesehen von den beiden abschließend-zusammenfassenden Beiträgen dieses Bandes, die eine zusätzliche Funktion in diesem Zusammenhang haben.

Der historischen Entwicklung entsprechend, wonach die bildungstheoretisch orientierte »Göttinger Schule« der Didaktik zunächst die Diskussion stärker bestimmte, gelten die beiden ersten Kontroversen, von verschiedenen Seiten, diesem Modell. In der *Seiffert/Klafki-Kontroverse* (1964–1966) unterzieht H. Seiffert den (von Klafki als Mißverständnis bezeichneten) Anspruch einer Pädagogik auf Eigenständigkeit und in diesem Zusammenhang eine sich als »eigenständig« verstehende Didaktik der Kritik. Die Standpunkte scheinen unvereinbar, und die von J. Derbolav seinerzeit (»Pädagogische Kontroversen 1«, S. 248) nach Feuerbach angeführte »Kritik des Mißverstandes« lasten die Kontrahenten der Gegenseite an. Während Klafki die kritische Position Seifferts zwar als mutig und non-konformistisch umschreibt, jedoch die Kritik als sachlich nicht geleistet ansieht, pariert Seiffert mit dem Hinweis auf das Göttinger »Schul-Denken« Klafkis. Die Kontroverse, temperamentvoll geführt, ist nicht frei vonProvokationen, aber vielleicht auch deshalb nach wie vor lesenswert und aufschlußreich. Wenn Seiffert auch keinen unmittelbaren Bezug zu den Ansätzen der Berliner Didaktik herstellt, so dürfte er ihrer Position nahekommen.

Für unser Editionsprinzip sei noch auf eine Äußerung Klafkis hingewiesen, die sich in der Einleitung seiner zweiten Entgegnung findet, wonach er die »Möglichkeit von Interpretationskontroversen« als den »eigentlichen Motor der Entwicklung des wissenschaftlichen Denkens« versteht.

In der *Roeder/Klafki-Kontroverse* (1961–1962), die aus systematischen und lese-»didaktischen« Gründen trotz früheren Erscheinens hier im zweiten Kapitel nachgeordnet wird, steht das methodologische Problem im Vordergrund. Roeder entwickelt aus einer kritischen Untersuchung von Klafkis Buch »Das pädagogische Problem des Elementaren und die Theorie der kategorialen Bildung« differenzierte »Bemerkungen« zu den Fragen, innerhalb welcher Grenzen eine (didaktisch orientierte) Problemgeschichte Einsichten für eine neue Theorie bringen und was der von Klafki vertretene Bildungsbegriff leisten könnte. Die Herausgeber der Zeitschrift, die diese Kontroverse erstmals veröffentlichte, attestierten den Beteiligten, »daß hier offen und scharfsinnig, aber auch mit Anstand und gedanklicher Härte gerungen« worden sei. Wenngleich das didaktische Problem in den Beiträgen der Roeder/Klafki-Kontroverse nur indirekt berührt scheint, so gehört dieser Ansatz methodologischer Vergewisserung mit der Frage nach Möglichkeiten und Grenzen der von Klafki vertretenen »Denkform« notwendig zum kritischen Gesamtverständnis der bildungstheoretischen Konzeption. Ohne Zweifel wichtig und durch Entwicklung und Modifizierungen bestätigt ist die von Roeder vorgebrachte These von der Ergänzungsbedürftigkeit der von Klafki praktizierten »historisch-systematischen Methode« durch den empirischen Ansatz.

Einen besonderen Schwerpunkt dieses Bandes bildet die *Heimann/Schulz/Klafki-Kontroverse* (1962–1967). Die für die lerntheoretische Position grundlegenden Beiträge von P. Heimann »Didaktik als Theorie und Lehre« (1962) und von W. Schulz »Die Schule als Gegenstand der Pädagogik« (1964) werden hier wieder abgedruckt und ermöglichen aufgrund ihrer gerafften Gesamtdarstellung und ihrer kritischen Bezugnahme auf die bildungstheoretische »Gegen«-Position einen informativen Einstieg in gerade diese Auseinandersetzung. Nicht der Bildungszusammenhang steht hier im Vordergrund, sondern – von anderen Prämissen her – der konstruktive Ansatz einer differenzierten Strukturanalyse des Unterrichts. Der unaufhebbare Zusammenhang von Inhalt und Methode erhält hier seine eigentümliche Akzentuierung. Um die andere Seite sprechen zu lassen: Nach Klafki (Funkkolleg Erziehungswissenschaft Bd. 2, S. 66) handelt es sich beim lerntheoretischen Ansatz um »das differenzierteste, systematisch geordnete Kategoriengefüge zur Beschreibung und Analyse des Unterrichts« in der deutschen Literatur.

Der folgende Beitrag Klafkis war die Antwort auf Fragen der Schriftleitung der Zeitschrift »Rundgespräch« (1967) und kann als ein vorläufiges wissenschaftliches Zwischenresümee in der Diskussion gelten. Es verbindet sich hier die Darstellung eines modifizierten Selbstverständnisses mit aufschlußreichen klärend-kritischen Abhebungen gegenüber den anderen »Schulen« der Didaktik. Immerhin hat die Auseinandersetzung nach Auskunft dieses Beitrages schon zu teilweiser »Integration« geführt. Den letzten Stand deutet Klafki in der für diese Ausgabe verfaßten »Anmerkung 1972« und dem »Nachwort 1973« an.

Auch der Artikel von W. Schulz entstand wie der von Klafki aufgrund der Anfrage der Zeitschrift »Rundgespräch« (1967). Einerseits hält Schulz die lerntheoretische Position für »nicht erschüttert, eher bestätigt«, andererseits sieht auch er, wie Klafki, die »Annäherung der Standpunkte« für möglich und teilweise in der Praxis schon als »vollzogen« an. Auch dieser Beitrag, mit dem kurzen »Nachwort von 1973«, macht deutlich, daß die von Blankertz vertretene »Verschränkung und Überlagerung« der verschiedenen Ansätze aus sachlogischen Gründen auf die von ihm geforderte »didactica magna« hinweist.

Das abschließende Kapitel des Bandes bringt den Beitrag von *H.-K. Beckmann* »Allgemeine Didaktik als Disziplin der Schulwissenschaft« (1967) und eine Gesamtdarstellung von *K. E. Nipkow* »Allgemeindidaktische Theorien der Gegenwart« (1968). Während Beckmanns Veröffentlichung im Zusammenhang der »Antworten auf Fragen der Schriftleitung« (Rundgespräch) zu sehen ist, die Artikel von Klafki und Schulz sachlich verknüpft und Perspektiven einer künftigen »Schulwissenschaft« entwickelt, kommt Nipkows Beitrag der Vorzug einer verdichtenden Zusammenfassung der gesamten didaktischen Diskussion zu. Zugleich besteht die besondere Funktion dieser Darstellung darin, daß hier die Entwicklung der didaktischen Theorie auch unter wissenschaftstheoretischen Gesichtspunkten beschrieben wird.

Man wird den Fortgang der Diskussion über Theorien und Modelle der Didaktik mit Interesse weiter zu verfolgen haben. Wenn »mit der Bewußtmachung des ganzen Umfanges der didaktischen Problematik die Naivität der Unterrichtenden« zunehmend aufgehoben wird (Nipkow), so dürfte das nur von Vorteil sein, weil, wie mir scheint, so am ehesten mit der Schärfung und Differenzierung des Problembewußtseins der Ansatz zu einer notwendigen unterrichtlich relevanten »sekundären« Sicherheit möglich wird.

Der Hinweis des Herausgebers aus dem Vorwort des 1. Bandes sei wiederholt, daß im Hinblick auf das leitende Interesse dieser Edition wieder bewußt davon Abstand genommen wird, »das vorliegende Material in Richtung auf ›Lösungen‹ zu interpretieren und die Antworten zu geben, die dem Leser selbst überlassen werden müssen. Kontroversen dieser Art haben ihr eigenes didaktisches Prinzip – sie können das Denken in Gang setzen . . . und die Dynamik wissenschaftlichen Fragens provozieren. Die Aspektfülle und der Widerspruch verhindern einen verharmlosenden Consensus, eine ›einfache‹ Antwort, und es wird nicht die unwichtigste Erfahrung sein, daß die pädagogische ›Wahrheit‹ im Zeichen des Perspektivischen und der kontrapunktischen Spannung steht.«

Abschließend sei den Autoren und Verlagen für die erteilte Erlaubnis zum Wiederabdruck der Texte vielmals gedankt.

Paderborn, Februar 1973 *Werner Faber*

1. Kontroverse Seiffert–Klafki

Helmut Seiffert

Muß die Pädagogik eigenständig sein?

I

Der Begriff der »pädagogischen Autonomie« wurde in den letzten Jahrzehnten lebhaft diskutiert. Es gibt wohl nur wenige Schlagwörter, bei denen die eigentümlichen Schwierigkeiten einer grundsätzlich argumentierenden, aber praktische Konsequenzen nicht bis zu Ende durchspielenden Denkweise so sichtbar werden wie hier.

Denn der Begriff einer »pädagogischen Autonomie« oder, wie man auch vorsichtiger sagt, der »relativen Autonomie« oder der »Eigenständigkeit« ist zwar so lange plausibel, wie man ihn in der Schwebe allgemeiner Erörterungen hält. Er wird aber sofort problematisch, sobald man an einzelnen Punkten ins Detail geht und danach fragt, worin sich die Eigenständigkeit der Pädagogik denn konkret manifestiere und wodurch sich eigentlich die »pädagogisch eigenständige« und die »nicht pädagogisch eigenständige« Version ein und derselben Angelegenheit faktisch unterscheiden.

Auf eine solche Präzision des Begriffes der Eigenständigkeit, auf seine Zuspitzung für die Einzelaufgaben des erzieherischen Alltages, käme es an.

Was ist pädagogische Autonomie?

Wir wollen diesen Begriff zunächst lediglich referierend so vorstellen, wie er sich in den Formulierungen der wichtigsten Autoren spiegelt. Die kritische Diskussion wird sich dann anschließen[1].

1. Geißlers Exposition des Problems

Georg Geißler umschreibt das allgemeine Problem der pädagogischen Autonomie so:

> »Die brennendste Frage des heutigen pädagogischen Lebens und zugleich die Grundfrage aller Erziehung überhaupt ist die Frage nach der pädagogischen Autonomie. Wie bei jedem anderen Kulturgebiet, so hängt auch bei der Pädagogik ihre ganze Mächtigkeit in erster Linie von der klaren Erkenntnis und der scharfen Herausarbeitung ihrer selbständigen Leistung innerhalb des Kulturganzen[2].«

»Was nun in anderen Kulturbereichen, etwa in der Wissenschaft oder in der Kunst, längst zur Selbstverständlichkeit geworden ist, das wird der Pädagogik – sofern das Problem ihrer Autonomie überhaupt gesehen wird – stets von neuem bestritten. Weder in der praktischen Arbeit noch in der Theorie ist heute die Selbständigkeit der Pädagogik gesichert. Wer in der pädagogischen Arbeit steht, erlebt täglich Eingriffe fremder Mächte, und auch in der theoretischen Pädagogik muß die Autonomie immer wieder gefordert, stets neu erarbeitet werden[3].«

In welchen Bereichen konkretisiert sich nun die Autonomie der Pädagogik? Als Einleitung zu seiner Textsammlung[4] gibt Georg Geißler eine klare Übersicht, aus der zu entnehmen ist, daß die pädagogische Autonomie sich manifestiert:

1. im erzieherischen Vorgang zwischen Mensch und Mensch
2. in den Institutionen des Erziehungswesens
3. in der Pädagogik als einer wissenschaftlichen Theorie, also in der Erziehungswissenschaft.

»Der Begriff ›Autonomie der Pädagogik‹ deckt einen einheitlichen Sachverhalt, der in dreierlei Weise sichtbar werden kann.

[1] Zunächst in der *Wirklichkeit der Erziehung* selber. Das erzieherische Geschehen vollzieht sich immer im lebendigen Bezug von Mensch zu Mensch. Erziehung ist ein wechselseitiges Lebensverhältnis, das sich von anderen menschlichen Beziehungen, etwa politischen, ökonomischen, erotischen, in seinem Wesen unterscheidet und seinen eigenen Sinn zu erfüllen hat. Damit soll nicht eine isolierte Existenz des pädagogischen Bezugs behauptet sein. Er ist verwoben mit anderen Bezügen ... und nur in abstrahierender Reflexion isolierbar. Seine Autonomie kann deshalb immer nur relativ gemeint sein, sie hat ihre Grenze im Eigenrecht anderer Lebensbeziehungen, genau so wie diese ihrerseits relativiert werden von den spezifisch pädagogischen Aufgaben aus ...

Die eigentliche Grundlage der pädagogischen Autonomie ruht also im erzieherischen Leben selber. Es geht der Mutter, dem Lehrer jeder Art, dem Fürsorger, dem Volksbildner in erster Linie immer um den ihm anvertrauten Menschen, um die Entwicklung seiner Kräfte und den Aufbau seines höheren Lebens in der ganzen Breite seiner Menschlichkeit. Er wirkt nicht im Auftrage objektiver Mächte, soweit ihnen Erziehung nur Mittel zur Erfüllung ihrer spezifischen Zwecke bedeutet ... In dieser absichtslosen Hinwendung zum Menschen, die ihren Zielpunkt nicht in einer von außen geforderten Leistung sondern im menschlichen Sein selber hat, liegt die Ehre und die Verantwortung des pädagogischen Berufs, und mit ihr ist die eigentliche Basis der pädagogischen Autonomie gegeben.

[2] Diese Grundhaltung wirkt sich nun auch in den *Organisationsformen der Erziehung* aus. Im inneren Aufbau sowohl der Schule wie des Jugendamtes, der Volksbücherei oder der Strafanstalt muß die Eigengesetzlichkeit ihrer pädagogischen Aufgabe sichtbar werden, ganz gleich ob der Staat, ob kirchliche, politische oder wirtschaftliche Organisationen ihre Träger sind ...

[3] Der Gedanke der pädagogischen Autonomie tritt schließlich auch in der *wissenschaftlichen Theorie* der Erziehung zutage und besagt hier, daß Pädagogik als

Wissenschaft nicht von anderen Wissenschaften abgeleitet werden kann, sondern daß sie, genau so wie alle übrigen Geisteswissenschaften, erwächst aus der Besinnung auf ihren eigenen Gegenstand: die Erziehungswirklichkeit. Zeigt also, wie hier behauptet wird, die Erziehung selbst in ihrem Wesen ein spezifisches Gepräge, dann – und nur dann – kann auch von Autonomie der pädagogischen Wissenschaft gesprochen werden. Ihre Aufgabe besteht darin, die mannigfaltige pädagogische Wirklichkeit in ihrem Wesen und ihren Formen, ihren Voraussetzungen und ihren Beziehungen zum Ganzen des Lebens zu erkennen, sie in ihren ›einheimischen Begriffen‹ darzustellen und systematisch zu ordnen.«

Die Einteilung Geißlers bietet uns eine gute Möglichkeit, die Äußerungen zur Autonomie der Pädagogik ordnend zu durchdringen.

2. Die pädagogische Autonomie bei Nohl, Flitner und Weniger

Herman Nohls Bildungstheorie selbst (deren Ausführung für den Teilkomplex der Autonomiefrage Geißlers Arbeit ja darstellt) nimmt ihren Ausgangspunkt bei der Pädagogik als einem »relativ selbständigen Kultursystem[5]« und zeigt dann, wie die Pädagogik (genau wie alle anderen Gebiete) sich allmählich emanzipieren mußte: Der Erziehung »ist diese Befreiung am spätesten gelungen, und sie muß auch heute noch um solche Anerkennung ihres eigenen Charakters und die Festlegung ihres Wesens ringen, ohne die sie doch hilflos dem Druck der anderen Mächte ausgeliefert ist, die sie alle für sich in Dienst nehmen wollen[6]«.

Die pädagogische Autonomie im Erziehungsverhältnis

Diesem Punkt gehört Nohls besondere Leidenschaft:

»stand die Pädagogik ... [bis Locke und Rousseau] im Dienst objektiver Aufgaben, wo das Individuum nur der an sich unwesentliche Träger solcher objektiven Ziele war, wie Staat, Kirche, Wissenschaft, Stand und Beruf, so nahm sie jetzt zum ersten Mal mit vollem Bewußtsein der Tragweite einen radikalen Wechsel des Blickpunktes vor und stellte sich in das Individuum und sein subjektives Leben. War bis dahin das Kind das willenlose Geschöpf, das sich der älteren Generation und ihren Zwecken anzupassen hatte ..., so wird es jetzt in seinem eigenen spontanen produktiven Leben gesehen, hat seinen Zweck in ihm selber, und der Pädagoge muß seine Aufgabe, ehe er sie im Namen der objektiven Ziele nimmt, im Namen des Kindes verstehen ... In dieser Einstellung auf das subjektive Leben des Zöglings liegt das pädagogische Kriterium: was immer an Ansprüchen aus der objektiven Kultur und den sozialen Bezügen an das Kind herantreten mag, es muß sich eine Umformung gefallen lassen, die aus der Frage hervorgeht: Welchen Sinn bekommt diese Forderung im Zusammenhang des Lebens dieses Kindes für ... die Steigerung seiner Kräfte ...? *Insofern* ist also jede Pädagogik Individualpädagogik[7]«.

Freilich betont auch Nohl die andere Seite:

»Aber hier tut sich gleich die Grundantinomie des pädagogischen Lebens vor uns auf, die die Grundantinomie auch des ethischen Lebens ist, und auch die *Grenze* der Pädagogik sehen läßt. Hier ist das Ich, das sich aus sich und seinen Kräften entwickelt und sein Ziel zunächst in sich selbst hat, und dort sind die großen objektiven Inhalte, der Zusammenhang der Kultur und die sozialen Gemeinschaften, die dieses Individuum für sich in Anspruch nehmen und ihre eigenen Gesetze haben, die nicht nach Wille und Gesetz des Individuums fragen ... das Kind ist nicht bloß Selbstzweck, sondern ist auch den objektiven Gehalten und Zielen verpflichtet, zu denen es hin erzogen wird, diese Gehalte sind nicht nur Bildungsmittel für die individuelle Gestalt, sondern haben einen eigenen Wert ...[2]«

Worauf bei Nohl jedoch der Akzent liegt, zeigen dann die weiteren Sätze: »Es bleibt aber dabei, daß das individuelle Moment ... gegenüber dem universalen *für* den Erzieher den entscheidenden Ton zu tragen hat: *er ist verantwortlich* für das *Subejkt.*«[9]

Die pädagogische Autonomie in den Institutionen

Auch diese Frage spielt bei Nohl eine höchst bedeutende Rolle. Mit ganzer Leidenschaft stürzt er sich in den schulpolitischen Kampf der zwanziger Jahre, wie das auch in seiner Bildungstheorie durchklingt, wenn er dort sagt:

Die Pädagogik »muß auch heute noch um ... Anerkennung ihres eigenen Charakters und die Feststellung ihres Wesens ringen, ohne die sie doch hilflos dem Druck der anderen Mächte ausgeliefert ist, die sie alle für sich in Dienst nehmen wollen. Die Weltanschauungen oder eigentlich richtiger ihre Organisationen möchten die Pädagogik nur als ausführendes Organ gelten lassen. Der Erzieher ist dann einseitig der subalterne Beauftragte der Kirche oder des Staates oder gar einer Partei. Angesichts des grausamen Kampfes dieser Mächte und der Weltanschauungen, die hinter ihnen stehen, kommt es heute mehr als je darauf an, daß die Pädagogik den Ort findet, der sie *in gewissem Sinne* unabhängig von ihnen macht, ihr eine Arbeit aus eigenem Recht erlaubt und damit Selbstbewußtsein, Würde, aber auch Zusammenhang und Fortschritt ermöglicht[10].«

Die ausgeprägt politisch-institutionelle Spitze des Autonomiebegriffes wird besonders deutlich in Nohls militantem Referat zum Reichsschulgesetzentwurf von 1928, das einen einzigen leidenschaftlichen Protest gegen die Auslieferung der Schule an die konfessionellen, aber auch an die sozialistischen Gruppen darstellt[11].

Die pädagogische Autonomie in der Erziehungswissenschaft

Die gelehrte Erörterung des Autonomieprinzips konzentrierte sich dann vor allem aber auf das dritte von Geißler umschriebene Feld der pädagogischen Autonomie, nämlich die erziehungswissenschaftliche Theorie. Das Problem der pädagogischen Autonomie wird hier vor allem auch als methodologisches Problem gesehen und mehr begrifflich behandelt.

Eine klare, wenngleich sehr abstrakte Definition des Sachverhaltes, um den es hier geht, gibt Wilhelm Flitner an exponierter Stelle:

»Die pädagogischen Gedanken sind in die allgemeinen religiösen, ethischen und politischen wie menschenkundlichen so eingewoben, daß sie nur schwer herausgefädelt werden können, ohne ihr Wesentliches einzubüßen. Dennoch sind sie in sich verbunden und für sich als zusammenhängender Text darstellbar. Es gibt einen pädagogischen Grundgedankengang. Er enthält zwar immer theologische Voraussetzungen, ist von philosophischen Strömungen abhängig und steht im Rahmen einer gesellschaftlich-politischen Aufgabendeutung; dennoch hat er seine Eigenständigkeit[12].«

Hier tritt statt »Autonomie« der Terminus »Eigenständigkeit« auf, ein Begriff, den Erich Weniger einführte und auch zum Titel seiner Aufsatzsammlung von 1952 machte[13].

Erich Weniger war es auch, der schon 1929 neue Gedanken in Richtung auf eine Relativierung der pädagogischen Autonomie brachte:

»Die Autonomie der Pädagogik vermag kein reales Verhältnis der Erziehungswirklichkeit und des pädagogischen Denkens zu den geistigen Mächten, zu Kirche und Staat und dahinter zu den letzten Stellungnahmen der Menschen von sich aus aufzuheben, wohl aber vermag sie dieses Verhältnis in eine neue, die pädagogische Beziehung zu setzen. So wird die Autonomie auch nicht etwa, wie man so häufig meint, aufgehoben durch die Tatsache der weltanschaulichen Gebundenheit der Erziehung, sie rechnet vielmehr mit dieser Beziehung, und sie gilt ... auch innerhalb der weltanschaulich gebundenen Erziehung. Weder ist also die Autonomie der Pädagogik an und für sich – abstrakt genommen – ein Argument gegen konfessionelle Erziehung, noch ist umgekehrt die weltanschauliche Gebundenheit des Erziehers oder der Institution ein Argument gegen die Autonomie der Erziehung[14].«

Aus den Äußerungen Wenigers wie Flitners wird deutlich, wie diese Erziehungswissenschaftlergeneration das »Selbstverständnis« der außerpädagogischen Mächte, wie etwa von Theologie und Kirche, schon wesentlich bereitwilliger aufnimmt als noch Nohl.

Vor allem in der Zeit nach 1945 wurde dann, unter starker Beteiligung der Schule Erich Wenigers, das Eigenständigkeitsproblem besonders in methodologischem Sinne herausgearbeitet. Als charakteristisch für die dabei gewonnenen Thesen sei hier nur eine Äußerung von Hans-Martin Stimpel zitiert:

»Die Pädagogik hat sich – vor allem durch die denkerische Bemühung Diltheys und seiner Schüler – in den letzten Jahrzehnten immer mehr als eine eigenständige Geisteswissenschaft verstanden. Dies geschah in bewußter Absetzung von der denkmethodischen Verfahrensweise der Naturwissenschaften und in Zurückweisung von Versuchen deduktiver Ableitung pädagogischer Grundsätze aus philosophischen (etwa ethischen) oder psychologischen Prinzipien. Hierbei gewann die Erziehungswissenschaft eine immer klarere Einsicht in ihr eigenes Wesen. Zugleich aber bildete sich mehr und mehr eine sowohl ihr selbst zugehörige als auch der Erziehungswirklichkeit gemäße, ganz bestimmte Denkweise heraus. Dagegen wurden andere denkmethodische Verfahrensweisen, die nur scheinbar eine Systematik der Pädagogik zu ermöglichen vermochten, als wesensfremd erwiesen – so bedeutsam diese auch in manchen anderen Disziplinen geworden sein mögen[15].«

3. Die pädagogische Eigenständigkeit in der Didaktik

Eine Spezifikation der These von der pädagogischen Eigenständigkeit nahmen Erich Weniger und einige seiner Schüler, vor allem Wolfgang Klafki, für den Bereich der Didaktik vor. »Didaktik« ist nach dem Verständnis der Weniger-Schule nicht einfach, wie im alltäglichen Sprachgebrauch (»Dieser Lehrer ist didaktisch gut« – d. h. er kann gut erklären), das »Wie« der Übermittlung von Lehrgegenständen (eine Begriffsbestimmung, die von der der »Methodik« nicht streng getrennt wäre), sondern hat inhaltliche Bedeutung, bezieht sich also auf das »Was«: sie ist »Theorie der Bildungsinhalte, ihrer Struktur und Auswahl« (Wolfgang Klafki)[16].

Diese Theorie der Bildungsinhalte, die beschreibt, welche Verwandlung Sachgegenstände im Raum der Pädagogik sich gefallen lassen sollen, ist dann deutlich auf die Eigenständigkeit des pädagogischen Ansatzes abgestellt:

»Was ein Bildungsinhalt ist oder worin sein Bildungsgehalt oder Bildungswert, d. h. seine Bedeutsamkeit für den zu Bildenden, liegt, kann erstens nur im Blick auf bestimmte Kinder oder Jugendliche in ihrer jeweiligen Bildungsstufe gesagt werden und zweitens nur im Blick auf bestimmte geschichtliche Situationen mit der in ihnen wirkenden Vergangenheit und der vor ihnen sich öffnenden Zukunft ... Didaktische Entscheidungen, wie sie z. B. in der Gestaltung eines Lehrplans, aber auch im Angebot z. B. der Erwachsenenbildung oder des Jugendbüchereiwesens getroffen werden, sind also geschichtliche Entscheidungen. Sie stellen Entwürfe dar, deren Gültigkeit (oder Nicht-Gültigkeit) sich letztlich nur in der Wirklichkeit der Bildungsarbeit erweisen kann. Ob ein pädagogisch dargebotener Inhalt für diese jungen Menschen hier und heute ein Bildungsinhalt ist, kann sich nur daran zeigen, ob er in ihnen fruchtbar wird ... Didaktische Entscheidungen müssen um der Entwicklung des jungen Menschen zur mündigen Person willen zugleich im Hinblick auf die geistigen ›Mächte‹ und Bereiche (Gesellschaft, Wissenschaft, Kirche usw.), ihre Überlieferung und ihre Ansprüche und zugleich in Freiheit gegenüber diesen Mächten gefällt werden. Solche Freiheit kann nur der Staat der Pädagogik gewähren, zugleich aber tritt der Staat selbst als geistige ›Macht‹ auf, die beanspruchen darf, in der Bildung angemessen vertreten zu sein ... Freiheit gegenüber den geistigen Mächten bedeutet: Freiheit zur pädagogisch verantwortlichen Auswahl und zur ›*Transposition*‹, zur Übersetzung in den Raum der Bildung als den Raum, in dem der junge Mensch geistig mündig werden soll ... Der didaktisch Denkende ... fragt im Wissen um die Ansprüche, Inhalte, Probleme, Möglichkeiten des Berufslebens, der Wirtschaft, der Wissenschaft, der Politik usf. vom jungen Menschen, seiner geistigen Welt und seinen Ansprüchen aus schrittweise auf jene Inhalte zu[17].«

Die Pädagogik und die Menschlichkeit

Durch alle Erörterungen zur pädagogischen Autonomie zieht sich wie ein Leitmotiv immer wieder die gleiche unausgesprochene Voraussetzung: und zwar die, daß die »Mächte« außerhalb der Pädagogik wirklich so sind, wie die Pädagogik sie darstellt: nämlich widerpädagogisch.

In diesem Punkte nun – überraschenderweise also gerade außerhalb des pädagogischen Bereiches selber – hat die Kritik am heutigen Stande der Eigenständigkeitsdiskussion anzusetzen.

Das ist keineswegs selbstverständlich. So wie die Dinge bisher liegen, sieht sich nämlich die Pädagogik – ob zu Recht oder zu Unrecht, sei dahingestellt – an einem ganz anderen Punkte angegriffen (und die Thesen der pädagogischen Autonomie sind in ihrer jeweils zeitbedingten Formulierung ja auch immer schon eine Antwort auf solche wirklichen oder vermeintlichen Angriffe!): Sie glaubt nämlich immer, ihre Kritiker wollten ihre eigentlich pädagogische Grundüberzeugung, kurz gesagt also: die Richtung auf den Menschen als Menschen, in Frage stellen.

Darum geht es in unserer heutigen Situation aber gar nicht. Nicht das pädagogische Ethos gegen eine angeblich widerpädagogische Außenwelt durchzusetzen gilt es, sondern umgekehrt zu zeigen, daß in dieser Außenwelt eben die Prinzipien zu Hause sind, die die Pädagogik für sich allein in Anspruch zu nehmen bisher geneigt war.

Diese unsere These ist auf dem Boden der bisherigen Diskussion kaum zu verstehen, weil sie gegen deren Strom schwimmt oder zumindest quer zu ihr liegt. Daher ist es notwendig, sie in allen nur denkbaren Variationen an immer wechselndem Material durchzuführen. Das bisher für selbstverständlich gehaltene und daher gar nicht reflektierte Axiom der pädagogischen Autonomie beruht darauf, daß die Pädagogik sich sozusagen als »unter Larven die einzig fühlende Brust« betrachtet. D. h., sie setzt von vornherein als selbstverständlich voraus, daß sie sich in einer von wilden Bestien bevölkerten Umwelt zu behaupten habe, die ihr und ihrem Schützling, dem »Zögling«, ständig nach dem Leben trachten. Sie unterstellt, daß die Tendenz der außerpädagogischen Sachgebiete dem, was die Pädagogik anstrebt, feindlich gesinnt sein müßte. Die Pädagogik und die übrigen Lebensmächte werden ständig unter dem Aspekt potentieller strikter Gegnerschaft gesehen. Aus den von uns zitierten Äußerungen geht das klar hervor; einige charakteristische Wendungen seien hier noch einmal zusammengestellt.

Da, wo die Pädagogik ». . . keine positive Mitarbeit zu erwarten hat, wacht sie zum mindesten darüber, daß der Mensch nicht vergewaltigt werde[18]«. Sie bestreitet den Mächten nicht deren eigene Funktion, verlangt jedoch, »daß über allen objektiven Zwecken der Mensch selbst nicht vergessen oder gar unterdrückt werde[19]«. Die Autonomie der Mächte »findet ihre Grenze da, wo um irgendeines objektiven Anspruchs willen der Mensch in den Hintergrund gedrängt wird[20]«...

Erinnert sei auch an die oben bereits zitierten leidenschaftlichen Wendungen, mit denen Nohl die Aggressivität der außerpädagogischen Mächte kennzeichnet: Ohne »Feststellung ihres« eigenen »Wesens« ist die Pädagogik »hilflos dem Druck der anderen Mächte ausgeliefert ..., die sie alle für sich in Dienst nehmen wollen«. Der Kampf dieser Mächte ist »grausam[21]«. Aus diesen Formulierungen Nohls und Geißlers spricht die aktuelle Sorge um die Selbstbehauptung der Pädagogik in einer auf bestimmte Weise interpretierten geschichtlichen Situation ...

Hier erhebt sich unser Grundeinwand: offensichtlich hängt der Sinn der pädagogischen Autonomie an der Voraussetzung, daß die außerpädagogischen Mächte so widerpädagogisch sind, wie sie in der pädagogischen Argumentation, wie wir sie bisher kennenlernten, erscheinen. Unterstellt man nämlich, sie wären es nicht, so müßte ein gewichtiges Motiv für das Autonomiestreben der Pädagogik offensichtlich entfallen; wer nicht im Wilden Westen wohnt, braucht nicht ständig einen Revolver am Gürtel zu tragen, und wen keine Pfeile bedrohen, der braucht keine Ritterrüstung und keinen Schild. Die pädagogische Autonomie als Kampfparole setzt voraus, daß überhaupt ein Gegner da ist, gegen den man sich verteidigen muß.

Das Hauptmerkmal des klassischen Begriffes der pädagogischen Autonomie ist die unbefangene und völlig unreflektierte Gleichsetzung der Begriffe »pädagogisch« und »menschlich«. Man fordert die pädagogische Autonomie um des Menschen willen. *Der Mensch* ist es, der, Geißler zufolge, nicht vergewaltigt, nicht vergessen, nicht unterdrückt, nicht in den Hintergrund gedrängt werden soll. Das Kind, das Individuum, das Subjekt ist der Zielpunkt der Pädagogik[22].

Diese selbstverständliche Ineinssetzung des »Pädagogischen« und des »Menschlichen«, so unumstößlich richtig sie inhaltlich ist, bildet jedoch, ohne daß das bisher bemerkt worden wäre, den eigentlichen begrifflichen Schwächepunkt der ganzen Autonomie-Argumentation. Denn gerade durch diese Gleichsetzung hebt die Pädagogik die pädagogische Autonomie in der Sache selbst auf. Indem die Pädagogik sich ausdrücklich zur Dienerin des Menschen und des Menschen im Kinde erklärt, macht sie statt des Pädagogischen das Menschliche zum eigentlichen Endzweck. Genau genommen hat sie niemals die Autonomie der Erziehung, sondern die Autonomie des *Menschen* gefordert, die zu verwirklichen die Erziehung dann ja ihrerseits nur Mittel wäre.

Damit verschiebt sich die Argumentation jedoch auf eine völlig andere Ebene. Wenn wir uns nämlich der Zustimmung der Pädagogik versichern, daß sie ihren alleinigen Daseinszweck im Dienst am Menschen sieht, dann dürfen wir daraus unsererseits die Folgerung ziehen: also ist gar nicht die Pädagogik als solche interessant, sondern nur der Mensch. Wenn unser Augenpunkt beim Menschen und nicht bei der Pädagogik zu liegen hat, dann ergeben sich zwangsläufig zwei Fragen:

Sind nicht außerhalb der Erziehung auch andere Instanzen denkbar, denen es um den Menschen als Endzweck geht?

Ist die Erziehung a priori ein in jedem Fall unfehlbarer Garant für Menschlichkeit?

Unser Ergebnis – um das hier schon vorwegzunehmen – wird sein, daß faktisch alle Instanzen unseres gesellschaftlichen Lebens, bis hin zum zweckgerichteten Wirtschaftsbetrieb, auch und gerade im Rahmen ihrer Sachzweckerfüllung zumindest die Chance der Menschlichkeit bieten und damit genau das leisten, was die Pädagogik bisher mit unbefangener Selbstverständlichkeit als ihr Spezifikum in Anspruch zu nehmen gewohnt war ... Pädagoge ist jeder, der erzieht; nach welchen Gesichtspunkten, ist eine zweite Frage. Mir scheint es nicht unsinnig zu sein, zwischen »menschlichen« und »unmenschlichen« Pädagogen zu unterscheiden und so *das entscheidende Kriterium vom »Pädagogischen« ins »Menschliche« zu verlegen.* Das ist nicht weniger berechtigt, als daß man von »menschlichen« und »unmenschlichen« Medizinern oder Juristen spricht – ein Sprachgebrauch, an dem der Pädagoge seinerseits vermutlich keinen Anstoß nehmen wird, da er sofort an die Situation in totalitären Staaten denkt. Dann muß er sich aber auch gefallen lassen, mit gleicher Elle gemessen zu werden. Zumal ja wohl niemand sich einfallen lassen wird, die Identifikation zwischen »Pädagogischem« und »Menschlichem« so weit zu treiben, daß nur der »menschliche« Pädagoge als wahrer Pädagoge und dafür umgekehrt nur der »unmenschliche« Jurist oder Mediziner eben deshalb, weil sie unmenschlich sind, als rechte Vertreter der außerpädagogischen Mächte, der Sachfunktion anerkannt werden. Die Pädagogik ist nicht eo ipso menschlich.

... den bisherigen Verfechtern der pädagogischen Autonomie darf zugestanden werden, daß sie die Voraussetzung, die Pädagogik müsse eben deshalb autonom sein, damit dem Menschen gedient werde, überhaupt nicht in Frage gezogen haben. Sie war ihnen schlechthin selbstverständlich. Jede andere Möglichkeit, dem Menschen als Menschen zu seinem Recht zu verhelfen, lag außerhalb ihres Denkhorizontes. Die Pädagogik war für sie einfach die einzige Instanz, die dem Menschen zu Hilfe kommen wollte und konnte. Die Möglichkeit, daß *andere* Bereiche aus ihren *sachimmanenten Voraussetzungen* ebenfalls zu einer *Freisetzung* des Menschen kommen, konnte gar nicht in Betracht gezogen werden. Es erübrigt sich im Augenblick, auf die geistesgeschichtlichen Hintergründe dieses Vorurteils gegen alle außerpädagogischen Bereiche einzugehen: natürlich zittert hier die humanistische Entgegensetzung von »Kultur« und »Zivilisation«, von Philosophie und Ökonomie, von Bildung und Arbeit nach; man kann sich nicht vorstellen, daß es außerhalb des autonomen »Schonraums« der Bildung überhaupt genuin Menschliches geben könnte.

Mit solchen Bemerkungen ist jedoch die Grundthese dieser Untersuchung bereits umschrieben. Wer sich gegen liebgewordene pädagogische Thesen wendet, erweckt immer leicht den Verdacht, das Grundgesetz der Pädagogik: die Sorge um den Menschen, aus den Angeln heben zu wollen. Es ist hoffentlich deutlich geworden, daß gerade davon nicht die Rede sein kann.

II

Unsere Aufgabe ist es nun, die im ersten Kapitel nur vorläufig entwickelten Thesen an einzelnen ganz konkreten *Beispielen* aus verschiedenen Bereichen der Erziehungswissenschaft zu demonstrieren. Eine bestimmte Ordnung soll dabei nicht eingehalten werden. Die einzelnen Demonstrationsobjekte sind auch unter sich meist heterogen. Trotzdem aber wird sich am Schluß ein durchgehender Gedankenzug gezeigt haben ...

Vom Sinn des Geschichtsunterrichts

... Zitieren wir Erich Weniger:

»Mit der Geschichtlichkeit ihres Gegenstandes wird nun die Didaktik selbst zu einer geschichtlichen, d. h. sie kann nicht ein für allemal gültige Einsichten herstellen, sondern muß immer wieder neu sich um das Verständnis der sich wandelnden Lage bemühen und von da aus die Theorie des Handelns umformen.

Am Beispiel der Didaktik des Geschichtsunterrichts mag das verdeutlicht werden. Auch beim Geschichtsunterricht nehmen wir unseren Ausgangspunkt nicht von irgendwelchen Prinzipien, deren tatsächliche oder mögliche Anwendung auf Lehre und Bildung dann untersucht würde; wir fragen auch nicht zuerst nach den Aufgaben, Problemen und Formen, nach dem gegenwärtigen Stand der Geschichtswissenschaft, um dann daraus die Folgerungen für die Schule und den Unterricht zu ziehen. Wir fragen vielmehr zuerst: Was geht da vor, was ereignet sich, wenn hier und da und dort Geschichte unterrichtet wird, wie kommt dieser Unterricht zustande, welche Ziele hat er, unter welchen Voraussetzungen steht er, welche Faktoren sind an ihm beteiligt, welche Bedingungen für sein Zustandekommen und Gelingen lassen sich aufzeigen, welche Möglichkeiten ergeben sich aus diesen Zusammenhängen[23]?«

Weniger will hier zum Ausdruck bringen, daß nicht einfach die Geschichtswissenschaft bestimmen könne, was im Geschichtsunterricht geschehen soll. Der Geschichtsunterricht sei vielmehr eine insofern eigenständige pädagogische Veranstaltung, als er aus eigenen Motiven lebe:

»Die Grundkategorie des Geschichtsunterrichts ist die Verantwortung des handelnden Menschen vor der Geschichte. Einen selbständigen Geschichtsunterricht gibt es nur da, wo auf eine Jugend politische Verantwortung wartet, und nur soweit wirkliche Verantwortung zu übernehmen ist, hat der Geschichtsunterricht eine ernsthafte Bedeutung[24].«

Das ist eine völlig zutreffende Charakterisierung der Aufgabe des Geschichtsunterrichts, und Wenigers Äußerungen sind, soweit sie den Geschichtsunterricht selber betreffen, kaum überholbar. Es kann also gar nicht darum gehen, die Wenigersche Bestimmung der Aufgabe des Geschichtsunterrichts zu widerlegen, da sie sachangemessen ist. Eine ganz andere Frage jedoch ist, ob Weniger der Geschichts*wissenschaft* gerecht zu werden vermag, wenn er sie dem »dynamischen«, weil der Verantwortung hingegebenen Geschichtsunterricht als etwas »Statisches«, irgendwo vornehm im höchsten Himmel überzeitlicher Objektivität und Beziehungslosigkeit zu aktuellen Aufgaben Thronendes, gegenüberstellt?

Auch hier wird der Eindruck pädagogisch eigenständiger Phänomene wieder lediglich durch den Griff erzielt, daß man dem zugeordneten »Sachbereich«, in diesem Fall also der Geschichtswissenschaft, Eigenschaften einfach abspricht, von denen gar nicht so sicher ist, ob er sie nicht doch so besitzt! Ist es denn wirklich eine ausgemachte Sache, daß »die Grundkategorie« der Geschichtswissenschaft *nicht* »die Verantwortung des handelnden Menschen vor der Geschichte« ist? Es mag sein, daß sie sich zu Zeiten so verstanden hat. Entscheidend ist aber doch wohl, wie die offensten Geister der gegenwärtigen Geschichtswissenschaft sie verstehen. Hermann Heimpel bezeichnet als Aufgabe der Geschichtswissenschaft u. a.:

»den Menschen frei zu machen von seinen dunklen Bedingtheiten, von Ressentiment und Tabu, vom Gesetz von Druck und Gegendruck, von Aktion und Reaktion, von Parteilichkeit, Zorn und unbereinigtem Gewissen: Geschichte ist Bewältigung der Vergangenheit[25].«

Es gibt immerhin zu denken, daß das inzwischen abgegriffene Schlagwort von der »Bewältigung der Vergangenheit«, das gewöhnlich im Zusammenhang mit der Aufgabenbestimmung *pädagogischer* Unternehmungen, nämlich der politischen Bildung und des zeitgeschichtlichen Unterrichts, angewendet wird, hier bei Heimpel in einer ganz allgemeinen Erörterung über Geschichte und Geschichtswissenschaft erscheint. Zwei Seiten weiter[26] sagt

Heimpel: »Der Historiker ist stärker als früher hingewiesen auf die ausdrückliche Frage, was der Mensch sei«, und nennt das die »anthropologische Wendung der Geschichtswissenschaft«, was doch wohl nichts anderes bedeuten kann, als daß die Geschichtswissenschaft sich nicht (mehr) als antiquarische Registrierung interessanter, aber für uns unverbindlicher Vergangenheitstatsachen versteht, sondern, genau wie die Pädagogik das für sich in Anspruch nimmt, die Frage nach dem Menschen und dem Menschlichen in der Geschichte stellt.

Besonders deutlich wird die seltsame Konstruktion, die Weniger wagt, um seiner Konzeption des Geschichtsunterrichts die pädagogische Eigenständigkeit zu retten, dann, wenn wir vergleichen, was er selbst aus der Perspektive des Geschichtsunterrichts und was Hermann Heimpel im Zusammenhang seiner Ortsbestimmung der Geschichtswissenschaft zum Problem der *Zeitgeschichte* sagen.

Erich Weniger: »Der Einwand liegt nahe, daß der Lehrer das richtige Rüstzeug für solche geschichtliche Selbstbesinnung noch nicht besitzen könne. Erst müsse die Geschichtswissenschaft das Material bereitstellen; sie müsse durch Forschung und Kritik mit den Mitteln der historischen Methode die Gründe herausarbeiten, die zu unserem zweimaligen Zusammenbruch geführt haben. Es fehle aber dafür noch an einer sicheren Überlieferung des Geschehenen und an genauer Kenntnis seiner Antriebe, es bedürfe erst der Sammlung und quellenkritischen Sichtung der Dokumente, ... Über diese Sichtung wird, daran ist nach den Erfahrungen mit der Forschung über den ersten Weltkrieg nicht zu zweifeln, gewiß ein Menschenalter hingehen.

So lange kann nun der Geschichtsunterricht nicht warten. Aber er braucht es auch nicht. Denn die geschichtliche Selbstbesinnung ... [erwächst] primär nicht aus Quellenforschung und methodischer Kritik der Wissenschaft, sondern aus der Tiefe und dem Umfang der geschichtlichen Erfahrung[27]...«

Das alles ist ohne Zweifel richtig. Zu fragen wäre nur: Wer sagt eigentlich, daß das nicht auch die Argumentation der Geschichtswissenschaft selbst ist? Nur dann, wenn die Geschichtswissenschaft – sit venia verbo – so vertrottelt wäre, daß sie das nicht auch von sich aus wüßte, bestünde Wenigers »eigenständige« Interpretation der Aufgabe des zeitgeschichtlichen Unterrichts zu Recht.

Hören wir daher wieder Hermann Heimpel:

»Zeitgeschichte: Man sagt uns: die Geschichte unserer Zeit sei uns zu nahe, um wissenschaftlich verstanden zu werden; wir fragen zurück: sollen wir unsere eigene Erfahrung mit der Geschichte vergessen und sie auf diese Weise nicht überliefern? Sollen wir unsere Erfahrung mit den Menschen ins Grab nehmen, statt den Versuch zu machen, sie zum Verständnis der Vergangenheit auszunutzen? Denn die Gegenwart ist eine so gute Geschichtsquelle wie Chroniken, Urkunden und Akten. Dabei ist uns allen Zeitgeschichte die Geschichte, soweit sie von einer denkenden Generation miterlebt und mitverantwortet [!] worden ist[28].«

Beide Autoren nehmen also ihren Ausgangspunkt bei der Tatsache, daß eine nahe Vergangenheit quellenkritisch noch nicht gut erschließbar ist. Weniger identifiziert kurzweg »Quellenforschung« und »Geschichtswissenschaft« und kann nun sein ceterum censeo daraus folgern: *also* kann die Geschichtswissenschaft zum zeitgeschichtlichen Unterricht nichts beitragen. Heimpel dagegen faßt den Begriff der Geschichtswissenschaft viel weiter: sie ist nicht bloß Quellenforschung, sondern auch Deutung der eigenen Erfahrungen. Damit nimmt Heimpel – und mit Recht – aber genau das für das geschichtswissenschaftliche Fragen in Anspruch, was nach Weniger gerade das »Prae« des Geschichtsunterrichts gegenüber der Geschichtswissenschaft sein soll . . .

Wissenschaft und Unterricht

Die eigentümliche Schwäche der dezidierten Eigenständigkeitsargumentation, das, was sie meint, in abstrakten Proklamationen recht plausibel machen zu können, jedoch sofort an Überzeugungskraft zu verlieren, sobald es um die Präzision im einzelnen, an den konkreten Aufgaben des Schulalltags geht, zeigt sich besonders deutlich, wenn man es unternimmt, eine so allgemeine These wie die, daß die Wissenschaft den Schulunterricht nicht ohne weiteres determinieren könne, nicht nur einfach hinzustellen, sondern an konkreten Beispielen zu demonstrieren. Man darf Wolfgang Klafki zu Dank verpflichtet sein, daß er dieses – für die Überzeugungskraft seiner Thesen, wie wir sehen werden, durchaus zweischneidige – Unterfangen nicht gescheut hat, weil er uns dadurch Gelegenheit gibt, unsere Gegenthesen am Einzelobjekt zu diskutieren.

Klafkis allgemeine These lautet:

»... die Wissenschaften fungieren im Zusammenhang didaktischen Fragens nicht als konstitutiv, weder als vorauszusetzendes Fundament noch als letzter und unverbindlicher Maßstab, auf den hin man sich zu orientieren hätte; sie fungieren als Helfende, als Disziplinen, die vom Didaktiker um Rat gefragt werden. Der Didaktiker hat zu prüfen, ob die ihm gebotenen Antworten – Antworten, die er, sofern er zugleich in der Fachwissenschaft zu Hause ist, sozusagen sich selbst gibt – die didaktisch relevante Wirklichkeit zu erhellen geeignet sind[29].«

Diese These wird nun an mehreren Einzelbeispielen näher erläutert.

I.

Eins davon lautet interessanterweise so:

»Nehmen wir einmal an, es gäbe keine Wissenschaft von der Politik, würde diese Sachlage eine Didaktik der politischen Bildung gegenstandslos oder unmöglich machen? Keineswegs! Wer die Aufgabe der politischen Bildung für unabdingbar hält, der müßte sich als Didaktiker selbst, sei es auch ›recht und schlecht‹, daran begeben, einen Kreis von Erfahrungen, Einsichten, Begriffen, Kategorien zu entwickeln, die der genannten Aufgabe gemäß sind; er müßte eine neue ›Schulwissenschaft‹ aufbauen[30].«

Um seine These von der Autonomie des Unterrichts gegenüber der Wissenschaft zu rechtfertigen, hilft sich Klafki mit der Unterstellung einer nicht-existierenden Tatsache: *Wenn* es keine politische Wissenschaft gäbe, müßte und könnte der Didaktiker sie für sich entwickeln – *also* ist erwiesen, daß die Didaktik von der Wissenschaft unabhängig ist!

Nun *gibt* es aber eine politische Wissenschaft – und daß es sie gibt, ist eben gerade umgekehrt der schlagende Beweis dafür, daß die Wissenschaft selber der jeweils geschichtlich gegebenen Situation Rechnung trägt. Die sich in der bloßen Existenz einer Disziplin »Politische Wissenschaft« kundtuende Tatsache, daß das Gefüge der Wissenschaften in dauerndem Wandel begriffen ist, bedeutet ja nichts anderes, als daß die Wissenschaft von sich aus eben das tut, was Klafki als Spezifikum für die Pädagogik in Anspruch nehmen möchte: Sie fragt jeweils in bestimmten geschichtlichen Situationen und treibt aus sich immer die Disziplinen neu hervor, die dem jeweiligen Fragebedürfnis angemessen sind. Jedem denkbaren neu zu konstituierenden Schulfach korrespondiert schon deshalb im allgemeinen eine ebenfalls neu entstehende Wissenschaft, weil die historische Situation, die beides notwendig macht, Schule und Wissenschaft gleichermaßen umgreift.

2.

Ähnliches gilt für Klafkis folgende Sätze:

»Gibt es eigentlich für die pädagogische Aufgabe der Einführung in die Arbeitswelt in der Volksschuloberstufe eine wissenschaftliche Bezugsdisziplin? Wenn ich recht sehe, höchstens in Gestalt einer Bündelung von Erkenntnissen verschiedener Wirtschaftswissenschaften, aber auch der Psychologie und Soziologie. Der Didaktiker geriete ins Uferlose, wenn er nicht durch seine pädagogisch initiierten Fragen eine radikale Auswahl träfe, durch die ihm jene Bündelung zu einem Erkenntnis- und Sinnzusammenhang, der dem Zögling die ihn erwartende Arbeits- und Wirtschaftswirklichkeit auf elementarer Ebene geistig erschlösse, gelingt[31].«

Klafki übersieht, daß einmal für »übergreifende« Fragen dieser Art heute weitgehend eine sich längst nicht mehr als »wertfrei« verstehende, sondern dem Menschen zugewandte Soziologie »zuständig« ist[32] und daß andererseits solche Fragen gerade in der *Wissenschaft* heute »interdisziplinär« behandelt werden. Das heißt: Jene »Bündelung zu einem Erkenntnis- und Sinnzusammenhang«, die Klafki den »pädagogisch initiierten Fragen« des Didaktikers als Vorbehaltsgut zuschreibt, findet bereits im wissenschaftlichen Rahmen statt. Es ergibt sich von selbst, daß solche Grenzfragen auch Gegenstand einer wissenschaftlichen Fragestellung sein können und müssen.

3.

Genau das gleiche Bild zeigt sich in Klafkis sachlich völlig zutreffenden Ausführungen über die »unterschiedliche Nähe oder Ferne« der »einzelnen Teildisziplinen einer Wissenschaft« »zur Didaktik«:

»So steht die *moderne* Geographie, soweit sie sich als Anthropogeographie versteht, der Schulerdkunde relativ nahe; innerhalb der Biologie und dort wieder der Zoologie dürfte die *moderne* Verhaltensforschung eine ungleich größere didaktische Relevanz besitzen als etwa die Genetik oder die Systematik; die Methode der zunächst werkimmanenten Interpretation in der *modernen* Literaturwissenschaft vermag der Didaktik des Deutschunterrichts ungleich mehr Antworten auf ihre Fragen zu geben als etwa die Literaturgeschichte usf[33].«

Auffallend ist hier schon die ständige Verwendung des Attributes »modern« für nach Klafki der Schule besonders nahestehende Wissenschaften, Teildisziplinen oder Methoden. Daraus ergibt sich nämlich eindeutig, daß die »Nähe und Ferne« wissenschafts- und geistesgeschichtlich bedingt ist: was nach Klafki »nah« ist, das ist eben die jeweils »moderne« Methode bzw. Auffassung der betreffenden Wissenschaft. Mit anderen Worten: Wissenschaft und Schule stimmen, da sie jeweils in der gleichen historischen Situation stehen, in ihrer Meinung über das, was in dieser Situation als »modern« gilt, durchaus überein. Daß »die Methode der zunächst werkimmanenten Interpretation« dem heutigen Deutschunterricht näher steht als die Literaturgeschichte, liegt nicht daran, daß sie besonders »kindgemäß« ist, sondern daran, daß sie der heute allgemein für richtig gehaltenen Auffassung vom Umgang mit der Literatur entspricht. Daher ist sie sowohl für die Schule als auch für die Wissenschaft »zeitgemäß«. – Vor dreißig Jahren war es die geistesgeschichtliche Methode, die Wissenschaft wie Deutschunterricht bestimmte; und wenn – wie sich das heute bereits abzuzeichnen beginnt – auch die Methode des »sprachlichen Kunstwerkes« wieder zugunsten einer sozialwissenschaftlichen, d. h. von der gesellschaftlichen Situation des Dichters ausgehenden Betrachtungsweise zurücktritt, wird die Schule das genau so mitmachen – und zwar nicht infolge einer einseitigen Abhängigkeit der Schule von der Wissenschaft, sondern infolge der Tatsache, daß beide in der Geschichte stehen und an ihrem Wandel, am jeweilig Aktuellen, an dem, was gerade »in der Luft liegt«, gleichermaßen teilhaben! Um es in dem klassischen Bild zu sagen: Sicherlich ist die Schule keine Tochteruhr, die von der Mutteruhr Wissenschaft ihre Impulse empfinge[34], aber beide sind doch entweder gleichgestellt oder von einer gemeinsamen Mutteruhr, nämlich der gemeinsam erfahrenen geschichtlichen Situation, abhängig.

4.

Interessant ist auch Klafkis Interpretation der historischen Stellung der »septem artes liberales« des Mittelalters in der Entwicklung der Schulfächer:

> Die Schulfächer »waren ursprünglich – und sollten es immer noch primär sein – entweder artes, Künste, das meint hier Weisen des Könnens in den wesentlichen Dimensionen des gemeinsam gelebten Lebens, oder ›Kunden‹, d. h. Weisen der Orientierung in der Wirklichkeit und der Ermöglichung eines elementaren Selbstverständnisses. Also: Es geht in den Schulfächern weder in der Höheren Schule noch in der Volksschule primär um Wissenschaftspropädeutik, auch nicht nur um theoria ›um ihrer selbst willen‹, nicht um den Aufbau eines stimmigen Systemzusammenhanges, sondern zentral darum, ›leben zu lernen‹[35], ...«

Dem liegt folgender Gedankengang zugrunde: Es ist ein Irtum zu meinen, unsere heutigen Schulfächer leiteten sich von den ihnen zugeordneten Spezialwissenschaften des 19. und 20. Jahrhunderts her und müßten daher von diesen Wissenschaften auch inhaltlich bestimmt sein. Historisch sieht das anders aus: Die heutigen Schulfächer sind Nachkommen der alten septem artes liberales. Diese waren aber keine Wissenschaften im heutigen Sinne, sondern »Künste« oder »Kunden«, auf das praktische Tun gerichtet. Also sind auch die Schulfächer keine Wissenschaften oder sollten es wenigstens nicht sein.

Unterstellen wir, die Ableitung der Schulfächer aus den artes sei zutreffend, ergeben sich folgende weitere Fragen: Wenn die artes keine Wissenschaften in unserem heutigen Sinne waren, waren sie dann nicht immerhin doch das, was man im Mittelalter unter Wissenschaft eben verstand, d. h., waren sie nicht *die Wissenschaften ihrer Zeit?!* Klafkis ganze Argumentation, die immer wieder auf einen Dualismus zwischen Wissenschaftsfach und Schulfach hinaus will, muß doch in dem Augenblick stark gefährdet sein, wo sich herausstellt, daß die »artes« – unabhängig von der Frage, ob sie nun *nach heutigem Verstande* »Wissenschaften«, »Künste«, Fertigkeiten oder sonst etwas waren – eben nicht nur die Schulfächer, sondern zugleich auch die Wissenschaften ihrer Zeit waren. Die Schulfächer wären dann zwar nicht mit den Wissenschaften von heute, aber doch mit den Wissenschaften von vorgestern identisch.

Genau der gleiche Gedankengang gilt nun auch gegenüber dem – bei Erörterungen dieser Art gern herangezogenen – Humboldtschen Bildungsideal. Wenn man Humboldts Ideal der allgemeinen Menschenbildung gegen die heutige »Verfachlichung« des Schulunterrichts ausspielt, so übersieht man dabei leicht, daß Humboldts Vorstellungen Gymnasium und Universität gleichermaßen einbezogen. Humboldts Gymnasialideal war gleichzeitig sein Wissenschaftsideal! Eine Trennung von »Wissenschaft« und einer von ihr unabhängigen, »autonomen« Didaktik konnte Humboldt genausowenig in den Sinn kommen wie den Lehrern der artes.

Aus dem Hinweis auf die artes und auf das Humboldtsche Bildungsideal könnte man also genau den gegenteiligen Schluß ziehen, wie die Verfechter der pädagogischen oder didaktischen Autonomie das tun. Wenn nämlich im Mittelalter und bei Humboldt das, was in den Schulen gelehrt wurde, faktisch mit dem identisch war, was man zur gleichen Zeit auch als Wissenschaft ansah, dann würde das – auf dem Wege einer formalen Extrapolation auf unsere Gegenwart – bedeuten, daß eben auch heute Schulunterricht und Wissenschaft in ihrer Struktur identisch sein müßten – ja, daß ganz allgemein für jede Zeit ein Parallelismus zwischen dem, was jeweils in den Schulen, und dem, was jeweils gleichzeitig in der Wissenschaft getrieben wird, festzustellen ist.

Um die Paradoxie in der Diskussion um die »Eigenständigkeit« der Schulfächer voll auszuschöpfen, muß aber auch noch darauf hingewiesen werden, daß sich die ursprüngliche Identität von Schule und Wissenschaft (die schon darin liegt, daß sich »Schule« und »Universität« im heutigen Sinne in früherer Zeit als Institutionen gar nicht scharf trennen ließen), die sich noch bis in unser Jahrhundert in der Existenz des (oft noch zugleich an der Universität lehrenden, zumindest in Schulprogrammen wissenschaftlich publizierenden) »Gymnasial-*Professors*« manifestierte, heute faktisch zu einer »Autonomisierung« des pädagogischen Gesichtspunktes in Gestalt des »Studienrates« als tatsächlichen Nurpädagogen (und nur noch ideologischen »Gelehrten«) aufgelöst hat. Institutionell und gesellschaftlich gesehen ist die höhere Schule noch nie so autonom pädagogisch gewesen wie in unserem Jahrhundert[36].

Sache und Didaktik

Dieser Abschnitt berührt sich eng mit dem vorhergehenden. Ging es dort mehr allgemein um das Verhältnis von Wissenschaften und Unterrichtsfächern, soll nun an einzelnen Sachobjekten die Grundthese der geisteswissenschaftlichen Didaktik geprüft werden. Diese Grundthese, wie sie vor allem von Erich Weniger und seinem Schüler Wolfgang Klafki entwickelt wurde[37], lautet, daß die didaktische Gestaltung eines Gegenstandes gegenüber seiner reinen Sachstruktur Eigenständigkeit besitze.

»Die Aufgabe der Didaktik kann ... nicht einfach als Transposition, Umsetzung und Elementarisierung wissenschaftlicher Ergebnisse auf ihrem jeweils neuesten Forschungsstande ... verstanden werden. Sie hat vielmehr zu fragen, wie weit die Fachwissenschaften die Weltperspektive des Kindes und des Jugendlichen und die des erwachsenen Laien aufzuschließen vermögen ...« (Klafki)[38]

»Freiheit gegenüber den geistigen Mächten bedeutet: Freiheit zur pädagogisch verantwortlichen Auswahl und zur ›Transposition‹, zur Übersetzung in den Raum der Bildung als den Raum, in dem der junge Mensch geistig mündig werden soll. Wahrscheinlich wird die besondere Struktur des didaktischen Denkens noch treffender als durch das verbreitete Modell der ›Übersetzung‹ durch die Formel getroffen: Der didaktisch Denkende bzw. sich Entscheidende fragt im Wissen um die Ansprüche, Inhalte, Probleme, Möglichkeiten des Berufslebens, der Wirtschaft, der Wissenschaft, der Politik usf. vom jungen Menschen, seiner geistigen Welt und seinen Ansprüchen aus schrittweise auf jene Inhalte zu.« (Klafki)[39]

Diese Didaktik nimmt also ihren Blickpunkt eindeutig vom zu Erziehenden aus, nicht von der Sache. Klafki läßt das noch an einer anderen Stelle deutlich werden, wo er in einer Auseinandersetzung mit Eugen Fink sagt:

»Die hier [d. h. von Klafki] vertretene Auffassung akzentuiert jene Dialektik [zwischen »Kind« und »Wissenschaften«] dagegen vom andern Pol her, also perspektivisch vom Kinde bzw. dem Jugendlichen aus auf die geschichtlich-gesellschaftliche Wirklichkeit der gelebten Kultur und damit auch der Wissenschaften zu[40].«

Die geisteswissenschaftliche Didaktik geht also von der Voraussetzung aus, daß die Wissenschaften und überhaupt alle Sachgebiete, die Gegenstand geordneter Lehre sein können, ursprünglich »undidaktisch« angelegt seien, d. h. nicht einfach von sich aus zeigten, was gelehrt werden solle und wie es gelehrt werden könne. Daher sei es die Aufgabe didaktischer Reflexion, sich von der Determination durch die Eigenstruktur der Wissenschaften und Sachgebiete zu lösen und die jeweils pädagogisch erforderliche Struktur eines Lehrgegenstandes, d. h. also die Weise, wie er im Unterricht erscheint, als Ergebnis »didaktischer Analyse« zu finden.

Wie in allen Abschnitten bisher, so ist auch hier die Frage, ob man mit solcher Ortsbestimmung der Didaktik dem tatsächlichen Sachverhalt gerecht wird. Schon bei unseren bisherigen Beispielen kehrte jedesmal die Beobachtung wieder, daß Tatbestände, die scheinbar »eigenständig pädagogisch« waren, sich als der Sache inhärent erwiesen, d. h. mit anderen Worten: daß die pädagogischen Aussagen, die gemacht wurden, *als solche zwar völlig zutreffend* waren, daß sie jedoch in keiner Weise in Widerspruch zu dem standen, was sich auch aus der Sache selbst ergab. Es liegt daher nahe, zu vermuten, daß es im Bereich der Didaktik sich genauso verhält.

1.

Unser erstes Beispiel:

»Deutsch. 5./6. Schuljahr, Lesestück ›Der Professor und die Kuh‹, von A. Hinrichs.

Wer mehr als klug ist, von dem sagt man: He is so klok as Kösters Koh, de gung acht Dage vor'n Regen na Hus und kreeg doch den Steert noch nat. Die Kühe verstehen sich eben aufs Wetter.

Auch ein Professor verstand sich aufs Wetter und sagte immer voraus, morgen wird es regnen, oder auch, morgen scheint die Sonne. Und dann kam es auch so, oder es kam anders, je nachdem.

Einmal fuhr er mit seiner Kutsche über Land, da sah er eine Frau, die eilig ihre Wäsche von der Leine nahm. Der Professor ließ halten.

›Min leewe Fro‹, sagte er, ›laten Se Eer Tüg man driest hangen – dat Wär blifft god.‹

›O nä‹, sagte die Frau, ›ick will't doch leewer rinhalen.‹

›Se könnt mi dat glöben‹, beteuerte der Professor, ›dat Wär blifft god vandagen. Ick hebb dor up studeert und weet Bescheed.‹

›Nä, nä‹, beharrte die Frau, ›dat gifft säker Regen. Use Koh hett danaßen all so mit'n Steert slahn!‹

Es half dem Professor nichts – die Frau nahm ihr Zeug ab, und er fuhr weiter. Er wußte nicht, daß die Kühe mit dem Schwanz schlagen, weil die Fliegen so stechen, und daß die Fliegen so stechen, weil sie den Regen kommen fühlen.

Nach kurzer Zeit fängt es denn auch richtig an zu regnen. Das war schon ärgerlich genug für den Professor. Nun fing der Knecht auf dem Kutschbock auch noch an, mit dem Kopf zu schütteln und vor sich hin zu lachen.

›Wat hebbt Se denn to lachen?‹, fragte der Professor böse.

›Och‹, sagte der Knecht, ›ick möt man blot so lachen, dat'ne Koh in ärn Steert mehr Verstand von't Wär hett as son Perfesser in sinen Kopp[41]!‹

An diese – ohne Zweifel auch für Erwachsene – ergötzliche Geschichte knüpft Klafki eine ausführliche Interpretation, die ausdrücklich als »Versuch didaktischer Analyse« gekennzeichnet ist[42].

Der im folgenden zu zitierende Abschnitt dieser Analyse gehört nach dem von Klafki entwickelten Schema der didaktischen Analyse in das Stadium »IV«: Welches ist die Struktur des (durch die Fragen I, II und III in die spezifisch pädagogische Sicht gerückten) Inhaltes? Es ist entscheidend wichtig, festzuhalten, daß die Frage nach der Struktur des jeweiligen Inhaltes nur im Aspekt der ersten drei didaktischen Grundfragen pädagogisch richtig gestellt ist[43]. Wir dürfen also in der gleich zu zitierenden Strukturanalyse der Geschichte von dem Professor und der Kuh ein Musterbeispiel dessen erwarten, was Klafki *konkret* (und nur das interessiert im Ernstfall!) unter (spezifisch) didaktischer Analyse versteht.

»Was ist es eigentlich an dieser Erzählung, was uns – und erwartungsgemäß unseren Kindern – ein Lächeln abnötigt? Wie ist die Erzählung gebaut?

Schon die Überschrift läßt uns aufhorchen: Der Professor und die Kuh – seltsam. Wahrscheinlich vermutet man schon eine Humoreske.

Die Erzählung beginnt mit einer volkstümlich-humoristischen Sentenz, die uns sogleich mit dem einen der beiden sprachlichen Grundelemente des Stückes bekanntmacht, dem Plattdeutschen. Das Spaßige dieser Sentenz liegt in der Übertreibung:

Acht Dage vor'n Regen – und doch den Steert noch nat. Immerhin, nur den Steert. Ausgerechnet danach aber heißt es: Die Kühe verstehen sich eben aufs Wetter. Diesen Scherz werden die Kinder nicht sogleich erfassen.

Von den Kühen springt die Erzählung sogleich auf den Professor über (Auch ein Professor ...). Auch dieser Abschnitt endet mit einem versteckten, den Kindern nicht sogleich auffallenden Witz, denn : ›Es kam auch so‹ – wie der Professor vorausgesagt hatte – ›oder es kam anders, je nachdem‹. Mit der Wetterprophetie des Herrn Professors muß es wohl so eine Sache gewesen sein.

Jetzt geht die Erzählung von der allgemeinen Charakteristik zur Geschehenserzählung über. Daß der Professor bei der Frau, die Wäsche aufhängt, halten läßt, ist recht ungewöhnlich, nicht minder, daß er platt spricht. Er ist offenbar freundlich und herablassend, die Kinder werden am Schluß der Erzählung oder beim zweiten Lesen vielleicht sagen: Einer, der sich für klug hält, ein Angeber, der aber gern freundlich ist. (›Min leewe Fro‹ ...). Er bildet sich ein, es genau zu wissen: ›Dat Wär blifft god‹; nicht etwa: ›vielleicht‹ oder: ›ich glaube‹. Und als die Frau ihm nicht glaubt, wiederholt er seine Voraussage und betont, daß er ›dor up studeert‹ hat und ›Bescheed weet‹. Die Frau aber verhält [sic!] sich hartnäckig – breit und ihrer Sache sicher klingt das ›Nä, nä‹ – an ihre Erfahrungsregel: Die Kuh hat mit dem Schwanze geschlagen.

Das ist ein reizvoller Kontrast. Hier der Professor, der recht eitel und selbstbewußt ob seiner Bücherweisheit ist, dort die derb-einfache, auf ihrer Erfahrungsweisheit beharrende Frau. – Der folgende Absatz enthebt uns der – in diesem Falle für die ästhetische Struktur der kleinen volkstümlichen Humoreske wesentlichen – Erklärung jener ›Erfahrungsweisheit‹. Auch unsere Stadtkinder hören hier, was die Landkinder oft beobachten können und was die Frau wußte, während es dem Professor unbekannt war. (Es ist ja wichtig, daß das Recht-behalten der Frau kein bloßer Zufall war.)

Als es dann wirklich zu regnen beginnt, ist es mit der Freundlichkeit des Professors vorbei. Bräche die Erzählung hier ab, so würden wir wohl das Gefühl haben, einem erzählenden Bericht eines im Grunde zufälligen kleinen Geschehens oder einer verhüllten Belehrung über die Vorzüge der Volks- und Erfahrungsweisheit gegenüber bloßem Buchwissen gegenüberzustehen. Das Künstlerische – und das heißt gegenüber bloß realistischer Wiedergabe eines Geschehens zugleich: das ›Künstliche‹ – dieser Erzählung tritt erst dadurch in Wirkung, daß zu den beiden gegensätzlichen Personen der bisherigen Erzählung und zu dem rein chronologischen Ablauf des Geschehens nun eine dritte Person tritt, die unter das Geschehen gewissermaßen den Schlußstrich setzt. Nicht in der Form der rationalistischen ›Moral der Geschichte‹ (da sieht man wieder einmal ... oder: die Gelehrten oder solche, die es werden wollen, sollten sich nicht zuviel auf ihre Buchweisheit einbilden –), sondern in der Form einer ulkigen, unerwarteten, bildhaften Beziehung: ›Ne Koh het in ärn Steert mehr Verstand von't Wär as son Perfesser in sinen Kopp.‹ Damit ist die kleine Humoreske wirklich rund und vollkommen, jedes weitere Wort würde sie überdehnen und die humoristische Schlußüberraschung abschwächen. Der voll gelungene Schlußsatz bekommt noch dadurch einen besonderen Akzent, daß er von dem Knecht gesprochen wird, der als Figur in einem leichten, reizvollen Kontrast zu den beiden anderen Personen steht: die Spannung zwischen dem jovial-wissensstolzen Professor und der selbstsicheren, hartnäckig und ungeniert widersprechenden Frau wird gleichsam aufgefangen durch den bescheidenen, beschaulich-philosophierenden Knecht. Er platzt nicht spöttisch und aggressiv mit seiner witzigen Bemerkung heraus – vielleicht faßt er sie gar nicht eigentlich als Witz auf; er schüttelt den Kopf und lacht nur vor sich hin. Erst als er daraufhin in scharfem Tone gefragt wird, antwortet er, und zwar beginnt er entschuldigend mit ›*Och,* ick möt man *blot* ...‹ Nicht: ich lache mir eins, sondern in dem Sinne: Das mit dem Wetterverstand im Kuhschwanz und im Kopf eines Professors kam mir plötzlich so in den Sinn, und da mußte ich ganz unwillkürlich lächeln. – Auch diese Feinheit werden die meisten Kinder nicht unmittelbar und völlig selbständig erfassen. Dennoch können sie sie in ihrem Humor verstehen, wenn sie das Wesen des Knechtes durch den Tonfall, in dem der Lehrer die Schlußworte liest, sozusagen interpretiert erhalten und im eigenen Leseversuch mit verteilten Rollen oder im szenischen Spiel selbst zu gestalten versuchen[4].«

Diese Analyse zu lesen, ist von hohem intellektuellem Reiz. Und zwar deswegen, weil man hier einen Blick in die Werkstatt des Didaktikers tut. Was die geisteswissenschaftliche pädagogische Theorie mit großer Geste verkündet, muß sich ja irgendwie im Kleinsten repräsentieren können, da es sonst kaum einen realen Sinn hat. Man darf Klafki daher dankbar sein, daß er die Präzision allgemeiner Thesen auf ganz konkrete Beispiele nicht gescheut und sich damit der Überprüfung des von ihm abstrahierend Entwickelten aus der Perspektive der Schulstube gestellt hat.

Es gibt wohl kaum einen Leser der hier abgedruckten Analyse, dem sie nicht unmittelbar einleuchtete, sie ist eine einfühlsame, immer ins Schwarze treffende Interpretation der hübschen kleinen Geschichte. Nur – worin liegt eigentlich das »spezifisch Didaktische« dabei? Das heißt: Was ist an dieser Analyse deswegen »anders«, weil sie ein Pädagoge und nicht ein Literaturwissenschaftler geschrieben hat? Wenn ein Germanist vor der Aufgabe stünde, diese kleine Erzählung zu analysieren, könnte er wohl kaum etwas anderes schreiben, als Klafki das getan hat. M. a. W.: Klafkis Analyse ist *in jedem* Fall sachangemessen – völlig gleichgültig, ob sie nun zum Zwecke literarischer Interpretation oder für didaktische Zwecke geschrieben wurde.

Wir sind damit im Zentrum der Argumentation, die sich durch unsere ganze Untersuchung hindurchzieht: Klafkis Analyse ist so bündig und überzeugend, daß man gar nicht darauf kommen kann, sie in sich zu kritisieren. Es geht also nicht um eine Widerlegung dessen, was der Didaktiker tatsächlich tut. Was dagegen bestritten werden muß, das ist die Kennzeichnung einer solchen Analyse als »spezifisch didaktisch«. Der Nachweis, daß diese Interpretation wirklich »spezifisch didaktisch« ist, könnte nur dadurch geführt werden, daß man neben die von Klafki gebotene Fassung eine »rein sachliche« oder »spezifisch literaturwissenschaftliche« Fassung einer Analyse von Hinrichs' »Professor und Kuh« setzen würde. Es leuchtet ohne weiteres ein, daß das nicht möglich wäre, da Klafki alle nur denkbaren ästhetischen, stilkritischen und literarischen Gesichtspunkte bereits miterfaßt hat und miterfassen mußte[67]. Allerdings könnten noch folgende beiden Einwendungen erhoben werden:

1. Das »spezifisch Didaktische« von Klafkis Analyse liegt in den ständig eingestreuten Hinweisen auf die Konfrontierung der Geschichte mit den Kindern. Darauf wäre zu erwidern: Einerseits sind diese Hinweise durchaus »zusätzlicher« Natur; sie lassen sich ohne weiteres aus dem Gedankengang der Analyse herauslassen, ohne daß er Schaden nimmt. Andererseits aber – und diese Antwort führt natürlich tiefer – sind eben diese Hinweise nichts, was den Verfasser der Analyse nun gerade als didaktischen Theoretiker ausweist; sie sind – das ist deutlich zu spüren – in ihrer differenzierenden Behutsamkeit sehr feine Niederschläge der eigenen praktischen Erfahrung ihres Verfassers. Aber gerade diese Erfahrung ist ja nichts, was Klafki den Praktikern der Erziehung voraus hätte; d. h., solche Hinweise könnte jeder Praktiker aus seiner handwerklichen Erfahrung heraus selber geben. Sie sind gerade nicht didaktischer, sondern methodischer Natur. Sie geben Hinweise auf das Wie, ohne das Was weiter zu tangieren.

2. Das »spezifisch Didaktische« der Analyse liegt – wenn nicht in der Art der Analyse selber – so doch schon in ihrem Objekt: Es handelt sich um eine typische »Lesebuchgeschichte«, die einen Erwachsenen als literarische Schöpfung gar nicht interessieren würde. Die Eigenständigkeit der Literaturdidaktik liegt also darin, daß sie – in Gestalt der Lesebuchgeschichten – für die Schule ad hoc besondere Lehrgegenstände schafft oder vorfindet, die für die normale Erwachsenenwelt gar nicht vorhanden sind. Die Analyse einer Geschichte wie »Der Professor und die Kuh« muß also schon deshalb spezifisch didaktisch sein, weil diese Geschichte von einem zünftigen Literaturwissenschaftler als mögliches Objekt seiner wissenschaftlichen Arbeit gar nicht ernst genommen würde.

Nun – es ist wohl deutlich, daß dieser – erfundene, aber doch denkbare – Einwand äußerst gefährlich wäre: für den so Argumentierenden selbst.

Es wäre doch wohl eine grauenhafte Vorstellung, in unseren Lesebüchern nur Geschichten zu finden, die lediglich in usum scholarum geschrieben sind, einem normalen Erwachsenen dagegen kein Interesse abnötigen könnten. Natürlich gibt es solche Lesebuchgeschichten – leider! Jeder, der selbst einmal Deutsch unterrichtet hat, weiß, wie quälend es ist, eine typische Lesebuchgeschichte präparieren zu müssen – und welche Erholung, sich mit Lesestükken beschäftigen zu können, die man auch als erwachsener Privatmensch gerne lesen würde, weil sie von wirklichen Schriftstellern oder gar Dichtern stammen.

Offenbar ist es aber doch so, daß das Zeitalter der spezifischen Lesebuchgeschichte gerade im Zeichen der Reformbewegung in der Pädagogik, der sich die geisteswissenschaftliche Theorie der Pädagogik so tief verpflichtet weiß, zu Ende gegangen ist. Es herrscht doch wohl allgemeine Übereinstimmung darüber, daß als Lesestücke für Kinder nur solche Geschichten taugen, die man auch als Erwachsener ungekünstelt gern liest, und daß eine Erzählung, deren Wert dem Erwachsenen zweifelhaft erscheint, auch für Kinder kaum das Richtige sein dürfte ...

Unsere bisherige Gegenargumentation ist aber im Grunde sogar überflüssig; denn von einer bestimmten Altersstufe ab fällt die Trennung zwischen – potentiell – ad-hoc-Schullesestoff und allgemeiner Literatur ohnehin weg, weil in den Mittelpunkt des Leseunterrichts mehr und mehr der Umgang mit der wirklich großen Literatur tritt. Und da – etwas banal gesagt – der »Wilhelm Tell«, der in der Schule gelesen wird, wörtlich mit dem »Wilhelm Tell«, den die Erwachsenen und die Germanisten lesen, übereinstimmt, bleibt es fraglich, wo dann noch Platz für eine »spezifisch didaktische« Analyse des »Wilhelm Tell« bliebe.

Um aber noch einmal auf Klafkis Beispiel zurückzukommen: Ganz gewiß ist August Hinrichs' Geschichte vom Professor und der Kuh keine große Literatur. Sie ist aber eine nette und – wie Klafki treffend gezeigt hat – handwerklich sauber und fein gearbeitete Anekdote, die man auch als Erwachsener bei Gelegenheit gern lesen würde. Nur deshalb aber ist sie als Lesebuchgeschichte brauchbar – und nur deshalb hat Klafki überhaupt ein Interesse daran gehabt, sie so ausführlich zu behandeln!

2.

Noch ein weiteres Beispiel, das sich in Klafkis »Studien« findet, sei hier diskutiert:

In einer Anmerkung im Zusammenhang mit der Erörterung vom sachlichen Aufeinanderfolgen bei der didaktischen Analyse führt Klafki folgendes aus:

»... pädagogisch ... irrig ... [ist] die Annahme, man müsse die deutsche Ostkolonisation auch in der Volksschule bzw. in der Mittelstufe der höheren Schule ›natürlich‹ vor der Reformation oder vor der Französischen Revolution behandeln, weil sie ihr ja, chronologisch gesehen, vorausgegangen sei. – Für ... die Historie als Wissenschaft haben die genannten ›Reihenfolgen‹ sicherlich notwendige Gültigkeit. Für die Didaktik der Volks- und Mittelschule und der Unter- und Mittelstufe der höheren Schule gelten diese ›Notwendigkeiten‹ nicht, weil die Beziehungen und Zusammenhänge, die in den Wissenschaften jene Reihenfolgen zwingend machen, von den jenen Schulen bzw. Schulstufen anvertrauten Kindern noch nicht eingesehen und also bildend nicht fruchtbar gemacht werden können[46].«

Nun, wiederum sind Klafkis Ausführungen, was die Gestaltung des Schulunterrichts betrifft, zutreffend und unanfechtbar. Es ist völlig richtig, daß für den Unterricht historische Reihenfolgen keine Rolle zu spielen brauchen. Auf dem pädagogischen Felde besteht also zwischen Klafkis Ansicht und unserer überhaupt keine Differenz.

Nur wäre auch hier wieder die Frage zu stellen: Ist die Ablehnung einer chronologischen Reihenfolge in der Geschichtsbetrachtung wirklich auf den Raum des Schulunterrichts beschränkt und daher spezifisch pädagogisch?

Auch in diesem Falle sieht die Realität anders aus. Was Klafki auf den pädagogischen Bereich als sein Spezifikum beschränkt wissen möchte, ist in Wahrheit das Merkmal auch und gerade der wissenschaftlichen Bearbeitung der Geschichte! Ein Student im ersten Semester, der glaubt, nun würde ihm eine (nach Klafki doch für die »Historie als Wissenschaft« typische) systematisch-chronologische Abhandlung der Welt- oder zumindest der europäischen Geschichte geboten, müßte sich bitter enttäuscht sehen: er würde nur Vorlesungen und Übungen über einzelne Abschnitte oder Teilprobleme der Geschichte finden; er müßte – völlig ohne Rücksicht auf jede Chronologie – in diesem Semester über die Französische Revolution und im nächsten über den Dreißigjährigen Krieg arbeiten! Und das mit gutem Grund. Denn gerade die Wissenschaft huldigt dem scheinbar »spezifisch pädagogischen« Prinzip des »Exemplarischen«. Es kann ihr gar nicht in den Sinn kommen, vollständige Darstellungen zu bieten, da darunter notwendigerweise die Gründlichkeit der Arbeit am Einzelproblem und damit die Erlernung der wissenschaftlichen Methode leiden müßte.

Prinzip gerade der wissenschaftlichen Ausbildung ist niemals systematische Vollständigkeit, sondern: an ausgewählten Beispielen die Methode zu vermitteln. Diese Zwecksetzung gilt sogar für das Examenswesen, wo im allgemeinen ja auch nur die genauere Beherrschung bestimmter – als Exempel gedachter – Teilgebiete erwartet wird. Für die eigentlich wissenschaftliche Forschungsarbeit – wie für jede berufliche Praxis überhaupt – gilt dann aber ganz eindeutig das Prinzip der Spezialisierung, weil man nicht alles auf einmal treiben kann, wählt man – exemplarisch – gewisse Teilgebiete aus, auf denen man dann wirklich Kenner sein kann. Wenn man so will, ist also das Spezialistentum nichts weiter als die Anwendung des (scheinbar spezifisch pädagogischen) »exemplarischen Prinzips« auf den Bereich der wissenschaftlichen und praktisch-beruflichen Sachtätigkeit. Der Spezialist ist ja gewöhnlich gar nicht – wie die Kritik, auch die pädagogische Kritik, am Spezialistentum immer meint – ein Monomane, der nur deswegen sich einem Spezialgebiet zugewendet hat, weil ihn nichts anderes interessiert und weil er für nichts anderes Fähigkeiten entwickelt hat. Sondern die Spezialisierung steht in den meisten Fällen am Ende eines langen, oft schmerzlichen Prozesses: Jemand, der – seinem Interesse und seiner Begabung nach – alles sein und tun könnte, spezialisiert sich widerwillig auf bestimmte Teilgebiete, weil er einsieht, daß man nur in der Spezialisierung objektiv Hervorragendes leisten kann.

Wenn überhaupt, dann liegen die Fronten also eher umgekehrt als Klafki meint: der Drang nach systematischer Vollständigkeit kommt ursprünglich aus dem – *Schulunterricht!* Die Enttäuschung des oben erwähnten Studienanfängers ist ja gerade daraus zu erklären, daß er durch die Schule an ein Vollständigkeitsdenken gewöhnt wurde, das ihm den Universitätsunterricht nun als unsystematisch und lückenhaft erscheinen läßt. Daß hier die *Schule* umdenken muß – damit hat Klafki völlig recht. Dafür aber die chronologische Vollständigkeit ausgerechnet dem wissenschaftlichen Betrieb als ein Spezifikum zu überschreiben, geht an der Wirklichkeit doch wohl ein wenig vorbei.

An unseren Beispielen sollte noch einmal deutlich gemacht werden: die Prinzipien, die die moderne Didaktik vertritt, sind richtig. Daran ist kein Zweifel. Es wäre nur zu wünschen, daß diese Einsichten sich in der Praxis auch durchsetzen. Aber sie sind gleichzeitig auch die Prinzipien der Sache selbst, da diese gar nicht anders getrieben werden kann als nach den Gesichtspunkten, die Klafki für den Unterricht als dessen scheinbares Spezifikum in Anspruch nimmt.

Genaugenommen ist diese Feststellung gar nicht Sache der Erziehungswissenschaft, da sie ja dadurch nicht berührt wird. Ihre Prinzipien bleiben für ihren eigenen Bereich *so und so richtig,* gleichgültig ob man sie als spezifisch pädagogisch oder bereits der Sache immanent *interpretiert.*

Aber um des richtigen Verhältnisses zwischen Pädagogik und Sache willen ist es notwendig, auch die Sache selbst in den Blick zu nehmen. Denn der Didaktiker kann sich seine Arbeit ja nur erleichtern, wenn er sich bewußt macht, daß ein Dualismus zwischen Sache und didaktischer Transposition gar nicht besteht, daß daher die Sache selbst schon die pädagogischen Gesichtspunkte hergibt. Nicht weil die Pädagogik »objektivistisch« von der Sache her determiniert werden müßte, sondern weil umgekehrt – es sei gewagt, es so zu formulieren – *die Sache selber in sich viel pädagogischer ist, als der Pädagoge immer meint ...*

1 Als gute Einführung in die Frage der »pädagogischen Autonomie« seien empfohlen: Leonhard Froese, Artikel »Autonomie, pädagogische«. In: Pädagogisches Lexikon, hrsg. v. Hans-Hermann Groothoff und Martin Stallmann. Stuttgart 1961, Sp. 51–53.
Leonhard Froese: »Bedeutung und Grenze des pädagogischen Autonomieprinzips«. In: Leonhard Froese: Schule und Gesellschaft. Weinheim 1962, S. 85–94.

2 Georg Geißler: Die Autonomie der Pädagogik. Langensalza 1929. (Göttinger Studien zur Pädagogik, hrsg. v. Herman Nohl, Heft 13.) Einleitung S. 5.
3 Geißler: a. a. O., S. 6.
4 Das Problem der pädagogischen Autonomie. [Herausgegeben und eingeleitet von Georg Geißler.] Langensalza 1929. – Das im folgenden Zitierte in Geißlers Einleitung S. 3–4. Hervorhebungen von G. G.
5 Herman Nohl: Die pädagogische Bewegung in Deutschland und ihre Theorie. Frankfurt 1961, S. 119.
6 Nohl: a.a.O., S. 124.
7 Nohl: a.a.O., S. 126–127. Hervorhebung von H. N.
8 Nohl: a.a.O., S. 127–128. Hervorhebung von H. N.
9 Nohl: a.a.O., S. 128. Hervorhebungen von H. N.
10 Nohl: a.a.O., S. 124. Hervorhebung von H. N.
11 Herman Nohl: »Der Reichsschulgesetzentwurf« (1928). In: Herman Nohl: Pädagogik aus dreißig Jahren. Frankfurt/Main 1949, S. 222–232.
12 Wilhelm Flitner: Allgemeine Pädagogik. Stuttgart 1963. Vorbemerkung S. 9.
13 Erich Weniger: Die Eigenständigkeit der Erziehung in Theorie und Praxis. Probleme der akademischen Lehrerbildung. Weinheim 1952. Vgl. hier vor allem S. 93.
14 Weniger: a.a.O., S. 75.
15 Hans-Martin Stimpel. In: Z. f. Päd. 6 (1960), S. 23.
16 Wolfgang Klafki: Studien zur Bildungstheorie und Didaktik. Weinheim 1963, S. 72.
17 Klafki: a.a.O., S. 77–78. Hervorhebung von W. K.
18 Georg Geißler: Die Autonomie . . . (Anm. 2). S. 83.
19 Geißler: a.a.O., S. 83.
20 Geißler: a.a.O., S. 92.
21 Herman Nohl: Die pädagogische Bewegung . . . (Anm. 5). S. 124.
22 Vgl. Herman Nohl: a.a.O., S. 126–128.
23 Erich Weniger: Didaktik als Bildungslehre. Teil 1: Theorie der Bildungsinhalte und des Lehrplans. Weinheim [4]1962, S. 6.
24 Erich Weniger: Neue Wege im Geschichtsunterricht. Mit Beiträgen von Hermann Heimpel und Hermann Körner. Frankfurt/Main [2]1957, S. 27.
25 Hermann Heimpel: »Unser Verhältnis zur Geschichte«. In: Wo stehen wir heute? Mit Beiträgen von . . . , hrsg. v. H. Walter Bähr. Gütersloh 1960, S. 114.
26 Heimpel: a.a.O., S. 116.
27 Erich Weniger: Neue Wege . . . (Anm. 37). S. 15–16.
28 Heimpel: a.a.O., S. 116–117.
29 Wolfgang Klafki: Studien . . . (Anm. 16), S. 112.
30 Klafki: a.a.O., S. 114.
31 Klafki: a.a.O., S. 114.
32 Vgl. z. B. die industriesoziologischen Schriften von Hans Paul Bahrdt.
33 Klafki: a.a.O., S. 113. – Hervorhebungen von H. S.
34 Daß die Schule nicht einfach von der Wissenschaft »abhängen« kann, folgt empirisch schon daraus, daß die meisten Lehrer sich ja gar nicht systematisch wissenschaftlich fortbilden; was an der Schule »modern« ist, ergibt sich also gewöhnlich gar nicht aus einer Anwendung wissenschaftlicher Erkenntnisse, sondern aus einem freien Aufgreifen dessen, was »in der Luft liegt«.
35 Klafki: a.a.O., S. 111.
36 Da zu den »artes« (Trivium: Grammatik, Dialektik und Rhetorik; Quadrivium: Geometrie, Arithmetik, Astronomie und Musik), auch die Musik gehörte, sei es erlaubt, einen musikalwissenschaftlichen Sachkenner zur Charakterisierung der »artes« zu zitieren. Heinrich Hüschen sagt in seinem Artikel »Artes liberales« in der Enzyklopädie »Die Musik in Geschichte und Gegenwart« (MGG) folgendes:

»Der Begriff ›ars‹ darf nicht mit dem modernen Begriff ›Kunst‹ gleichgesetzt werden, da man im Altertum und im Mittelalter unter ›ars‹ nicht in erster Linie die praktische Ausübung oder die technische Beherrschung, sondern vielmehr die wissenschaftliche Erforschung [!] und geistige Durchdringung des Wesens und der erzieherischen Kräfte der genannten Disziplinen ... verstanden hat ... die spätgriechisch-römische Epoche ... führt ... zur freien Entfaltung der artes liberales als selbständiger und um ihrer selbst willen betriebener Wissenschaften, deren Beherrschung bis an die Schwelle der Neuzeit das Allgemeinwissen jedes Gebildeten ausgemacht hat.« MGG Bd. 1 (1949–1951), Sp. 737.

Es ist aufschlußreich, wie hier der Musikhistoriker in genau entgegengesetzter Richtung argumentiert wie Klafki: abgewehrt wird gerade eine allzu »praktische« Vorstellung von der ars musica, die heutige Begriffe in das Mittelalter naiv übertragen möchte.

Zwar spricht dann auch Hüschen von der erzieherischen und bildenden Bedeutung der artes. Aber gerade daraus wird ja die These bestätigt, die wir hier gegen Klafki vertreten: daß die artes eben gleichzeitig »Schulfächer« und »Wissenschaften« waren, daß eine »eigenständige Didaktik« gerade im Mittelalter undenkbar gewesen wäre.

37 Dazu vgl. vor allem folgende Veröffentlichungen: Erich Weniger: Didaktik als Bildungslehre. Teil 1: Theorie der Bildungsinhalte und des Lehrplans. Weinheim [4]1962.
Wolfgang Klafki: Das pädagogische Problem des Elementaren und die Theorie der kategorialen Bildung. Weinheim [2]1963.
Wolfgang Klafki: Studien zur Bildungstheorie und Didaktik. Weinheim 1963.
Wolfgang Klafki: Artikel »Didaktik« (Sp. 173–179) und »Das Elementare, Fundamentale, Exemplarische« (Sp. 189–194). In: Pädagogisches Lexikon, hrsg. v. Hans-Hermann Groothoff und Martin Stallmann. Stuttgart 1961.

38 Wolfgang Klafki: Studien ... (Anm. 59). S. 110.

39 Klafki: a.a.O., S. 77–78.

40 Klafki: a.a.O., S. 113, Anm. 61.

41 Von Klafki: a.a.O., S. 148 nach dem »Lesebuch für Niedersachsen« zitiert. – Wir zitieren nach Klafki.

42 Klafki: a.a.O., S. 145.

43 Klafki: a.a.O., S. 137.

44 Klafki: a.a.O., S. 150–152.

45 Noch schlagender für die Schwierigkeit, im konkreten Falle die Existenz »spezifisch didaktischer« Analysen nachzuweisen, ist das ebenfalls von Klafki selbst gebrachte Beispiel des Winkelmessers. Völlig zutreffend weist Klafki darauf hin, daß es darauf ankomme, den Kindern begreiflich zu machen, daß das »geistige Zentrum« des Winkelmessers der Scheitelpunkt ist und nicht der Durchmesser mit den beiden Eckpunkten des Halbkreises, »die doch vom Wesen des WM her gesehen ganz belanglos sind«. (Studien, S. 147) – Richtig! Aber dieser Gedankengang ist doch ein genuin mathematischer! Was ist daran eigentlich spezifisch didaktisch? Offenbar fallen hier doch sachliche und didaktische Gegebenheiten völlig zusammen.

46 Klafki: a.a.O., S. 139, Anm. 25.

Wolfgang Klafki

Muß die Didaktik eigenständig sein?

Eine Auseinandersetzung mit Helmut Seifferts Schrift »Muß die Pädagogik eigenständig sein«

I

1. Helmut Seiffert versteht seine Broschüre »Muß die Pädagogik eigenständig sein?«, die 1964 als Heft 19/20 der von Werner Loch und Jakob Muth herausgegebenen Schriftenreihe »Neue pädagogische Bemühungen« (Essen) erschien, als Beitrag zum Selbstverständnis und zur Methodologie der Erziehungswissenschaft im ganzen. Das Problem der Didaktik, auf das wir hier abheben, umfaßt also nur einen Teil der kleinen Streitschrift, allerdings den relativ umfangreichsten. Der Sache nach kann die Frage, die wir hier angesichts der Ausführungen Seifferts aufgreifen, als pars pro toto stehen: Kann es oder muß es eine »eigenständige« Didaktik und insbesondere »eigenständige« Fachdidaktiken geben? Diese Frage ist selbstverständlich zentriert um das Problem: Was heißt »Eigenständigkeit« im Zusammenhang der Allgemeinen Didaktik und der Fachdidaktiken? Seiffert gibt darauf eine (der Intention nach) eindeutige Anwort: Die Selbstdeutung der modernen Didaktik, soweit sie sich als erziehungswissenschaftlich »eigenständig« versteht, ist – wie die Selbstinterpretation der sogenannten »eigenständigen Pädagogik« überhaupt – eine *Selbst-Mißdeutung*. Die Pädagogik *braucht* – nach Seiffert – nicht eigenständig zu sein, und sie kann, will sie ihre heutigen Aufgaben nicht verfehlen, nicht eigenständig sein!

Das ist eine in der gegenwärtigen erziehungswissenschaftlichen Diskussionslage zweifellos mutige, non-konformistische These. Daß sie vorgetragen wird, ist in jedem Falle verdienstvoll, zwingt sie uns doch zur Selbstprüfung.

Bevor man Seifferts Begründung für seine Kernthese verstehen kann, muß man sich offenbar vergewissern, was der Autor unter der Selbstdeutung der sich als »eigenständig« bezeichnenden Erziehungswissenschaft versteht.

2. Man durfte erwarten, daß Seiffert – bei aller selbstverständlich legitimen, ja für einen Wissenschaftler im Grunde unverzichtbaren kritischen Distanz gegenüber seinen akademischen Lehrern – das Theorem der »Eigenständigkeit« der Pädagogik angemessen interpretieren würde, war er doch Schüler der beiden prononciertesten Vertreter des pädagogischen Autonomie- bzw. Eigenständigkeitsprinzips, nämlich Herman Nohls und Erich Wenigers,

unter dessen Leitung der Autor promovierte und dem die kleine Schrift gewidmet ist. Eine solche angemessene Auslegung ist nicht nur die Voraussetzung für die Bündigkeit einer kritischen Widerlegung, sie wäre auch insofern verdienstvoll gewesen, als in der gegenwärtigen erziehungswissenschaftlichen Diskussion, nicht zuletzt im Gespräch zwischen der Pädagogik und anderen Disziplinen, vielfach gröbste Mißverständnisse dessen, was Nohl, Weniger, Geißler u. a. mit der »Autonomie« oder »Eigenständigkeit« der Pädagogik in Theorie und Praxis meinten, umlaufen[1]. Indessen, Seiffert enttäuscht diese Erwartung, und es bestätigt sich, was der mit der einschlägigen Literatur einigermaßen vertraute Leser vielleicht schon fürchtet, wenn er die kleine Streitschrift im Vorwort der Herausgeber mit Sätzen wie den folgenden angekündigt erhält: Seiffert »argumentiert gegen die in unserem Jahrhundert geradezu als Tabu verherrlichte Eigenständigkeit der Pädagogik«. Der »Kampf um die Eigenständigkeit der Pädagogik ... wird bis heute gegen Gegner geführt, die es faktisch nicht gibt.« Seifferts Untersuchung »setzt sich mit Konzeptionen eines Eigenständigkeitsstrebens auseinander, die u. a. an Namen wie Nohl, Weniger und Klafki gebunden sind, um ... zu zeigen, daß mit diesem Streben neue Irrwege beschritten werden, die in einem pädagogischen Kastalien enden, von dem andere Wissenschaften auf die Dauer nicht mehr Kenntnis nehmen können und die der Pädagogik eine in unserer Zeit anstehende interdisziplinäre Arbeit verschließt«. »Es gibt neben der Pädagogik auch keine andere wissenschaftliche Disziplin, die in – man darf schon sagen – traumatischer Form ihrer Eigenständigkeit huldigt.« (S. 7 bzw. 8)

3. Seiffert beginnt seine Schrift mit der Wiedergabe treffend gewählter Textstellen aus Schriften Geißlers, Nohls, Wenigers, Flitners u. a.; treffend scheinen sie mir nicht zuletzt deshalb zu sein, weil sich an einigen dieser wirklich exemplarischen Passagen hätte zeigen lassen, wie sehr sie z. T. einer differenzierten Auslegung (die bei den betreffenden Autoren nur z. T. geleistet ist) und – z. B. bei Nohl – begrifflicher Präzisierung bedürften. Diesen Aufweis aber leistet Seiffert nicht. Vielmehr unterstellt schon der erste Satz, mit dem er die Auslegung der zitierten Textstellen beginnt, den Autoren eine Voraussetzung, die sich weder aus den genannten Passagen heraus belegen läßt noch aus anderen einschlägigen Aussagen zu erweisen wäre: »Durch alle Erörterungen zur pädagogischen Autonomie zieht sich wie ein Leitmotiv immer wieder die gleiche unausgesprochene Voraussetzung: und zwar die, daß die ›Mächte‹ außerhalb der Pädagogik wirklich so sind, wie die Pädagogik sie darstellt: nämlich widerpädagogisch« (Seiffert S. 17)*. Angesichts der Wertschätzung, die beispielsweise Nohl der Kunst entgegenbrachte, oder an-

* Pädagogische Kontroversen 2, d. h., der Hinweis bezieht sich auf diesen Band.

gesichts der Betonung der unverzichtbaren, ja von der Pädagogik um ihrer selbst willen zu respektierenden »Eigenständigkeit« der Fachwissenschaften oder des Staates bei Weniger und Geißler, und zwar innerhalb ihrer Arbeiten zur Didaktik, erweist sich diese Unterstellung als gänzlich irrig. Aber man braucht gar nicht über die zitierten Texte hinauszugehen. Seiffert führt selbst z. B. Geißlers Aussage an, daß die Autonomie des pädagogischen Bezuges »immer nur relativ gemeint sein« kann; »sie hat (so Geißler) *ihre Grenze im Eigenrecht anderer Lebensbeziehungen«* (vgl. Seiffert, S. 12, Hervorhebung vom Verfasser). Der Pädagoge, so zitiert Seiffert weiter, »wirkt nicht im Auftrage objektiver Mächte, soweit ihnen Erziehung nur Mittel zur Erfüllung ihrer spezifischen Zwecke bedeutet« (Seiffert, S. 12; Hervorhebung vom Verfasser). Dieser Satz impliziert doch den Gedanken, daß der Erzieher durchaus *auch* »im Auftrage objektiver Mächte« erzieht, z. B. im Auftrage des Staates, der Kirche, der »Gesellschaft« – und zwar, so darf man hinzusetzen, weil eben diese Mächte Faktoren schon des kindlichen Lebens und besonders des das Kind erwartenden Erwachsenenlebens sind; aber er tut es *nicht,* so betont Geißler, »*soweit* diesen Mächten Erziehung *nur*« (d. h.: nichts anderes als) »Erfüllung ihrer spezifischen Zwecke bedeutet«, also sofern z. B. die Wirtschaft etwa fordern sollte, daß der junge Mensch nur zum funktionsfähigen Glied des Produktionsprozesses »erzogen« werden sollte. Geißler behauptet nicht, daß die Wirtschaft das etwa grundsätzlich fordere, und er behauptet ebensowenig, daß z. B. Produktionssteigerung nicht ein »eigenständiges« und damit legitimes wirtschaftliches Prinzip wäre.

Ein zweites Beispiel: Gewiß hat Seiffert recht, daß bei Nohl nach dessen eigener Aussage der Akzent der Deutung des erzieherischen Auftrages auf dem »individuellen Moment gegenüber dem universalen« liege (Nohl, zitiert bei Seiffert S. 14). Mag man diese Formulierung Nohls nun aber (wie ich selbst) auch für recht unscharf halten, sie ist doch für ihn offenbar nur recht verständlich im Zusammenhang mit einem anderen, ebenfalls von Seiffert angeführten Satz: »Das Kind ist nicht bloß Selbstzweck, sondern ist auch den objektiven Gehalten und Zielen verpflichtet, zu denen es hin erzogen wird, diese Gehalte sind nicht nur Bildungsmittel für die individuelle Gestalt, sondern haben einen eigenen Wert« (Nohl, zitiert bei Seiffert S. 14).

Angesichts solcher Sätze können Aussagen wie die folgenden, auf die Seiffert seine kritische »Auslegung« zuspitzt, nicht einmal mehr als Fehlinterpretationen, sondern nur noch als polemische Ausfälle bezeichnet werden: Die sogenannte eigenständige Pädagogik setze »von vornherein als selbstverständlich voraus, daß sie sich in einer von wilden Bestien bevölkerten Umwelt zu behaupten habe, die ihr und ihrem Schützling, dem Zögling, ständig nach dem Leben trachteten. Sie unterstellt, daß die Tendenz der außerpädagogischen Sachgebiete dem, was die Pädagogik anstrebt, feindlich gesinnt sein müßte« (Seiffert, S. 17; die Behauptung, die eigenständige Pädagogik charakterisiere die »Außenwelt« als »widerpädagogisch«, kehrt im Text mehrfach wieder, z. B. auf S. 17 und S. 18). Wie kann Seiffert von einem bisher »für selbstverständlich gehaltene(n) und gar nicht reflektierte(n) Axiom der pädagogischen Autonomie« sprechen, nachdem er Aufsätze (z. B. von Weniger), Kapitel größerer Werke (z. B. von Nohl), eine Dissertation und eine Sammlung von Texten (beide von Geißler) zitiert hat, die ausdrücklich der Reflexion und der Begründung des gemeinten Prinzips gewidmet sind und das jeweils bereits in den Titeln zeigen? Man mag diese Theorien oder Theorienansätze für unzulänglich oder gar für irrig halten – daß über das Problem nicht reflektiert worden sei, läßt sich wahrlich nicht behaupten.

II

Der ersten Unterstellung folgt unmittelbar eine zweite. Seiffert behauptet auf S. 18 seiner Schrift: »Das Hauptmerkmal des klassischen Begriffes der pädagogischen Autonomie ist die unbefangene und völlig unreflektierte Gleichsetzung der Begriffe ›pädagogisch‹ und ›menschlich‹. Man fordert die pädagogische Autonomie um des Menschen willen.« Diese Behauptung wird nun mit der vorher zitierten zu der polemischen These verknüpft, daß die eigenständige Pädagogik »alles ›Menschliche‹ für sich in Anspruch nimmt und es den Nicht-Pädagogen ebenso pauschal abspricht« (Seiffert). Nohl, Weniger, Flitner, Geißler u. a. müssen sich sagen lassen, daß »jede andere Möglichkeit (gemeint ist: außer einer »autonomen Pädagogik«; der Verf.), dem Menschen als Menschen zu seinem Recht zu verhelfen, außerhalb ihres Denkhorizontes« gelegen habe (Seiffert, S. 19). Im Gedankenkreis der »autonomen Pädagogik« könne man »sich nicht vorstellen, daß es außerhalb des autonomen ›Schonraumes‹ der Bildung überhaupt genuin Menschliches geben könne« (a. a. O., S. 20). – Es wäre geradezu billig, die völlige Unhaltbarkeit dieser Thesen durch Zitate beweisen zu wollen: hier ist m. E. nun wirklich das Interpretationsniveau eines Anfängerseminars unterschritten! Sollte es aber wirklich irgendwelche Schwierigkeiten bereiten zu erkennen, daß die genannten Autoren von der törichten Meinung frei waren, die »Menschlichkeit« sei einzig und allein in pädagogischen Schonräumen in ihre Rechte einzusetzen, so sei die Lektüre ihrer nicht-erziehungswissenschaftlichen Werke empfohlen: etwa Nohls philosophische, insbesondere seine ästhetischen und seine literaturwissenschaftlichen Bücher (Die ästhetische Wirklichkeit, 2. Aufl. Frankfurt/M. 1954; Friedrich Schiller, Frankfurt/M. 1954; Vom Sinn der Kunst, Göttingen 1961), W. Flitners »Goethe im Spätwerk« (Hamburg 1947) und seine »Abendländische Gesittung« (Stuttgart/Zürich 1961) oder Erich Wenigers »Goethe und die Generale der Freiheitskriege« (neue, erw. Aufl. Stuttgart 1959).

Seiffert hat ab und an den Tatbestand berührt, daß »das Kind« oder »der junge Mensch« im Zentrum der Reflexion der eigenständigen Pädagogik stünden; aber er übergeht diese Andeutungen in seiner Argumentation immer wieder jener bereits erwähnten Behauptung zuliebe, die »eigenständige Pädagogik« vollziehe eine »unbefangene und völlig unreflektierte Gleichsetzung der Begriffe ›pädagogisch‹ und ›menschlich‹« (Seiffert, S. 18). Durch diese Verzeichnung aber kann dem Kritiker das wirkliche Problem gar nicht angemessen in den Blick kommen, das Problem nämlich, angesichts dessen schon bei Rousseau das Eigenständigkeitsproblem entspringt: Das Kind soll einmal in die reife, mündige, selbstverantwortliche Menschlichkeit hineinfinden; aber gerade um dieses Zieles willen muß ihm das Eigenrecht seiner Kindheit und Jugend gewährt werden, muß es Kind sein dürfen, um einmal »Mensch« sein zu können. Aus dieser Erkenntnis resultiert das Problem der Eigenständigkeit der Pädagogik! Daß es zum Beispiel den Kirchen »um den Menschen geht«, hebt das Problem der Eigenständigkeit der Pädagogik nicht auf! Mögen sich, vor allem bei Nohl und Geißler, Formulierungen des Autonomieprinzips finden, die dieses als Verteidigung des Menschen gegenüber objektiven Mächten kennzeichnen, so geht doch aus dem Kontext der jeweiligen Stellen hervor, daß immer die Möglichkeit der Menschwerdung des *Kindes* und des *Jugendlichen*, die nicht ohne Anerkennung der kindlichen oder jugendlichen Menschlichkeit möglich ist, der Bezugspunkt des pädagogischen Autonomieprinzips ist. Nicht minder eindeutig ist allen zitierten Autoren zu entnehmen, daß es sich bei diesem Prinzip nicht um eine selbstverständliche Verhaltensweise aller derer handelt, die etwa einen sogenannten »pädagogischen Beruf« ergreifen oder ausüben, sondern um ein Kriterium, das in der Geschichte der pädagogischen Theorie und Praxis entdeckt worden ist und in jeder Situation neu konkretisiert werden muß. Insofern trifft die rhetorische Frage Seifferts: »Ist die Erziehung a priori ein in jedem Falle unfehlbarer Garant für Menschlichkeit?« (a. a. O., S. 19) – ganz abgesehen von der philosophischen Fragwürdigkeit, die in dem hier praktizierten Gebrauch des Begriffes »a priori« liegt – ins Leere: Keiner der kritisierten Autoren könnte aufgrund seiner eigenen Aussagen zögern, diese Scheinfrage anders als mit »selbstverständlich nein!« zu beantworten.

III

1. Es ist hier nicht möglich, alle Beispiele, an denen Seiffert die vermeintliche Inkonsequenz der »eigenständigen Pädagogik« meint nachweisen zu können, auf ihre Stichhaltigkeit zu untersuchen. Unser besonderes Interesse gilt Seifferts Ausführungen zum *Problem der Didaktik*. Bevor ich auf seine Kritik an meinen eigenen Beiträgen zur Deutung des didaktischen Problems eingehe, lenke ich den Blick auf Seifferts Ausführungen zu Erich Wenigers Theorie des Geschichtsunterrichts (Seiffert, S. 20 ff.)[2].

Weniger, so interpretiert Seiffert richtig, sei der Auffassung, »daß nicht einfach die Geschichtswissenschaft bestimmen könne, was im Geschichtsunterricht geschehen soll«. Und er stimmt Wenigers These zu: »Die Grundkategorie des Geschichtsunterrichts ist die Verantwortung des handelnden Menschen vor der Geschichte« (Seiffert, S. 21). Dann aber beginnen erneut Unterstellungen erstaunlichen Inhalts. Wo nämlich hat Weniger, selbst ein leidenschaftlicher Historiker, jemals »dem ›dynamischen‹, weil der Verantwortung hingegebenen Geschichtsunterricht« die *Geschichtswissenschaft* »als etwas ›Statisches‹, irgendwo vornehm im höchsten Himmel überzeitlicher Objektivität und Beziehungslosigkeit zu aktuellen Aufgaben Thronendes« gegenübergestellt? (Seiffert, S. 21). Wann hat Weniger jemals behauptet, daß die Grundkategorie der Geschichtswissenschaft »nicht ›die Verantwortung des handelnden Menschen vor der Geschichte‹ ist«? (Seiffert, S. 21). Wo hat Weniger sein »ceterum censeo« gesprochen, daß »die Geschichtswissenschaft zum zeitgeschichtlichen Unterricht nichts beitragen« könnte? (Seiffert, S. 23). Soweit Seiffert diese seine Behauptungen auf Zitate Wenigers zu stützen versucht, handelt es sich um ganz unzulässige Extrapolationen! Wenn Weniger 1949 sagte, der Geschichtsunterricht, insbesondere der Geschichtslehrer selbst, müsse eine »kritische Selbstbesinnung« auf die neue geschichtliche Lage auch dann wagen, wenn die Geschichtswissenschaft noch nicht das gesamte Material der Zeitgeschichte bereitgestellt und aufgearbeitet habe, und wenn er betonte, daß solche »historische Selbstbesinnung« nicht primär aus Quellenforschung und methodischer Kritik der Wissenschaft erwachse, sondern »aus der Tiefe und dem Umfang der geschichtlichen Erfahrung, die wir gewonnen haben oder jetzt gewinnen können«, so heißt das doch keinesfalls, daß Geschichtswissenschaft hier überflüssig oder unzuständig sei. Drei Sätze nach demjenigen, mit dem das Zitat Seifferts endet, steht bei Weniger der folgende: »Die historische Methode liefert innerhalb dieses Erfahrungszusammenhangs die Mittel zur Kritik und Ordnung, setzt ihn aber immer schon voraus« (E. Weniger: Neue Wege im Geschichtsunterricht, Frankfurt/M. 1949, S. 16). Wenn Seiffert schließlich Herman Heimpels Aufsatz »Unser Verhältnis zur Geschichte«

(in: »Wo stehen wir heute?«, hrsg. von H. R. Bähr, Gütersloh 1960) zitiert, in dem sich die Sätze finden, daß Geschichtswissenschaft die Aufgabe habe, »den Menschen frei zu machen von seinen dunklen Bedingtheiten, von Ressentiment und Tabu, vom Gesetz von Druck und Gegendruck, von Aktion und Reaktion, von Parteilichkeit, Zorn und unbereinigtem Gewissen: Geschichte ist Bewältigung der Vergangenheit«; daß »Zeitgeschichte« durchaus als wissenschaftlich legitime Disziplin möglich und unausweichlich notwendig sei; daß schließlich die Geschichtswissenschaft eine »anthropologische Wendung« vollzogen habe – »der Historiker ist stärker als früher hingewiesen auf die ausdrückliche Frage, was der Mensch sei« (Seiffert, S. 22) –, so ist dazu dreierlei zu bemerken:

Erstens könnte Heimpels These von der »anthropologischen Wendung der Geschichtswissenschaft« leicht falsch verstanden werden, fügte man dem oben zitierten einen Auslegungssatz Heimpels nicht noch einen zweiten hinzu: Der Historiker sucht die Antwort auf die Frage, »was der Mensch sei«, »indem er sagt, was der Mensch gewesen sei« (Heimpel: a. a. O., S. 116; bei Seiffert nicht zitiert)!

Zweitens darf man Zweifel hegen, ob alle Historiker den Sinnbestimmungen der Geschichtswissenschaft, wie Heimpel sie (nach meiner Auffassung voll überzeugend!) entwickelt, vorbehaltlos zustimmen würden.

Drittens sagen auch jene neuen Entwicklungen in der Geschichtswissenschaft bzw. in ihrem Selbstverständnis nicht das mindeste gegen dasjenige, was Weniger unter »Eigenständigkeit« der Geschichtsdidaktik verstand (wohl zu unterscheiden von der Deutung Wenigers durch Seiffert). Denn diese Auffassung leugnet keineswegs den notwendigen Zusammenhang von Geschichtswissenschaft und Geschichtsunterricht, wohl aber bestreitet sie, daß die Geschichtswissenschaft als solche in der Lage sei, eine Didaktik des Geschichtsunterrichts zu entwickeln, und zwar nicht deshalb, weil etwa »die Historiker« dazu grundsätzlich unfähig wären oder weil sie sich nicht genügend um »das Menschliche« kümmerten, sondern einfach deshalb, weil die Geschichtswissenschaft jene Fragen, die die Didaktik stellen *muß*, wenn anders sie *Didaktik* – im weiteren Sinne: Theorie des Lehrens und Lernens oder des Unterrichts oder, wie Weniger am Anfang seiner Didaktik als Bildungslehre sagt, »Theorie des Lehrgefüges«; im engeren Sinne: Theorie der Bildungsinhalte und des Lehrplans – sein will. Die Geschichtswissenschaft fragt, auch nach ihrer anthropologischen Wendung, *nicht*, ob und warum *Kinder* oder *Jugendliche* oder erwachsene »Laien« in der Volkshochschule auf verschiedenen Bildungsstufen geschichtliche Erkenntnis gewinnen können und gewinnen sollen, wann und aus welchen Motiven Geschichtsunterricht als Schulfach eingeführt worden ist, unter welchen Voraussetzungen und über welche

»Stufen« hinweg geschichtliche Begriffs- und Vorstellungsbildung bei Kindern und Jugendlichen sich vollziehen kann usw. Selbstverständlich ist es denkbar, daß nicht nur einzelne Historiker, sondern die Geschichtswissenschaft im ganzen irgendwann einmal die Didaktik des Geschichtsunterrichts als eine ihrer Teildisziplinen anerkennt. Dann aber müßte diese historische Teildisziplin – wie es von jeder Didaktik des Geschichtsunterrichts bereits heute zu fordern ist – jene vorher angedeuteten Fragen stellen und wissenschaftlich zu beantworten versuchen, sich damit aber auch der Beziehungen des Schulfaches Geschichte zur Schule im ganzen bewußt bleiben; und diese Disziplin dürfte sich dann nicht ohne Rücksicht auf den Erkenntnisstand der Allgemeinen Didaktik bzw. der Allgemeinen Erziehungswissenschaften etablieren. Bis heute ist mir keine deutsche Universität und keine systematische Darstellung der Geschichtswissenschaft bekannt, in denen die Didaktik des Geschichtsunterrichts als vollwertige Disziplin der Historie vertreten oder gefordert wird. (Wenn jene eben erwähnten Voraussetzungen erfüllt wären, würde die Frage der Zuordnung der fachdidaktischen Lehrstühle oder Lehraufträge, sei es zur Erziehungswissenschaft, sei es zur Historie, m. E. eine reine Zweckmäßigkeitsfrage sein.)

2. Auch *meine eigenen Versuche* zur Didaktik führt Seiffert als Beispiele dafür an, daß es »die eigentümliche Schwäche der dezidierten Eigenständigkeitsargumentation« sei, »daß, was sie meint, in abstrakten Proklamationen recht plausibel machen zu können« (dieses Zugeständnis wäre, wenn Seifferts frühere Ausführungen zuträfen, nicht angemessen; der Verf.), »jedoch sofort an Überzeugungskraft zu verlieren, sobald es um die Präzision im einzelnen, an den konkreten Aufgaben des Schulalltages geht« (Seiffert, S. 23 f.).

Ausgangspunkt der Kritik Seifferts – und hier setzt auch Wegenast ein – ist eine These, an der ich nach wie vor meine festhalten zu müssen: »Die Wissenschaften fungieren im Zusammenhang didaktischen Fragens nicht als konstitutiv, weder als vorauszusetzendes Fundament noch als letzter und verbindlicher Maßstab, auf den man sich zu orientieren hätte; sie fungieren als helfende, als Disziplinen, die vom Didaktiker um Rat gefragt werden. Der Didaktiker hat zu prüfen, ob die ihm gebotenen Antworten – Antworten, die er, sofern er zugleich in der Fachwissenschaft zu Hause ist, sozusagen sich selbst gibt – die didaktisch relevante Wirklichkeit zu erhellen geeignet sind« (Studien zur Bildungstheorie und Didaktik, 5.–7. Aufl. Weinheim 1965, S. 112). Seiffert setzt sich kritisch mit einigen Beispielen auseinander, die ich als Belege für diese These anführte. Ich antworte hier thesenartig auf diese Kritik.

a) Es ist erstens irreführend, mein ausdrücklich als Gedankenexperiment gekennzeichnetes Beispiel, daß man eine Didaktik der politischen Bildung heute selbst dann zu entwickeln versuchen müßte, wenn es noch keine politische Wissenschaft gäbe, als »Unterstellung einer nicht-existierenden Tatsache« zu bezeichnen (Seiffert, S. 24). Ein Gedankenexperiment ist keine »Unterstellung«, sondern eine methodisch bewußte Hypothese! Zweitens habe ich aus diesem Gedankenexperiment nirgends gefolgert, »daß die Didaktik von der Wissenschaft unabhängig« sei (Seiffert, S. 24), sondern folgere nach wie vor daraus, daß Didaktiken nicht aus den jeweiligen Fachwissenschaften *deduziert* werden können, weil die didaktischen Fragen nicht identisch mit den fachwissenschaftlichen Fragen sind und weil die Antworten der letzteren daher nicht die von der Didaktik benötigten Antworten zu sein brauchen. Drittens habe ich nirgends »als Spezifikum für die Pädagogik in Anspruch« genommen, daß nur sie »jeweils in bestimmten geschichtlichen Situationen frage ...« (Seiffert, S. 24).

b) Zum zweiten Beispiel Seifferts: Ich behaupte (nach wie vor), daß es im Hinblick auf die pädagogische Aufgabe einer »Einführung des jungen Menschen in die Arbeitswelt« keine eindeutig bestimmbare wissenschaftliche Bezugsdisziplin gibt, von der sich eine Didaktik dieses pädagogischen Aufgabenfeldes einfach linear deduzieren, ableiten ließe. »Der Didaktiker geriete ins Uferlose, wenn er nicht durch seine pädagogisch initiierten Fragen eine radikale Auswahl träfe, durch die ihm jene Bündelung zu einem Erkenntnis- und Sinnzusammenhang, der dem Zögling, die ihn erwartende Arbeits- und Wirtschaftswirklichkeit auf elementarer Ebene geistig erschlösse, gelingt« (Studien ...; a. a. O., S. 114; bei Seiffert zitiert auf S. 24).

Seiffert behauptet, ich übersähe zunächst, daß es für »übergreifende Fragen dieser Art heute weitgehend eine sich längst nicht mehr als ›wertfrei‹ verstehende, sondern dem Menschen zugewandte Soziologie« gäbe (Seiffert S. 24). Nun, erstens ist ›wertfrei‹ nicht eo ipso ein Gegensatz zu »dem Menschen zugewandt«; zweitens unterscheiden sich verschiedene soziologische Schulen hinsichtlich der Wertungsfrage nach wie vor beträchtlich – etwa die »Frankfurter Schule«, Hans-Paul Bahrdt, Heinz Maus u. a. einerseits, Helmut Schelsky andererseits; drittens beansprucht auch die Industriesoziologie Bahrdts und anderer nicht, etwa eine Integration aller auf Arbeits- und Wirtschaftswirklichkeit bezogenen wissenschaftlichen Disziplinen (z. B. Betriebswissenschaft, Arbeitswissenschaft, Technologien, Arbeitspsychologie usw.) leisten zu können oder zu wollen; viertens ist die »interdisziplinäre« Behandlung solcher Fragen in der Wissenschaft bis heute weitgehend noch ein Desiderat. Wie wenig selbstverständlich die »Bündelung« aller einschlägigen Probleme zu einem didaktischen »Erkenntnis- und Sinnzusammenhang«, den ich für nötig halte und den ich inzwischen ansatzweise zu entwickeln versuchte (vgl. Klafki, Kiel, Schwerdtfeger: Die Arbeits- und Wirtschaftswelt im Unterricht der Volksschule und des Gymnasiums, Heidelberg 1964[3]), in den entsprechenden Wissenschaften bisher geleistet worden ist, zeigt J. Schwerdtfeger für den Arbeitsbegriff in seinem Beitrag in dem eben genannten Buch. Und dieser Tatbestand zeigt nicht einfach ein wissenschaftliches Versäumnis, sondern ist bis zu einem gewissen Grade offenbar notwendig: Der Arbeitsbegriff der sogenannten Arbeitswissenschaft – primär auf den einzelnen Arbeitenden gerichtet – kann nicht ohne weiteres identisch mit dem der Betriebswissenschaft – auf den innerbetrieblichen Funktionszusammenhang gerichtet – und dieser wiederum nicht einfach mit dem der Soziologie – auf den gesamtgesellschaftlichen Zusammenhang gerichtet – gesetzt werden!

c) Zum dritten Beispiel Seifferts: Ich sage an einer Stelle meiner Abhandlung »Das Problem der Didaktik«, daß die einzelnen Teildisziplinen einer Wissenschaft »eine unterschiedliche Nähe oder Ferne zur Didaktik« haben könnten und daß dieses Verhältnis ständigem Wandel unterworfen sei. Bei der Exemplifikation habe ich nun – und hier hätte Seiffert einen Grund zur Korrektur und nicht zur Zustimmung gehabt! – in einem Passus von der *»modernen* Geographie, soweit sie sich als Anthropogeographie versteht«, von der *»modernen* Verhaltensforschung« und von der »werkimmanenten Interpretation in der *modernen* Literaturwissenschaft« (Seiffert, S. 25) gesprochen, insofern unscharf, als einerseits die anthropogeographische Betrachtungsweise nicht erst von der »modernen Geographie«, sondern bereits im Anfang des vorigen Jahrhunderts von Carl Ritter entwickelt worden ist, und als andererseits die Verhaltensforschung in der Zoologie meines Wissens überhaupt erst seit einigen Jahrzehnten sich entwickelt hat, so daß die Formulierung »moderne Verhaltensforschung« mißverständlich ist.

Irrig aber ist, was Seiffert behauptet: »Was nach Klafki ›nah‹ ist, das ist eben die jeweils ›moderne‹ Methode bzw. Auffassung der betreffenden Wissenschaft ... Wissenschaft und Schule stimmen, da sie jeweils in der gleichen historischen Situation stehen, in ihrer Meinung über das, was in dieser Situation als ›modern‹ gilt, durchaus überein« (Seiffert, S. 25). Die genannten »modernen« Methoden der verschiedenen Wissenschaften erschöpfen doch beileibe nicht den ganzen zeitgenössischen Methoden- und Aspektbestand dieser wissenschaftlichen Disziplinen! Und jene von Seiffert behauptete Relation, daß die jeweils »moderne« Methode bzw. Auffassung (in dieser Eindeutigkeit gibt es das überhaupt nirgends!) der betreffenden Wissenschaft das »didaktisch Nahe« sei, stimmt keineswegs. Nicht im mindesten ist die hochgradig (im positiven Sinn des Wortes) abstrakte moderne Physik »didaktisch nah«, und es ist ein überaus schwieriges Problem, sie dann doch in elementarer Form und in wenigen, exemplarischen Beispielen didaktisch zugänglich zu machen; eine unabweisbare Aufgabe, weil diese »moderne Physik« in ihren

Anwendungsformen ein entscheidender Faktor der uns alle und unsere Kinder betreffenden Wirklichkeit ist. – Noch ein zweites Gegenbeispiel: Es ist durchaus umstritten, ob eine der »Methoden« der modernen Mathematik, die immer weiter vorangetriebene Axiomatik, der Intention nach auch das Prinzip einer modernen Schulmathematik sein müsse: Alexander Wittenberg, Martin Wagenschein, Detlev Laugwitz u. a. sind hier – wenn ich recht sehe – anderer Meinung als zum Beispiel Heinrich Behnke und sein Schüler Hans Georg Steiner[4]! Und schließlich: Meine These von der didaktischen »Nähe« der literaturwissenschaftlichen Methode »werkimmanenter Interpretation« sollte nicht etwa ein Plädoyer für jene bisweilen beobachtbare, subjektiv verständliche Praxis mancher Gymnasiallehrer und auch jüngerer Volksschullehrer sein, die auf der Universität oder in den Hochschulen erlernten Interpretationsmethoden nun einfach möglichst unverkürzt in den Unterricht zu übertragen – ein Verfahren, gegen das sich in Seifferts Aussagen, soweit ich sehe, kein Gegenargument finden ließe.

d) Auf der Seite 26 ff. bezieht Seiffert sich auf den von mir im Anschluß an Flitner, Weniger, Derbolav, Dolch u. a. aufgenommenen Gedanken, daß die Schulfächer ursprünglich als »artes« verstanden wurden und daß Humboldts Wissenschaftsverständnis – zentriert um einen die pädagogische Frage, als Frage nach der Bildung des Menschen, noch implizierenden Wissenschaftsbegriff – ein anderes als das der meisten modernen Fachwissenschaften gewesen sei. (Am Rande: Die These Seifferts: »Humboldts Gymnasialideal war gleichzeitig sein Wissenschaftsideal« – a. a. O., S. 27 – weist zwar auf einen richtigen Zusammenhang hin, vereinfacht die wahre Meinung Humboldts aber zu sehr; vgl. den »Königsberger« und den »Litauischen Schulplan« sowie die Abhandlung »Über die innere und äußere Organisation der Höheren Wissenschaftlichen Anstalten in Berlin« in der Textausgabe »Humboldt, Anthropologie und Bildungslehre«, hrsg. von A. Flitner, Düsseldorf/München 1956.) Nun meint Seiffert, man könne mit dem gleichen Recht, mit dem heute oft eine Wiederbesinnung auf den ursprünglichen artes-Charakter der Schulfächer gefordert wird, auch die Forderung aufstellen, daß – wie die artes einst »die Wissenschaften ihrer Zeit gewesen« (Seiffert, S. 26) seien – »eben auch heute Schulunterricht und Wissenschaft in ihrer Struktur identisch sein müßten« (S. 27).

Hier wird zweierlei übersehen: Erstens waren auch im Mittelalter die Schul-artes nicht einfach identisch mit den artes der Universitäten. Zweitens wird hier aber die moderne Wissenschaftsentwicklung mit ihrer unbegrenzbaren Differenzierung der Aspekte, ihrer Fülle von anspruchsvollsten Methoden, ihrem Geflecht kompliziertester Voraussetzungen verkannt – eine Entwicklung, die unausweichlich dazu geführt hat, daß man oft eines jahrelangen Spezialstudiums bedarf, um sich auf den gegenwärtigen Forschungsstand heraufzuarbeiten und zu produktiver Fortsetzung der Forschung fähig zu werden. Daß (in einem allerdings noch genauer zu bestimmenden Sinne) »für jede Zeit ein Parallelismus zwischen dem, was jeweils in den Schulen, und dem, was jeweils gleichzeitig in der Wissenschaft getrieben wird, festzustellen ist« (Seiffert, S. 27), kann nicht bestritten werden; aber zu fordern, daß »eben auch heute Schulunterricht und Wissenschaft in ihrer Struktur identisch sein müßten« – was sie, wie gesagt, im strengen Sinne nie waren –, ist angesichts des modernen Standes der Wissenschaften utopisch!

3. In dem Abschnitt, der »Sache und Didaktik« überschrieben ist (Seiffert, S. 27ff.), nimmt Seiffert zu meinem Konzept der »Didaktischen Analyse« Stellung, insbesondere zu dem konkreten Versuch einer solchen Analyse an Hand des Lesestückes »Der Professor und die Kuh« von A. Hinrichs. Seiffert stimmt dieser Analyse zu und zitiert ihren IV. Abschnitt, der auf die Frage »welches ist die Struktur des Inhaltes?« antworten soll. Indessen meint Seiffert, diese seine Zustimmung zugleich als ein Argument gegen die These von der Eigenständigkeit der Didaktik interpretieren zu können. »Wenn ein Germanist vor der Aufgabe stünde, diese kleine Erzählung zu analysieren, könnte er wohl kaum etwas anderes schreiben, als Klafki das getan hat« (Seiffert, S. 31). Nehmen wir an, dieses Urteil träfe in etwa zu, was folgte daraus? Zunächst, daß der Didaktiker sich hier sinnvoll der Hilfe der Literaturwissenschaft bedient hätte und daß er ohne sie höchstwahrscheinlich nicht zu seinem Ergebnis gekommen wäre. Genau dies aber, daß der Didaktiker die Hilfe der Wissenschaft braucht, war u. a. von mir behauptet worden. Nirgends habe ich die Auffassung vertreten, daß die Didaktik in Problemfeldern, die bereits Gegenstand einer Wissenschaft sind, sich »von der Wissenschaft unabhängig« (Seiffert, S. 24) etablieren dürfe, nirgends will ich auf einen »Dualismus zwischen Wissenschaftsfach und Schulfach hinaus« (Seiffert, S. 26), sondern auf eine dialektische Bezogenheit der Didaktik auf die Wissenschaften; und so kann es mir auch nicht in den Sinn kommen zu behaupten oder gar zu fordern, was Seiffert auf S. 28 seiner Schrift dem Leser als Meinung der »eigenständigen Didaktiker« zu suggerieren scheint, daß nämlich Ergebnisse einer didaktischen Analyse »in Widerspruch« zu dem stehen dürften, was sich »aus der Sache selbst« ergibt. Aber man darf füglich zweifeln, ob es denn, wenn Hinrichs Lesestück »Der Professor und die Kuh« irgendwo einmal Gegenstand der Literaturwissenschaft geworden wäre oder werden würde, bei solchen Aussagen geblieben wäre, wie ich sie in meiner Analyse vorgelegt habe. Wenn überhaupt, so würde das Stück wahrscheinlich von Anfang an in größeren gattungs- und stilgeschichtlichen Zusammenhängen erscheinen, im Horizont der Frage nach Traditionen der »Volksliteratur«, nach ihrem Verhält-

nis zur »hohen Literatur«, nach literatursoziologischen Zusammenhängen usw. Der Literaturdidaktiker müßte angesichts solcher (vermuteten) literaturwissenschaftlichen Ergebnisse aber wissen, was er (als Pädagoge) will, um sich solche weiterreichenden Aussagenzusammenhänge zunutze machen, insbesondere: aus ihnen das ihn Betreffende auswählen zu können.

Wenn Seiffert meine in die Analyse »ständig eingestreuten Hinweise auf die Konfrontierung der Geschichte mit den Kindern« als »durchaus zusätzlicher Natur« empfindet und feststellt, man könnte sie »ohne weiteres aus dem Gedankengang der Analyse herauslassen, ohne daß er Schaden nimmt« (Seiffert, S. 32), so wäre das eine Schwäche meiner Analyse und liefe ihrem Sinn zuwider: Denn der Intention nach geht es um die Reflexion darüber, ob und warum die gründliche Lektüre der Geschichte von A. Hinrichs in einem 5./6. Schuljahr sinnvoll, pädagogisch verantwortbar und für die Hinführung der Kinder zur Welt der Literatur fruchtbar sein kann, *was* also diese Geschichte (eine »Anekdote« – so Seiffert auf S. 33 – ist es übrigens nicht, sondern eine Humoreske) den Kindern »literarisch« zu sagen haben könnte.

Ich übergehe hier andere Irrtümer der Seiffertschen Kritik und streife nur knapp die dem Selbstverständnis der »eigenständigen« Erziehungswissenschaft und Didaktik diametral zuwiderlaufende Diremption der »eigenen praktischen Erfahrung«, aus der ich meine didaktischen Zwischenbemerkungen schöpfte, und der didaktischen Theorie; nach Seiffert »sind eben diese Hinweise nichts, was den Verfasser der Analyse als didaktischen Theoretiker auswiese« und was er »den Praktikern der Erziehung voraus hätte« (Seiffert, S. 32). Sollte dem Kritiker entgangen sein, daß die didaktischen Analysen als Modelle (gewiß verbesserungsbedürftige Modelle!) für die Unterrichtsvorbereitung des Praktikers gedacht sind, daß also der Theoretiker, weil die Sache noch ziemlich neu ist, weil er dazu mehr Zeit hat und weil er in gewisser Weise eben dazu da ist, dem Praktiker hier versuchsweise einmal vormachen wollte, wie es »praktisch gemeint« ist?

In der Tat: »Die geisteswissenschaftliche Didaktik geht ... von der Voraussetzung aus, daß die Wissenschaften und überhaupt alle Sachgebiete, die Gegenstand geordneter Lehre sein können, ursprünglich ›undidaktisch‹ angelegt seien« (Seiffert, S. 28), *sofern* man »undidaktisch angelegt« hier nämlich genau in jenem Sinne versteht, in dem Seiffert diese seine Formulierung erläutert: das heißt, daß sie »nicht einfach von sich aus zeigten, was gelehrt werden solle und wie es gelehrt werden könne« (Seiffert, S. 28). Um diese »Voraussetzung« zu widerlegen, müßte der Kritiker zeigen, inwiefern z. B. die moderne Atomphysik »einfach von sich aus zeigt«, was von ihr z. B. in der Hauptschule oder in der Gymnasialoberprima »gelehrt werden solle und wie es gelehrt werden könne«; er müßte das gleiche für die mittelalterliche Historie oder für die Zeitgeschichte oder für die Musikwissenschaft belegen.

4. Auch das letzte Gegenbeispiel Seifferts verfängt nicht – ich betone: leider, denn wir dürfen auf dem bisher erreichten bescheidenen Stande unseres didaktischen Wissens gewiß nicht stehenbleiben und könnten produktiv-kritische Anstöße brauchen! Seiffert argumentiert gegen meine Hypothese, daß die historische Chronologie nicht *selbstverständlich* als didaktische Ordnungskategorie von Geschichtslehrgängen für die Schule vorausgesetzt werden könne, wiewohl sie vermutlich für die Geschichtswissenschaft eine unverzichtbare, konstitutive Ordungskategorie sei. Er tut es mit dem Hinweis, dem Studenten der Geschichtswissenschaft würde im 1. Semester doch keineswegs eine »systematisch-chronologische Abhandlung der Welt- oder mindestens der europäischen Geschichte geboten« (Seiffert, S. 34). Das ist mir u. a. aus meinem eigenen Geschichtsstudium bekannt. Aber ich hatte in der in Rede stehenden Abhandlung nicht von der »wissenschaftlichen Ausbildung« (Seiffert, S. 34) gesprochen und den Studienordnungen sowie der Studienpraxis nicht das »exemplarische Prinzip« abgesprochen, um es für die Pädagogik zu reservieren; ich hatte auch nicht die chronologische Vollständigkeit »ausgerechnet dem wissenschaftlichen Betrieb als ein Spezifikum« anzulasten versucht, was »an der Wirklichkeit doch wohl ein wenig vorbei« ginge (so Seiffert, S. 35): Ich habe von der Historie als Wissenschaft, also von den Forschungsprinzipien der Geschichtswissenschaft im ganzen und der Gesamtdarstellung ihres jeweiligen Erkenntnisstandes, wie er sich etwa in den großen Sammelwerken, Lehr- und Handbüchern niederschlägt, gesprochen. Ein Werk, das hier die Chronologie *nicht* zu einem Ordnungsprinzip machte, ist mir bisher nicht bekannt geworden.

Um hier neue Mißverständisse auszuschalten: Meine These wollte und will keineswegs besagen, daß die Chronologie für die geschichtliche Bildung irrelevant wäre oder daß die Didaktik »nicht in der Sache« – d. h. nicht in der geschichtlichen Erkenntnis – begründete Aufbauprinzipien erfinden dürfte. Aber ich behaupte nach wie vor, daß es *nicht* selbstverständlich ist, daß der inhaltliche Aufbau des Geschichtsunterrichts auf jeder Stufe und in jedem Falle der historischen Chronologie getreu erfolgen müsse, daß also die deutsche Ostkolonisation im Mittelalter »natürlich« vor der Reformation zu behandeln sei usw.

IV

Es stünde noch die Auseinandersetzung mit Seifferts vermeintlicher Widerlegung meiner Deutung des von mir benutzten Begriffs der »kategorialen Bildung« aus. Ich breche jedoch aus Raumgründen ab; ohnehin fürchte ich, die Geduld etwaiger Leser arg strapaziert zu haben.

Ich versuche, das Fazit zu ziehen:

1. Die Widerlegung der Selbstdeutung der »eigenständigen Erziehungswissenschaft« und innerhalb ihrer der als eigenständig verstandenen Didaktik, die Seiffert versuchte und nach Meinung der Herausgeber der »Neuen Pädagogischen Bemühungen« geleistet hat, ist mißlungen.
2. *Dieser* Versuch mußte mißlingen, da der Verfasser die eigentümlich dialektische Struktur des Eigenständigkeitsbegriffs und der in ihm gemeinten Relationen – »die Pädagogik« und »die objektiven Mächte«, »Kindheit« und »mündige Menschlichkeit« usw. – verkannte. *Daß* das geschehen konnte, muß als ernstes Symptom gewertet werden: In der Selbstinterpretation der meisten Autoren ist diese dialektische Struktur offensichtlich nicht so unmißverständlich aufgewiesen und formuliert worden, daß jene schematischen Entgegensetzungen von »Kind« und »Kultur«, »Pädagogik« und »geschichtlich-gesellschaftlich-kulturellen Mächten«, von »Schulfach« und »Wissenschaft« usw., die nicht nur Seiffert den Vertretern der eigenständigen Pädagogik unterstellt, von vornherein und durchgängig als Fehlverständnis ausgeschlossen wären.
3. Die lebhaften und fruchtbaren Kontakte zwischen Allgemeiner Didaktik und Fachdidaktiken, die sich seit einiger Zeit entwickelt haben, sind nicht zuletzt dadurch möglich geworden, daß einerseits die Fachdidaktiken sich *pädagogisch* verstehen und daß andererseits die Allgemeine Didaktik erkannt hat, daß sie sich nicht anders als in Konfrontation mit dem *immer auch* fachwissenschaftlich fundierten Sachverstand der Fachdidaktiker zu entfalten vermag. Dieses Gespräch und die Anstöße zu fachdikdaktischen, sowohl historisch-systematischen als auch empirischen Forschungen und zu gezielten Unterrichtsversuchen, die daraus erwachsen sind, waren, wenn ich recht sehe, u. a. Belege für ein rechtes, explizites oder implizites Verständnis des Gedankens der »Eigenständigkeit der Pädagogik«. Daß dieses Theorem so oft mißverstanden wird, muß der Allgemeinen Erziehungswissenschaft Anlaß zu weiterer, präziser Auslegung sein[5].

1 Die Begriffe »Autonomie« und »Eigenständigkeit« sollen im folgenden, wie Seiffert es tut, synonym gebraucht werden; das ist hier insofern legitim, als Weniger, der den Begriff der Eigenständigkeit bevorzugte, ihn zweifellos als den angemesseneren und weniger mißverständlichen Terminus für dasjenige Prinzip ansah, das Nohl als »Autonomie der Pädagogik« bezeichnete.

2 [Anmerkung Wolfgang Klafki 1972: Zur Interpretation der Didaktik Wenigers vgl. W. Klafki: Didaktik. In: Geisteswissenschaftliche Pädagogik am Ausgang ihrer Epoche. – Erich Weniger, hrsg. v. J. Dahmen u. W. Klafki. Weinheim 1968, S. 137–174].

3 [W. Klafki, W. Schulz, F. Kaufmann: Arbeitslehre in der Gesamtschule. Weinheim [5]1971].

4 A. Wittenberg: Bildung und Mathematik, Stuttgart 1963; ders.: Mathematik im Gymnasium. In: »Neue Sammlung« 1961, H. 6, S. 174 ff. – M. Wagenschein: Exemplarisches Lehren im Mathematikunterricht. Schriftenreihe »Der Mathematikunterricht«, 8. Jg., H. 4, Dez. 1962. – D. Laugwitz: Der Streit um die Methode der modernen Mathematik. In: »Neue Sammlung« 1965, H. 1, S. 9 ff., bes. S. 23. – H. G. Steiner: Das moderne mathematische Denken und die Schulmathematik. In: Der Mathematikunterricht 1959, H. 4, S. 5 ff. – H. Behnke und H. G. Steiner: Der Mathematikunterricht und die Hochschulreife. Mathematisch-physikalische Semesterberichte, Bd. VII, 1961, H. 2, S. 213 ff.

5 [Anmerkung W. K. 1972: Zur gegenwärtigen erziehungswissenschaftlichen Position des Verfassers vgl. W. Klafki u. a.: Erziehungswissenschaft, 3 Bde. (Funk-Kolleg), Frankfurt 1970 ff., bes. Bd. 3, 9. u. 10. Kap. u. »Schluß«. – Ders.: Erziehungswissenschaft als kritisch-konstruktive Theorie: Hermeneutik – Empirie – Ideologiekritik. In: Z. f. Päd. 1971, H. 3, S. 351–385].

Helmut Seiffert

Muß die Didaktik eigenständig sein?

Eine Antwort an Wolfgang Klafki

Bei meiner Entgegnung möchte ich so verfahren, daß ich mich eng an Klafkis – wie immer wohldurchdachte – Gliederung halte, um so dem Leser eine gute Orientierung zu ermöglichen. Ich werden nicht auf alles eingehen können; man möge das nicht so verstehen, daß ich auf die nicht erwähnten Punkte nichts zu erwidern wüßte, sondern im Sinne einer ... Raumökonomie aufnehmen.

I.

1. Hellsichtig und fair umschreibt Klafki meine Grundthese so: »Die Pädagogik *braucht* – nach Seiffert – nicht eigenständig zu sein, und sie kann, will sie ihre heutigen Aufgaben nicht verfehlen, nicht eigenständig sein!« (S. 39). In der Tat geht es mir nicht darum, die Pädagogik an sich zu verneinen, sondern nur darum, zu zeigen, daß sie zur Erfüllung ihrer Aufgaben gar keiner Eigenständigkeit bedarf.

Klafki bezeichnet meine These als »mutig« und »non-konformistisch«. Ein größeres Lob könnte ich mir kaum wünschen. Denn hierin liegt indirekt ja die Feststellung, daß es in der gegenwärtigen erziehungswissenschaftlichen Literatur viel Konformismus und Mangel an Zivilcourage gibt. Klafkis nächster Satz, diese These zwinge »uns« (wer ist wir?) »zur Selbstprüfung«, enthält fast ein Zuviel an Selbstverleugnung, da er damit ja beinahe sich selbst des Konformismus bezichtigt.

2. Klafki behandelt hier mein Verhältnis zu Nohl und Weniger. An diesem Punkte möchte ich die einzige Ausnahme von der Regel machen, Klafkis Reihenfolge genau einzuhalten, da hier ein Grundproblem wissenschaftlichen Denkens überhaupt liegt, zu dem ich mir einige Bemerkungen für den Abschluß dieser Entgegnung aufbewahren möchte.

3. Das hier von Klafki Gesagte gehört so eng mit dem unter II Ausgeführten zusammen, daß es dort von selbst mitgewürdigt wird.

II.

Es ist richtig, daß Autoren wie Nohl und Weniger ein entschieden positives Verhältnis zu außerpädagogischen Sachgebieten gehabt haben (S. 40 unten u. S. 42 unten). Das ist schon deshalb selbstverständlich, weil alle Erziehungswissenschaftler bis hin zu Flitner und Weniger ja gleichzeitig Philosophen oder Fachwissenschaftler waren und die Pädagogik nur unter anderem betrieben. Die radikal »eigenständige« Erziehungswissenschaft unter bewußtem Ausschluß außerpädagogischer Fragestellungen hat ja erst mit Klafkis und meiner Generation begonnen. Aber was folgt daraus? Doch nichts weiter als das, daß – bei Nohl und den übrigen hierher gehörenden Autoren – zwischen der Proklamation einer pädagogischen Eigenständigkeit innerhalb erziehungswissenschaftlicher Gedankengänge und der tatsächlichen Hingabe an außerpädagogische Gegenstände ein Widerspruch klafft insofern, als eine tatsächlich geübte Praxis (nämlich die aufgeschlossene Beschäftigung mit Sachen als Sachen) in der pädagogischen Theorie schlankweg ignoriert wird, indem hier dann plötzlich nur noch feindliche »Mächte« übrigbleiben. Genau mit dieser Doppelsinnigkeit ist aber der Tatbestand dessen erfüllt, was man sich inzwischen angewöhnt hat, »Ideologie« zu nennen. Denn »Ideologie« heißt ja nicht: etwas nicht wissen und tun, sondern: etwas tatsächlich wissen und tun, was man in der Theorie aber verleugnet.

Im folgenden (S. 43) expliziert Klafki sein eigenes Grundverständnis von Pädagogik. Das ist mir hochwillkommen, weil es mir Gelegenheit gibt, daran deutlich zu zeigen, daß ich eben »Pädagogik« völlig anders verstehe. Klafki stößt sich nämlich an meiner der Pädagogik unterstellten Gleichsetzung von »pädagogisch« und »menschlich« und meint, in Wahrheit gehe es der Pädagogik ja gar nicht um den »Menschen« im allgemeinen, sondern um das *Kind*, das erst Mensch werden soll. Daß es anderen Disziplinen ebenfalls um den Menschen geht, bestreitet Klafki gar nicht; aber das ist für ihn nicht interessant, weil es der Pädagogik sozusagen noch zusätzlich und speziell um das Kind geht! Da nun aber Geißler in den von mir (S. 12) zitierten Stellen unleugbar vom Menschen allgemein spricht, hilft Klafki sich durch die Feststellung, daß im »Kontext« eben doch immer die »Menschwerdung des *Kindes*« gemeint sei (S. 43).

Hier liegt, glaube ich, der springende Punkt. Ich kann nämlich mit der Unterscheidung zwischen »Mensch« und »Kind«, wie Klafki und mit ihm viele andere Autoren sie treffen, schlechthin nichts anfangen. Ich verstehe sie einfach nicht! Für mich ist auch ein Kind ein Mensch, es soll nicht erst einer werden. Aber da bin ich vielleicht zu einfältig.

Wenn man den Sinn der Erziehung als Hilfe zur Menschwerdung des Kindes umschreibt, so stört mich daran zweierlei: nicht nur, daß ich mir unter einem Kind, das erst Mensch *werden* soll (genau sagt Klafki hier: »Das Kind ... muß ... Kind sein dürfen, um einmal ›Mensch‹ sein zu können«, S. 43), nichts vorstellen kann, sondern auch umgekehrt: daß man dann in der Definition der Pädagogik die Tatsache, daß auch Menschen, die man nicht mehr als »Kinder« oder »Jugendliche« bezeichnen kann, Subjekt »pädagogischer« Bemühungen sein können, nicht mehr unterzubringen vermag. Genau das ist aber mein Problem, wie ich weiter unten zeigen werde.

Die letzten Sätze des Abschnitts II (S. 43) widmet Klafki der Widerlegung meiner These, daß die Erziehung nicht von selbst ein »unfehlbarer Garant für Menschlichkeit« sei, indem er feststellt, »daß es sich bei diesem Prinzip [dem »pädagogischen Autonomieprinzip] nicht um eine selbstverständliche Verhaltensweise aller derer handelt, die etwa einen sogenannten ›pädagogischen Beruf‹ ... ausüben, sondern um ein Kriterium, das ... in jeder Situation neu konkretisiert werden muß« (S. 43). Genauer drückt Klafki sich hier leider nicht aus; er meint wohl, daß der Begriff »Pädagoge« nicht empirisch, sondern normativ definiert werden muß: »Pädagoge« im eigentlichen Sinne ist nicht jeder, der »einen sogenannten ›pädagogischen Beruf‹ ... ausübt«, sondern nur derjenige, der das im – wie auch immer zu verstehenden – »richtigen« Sinne tut.

Das ist der zweite Punkt, an dem Klafki und ich uns fundamental unterscheiden und wohl nie einigen werden. Wer nämlich von vornherein jede nicht im richtigen Sinne pädagogische »Verhaltensweise« aus dem Begriff der Pädagogik ausschließt, braucht die Wirklichkeit nicht mehr zur Kenntnis zu nehmen, weil alles das in dieser Wirklichkeit, was diesem Maßstab nicht genügt, dann ja einfach als »nichtpädagogisch« beiseite gelassen werden könnte. Die Leser ... brauchen wohl kaum darüber aufgeklärt zu werden, daß die der Erziehungswissenschaft heute gestellte Aufgabe gerade in der Analyse der tatsächlichen »Verhaltensweise aller derer ..., die ... einen sogenannten ›pädagogischen Beruf‹ ... ausüben«, zu suchen ist.

Die Widerlegung der mir wohlbekannten Auffassung Klafkis und ihm verwandter Autoren habe ich in meinem Beitrag schon vorwegzunehmen versucht:

> »Pädagoge ist jeder, der erzieht; nach welchen Gesichtspunkten, ist eine zweite Frage. Mir scheint es nicht unsinnig zu sein, zwischen ›menschlichen‹ und ›unmenschlichen‹ Pädagogen zu unterscheiden und so das entscheidende Kriterium vom ›Pädagogischen‹ ins ›Menschliche‹ zu verlegen. Das ist nicht weniger berechtigt, als daß man von ›menschlichen‹ Medizinern oder Juristen spricht – ein Sprachgebrauch, an dem der Pädagoge seinerseits vermutlich keinen Anstoß nehmen wird, da er sofort an die Situation in totalitären Staaten denkt. Dann muß er sich aber auch gefallen lassen, mit gleicher Elle gemessen zu werden. (Seite 19).

III.

1. Selbstverständlich sagt Erich Weniger nirgends: »Die Grundkategorie der Geschichtswissenschaft ist nicht die Verantwortung des handelnden Menschen vor der Geschichte.« Aber aus dem »Kontext« der von mir (S. 20 f.) zitierten Weniger-Stellen (auf den ich mich ja wohl ebenfalls berufen darf!) geht doch eindeutig hervor, daß das implizite seine Meinung ist, da er sonst ja nicht ausdrücklich den Geschichtsunterricht als »eigenständig« von der Geschichtswissenschaft abzusetzen brauchte. Daher enthält seine These: »Die Grundkategorie des Geschichtsunterrichts ist die Verantwortung des handelnden Menschen vor der Geschichte« dem Sinne nach eindeutig die Behauptung, daß eben dies die Grundkategorie der Geschichts*wissenschaft nicht* sei.

Genau das gleiche gilt für Klafkis Feststellung, Weniger habe niemals behauptet, »daß ›die Geschichtswissenschaft zum zeitgeschichtlichen Unterricht nichts beitragen‹ könnte«. Natürlich hat er das nicht wörtlich gesagt. Wenn er aber feststellt, »der Geschichtsunterricht« könne »nicht warten«, bis die Geschichtswissenschaft die Quellen aufgearbeitet habe, dann heißt das doch nichts anderes, als daß »die Geschichtswissenschaft zum zeitgeschichtlichen Unterricht nichts beitragen« kann – denn wie sollte sie das können, wenn sie – so wie Weniger das versteht – die Quellen noch nicht aufgearbeitet hat?

Klafkis entscheidende These ist nun aber: »Die Geschichtswissenschaft fragt... nicht, ob und warum Kinder oder Jugendliche oder erwachsene ›Laien‹ in der Volkshochschule auf verschiedenen Bildungsstufen geschichtliche Erkenntnis gewinnen können...« (S. 45). Das bedeutet: die pädagogische Eigenständigkeit des Geschichtsunterrichts manifestiert sich darin, daß er auf Kinder, Jugendliche und erwachsene Laien bezogen ist. Auf die Frage, wie denn der *Geschichtsstudent* Geschichte lernen soll, geht Klafki bezeichnenderweise überhaupt nicht ein. Wendet man sich ihr jedoch zu, wird man weiter feststellen müssen:

Worin soll sich die »geschichtliche Begriffs- und Vorstellungsbildung bei Kindern und Jugendlichen« (S. 45) und Laien von derjenigen bei Geschichtsstudenten *konkret* unterscheiden? Niemand bestreitet doch wohl, daß das Geschichtsverständnis innerhalb der Stufenfolge etwa der höheren Schule ja selbst dauernd sich wandelt und reift. Es ist daher kaum zuviel behauptet, wenn man sagt, daß das Geschichtsverständnis des Oberprimaners dem des Studenten in den ersten Semestern erheblich näher steht als dem des Sextaners. Welchen Sinn hat es da noch, auf »Kinder und Jugendliche« einerseits und auf die »Geschichtswissenschaft« (und damit doch auch auf den Prozeß, in dem auch ihr Verständnis erst einmal erworben werden muß!) abzustellen? Erst recht gilt das im Vergleich des Geschichtsstudenten mit dem erwachsenen

»Laien« in der Volkshochschule, den Klafki ausdrücklich in den pädagogischen Bereich mit einbezieht.

Wie heute noch die meisten Erziehungswissenschaftler, scheint auch Klafki allen Ernstes der Meinung zu sein, der Bereich der pädagogischen Verantwortung beschränke sich auf »Kinder und Jugendliche« einerseits und den erwachsenen »Laien« andererseits. Der Student und überhaupt der Erwachsene, der sich (auch außerhalb der Volkshochschule, die praktisch ohnehin auf dem Rückzuge ist) Sachverhalte aneignet, jedoch werden vom Scheinwerferkegel des pädagogischen Verantwortungsbewußtseins nicht mehr erreicht. Klafki glaubt, besonders »pädagogisch« zu sein, indem er sich auf das Kind und den Laien zurückzieht; er bemerkt nicht, daß er eben dadurch sich partiell unpädagogisch verhält, daß er die pädagogische Dimension der Lern- und Informationsvorgänge gerade außerhalb des herkömmlichen Umkreises der pädagogischen Subjekte nicht sieht. Besonders deutlich wird diese Paradoxie des Klafkischen pädagogischen Ethos, wenn er (S. 49 und S. 50) mit Recht feststellt, daß die moderne Wissenschaft sehr kompliziert sei. Der einzige Schluß, den er aus dieser Tatsache zieht, ist der vertraute: eben deshalb sei die Wissenschaft in ihrer reinen Form für die Schule unbrauchbar!

Ich möchte die Folgerung jedoch in entgegengesetzter Richtung ziehen: wenn die moderne Wissenschaft so kompliziert ist, dann hat eben das *pädagogische Konsequenzen* im Hinblick auf diejenigen, die diese kompliziert gewordene Wissenschaft lernen und verstehen sollen. Mit anderen Worten: in Zukunft kann sich die Pädagogik gar nicht mehr auf Kinder und Laien beschränken wollen. Sie muß den sogenannten »Fachmann« mit einbeziehen, da er ihrer ganz genauso bedarf. Damit stellt sich aber die Frage nach dem Verhältnis von Pädagogik und Wissenschaft in einer Weise neu, wie sie mit Klafkis Rüstzeug nicht mehr zu bewältigen ist.

2. Völlig unverständlich wird mir wohl immer Klafkis folgende These bleiben: »Die Wissenschaften fungieren im Zusammenhang didaktischen Fragens nicht als konstitutiv, weder als vorauszusetzendes Fundament noch als letzter und verbindlicher Maßstab, auf den man sich zu orientieren hätte; sie fungieren als Helfende, als Disziplinen, die vom Didaktiker um Rat gefragt werden« (S. 46, Selbstzitat). Was kann das nur heißen, die Wissenschaften fungierten »nicht als konstitutiv«? Ohne den jeweiligen Sachzusammenhang gäbe es die Sachverhalte gar nicht, die Gegenstand des Unterrichts sind. Der Pädagoge kann sich nicht die Welt einfach ausdenken, wie sie ihm paßt; er findet sie immer schon vor, so wie sie nun einmal ist.

Aber selbst wenn man versucht, sich Klafkis These so zu erklären, daß er zwischen »Wissenschaft« und »Sache« unterscheidet, das heißt, daß der nicht die »Sache« als konstitutiv für die Didaktik ablehnt, sondern nur die Fragestellungen der dieser »Sache« entsprechenden Fachwissenschaft, bleibt ein ungelöster Rest; denn er weist etwa auch Heinrich Roths These von der reinen Sachanalyse als Ausgangspunkt für die Vorbereitung des Lehrers ausdrücklich als »vorpädagogisch« ab, obwohl Roth offensichtlich die Sache ganz allgemein und eben nicht einfach im Sinne des fachwissenschaftlichen Zusammenhanges meint (Klafki: Studien zur Bildungstheorie und Didaktik, S. 129 oben, dazu Anm. 4; 129 Mitte; auch S. 137. – Heinrich Roth: Pädagogische Psychologie des Lehrens und Lernens, 6. Aufl., S. 128).

Offensichtlich will Klafki jedoch gar nicht das Kind der »Sache« mit dem Bade der »Fachwissenschaft« ausschütten; die Mißverständnisse, die er heraufbeschwört, hängen mit seinem merkwürdig engen »Sach«-Begriff zusammen. So geht z. B. aus der Erörterung des Sachproblems auf S. 137–138 der »Studien« hervor, daß er die von ihm abgelehnte »vorpädagogische ›Sachanalyse‹« als »theoretisch-wissenschaftliche« Fragestellung verstanden sehen möchte, auf die man »wissenschaftlich gemeinte Antworten« erhalte. Am Beispiel des elektrischen Stromes zeigt Klafki, daß solche von ihm »wissenschaftlich« genannten Antworten nur in oberen Klassen, nicht aber im 7. oder 8. Schuljahr verständlich sein könnten. Denn es komme immer auf die »Frage- und Verständnisebene der Schüler« an.

»Die Physik dieser Bildungstufe [»des in der Vorpubertät stehenden Schülers«] wird Phänomen-Physik (Wagenschein) sein müssen. Sie wird sich im Bereich der dem Schüler einerseits unmittelbar, andererseits in einfachen Versuchen zugänglichen und ihn interessierenden Phänomene der Elektrizität halten müssen . . .« (S. 138).

Hier offenbart sich sehr deutlich: Hinter Klafkis in der Theorie so anspruchsvoll klingenden Erörterungen verbirgt sich die simple Forderung, daß eine bestimmte Sache immer altersangemessen dargestellt werden müsse. Ich frage mich, welcher einsichtige Lehrer das nicht schon immer gewußt hat. Weiterhin jedoch bleibt festzustellen: Von der Sache als Sache wird dadurch, daß ich sie so darstelle, daß Zwölfjährige sie verstehen, nichts abgezwackt. Das ist begrifflich auch gar nicht möglich; denn ich stelle ein bestimmtes Phänomen oder einen bestimmten Sachverhalt ja gerade deshalb für Zwölfjährige faßlich dar, weil sie diesen Sachverhalt als solchen verstehen sollen! Der Sachverhalt bleibt also »konstitutiv«; denn ich kann und will ihn als Pädagoge ja nicht willkürlich abändern, sondern nur altersangemessen verständlich zu machen suchen.

Wenn ich Copeis berühmte Milchbüchse (Studien S. 141) zum Anlaß eines Unterrichtsgespräches mache, so erkenne ich damit den zugrunde liegenden physikalischen Sachverhalt (den »horror vacui«) als gültig an. Denn die Milchbüchse soll ihn ja gerade verdeutlichen. Indem ich ihn mit ihrer Hilfe altersangemessen veranschauliche, hebe ich ihn nicht etwa auf und ersetze ihn durch eine »didaktisch eigenständige« Version (worunter man sich ja auch gar nichts vorstellen könnte), sondern erläutere ihn so sachgemäß, daß noch der Oberprimaner oder der Physikstudent auf diesem Grundverständnis eines Phänomens sein nunmehr altersangemessen »wissenschaftliches« Verständnis des horror vacui aufbauen kann.

Zur Frage des Epithetons »modern« im allgemeinen und zu der nach der »didaktischen Nähe« der modernen Physik und Mathematik im besonderen (c), S. 48 kann ich zu meinem großen Bedauern aus Raummangel nicht Stellung nehmen, obwohl hierzu manches zu sagen wäre; das gleiche gilt auch für das Problem des Verhältnisses zwischen Schule und Wissenschaft im Zeitalter der »artes« und Humboldts (d), S. 49.

3. Die Geschichte vom Professor und der Kuh ist der Angelpunkt der gesamten Diskussion zwischen Klafki und mir, weil Klafki hier den Mut gehabt hat, seine Thesen an einem gründlich durchgeführten praktischen Beispiel zu konkretisieren, und ich entsprechend versucht habe, an diesem Musterstück meine Einwände zu verdeutlichen. Klafkis Reaktion auf meine Kritik ließ daher von vornherein Aufschlußreiches erwarten.

Klafki sagt zunächst, er habe ja nie behauptet, daß didaktische und sachliche Analyse »in Widerspruch« stehen dürften (S. 50). Ich habe jedoch niemals behauptet, daß Klafki das behauptet habe; die von ihm angezogene Stelle bei mir (S. 28) lautet nämlich:

»Schon bei unseren bisherigen Beispielen kehrte jedesmal die Beobachtung wieder, daß Tatbestände, die scheinbar ›eigenständig pädagogisch‹ waren, sich als der Sache inhärent erwiesen, d. h. mit anderen Worten: daß die pädagogischen Aussagen, die gemacht wurden, als solche zwar völlig zutreffend waren, daß sie jedoch in keiner Weise in Widerspruch zu dem standen, was sich auch aus der Sache selbst ergab.«

Ich habe also ausdrücklich nur gesagt, daß ich nirgends einen Widerspruch gefunden hätte, nicht aber, daß Klafki einen solchen postuliere! Freilich: ich habe bewußt und in provokatorischer Absicht den Begriff »Widerspruch« gebraucht, um damit zu sagen: »Wenn ihr ›eigenständigen Didaktiker‹ immer behauptet, die Didaktik habe gegenüber der entsprechenden Wissenschaft eine eigene Struktur – dann erläutert doch einmal konkret, worin die besteht – an einem konkreten Beispiel und nicht in allgemeinen Wendungen; das ist leicht.« Das heißt: die didaktische Eigenständigkeit muß sich doch irgendwo exakt in Form eines Widerspruches oder, vorsichtiger gesagt, einer konkret zu definierenden Abweichung zwischen der sachlichen und der didaktischen Behandlung ein und desselben Gegenstandes demonstrieren lassen. Und daher eben meine dankbare Akzeptierung des Professors und der Kuh.

Klafki hat meine Provokation dankenswerterweise aufgenommen und (S. 50) klargestellt, daß auch er das Gericht nicht so heiß gegessen sehen möchte, wie es gekocht ist. Aber der Kunstgriff, mit dem er die didaktische Eigenständigkeit seiner Interpretation vom Professor und der Kuh dennoch retten möchte, überzeugt wenig, weil er mit ihm auf Punkte ausweicht, die in diesem Zusammenhang gar nicht zur Debatte stehen. Er sagt: »Wenn überhaupt, so würde das Stück [als möglicher Gegenstand der Literaturwissenschaft] wahrscheinlich von Anfang an in größeren gattungs- und stilgeschichtlichen Zusammenhängen erscheinen, im Horizont der Frage nach Traditionen der ›Volksliteratur‹, nach ihrem Verhältnis zur ›hohen Literatur‹, nach literatursoziologischen Zusammenhängen usw.« (S. 50 f.).

Es steht hier aber gar nicht zur Diskussion, was die Literaturwissenschaft *überhaupt* alles mit dem kleinen Stück machen *könnte*, sondern lediglich, was ein Literaturwissenschaftler, der die Methode der werkimmanenten Interpretation konsequent anwendet, *ceteris paribus* anderes über das Stück sagen könnte, als Klafki es tut. Denn wenn die »werkimmanente«, das heißt, sich lediglich an den vorliegenden Text haltende, historisch-philologisch-biographisch-soziologische Momente also eben *als wissenschaftliche Methode* nicht berücksichtigende Interpretation eines so und nicht anders gegebenen Kunstwerkes überhaupt eine legitime wissenschaftliche Methode ist, dann kann man nur die von Klafki gegebene werkimmanente Interpretation und eine denkbare wissenschaftliche werkimmanente Interpretation miteinander vergleichen, *nicht* aber die werkimmanente Interpretation als »spezifisch didaktisch« auf der einen Seite und Ausweitungen ins Gattungs- und Stilgeschichtliche usw. als »allein wissenschaftlich« auf der anderen Seite. (Ganz abgesehen von der Frage, warum nicht auch »größere gattungs- und stilgeschichtliche Zusammenhänge« usw. im Unterricht ihren Platz haben könnten – womit die »pädagogische Spezifizität« einer werkimmanenten Betrachtungsweise auch von der anderen Seite her in Frage gestellt wäre. Muß man dagegen so allergisch sein?)

Ich vermute, daß Klafki sich über diese entscheidende Schwäche seines Parierhiebes vor sich selbst im klaren ist, er aber um seines (um jeden Preis durchzuhaltenden) Prinzips willen das Risiko einer Entgegnung auf sich nimmt.

4. Auch auf diesen Abschnitt (S. 52) kann ich leider nur noch kurz eingehen.

Meine Feststellung, die Geschichtswissenschaft gehe ja ebenfalls nicht chronologisch vor (S. 34), schiebt Klafki der »wissenschaftlichen Ausbildung« (S. 52) zu und trennt davon die »Historie als Wissenschaft«, für welche die Abweichung vom chronologischen Schema nicht gelte. Klafki übersieht dabei, daß ich (S. 34) ausdrücklich auch auf »die eigentlich wissenschaftliche Forschungsarbeit« abstelle: gerade der wissenschaftliche Spezialist muß ja »auswählen«.

IV.

An dieser Stelle muß ich zunächst noch einmal auf das zurückgreifen, was Klafki im Abschnitt I 2 (S. 39 f.) andeutete. Klafki stellt mich hier als Schüler Nohls und Wenigers vor und folgert daraus: »Man durfte erwarten, daß Seiffert ... das Theorem der ›Eigenständigkeit‹ der Pädagogik angemessen interpretieren würde ...« (S. 39). Was hierzu sachlich zu sagen wäre – nämlich daß man Nohl und Weniger (und Geißler) kaum anders »angemessen interpretieren« kann, als ich es getan habe –, geht aus meinen einschlägigen obigen Ausführungen hervor.

Interessant an dieser Äußerung Klafkis ist etwas anderes: nämlich die kausale Verknüpfung zwischen meiner Schulherkunft und meiner Verpflichtung zu angemessener Interpretation. Man sollte annehmen, daß man einen Autor nur angemessen oder unangemessen interpretieren könne, gleichgültig, ob man bei ihm gehört hat oder nicht; jede andere Auffassung würde offensichtlich im Widerspruch zu dem hermeneutischen Prinzip stehen, einen Text aus sich selbst zu verstehen.

Sollte Klafki hier jedoch – unabhängig von der Interpretationsfrage – die *Meinungen* im Auge haben, die ich vertrete, so muß ich in aller Offenheit sagen: ich kann nicht anders denken, als ich denke. Mein Studium bei bestimmten akademischen Lehrern kann für mich kein Anlaß sein, so zu denken wie diese Lehrer, wenn mir mein wissenschaftliches Gewissen etwas anderes zu denken nahelegt. Jedenfalls habe ich mich in diesem Sinne niemals als typischen Nohl- und Wenigerschüler betrachten können.

Klafki scheint da ganz anders zu sein. Ihm geht es um die getreue Fortführung der Lehren seiner Meister. Man wird bei Klafki schwerlich einen Satz finden können, den Erich Weniger, lebte er noch, nicht unterschreiben würde. Klafki mißt daher jede Kritik, die ihm begegnet, am Maßstab der Lehrsätze der Göttinger Schule. Jedes Abweichen von dieser Norm erklärt sich für ihn ganz einfach daher, daß der Betreffende seinen Nohl und Weniger nicht genau genug gelesen haben muß. Er sieht sich daher stets in der Situation dessen, der ad papam melius informandum zu appellieren gezwungen ist, das heißt: bemüht sein muß, den in »vor-Göttinger« Vorstellungen befangen Umherirrenden auf den rechten Weg zu führen.

Auf den entgegengesetzten Gedanken: nämlich daß ein Andersdenkender nicht notwendig der schlecht über die Göttinger Gedankengänge Informierte, sondern seinerseits der Mitverfechter neuerer, vielleicht zukunftsträchtiger Positionen sein könnte, kommt Klafki nicht.

Klafki weist in seiner Erwiderung immer wieder darauf hin, daß man seine Position dialektisch versehen müsse, und mit einer sympathischen Gebärde führt er die, wie er meint, Mißverständnisse, die hier immer wieder entstünden, auf die unpräzise Selbstauslegung der von ihm vertretenen Richtung zurück (so S. 53).

Klafki spricht sehr viel von Dialektik. Sich selbst sieht er ganz undialektisch: er reflektiert kaum, daß seine Position nur eine unter anderen möglichen ist und daß die dialektische Denkbewegung sich nicht nur dort abspielt, wo er selbst in seiner Theorie sie vorsieht, sondern daß er seinerseits, mit allem, was er zu sagen hat, nur Teilnehmer an einem dialektischen Spiel ist, das eines Tages auch über seine Position hinausgehen wird.

Wolfgang Klafki

Replik

Das Angebot der Redaktion, auf Helmut Seifferts »Kritik der Kritik« noch einmal zu antworten, greife ich nur zögernd auf; denn ich habe kaum noch den Eindruck, daß es gelingen könnte, in diesem Gespräch sachlich wesentlich weiterzukommen. Abgesehen von zwei meines Erachtens wirklich produktiven Einwänden, muß ich im wesentlichen versuchen, einerseits auf die Wiederholung einiger Mißverständnisse Seifferts, die ich bereits in meinem ersten Aufsatz kritisierte, andererseits auf neue Fehlinterpretationen hinzuweisen. Helmut Seiffert wird diese meine Rede von »Fehlinterpretationen« zweifellos wieder als Ausdruck jenes Epigonentums deuten, das er mir im Teil IV seiner Stellungnahme vorwirft. (Ich habe nicht die Absicht, auf die dort vorgetragenen, z. B. grotesken Unterstellungen ausführlicher einzugehen, da ich meine, daß hier das Niveau und der Stil einer wissenschaftlichen Kontroverse allzu rigoros unterboten worden sind. Hoffentlich wird diese Art der »Kritik« in Zukunft nicht Mode in der Pädagogik!) Die Notwendigkeit der Kritik, die kein wirklich wissenschaftlicher Kopf wird von sich weisen wollen, darf nicht zur Willkür in der Interpretation von pädagogischen Texten führen. Selbstverständlich hat niemand das Monopol der richtigen Interpretation eines Textes gepachtet, und die Möglichkeit von Interpretationskontroversen ist nicht nur ständig gegeben, sondern sie ist der eigentliche Motor der Entwicklung des wissenschaftlichen Denkens; wo aber die Aussagen eines Textes gar nicht mehr in ihrem jeweiligen Gesamtzusammenhang zur Kenntnis genommen werden, wo vielmehr Einzelaussagen aus dem Kontext gelöst, vom »Interpreten« dann noch über das explizit Gesagte hinaus auf bestimmte Extrempositionen zugespitzt und in dieser Form als der Kern des zu diskutierenden Textes oder als die Auffassung des behandelten Autors ausgegeben werden, da erwächst keine »neue Deutung«, vielmehr öffnet man der Beliebigkeit des Behauptens Tür und Tor.

Zum Abschnitt II der Ausführungen H. Seifferts

1.

a) Inwiefern ein Widerspruch darin liegen soll, daß Autoren wie Nohl, Weniger u. a. einerseits die sogenannte »Eigenständigkeit« der Pädagogik in Theorie und Praxis vertraten – in unserem Zusammenhang interessiert vor allem die Eigenständigkeit der Theorie – und andererseits zugleich Beiträge zur

Philosophie bzw. zu bestimmten Einzelwissenschaften geliefert haben – welche sie offenbar selbst wiederum als in ihren Fragestellungen »eigenständige« Wissenschaften betrachteten –, ist unerfindlich;

b) daß sie in ihrer pädagogischen Theorie »die aufgeschlossene Beschäftigung mit Sachen als Sachen« ... »schlankweg ignoriert« hätten, ist eine schlechthin falsche Behauptung (mir ist keine Textstelle bei Nohl, Weniger oder Geißler bekannt, die eine solche Deutung erlaubte; ich weise hingegen z. B. auf Nohls Aufsatz »Die Polarität in der Didaktik«, jetzt in dem Sammelband »Pädagogik aus 30 Jahren«, und auf folgende Stelle – unter manchen anderen – aus dem Buche »Die pädagogische Bewegung in Deutschland und ihre Theorie«, S. 143, hin: »Die Bildung geht auf Weckung und Gestaltung des Innern, aber sie bedarf dazu eines geistigen Inhalts, der nicht bloß Mittel ist, sondern Selbstwert hat, sie ist auf eine Form des geistigen Lebens gerichtet, aber diese Form kommt nur durch Assimilation eines Gehaltes zustande, sie will Entwicklung von Kräften, die doch nur an einer unbeugsamen [Sperrung von mir] Gegenständlichkeit sich wahrhaft entwickeln«;

c) wenn H. Seiffert kommentarlos seine Behauptung wiederholt, für die genannten Autoren seien die Objektivitäten der »außerpädagogischen Wirklichkeit« nur noch »feindliche Mächte« gewesen, so kann ich nur noch einmal auf die Widerlegung dieser Behauptung, die ich in meinem Aufsatz, S. 40 f, gegeben habe, hinweisen.

2.

a) Die Meinung Seifferts, es sei notwendig, mir gegenüber zu betonen, daß »auch ein Kind ein Mensch« sei, daß es »nicht erst einer werden« soll, resultiert wohl daraus, daß er u. a. folgendes überlesen hat:

Vor dem von Seiffert zitierten Satz meines Beitrages – »das Kind ... muß ... Kind sein dürfen, um einmal ›Mensch‹ werden zu können« (in dem die Schreibweise ›Mensch‹ überdies auf den formelhaft abkürzenden Charakter dieser Aussage hinweist) steht in meinem Text ein ausführlicher Satz: »Das Kind soll einmal in die reife, mündige, selbstverantwortliche Menschlichkeit hineinfinden ...«

b) Eine treffende Kritik liegt in Seifferts Hinweis, daß man mit Bestimmungen, die die Ausrichtung auf das Kind und den Jugendlichen zum Definitionselement des Begriffes »Pädagogik« machen, pädagogische Bemühungen, die sich auf erwachsene Menschen beziehen, nicht fassen kann. (Der Begriff der »Didaktik« allerdings ist auch in der Nohl-Weniger-Schule und in meinen eigenen einschlägigen Arbeiten nicht immer auf Kinder und Jugendliche allein eingeschränkt worden.) Was die damit angedeutete notwendige Erweiterung des Begriffs »Pädagogik« für die Problematik der »Eigenständigkeit«

bedeutet, müßte ausführlicher erörtert werden; im folgenden berühren wir diese Frage noch einmal.

3.

Im letzten Teil des Abschnittes II der Entgegnung Seifferts fließen zwei unterschiedliche Fragestellungen ineinander. Die Bemerkung auf S. 43 unten meines Aufsatzes bezog sich zunächst ausschließlich darauf, daß der Begriff der »Eigenständigkeit« der pädagogischen Praxis bei Weniger u. a. ein »normatives« Prinzip meint, genauer: ein (nach der Deutung dieser Autoren) in der Geschichte des pädagogischen Denkens und der pädagogischen Erfahrung gewonnenes Wertprinzip, das der ständig neuen, jeweils zeit- und situationsgemäßen Konkretisierung bedarf. Ein anderes ist die Frage nach den »Gegenständen« der Pädagogik (als Erziehungswissenschaft). Schon Nohl und Weniger schlossen ja faktisch keineswegs alles das aus ihren pädagogischen Untersuchungen aus, was dem Eigenständigkeitsprinzip nicht entsprach. Mir selbst läge das vollends fern, und ich bin mit H. Seiffert völlig einig darin, daß wir uns der unvoreingenommenen Erforschung sowohl der »Erziehungswirklichkeit« im engeren Sinne als auch der – wie es Wolfgang Brezinka genannt hat – möglicherweise »erzieherisch bedeutsamen Wirklichkeit« viel intensiver widmen müssen, als das bisher geschah; und es ist sicher, daß wir dazu des Ausbaus der empirischen Forschung bedürfen. Es bedurfte und bedarf wenigstens in dieser Hinsicht keiner »Widerlegung« der Helmut Seiffert nach seiner eigenen Aussage »wohl bekannten Auffassung Klafkis und ihm verwandter Autoren« – diese mir zugeschriebene Auffassung vertrete ich nämlich nicht. Daß aber mit einer solchen unerläßlichen Wirklichkeitserforschung nicht zugleich die Problematik pädagogischer Wertprinzipien und Handlungsnormen gelöst ist, erkennt auch Seiffert an, wenn er z. B. den Unterschied zwischen »menschlichen« und »unmenschlichen« Pädagogen macht. Würde er seine Kriterien für diese beiden (oder auch weitere) pädagogische Typen explizieren, so würde er wohl kaum um die Tatsache herumkommen, daß erstens die Pädagogik es mindestens u. a. mit Kindern und Jugendlichen zu tun hat und daß zweitens die Frage, ob diese Kinder und Jugendlichen von den sie beeinflussenden Menschen als junge Menschen ernst genommen werden, bei der Beurteilung der »Menschlichkeit« oder »Unmenschlichkeit« jener Pädagogen eine Rolle spielen muß.

Zum Abschnitt III, 1

Vermischung unterschiedlicher Fragestellungen liegt auch dem Abschnitt III der Ausführungen Seifferts zugrunde.

1. Zunächst zum Problem der »Grundkategorie des Geschichtsunterrichts«

im Sinne Wenigers: Wenigers Auffassung (deren Zulänglichkeit hier dahingestellt bleiben möge) ist die, daß »die gleiche Verantwortung des handelnden Menschen vor der Geschichte« nicht im *gleichen* Sinne Grundkategorie des Geschichtsunterrichtes und der Geschichtswissenschaft sei. »Verantwortung des handelnden Menschen« im Geschichtsunterricht ist im Sinne Wenigers auf die zukünftige »politische Verantwortung« (Weniger: Neue Wege ... S. 27) *der jungen Generation* bezogen. So verstanden, ist dieses »Kriterium« doch gewiß nicht die Grundkategorie der Geschichts*wissenschaft* – was, auch und gerade im Sinne Wenigers, nicht ausschließt, daß man »Verantwortung des handelnden Menschen in der Geschichte« *in einem anderen Sinne* durchaus auch als Grundkategorie der Geschichtswissenschaft bezeichnen kann. Dann bezieht sich diese Kategorie auf die Deutung der bewegenden Motive der Geschichte, auf die Geschichte als zu erforschenden »Sachzusammenhang«. (Mir selbst scheint diese Kennzeichnung, geschichtswissenschaftlich gesehen, zu eng zu sein; nur im Zusammenhang und z. T. in polarer Spannung zu anderen Kategorien vermag die Kategorie der Verantwortung des handelnden Menschen meines Erachtens heute geschichtswissenschaftliche Interpretationen und Darstellungen zu fundieren.) In jedem Falle aber wird man hinsichtlich der Weniger-Interpretation sagen dürfen: »Die Verantwortung des handelnden Menschen vor der Geschichte« konnte Weniger nur deshalb als Grundkategorie des Geschichtsunterrichts bezeichnen, weil er offenbar der (leider nicht breiter explizierten) Überzeugung war, daß diese Kennzeichnung auch von der Geschichtswissenschaft aus gesehen legitim war, d. h.: einen der Geschichtswissenschaft mindestens nicht widersprechenden Aspekt der Geschichtsbetrachtung darstellt.

2. Aus der Aussage Wenigers vom Jahre 1949, der Geschichtsunterricht könne hinsichtlich des zeitgeschichtlichen Unterrichts nicht warten, bis die Geschichtswissenschaft die Quellen aufgearbeitet habe, darf man sehr wohl den (banalen) Schluß ziehen – genauer: das analytische Urteil ableiten –, daß die Geschichtswissenschaft *so lange* nichts zu diesem Teil des Geschichtsunterrichts beitragen könne, wie jene Aufarbeitung nicht erfolgt sei (denn Aussagen über Zeitgeschichte, die nicht auf Quellenstudium beruhen, wird man wohl kaum in strengem Sinne als *»geschichtswissenschaftlich«* bezeichnen wollen); nicht aber ist (nach einfachen Regeln der formalen Logik) aus jener partiellen Aussage Wenigers der generelle Schluß möglich, er sei der Meinung gewesen, die Geschichtswissenschaft könne grundsätzlich zum zeitgeschichtlichen Unterricht nichts beitragen (Seiffert, sinngemäß S. 23, vgl. in Seifferts Erwiderung den Abschnitt III, 1.); daß dieser falsche Schluß auch durch explizite Aussagen Wenigers im gleichen Text widerlegt wird, habe ich durch ein Zitat in meinem Aufsatz (S. 44) belegt.

3. An einer Stelle meines Aufsatzes heißt es: »Die Geschichtswissenschaft fragt ... *nicht*, ob und wann Kinder oder Jugendliche oder erwachsene Laien in der Volkshochschule auf verschiedenen Bildungsstufen geschichtliche Erkenntnis gewinnen können ...« (S. 45). Daraus zieht Seiffert den Schluß: »Die pädagogische Eigenständigkeit des Geschichtsunterrichts manifestiert sich darin, daß er auf Kinder, Jugendliche und erwachsene Laien bezogen ist.« Das ist zwar keine erschöpfende Bestimmung des in jenem Zusammenhang verwendeten Eigenständigkeitsbegriffes, trifft aber gewiß ein richtiges Moment. Seiffert wirft dann die wichtige Frage auf, »wie denn der Geschichtsstudent Geschichte lernen soll«; und damit spricht er implizit das Problem einer »Hochschuldidaktik« im ganzen an – ein Problemfeld, das in der sogenannten »geisteswissenschaftlichen Pädagogik« allerdings allzusehr vernachlässigt worden ist und zu dem ich selbst auch noch keine Beiträge veröffentlicht habe. (Woher Seiffert allerdings zu wissen glaubt, daß ich diese Probleme nicht sähe und dank solcher Ausklammerung meinte, »besonders ›pädagogisch‹ zu sein«, ist mir nicht bekannt; aus meinen Arbeiten kann man das jedenfalls nicht entnehmen!) Die entscheidende Frage ist nun folgende: Ist das Aufwerfen jener wichtigen Problematik des »Lernens« auf Universitäten und Hochschulen eo ipso ein Beleg für die Unzulänglichkeit der Eigenständigkeitsthese? Zunächst macht es doch gewiß einen wesentlichen Unterschied aus, ob sich ein Mensch im Alter von mindestens 20 oder mehr Jahren innerhalb einer der Institutionen, in denen die Wissenschaft selbst betrieben wird, einem Spezialstudium widmet oder ob er im »vor-wissenschaftlichen« Raum der Jugendbildung, und zwar als Teilaspekt einer umfassend gemeinten Grundbildung, Unterricht in einem bestimmten Schulfach erhält. (Analoges gilt z. B. für verschiedene andere Formen des Erwachsenenunterrichts.) Wichtiger ist aber folgendes: H. Seiffert unterscheidet nicht deutlich zwischen *Studium* – also einem hochschulgemäßen Lernen einer oder mehrerer Fachwissenschaften – und *Wissenschaft*, d. h. dem Betreiben von Forschung. Mit Ausnahme der Mathematik an einigen deutschen Universitäten hat bisher m. W. keine Wissenschaft als solche das Studieren, das Erlernen der eigenen Disziplin zum Gegenstand ihrer Forschung gemacht. Täte eine Disziplin das, so würde sie – *didaktisch* i. w. S. des Wortes, genauer: *hochschuldidaktisch* fragen. Wo eine solche Fragestellung heute in Ansätzen aufgegriffen wird, da zeigt sich genau dieses als das eigentliche Problem: daß erstens die jeweils anstehenden Forschungsprobleme der einzelnen Forscher keineswegs immer optimale Exempla zur Einführung in die betreffende Wissenschaft sind und daß zweitens der Prozeß der Forschung keineswegs ohne weiteres ein Modell des Studienganges abgibt. M. a. W.: Die Frage optimaler Studiengänge ist ein besonders geartetes Problem, eben die Zentralfrage einer noch kaum in

Angriff genommenen Hochschuldidaktik, die die Wissenschaften *im Hinblick auf den Studierenden,* auf ihre *Studierbarkeit* reflektiert. Das aber ist im Prinzip ein Beispiel für eben die Problematik, die der Begriff der »Eigenständigkeit« meint, gleichgültig, wer sich dieser Problematik widmet: die betreffende Fachdisziplin, die sich damit um eine grundsätzlich neue Fragedimension erweitern würde, oder ein Erziehungswissenschaftler, der dann allerdings zugleich die betreffende Wissenschaft gründlich studiert haben müßte.

4. In den Zusammenhang dieses Fragekomplexes gehört auch die Replik auf die bei Seiffert unter III, 4 sich findende Bemerkung, er habe hinsichtlich der Frage der Chronologie ausdrücklich auch auf die Tatsache abgestellt, daß »gerade der wissenschaftliche Spezialist« auch »auswählen« müsse. Ich bin in meinem Aufsatz nur deshalb nicht auf diese Bemerkung eingegangen, weil ich meinte, daß doch wohl kein Zweifel darüber bestehen könne, daß die Kriterien, unter denen ein Forscher *seine* Forschungsobjekte auswählt, schon als Kriterien, also im Hinblick auf die Entscheidungsgründe, andere sind als die Auswahlgesichtspunkte für den Geschichtsunterricht in der Schule.

5. Im Hinblick auf Seifferts Behauptung, daß der einzige Schluß, den ich aus der Tatsache zöge, »daß die moderne Wissenschaft sehr kompliziert sei«, der wäre, daß »die Wissenschaft in ihrer reinen Form für die Schule unbrauchbar« sei, darf ich noch einmal auf das von mir auf S. 49 f. meines Aufsatzes und auf das in den »Studien ...« S. 109–113 Gesagte verweisen; Helmut Seiffert hat diese Partien offenbar überlesen.

Zum Abschnitt III, 2

Seifferts Fragen angesichts meiner These, »die Wissenschaften fungieren im Zusammenhang didaktischen Fragens nicht als konstitutiv, weder als vorauszusetzendes Fundament, noch als letzter und verbindlicher Maßstab, auf den hin man sich zu orientieren hätte ...«, haben mir, wie mehrere auf den gleichen Satz bezogene Einwände von Kollegen in anderen Veröffentlichungen (so in dem Buche von Klaus Wegenast: Der biblische Unterricht zwischen Theologie und Didaktik, Gütersloh 1965, bes. S. 36–54; H.-B. Kaufmann: Zum Gespräch zwischen Fachwissenschaft und Didaktik, Zeitschrift »die Spur«, 5. Jg., H. 3, August 1965, S. 2 ff.; Klaus Gerth: Fachwissenschaft und Didaktik im Wahlfach. In: Oppolzer, Mangold, Gerth, Besuden: Zur Wissenschaftlichkeit der Lehrerbildung, Essen 1965, S. 65 f.) deutlich gemacht, daß dieser formelhaft zugespitzte Satz objektiv mißverständlich ist; jedenfalls ist es mir offenbar nicht gelungen, ihn durch den Kontext, in dem er steht, unmißverständlich zu erläutern und die m. E. zwischen Didaktik und Fachwissenschaft waltende spezifische Dialektik hinlänglich zu deuten. Ich möchte jenen Satz daher aufgrund der erwähnten Kritiken dahingehend abändern, daß »die Wissenschaft im Zusammenhang didaktischen Fragens nicht als *allein* konstitutiv, weder als *allein* vorauszusetzendes, hinreichendes Fundament noch als *allein* beherrschender und schlechthin verbindlicher Maßstab fungiert ...« Daß mit dieser Formulierungsänderung allein nicht allzu viel gewonnen sein dürfte, ist mir durchaus bewußt, aber die Kritik hat doch eine Korrektur veranlaßt, für die ich dankbar bin und die der weiteren Diskussion dienlich sein kann. In der Form jedoch, in der Seiffert seine diesbezügliche Kritik vorträgt, führt sie m. E. keineswegs weiter. Denn die eindeutige Problemstellung, um die es zunächst in unserer Kontroverse ging – die Bestimmung des Verhältnisses zwischen Fachwissenschaft und Fachdidaktik –, weitet Seiffert plötzlich unvermittelt und ohne Explikation dieses Überganges zur Frage nach der Bedeutung von »Sachen«, »Sachverhalten« und »Sachzusammenhängen« für das fachdidaktische Denken aus. Nur zufolge dieser Problemverschiebung kann er dann meinen, mir erst deutlich machen zu müssen, daß ich in Wahrheit ja auch die konstitutive Bedeutung von Sachverhalten für didaktisches Denken gar nicht leugnete und leugnen könnte.

In der Tat unterscheide ich zwischen »Sache« oder »Inhaltlichkeit« (als den weiteren Begriffen) und »Gegenstand der Wissenschaft« (wie es präziser als bei Seiffert heißen müßte); und zwar so, daß die methodisch bewußte Forschung der Wissenschaft im Sinne ihrer theoretischen Erkenntnisintention[1] *ihre* Sachen in ganz bestimmter Weise konstituiert, m. a. W.: eine spezifische Gattung von »Sachen« erst hervorbringt. Worin also die von Seiffert kritisierte »Enge« meines Begriffes »Sache« liegen soll, sehe ich nicht. Hingegen könnten Seifferts – als Entgegnung gemeinte – Ausführungen zu den Beispielen des Naturlehre- bzw. Physikunterrichts sehr fragwürdige, weil erkenntnistheoretisch naive Vorstellungen provozieren: Sätze wie diejenigen, es gehe im Grunde nur um die »simple Forderung, daß eine bestimmte Sache immer altersangemessen dargestellt werden müsse«, daß »von der Sache als Sache ... dadurch, daß ich sie so darstelle, daß Zwölfjährige sie verstehen, nichts abgezwackt« werden u. ä., setzen, nimmt man sie streng beim Worte, voraus, daß die Form der unterrichtlichen »Darstellung« – d. h. also z. B. auch die Begrifflichkeit, mit der ich als Lehrer arbeite, die Versuche, durch die man eine »Sache« zur Darstellung bringt, die Fragestellungen, mit denen man an sie herangeht – den »Sachverhalt« – als erkannten, gelernten, angeeigneten Sachverhalt – nicht berührt, nicht »verändert«. Sollte das Seifferts Auffassung sein, so bezöge er damit – erkenntnistheoretisch gesprochen – die Position des »naiven Realismus«. Philosophiegeschichtlich gesehen, begäbe man sich damit ins vorkritische, vorkantische Zeitalter zurück. – In meinen angeblich so auf puristische »Eigenständigkeit« bedachten Ansätzen habe ich – hinsichtlich der Philosophie m. E. in nicht unbeträchtlichem Unterschied zu Weniger – entschieden die Auffassung vertreten, daß derjenige, der z. B. »den Bildungssinn seines Faches klären will, ... auf die Auseinandersetzung mit den einschlägigen philosophischen Disziplinen so wenig wie auf die mit den entsprechenden Fachwissenschaften verzichten« kann. (Studien ... S. 116)

2. Mißverständlich muß Seifferts Formulierung wirken, daß ich Heinrich Roths Forderung einer »rein sachlichen Beschäftigung« des Lehrers mit dem jeweils anstehenden Problem des Unterrichts als ersten Schritt der Unterrichtsvorbereitung, als »vor-pädagogische« abwiese. (Seiffert, III, 2.) Es handelt sich im Grunde nur um eine andersartige Einteilung, nicht um einen prinzipiellen Gegensatz. An der betreffenden Stelle steht in meinem Aufsatz »Didaktische Analyse als Kern der Unterrichtsvorbereitung«: »Wir unterscheiden uns hier in gewisser Weise von der Auffassung H. Roths ... Eine ... vorpädagogische Sachbegegnung scheint uns allerdings eine entscheidend wichtige Voraussetzung rechten Lehrerdaseins zu sein. Wir meinen jedoch, daß sie – grundsätzlich betrachtet – ihren eigentlichen Ort in der Lehrerbildung und in der Lehrerfortbildung – auch in der vom Lehrer ständig geforderten privaten Weiterbildung – hat. In ihr geht es um die eigene Bildung des Lehrers, die eine *Voraussetzung* seiner Bildungsarbeit und also auch jeder Unterrichtsvorbereitung ist.« Heute noch mehr als zur Zeit der ersten Abfassung jenes Aufsatzes scheint mir diese Zuordnungsfrage peripher zu sein.

Zum Abschnitt III, 3

Der gesamte Absatz III, 3 der *Seiffertschen* Erwiderung beruht auf dem Verfahren, mir ein Verständnis des von mir gebrauchten Begriffes der »Eigenständigkeit der Didaktik« zu unterstellen, das ich nicht teile und das in der von Seiffert behaupteten Form auch bei durchaus *kritischer* Interpretation meiner Arbeiten (– die ich für die einzig wünschenswerte halte –) nicht zu ermitteln sein dürfte; man muß es schon unter Absehung vom Wortlaut meiner einschlägigen Versuche *behaupten.* Voraussetzung der Seiffertschen Argumentation ist die Unterstellung, nach meiner Auffassung dürften wissenschaftliche und didaktische Analysen in keinem Falle übereinstimmen, und *daß* sie nicht übereinstimmen, versuchte ich gewissermaßen krampfhaft in jedem Falle zu zeigen. Sollte Seiffert Satzzusammenhänge wie den folgenden aus meiner Didaktikabhandlung überlesen haben: »Der Didaktiker hat zu prüfen, ob die ihm (sc.: von den jeweiligen Fachwissenschaften) gebotenen Antworten – Antworten, die er, sofern er zugleich in der Fachwissenschaft zu Hause ist, sozusagen sich selbst gibt – die didaktisch relevante Wirklichkeit zu erhellen geeignet sind. Das ist keineswegs selbstverständlich. Denn es kann sein, daß das in Frage stehende Problem im Systemzusammenhang einer Wissenschaft in eine Relation gerückt ist, die sich nicht mehr mit *dem* Zusammenhang deckt, auf den – als die Wirklichkeit des jungen Menschen und des Laien – die Fragestellung des Didaktikers hinaus wollte. Über die eben skizzierte allgemeine Grundbeziehung hinaus läßt sich das Verhältnis von Schulfächern und Fachwissenschaften ... gar nicht generell bestimmen, und dieses Verhältnis ist überdies ständigem Wandel unterworfen, weil sowohl die Wissenschaften selbst als auch die didaktischen Fragen sich wandeln.« (Studien ..., S. 112 f.) Ist damit, daß in manchen Bereichen glückliche Fälle auftraten, in denen didaktische Analyse und wissenschaftliche Analyse nah aneinanderrücken oder gar (– mir ist ein solches Beispiel allerdings nicht bekannt –) *völlig* übereinstimmen, irgendetwas gegen die These gesagt, daß die Didaktik eigene, nicht eo ipso in den Fachwissenschaften schon vertretene Frage- und Problemstellungen hat? Sehr wohl steht im Zusammenhang unserer Kontroverse zur Diskussion, was die Literaturwissenschaft »überhaupt alles mit dem kleinen Stück (gemeint ist das Lesestück »Der Professor und die Kuh«; d. Verf.) machen könnte« (Seiffert, III, 3) bzw. vermutlich machen würde, wenn sie es zu ihrem Gegenstand machte. Denn es ging um die Frage, ob »die Wissenschaften und überhaupt alle Sachgebiete, die Gegenstand geordneter Lehre sein können ... einfach von sich aus zeigten, was gelehrt werden solle und wie es gelehrt werden könne« (Seiffert: Muß die Pädagogik ..., S. 28). Dann aber mußte, da eine literaturwissenschaftliche Analyse der Erzählung »Der Professor und die Kuh« nicht vorliegt, in Analogie zu anderen literaturwissenschaftlichen Analysen eine Hypothese darüber aufgestellt werden, welche Form vermutlich literaturwissenschaftliche Analysen jenes Stückes haben würden. Daß es im übrigen eine Entstellung ist, dem Leser zu suggerieren, ich stellte eine »werkimmanente Interpretation«« als »spezifisch didaktisch« auf der einen Seite den »Ausweitungen ins Gattungs- und Stilgeschichtliche« als »allein wissenschaftlich auf der anderen Seite gegenüber, kann man den von Seiffert behandelten Ausführungen auf S. 113 meiner »Studien ...« entnehmen. (Warum Seiffert auf meiner Seite eine generelle Allergie gegenüber »größeren gattungs- und stilgeschichtlichen Zusammenhängen im Unterricht« befürchtet, weiß ich nicht. Ich bin frei davon. Bei meiner Analyse ging es – laut Überschrift – um ein 5./6. Volksschuljahr!)

Weiter: In einer literaturwissenschaftlichen Analyse hätten Aussagen wie die in meiner Analyse u. a. vorkommenden – es handele sich um »einen, den Kindern wahrscheinlich nicht sogleich auffallenden Witz«, die Kinder würden den Professor vielleicht als »einen, der sich für klug hält, einen Angeber, der aber gern freundlich ist«, kennzeichnen, ein bestimmter Absatz erspare die Erklärung eines Sachverhaltes, denn »unsere Stadtkinder hören hier, was die Landkinder oft beobachten können« o. ä. – zweifellos keinen Ort. Sie sind aber, wie ich aus eigener Unterrichtserfahrung und aus vielen Nachbesprechungen während der Betreuung von Praktikanten weiß, im Sinne einer Unterrichtsvorbereitung nicht so belanglos, wie es auf den ersten Blick erscheinen könnte. Schließlich muß noch einmal betont werden, was Seiffert in seiner Broschüre in dem betreffenden Abschnitt zwar eingangs erwähnt, im folgenden und in seiner Erwiderung auf meinen Aufsatz aber unberücksichtigt läßt: bei der zitierten Strukturanalyse handelt es sich um ein *Teilstück* der *ganzen* didaktischen Analyse. Verfolgt man diesen Gesamtzusammenhang genauer und bedenkt man überdies, daß mein Versuch ausdrücklich als »Modell« gedacht ist, das in der besonderen Situation einer bestimmten Schule, einer bestimmten Klasse usw. notwendigerweise weiterer Konkretisierung bedarf, so würde sich zeigen, daß hier – Stadtkinder? Landkinder? Sprachniveau der Klasse? Stand der Einführung in das Lesen von »Literatur«? Plattdeutsch bekannt oder fremd usw. – Momente zu berücksichtigen sind, die der hier in Rede stehenden »Sache« – dem Lesestück – keineswegs äußerlich bleiben, sondern die Weise, wie es als literarische »Sache« in der Auffassung der Kinder sich darstellen wird, wesentlich mitbestimmen.

Es ist *leider* nicht die Koketterie mit »anspruchsvoll klingenden Erörterungen« (Seiffert, III, Absatz 2) oder mit gesuchten Komplikationen, die die didaktischen Probleme als ziemlich schwierige erziehungswissenschaftliche Fragen *erscheinen* lassen; sie werden vermutlich schwierig bleiben, auch wenn es – in diesem Wunsche sind Helmut Seiffert und ich uns völlig einig – gelingt, die Probleme einfacher zur Sprache zu bringen, als das u. a. auch mir bisher gelungen ist.

1 Gemeint sind die in der gegenwärtigen Didaktik-Diskussion relevanten Fachwissenschaften. Wissenschaften mit ganz oder teilweise »praktischer« Intention wie die Technologie, die Medizin, die Jurisprudenz stehen ja nicht zur Debatte. Wären solche Disziplinen die »Bezugsgruppen« der Fachdidaktiken, so würde sich die Sachlage wesentlich ändern. Innerhalb der traditionellerweise »schulrelevanten« Fachwissenschaften verstehen heute m. W. nur bestimmte Gruppen von Wissenschaftlern in der Politologie, der Soziologie, den Wirtschaftswissenschaften und in den Theologien ihre Disziplinen als zugleich praxisbezogene Wissenschaften.

2. Kontroverse Roeder–Klafki

Peter-Martin Roeder

Bemerkungen zu Wolfgang Klafkis Untersuchungen über »Das pädagogische Problem des Elementaren und die Theorie der kategorialen Bildung«[1]

Die Dissertation von W. Klafki steht im Rahmen einer Anzahl neuerer Untersuchungen, in denen bestimmte, die Auswahl von Bildungsinhalten leitende Prinzipien definiert werden. In die pädagogische Diskussion haben sie Eingang gefunden unter Bezeichnungen wie: das Exemplarische, Typische, Klassische, Fundamentale, Repräsentative und Elementare. Was mit diesen Begriffen gemeint ist, darüber sind sich die Autoren allerdings nicht völlig einig. Um so mehr ist eine problemgeschichtliche Untersuchung zu begrüßen, wie sie, der Tradition der Göttinger Studien folgend (zu nennen sind hier vor allem Lehmensicks Untersuchung über die Theorie der formalen Bildung und W. Dörings Arbeit über den Begriff des Klassischen), W. Klafki hier vorlegt. Er stellt die Geschichte des pädagogischen Problems des Elementaren an einem mit imponierender Gründlichkeit und Kenntnis zusammengetragenen Material dar und weist die Beziehungen zwischen Bildungsbegriff und Prinzipien der Auswahl von Bildungsinhalten im pädagogischen Schrifttum der vergangenen zwei Jahrhunderte nach. Dabei zeigt sich, wie zwischen den »Irrwegen« des didaktischen Formalismus, der die Bildungsinhalte ausschließlich unter dem Gesichtspunkt der formalen Entfaltung der »Kräfte« des Zöglings sieht, und des didaktischen Materialismus«, für den allein die Gesetze der Sache oder der Wissenschaft Geltung besitzen, immer stärker von den verschiedensten theoretischen Ansätzen her die Erkenntnis sich durchsetzt, daß in der didaktischen Entscheidung formale und materiale Gesichtspunkte nicht zu trennen sind. Diese »Korrespondenz bzw. Korrelation eines objektiv-gegenständlichen und eines subjektiv-formalen Momentes« (S. 9) bezeichnet der Verfasser mit dem Terminus »kategorial«. Er versteht sich selbst ganz im Zusammenhang einer spätestens mit Pestalozzi einsetzenden geistesgeschichtlichen Entwicklung, deren Gemeinsames eine bestimmte »Anschauung vom Wesen der Bildung« sei (S. 7). Ihren Ertrag zu ordnen und in einer Theorie der kategorialen Bildung systematisch zu verknüpfen, ist die schwierige Aufgabe, die sich W. Klafki im letzten Kapitel seiner Arbeit stellt.

Weder dieser systematische Teil noch die der geschichtlichen Entwicklung folgende Interpretation sollen hier eingehend diskutiert werden[2]. Es soll vielmehr versucht werden, bestimmte Probleme, die sich aus W. Klafkis Fragestellung und Methode ergeben, zu erörtern, ohne die Arbeit als Ganzes zu würdigen. Zwei Fragestellungen erscheinen dabei besonderer Beachtung wert:

1. Innerhalb welcher Grenzen kann eine derartige Problemgeschichte Einsichten erbringen, die für eine neu zu formulierende Theorie verbindlich sind?
2. Was leistet der hier vorgeschlagene Bildungsbegriff und welche Schwierigkeiten bietet er?

1.

Man könnte sich eine Didaktik unter historischem Aspekt etwa so vorstellen, daß nach den ausgesprochenen und verborgenen Motiven geforscht wird, die zu bestimmten Zeiten bestimmte Inhalte zu Unterrichtsgegenständen werden lassen.

Dabei ließe sich, um nur wenige Beispiele zu nennen, zeigen, daß etwa der Entscheidung, die deutschen Klassiker in der Schule zu lesen, zu Beginn des 19. Jhdts. nicht nur literarische sondern auch politische Erwägungen zugrunde lagen. In ihrem Werk meinte man sich der Einheit der in der Realität zersplitterten deutschen Nation geistig zu vergewissern. – Diesterwegs emphatisches Eintreten für den mathematisch-naturwissenschaftlichen Unterricht entspringt seiner Überzeugung, daß der Mensch vor allem *denkend* zu seiner Bestimmung gelange. Sie ist zugleich Polemik gegen die offizielle Verketzerung der Vernunft, also gesellschaftspolitische Auseinandersetzung. Die Entscheidung für bestimmte Inhalte des Unterrichts wird bei Diesterweg wie bei Pestalozzi von der Forderung nach Selbsttätigkeit mit bedingt; ihr Votum für das Individuum steht in greifbarem Zusammenhang mit allgemein praktizierter Unterdrückung jeder Spontaneität. Überall zeigt sich, daß die Bedeutung didaktischer Entscheidungen erst im Zusammenhang der gegebenen geschichtlichen Konstellation verständlich wird. Aussagen wie die, daß »das Leben bildet«, sind durchaus ambivalent. Wie der jeweilige Bildungsbegriff sind sie Formeln, die in mehr oder weniger bestimmter Absicht in den gesellschaftlichen Konflikt hineingeworfen werden. – Eine Analyse der gegenwärtigen Gymnasialreform-Bestrebungen könnte die Fruchtbarkeit eines solchen entschieden historischen Ansatzes der Betrachtung erweisen: welche Funktion hat etwa das Schlagwort »Allgemeinbildung«? Warum hat der naturwissenschaftliche Unterricht auch auf der Oberstufe der Gymnasien geringeres Gewicht als der Sprachunterricht? Wie endlich sollte ein Stundenplan aussehen? Auch seine Funktion reicht über das Individuum und über die Schule hinaus. Er ist auch in unserer Gesellschaft immer noch ein Kompromiß rivalisierender Kräfte. – Auch das pädagogische Problem des Elementaren hat eine solche gesellschaftliche Komponente. Elementarisierung hat in der Geschichte des Unterrichts, um es ein wenig vereinfacht zu sagen, beides bedeutet: dem Kind – seinem Verständnis entsprechend – Inhalte so elementarer zu erschließen, daß sie eine feste Grundlage für den Aufbau seiner geistigen Welt bieten (diese Seite ist von W. Klafki überzeugend hervorgehoben worden) – aber auch: Reduktion der Inhalte und Methoden auf ein elementares Minimum »fürs Volk«.

Von dem, was hier als Möglichkeit angedeutet worden ist, findet sich in der vorliegenden Arbeit kaum etwas. Daraus soll ihrem Verfasser kein Vorwurf erwachsen. Er kann sich auf eine schon ehrwürdige Tradition berufen, in der ein solches Vorgehen nicht üblich ist. Dieser Rückhalt in der Wissenschaftsgeschichte ist vielleicht auch ein Grund dafür, daß er auf die Problematik seines eigenen methodischen Ansatzes nicht näher eingeht, also etwa die Frage nach dem Zusammenhang zwischen der historischen Analyse und der vorgetragenen Theorie – d. h. nach dem Charakter der Geltung überkommener Theorien und Prinzipien – nur wie nebenhin erörtert. W. Klafki schreibt eine Geschichte des Prinzips der Elementarisierung und des Bildungsbegriffs, soweit er damit zusammenhängt, ohne eigentlich zu fragen, wie es zu den Formulierungen der Pädagogen, die von ihm interpretiert werden, gekommen ist. Sie werden nicht als Gedanken in einem bestimmten geschichtlichen Moment genommen, ja, ihr historischer Ausdruck wird gelegentlich – so etwa im Falle von Fröbels Metaphysik – als unwesentlich Äußeres abgetan. Der eigentliche Bezugspunkt dieser Theorien, deren Weg durch die Geschichte uns hier dargestellt wird, liegt offenbar jenseits der Geschichte. Er wird postuliert als die unveränderte Grundstruktur oder als das »Wesen« der Bildung. Ohne daß diese Hypothese ausdrücklich entwickelt wird, ist sie die methodische Voraussetzung der ganzen Untersuchung; denn wie wäre es sonst möglich, gewisse Aussagen z. B. Schleiermachers oder Fröbels als »gültige« Einsichten, andere aber als irrig zu bezeichnen. (Denn daß wir's, auf ihren Gedanken aufbauend, besser wissen, soll es wohl nicht nur heißen.) Der Maßstab dieser Beurteilung ist schließlich der von Klafki vorgeschlagene Bildungsbegriff, der eine solche Funktion wiederum nur haben kann, wenn anzunehmen ist, daß er jene »wahre Struktur der Bildung« in höherem Maße reflektiere als die mit seiner Hilfe kritisch interpretierten Anschauungen. Das bedeutet zugleich, daß dieser Bildungsbegriff noch weniger als frühere Ausprägungen als eine bestimmte historische Position verstanden wird (was auch aus seiner Formulierung hervorgeht). Geschichte ist an ihm der Bezug auf eine stolze Ahnenreihe von Bildungsauffassungen, die in wesentlichen Momenten übereinstimmen und die sich, so scheint es, jenem vom Gang der Geschichte im tiefsten unberührbaren Wesen der Bildung annähern. Eine solche Ahnenreihe ist keineswegs ohne Interesse, und für ihre gründliche Darstellung gebührt dem Autor Dank; es ist schon gut zu wissen, was in unseren Gedanken das Erbe der Vorgänger ist. Der Versuch allerdings, auf diesem Wege etwas über die übergeschichtliche Grundstruktur von Bildung zu erfahren, wäre *Metaphysik*. Es gibt ohne Zweifel Gemeinsames zwischen Pestalozzi und uns; es ist das Gemeinsame einer geistigen Tradition und einer geschichtlichen Konstellation. Wir haben jenen Prozeß der Demokratisierung noch immer nicht abgeschlossen, an dessen Anfang er als politischer und pädagogischer Denker stand. Wir ringen – wie er – darum, das Individuum als ein gesellschaftliches Wesen zu erziehen, ohne es der Gesellschaft preiszugeben. Dieses Gemeinsame also ist – um es auf eine grobe Formel zu bringen – unsere Geschichte. Außerhalb ihrer ist unserer wissenschaftlich objektivierbaren Erfahrung über den Menschen nichts gegeben. Wenn also jener postulierte Maßstab in Wirklichkeit nicht zur Verfügung steht, dann bedeutet das, daß alle jene Einsichten früherer Pädagogen, die von Klafki als gültig bezeichnet werden, es ausschließlich deshalb sind, weil sie mit der von ihm vorgetragenen Auffassung (die sicher von vielen Erziehern und z. T. auch von Rezensenten geteilt wird) übereinstimmen. Leider fehlt eine methodologische Begründung dieses Anspruchs.

W. Klafkis Erörterung des »Elementaren« legt die gleiche Kritik nahe: »Der umfassende ... Begriff des Elementaren«, so heißt es (S. 307 f.), spalte sich »in die drei Begriffe des Fundamentalen, des Übergeschichtlich-Elementaren und des Geschichtlich-Elementaren«. Zur Erläuterung dessen, was übergeschichtlich-elementar sei, finden sich zunächst zwei Hinweise: die Berufung auf Th. Litt, der nachgewiesen habe, »daß in jedem historischen Verstehensprozeß übergeschichtliche Faktoren eine konstitutive Bedeutung haben«. Genannt werden als solche »Kategorien historischen Verstehens« Wahl, Ämterbildung, zeitliche und räumliche Ausdehnung von Gemeinschaften. – Zweitens wird eine Bemerkung Sprangers zitiert, daß es gelte, »nicht die zeitlichen Ursprünge«, sondern »die geistigen Urphänomene« aufzusuchen (S. 316).

Beide Autoren meinen offenbar nicht ganz das gleiche. Spranger nimmt – jedenfalls in dieser frühen Schrift – an, es wäre möglich, durch die geschichtliche Ausprägung eines Phänomens hindurch auf das »Urphänomen« zu stoßen, das gleichsam als reine Natur dem geschichtlichen Prozeß zugrunde liege. Litts Aussage ist sehr viel weniger ontologisch. Er sagt, daß unser Bewußtsein, um überhaupt Geschichte zu erfassen, Kategorien bedarf, die diesem Gegenstande des Bewußtseins nicht immanent sind. – Für beide Auffassungen gilt, was wir zuvor zum Wesen der Bildung und dem dieses Wesen vorgeblich reflektierenden Bildungsbegriff bemerkten: es sind Postulate einer verspäteten Transzendental-Philosophie. Indem W. Klafki ihnen zustimmt, verschließt er sich den radikalen Konsequenzen der von ihm selbst doch betonten »Geschichtlichkeit der Bildung« (S. 307). Sie bedeuten nämlich, daß es auch für unser Bewußtsein kein Entrinnen aus dem Prozeß der Geschichte gibt. Die Kategorien, mit denen wir das Vergangene reflektierend ordnen, sind wie dieses selbst nicht außerhalb konkreter Situationen gegeben. Wenn wir von »Wahl« reden, um eins der genannten Beispiele aufzunehmen, so wissen wir nicht nur, daß das Wählen selbst von Anfang an ein Vorgang innerhalb historisch gegebener Umstände war, sondern auch, daß unser eigener Begriff davon notwendig begrenzt ist durch unser geschichtliches Wissen wie durch gegenwärtige Erfahrung[3].

»Die Bedingung der Möglichkeit der Erkenntnis oder Erfahrung des Besonderen« (S. 336 f.) kann also nicht als übergeschichtlich erfahren werden. Die Beispiele, die Klafki selbst nennt, erhärten dieses Argument nur. Weder die ästhetische Kategorie »Ausgewogenheit des Gesamteindrucks« (346) noch der »Geist des Politischen« (345) sind als Kategorien unseres Denkens der Geschichte entzogen. Ästhetische Normen bilden sich in bestimmten geschichtlichen Momenten, und was sie bedeuten, hängt ganz von der aktuellen Situation ab. Für den Geist des Politischen gilt erst recht, was Goethe vom Geist der Zeiten sagte: er ist der Herren eigener Geist. Die Formel leistet nicht mehr, als ein *jeweiliges* Verständnis eines Lebensbereiches zu umschreiben.

Auch wenn man von der angedeuteten methodologischen Problematik absieht, bleibt der Verzicht auf eine eingehende historische Analyse bestimmter Theorien bedauerlich. W. Klafki bemerkt etwa an einer Stelle, daß das »theoretische Fundament einer eigenständigen Didaktik der Volksschul-Oberstufe und der Berufsschule sowie der Volkshochschule« in A. Manns Buch »Denkendes Volk – volkhaftes Denken« (1928, Braunschweig ²1948) gelegt sei.

Für die ›volkstümliche Bildung‹ hat Mann gezeigt, daß die Lebens- und Berufswirklichkeit des ›einfachen Menschen‹ eine eigenartige und eigenwertige ›Sinnhaltung‹ hervorbringt bzw. erfordert, die vor allem durch einen praktischen, konkreten Zug gekennzeichnet ist. Diese Sinnhaltung nun konstituiert ... korrelativ ihr zugeordnete Denkgegenstände. Die Frage nach den ›Sinnhaltungen‹ und ›ihren‹ Gegenständen ist keine psychologische Frage. Vielmehr geht es darum, ›eine Theorie des Volksdenkens ...‹ zu gewinnen, die Seinsform seiner Gegenstände zu untersuchen und so festzustellen, ob auf dieses ›Volksdenken‹ ein besonderes (auch ›richtiges‹) Weltbild sich gründen kann ... jeder ›Gegenstand des Volksdenkens‹ ist ein mit sich identischer Faktor, Gegenstand wirklich in dem Sinne, daß er eine ... Einheit gegenüber den vielen zeitlichen seelischen Akten bildet, die sich möglicherweise auf ihn erstrecken. Und so müßten auch alle einen Gegenstand des Volksdenkens so haben wie dieses oder jenes Ich, wenn sie ihn in der Sinnhaltung dieses oder jenes Ich bestimmten.« (S. 350)

Man fragt sich, wie es heute möglich ist, diese Redeweise vom »volkhaften Denken« kommentarlos zu übernehmen; denn hier denunziert die Sprache den Gedanken: er ist durch erkenntnis-theoretisches Gebaren kaum verhüllte Ideologie. Klafkis Übereinstimmung mit Mann ist um so unverständlicher, als er selbst den Programmen der »volkstümlichen Bildung« kritisch gegenübersteht[4]. Man kann versuchen, die Argumentation Manns auf einen rationalen Kern zurückzuführen (und möglicherweise wollte der Verfasser auch mehr nicht tun): die »Lebens- und Berufswirklichkeit« erzeugt eine bestimmte »Sinnhaltung«, d. h. einen geistigen Horizont, der durch die Lebenserfahrung begrenzt ist. Seit langem ist es unsere Überzeugung, daß der Unterricht an den Gegenständen dieser Lebenserfahrung nicht vorbeigehen dürfe. Wenn aber aus der Überlegung, daß unser Bewußtsein in hohem Grade durch die jeweilige Situation determiniert ist, eine Didaktik für Volksschul-Oberstufe und Berufsschule entwickelt wird, dann kann das u. a. heißen: man nimmt an, daß Kinder der Volksschul-Oberstufe auf Grund ihrer gesellschaftlichen Situation in einer anderen Lebenswirklichkeit aufwachsen als Schüler der Mittelschule oder Höheren Schule und daß sich der Unterricht im Kreise der für sie in dieser Situation bedeutsamen Gegenstände zu bewegen habe. Auch die Forderung, die »inhaltliche Eigenart« (353) der verschiedenen Schultypen von den Gegenständen der jeweiligen Lebenswirklichkeit ihrer Schüler her zu bestimmen, legt die gefährliche Konsequenz nahe, die ohnehin bestehende Schichtung der Gesellschaft durch die Schichtung der Bildungswege noch zu verfestigen. Uns scheint, W. Klafki hätte diese Möglichkeit der Interpretation ausdrücklich zurückweisen sollen. Von welcher Bedeutung dieses Problem ist, zeigen die in den letzten Jahren diskutierten Pläne zur Reform des Schulaufbaus. Die Empfehlung einer für alle Schüler gemeinsamen Mittelstufe z. B. wird auch mit dem Argument begründet, daß es Aufgabe der Schule sei, der zufälligen gesellschaftlichen Situation der Heranwachsenden die Chance einer gemeinsamen Bildungserfahrung entgegenzusetzen. Daß W. Klafki die damit neu gestellte Frage nach dem Verhältnis von »Erfahrung und Umgang« auf der einen und Unterricht auf der anderen Seite nicht erörtert, deutet darauf hin, daß eine Geistesgeschichte, die Theorien und Programme nicht in ihrer historischen Bedingtheit interpretiert, immer in Versuchung ist, das Bestehende unreflektiert zu bejahen. Sie ist fast notwendig konservativ.

2.

»*Bildung* nennen wir jenes Phänomen, an dem wir – im eigenen Erleben oder im Verstehen anderer Menschen – unmittelbar der Einheit eines subjektiven (formalen) und eines objektiven (materialen) Momentes innewerden.« (294)

Das ist – eine Abwandlung des Hegelschen »Im Andern zu sich selber kommen« – der Bildungsbegriff, den W. Klafki seiner Analyse zugrunde legt. (Entsprechend ist das pädagogisch Elementare als das »doppelseitig Erschließende« [304] definiert, d. h. als das zugleich das Subjekt und die Welt füreinander Erschließende.) Was dieser Bildungsbegriff leistet, ist zu Beginn schon festgestellt worden: er weist einseitig formale oder materiale Bildungstheorien zurück und betont die Einheit beider Momente sowohl im Vorgang des Sich-Bildens als auch in der Bildung als Ergebnis dieses Vorgangs. Was man an ihm vermißt, ist, daß er den *geschichtlichen* Charakter von Bildung nicht einmal andeutet. In seiner Formulierung zeigt sich wieder, welch begrenzte Bedeutung die historische Analyse für die vorliegende Arbeit hat: sie bietet das Material an Bildungstheorien, die im Bildungsbegriff auf ihren »gültigen« Kern zusammengedrängt werden, und ist damit notwendig auch eine Bestätigung der eigenen Konzeption. Das ganze Verfahren erscheint vor allem dann als ein wenig tautologisch, wenn man bedenkt, daß diese Konzeption schon vor der Analyse der Geschichte als Ergebnis eben dieser Geschichte vorliegt. Auch dabei kann sich der Verfasser allerdings auf eine wissenschaftliche Tradition berufen, die in Diltheys »hermeneutischem Zirkel« *die* Methode eines im engsten Sinne geistesgeschichtlichen Vorgehens gefunden zu haben meint. Unser Bedenken ist, daß, sobald Geistesgeschichte (wenn man darunter das verstehen will, was W. Klafki hier gibt: eine Geschichte von Theorien, Programmen und Ideen, die nicht auf ihre reale Situation bezogen werden) in systematischer Absicht betrieben wird, der hermeneutische Zirkel nicht mehr eine methodische Formel bleibt, sondern zum prägnanten Ausdruck des tautologischen Moments wird, das in der Systematik enthalten ist.

Der Abstraktionsgrad der Formel, die uns hier als Bildungsbegriff angeboten wird, macht es notwendig, nach näheren Bestimmungen zu suchen. Sehr nachdrücklich wird ausgeführt, daß es die elementaren Inhalte der verschiedenen Lebensbereiche seien, die den so definierten Bildungsprozeß ermöglichen. Gebildet ist derjenige, der an ihnen sich die Welt erschließt und für die Welt erschlossen wird. Gerade in diesem Zusammenhang findet der Leser zahlreiche nützliche Hinweise zu Fragen der Auswahl von Unterrichtsgegenständen in den einzelnen Fächern. Leider sind die übrigen Bestimmungen weniger eindeutig.

Mit Copei wird die »Einheit« von subjektiven und objektiven Momenten als »Verschmelzung ... von Seele und Welt« bezeichnet (360). »Und ›Lernen‹ bedeutet nicht mehr die gedächtnismäßige Einprägung überlieferter Sinngehalte, sondern es bedeutet ›ihre Verlebendigung im suchenden Geist, in der ringenden Seele‹.« (Copei, ebenda) »So geht auch von der in der ethischen Konfliktsituation gefällten Entscheidung als einem ›fruchtbaren Moment‹ ein Fruchtbarwerden aus, in ihr erringt die sittliche Persönlichkeit das Gesetz ihres inneren Aufbaus.« (Copei: a. a. O., 361) »Es scheiden aus dem Bereiche der Erziehung alle Erscheinungen aus, die es mit bloßer Wiederholung, mit der Häufigkeit identischen Tuns, mit Nachahmung und Gewöhnung zu tun haben. Ihnen fehlt das Spezifische erzieherischer Aktivität: das Motiv der Verantwortlichkeit.« (Petzelt: a. a. O., S. 367)

Die »hohe Sprache« dieser zum Teil schon metaphorischen Umschreibungen erweckt den Eindruck, daß sich das hier mit Bildung Gemeinte eigentlich der

Bestimmung entzieht. Selbst der umkompliziertere Begriff »Lernen« scheint sich in Poesie aufzulösen. In dem Bemühen, den Bildungsbegriff von jedem Moment der Prägung, der Anpassung und Gewöhnung frei zu halten, wird das Phänomen selbst auf das reduziert, was man oft den »existentiellen Kern« der Person nennt, d. h. diese pädagogische Theorie setzt dort ein, wo es keinen (im weitesten Sinne des Wortes) empirischen Zugang zur Sache mehr gibt. Das bedeutet auch, daß weder Psychologie noch Soziologie zu ihrer Erforschung sehr viel beitragen können (und in der Tat werden beide Wissenschaften von Klafki kaum zu Rate gezogen); denn ein in solchem Maße »existentielles« Geschehen ist schlechthin inkommensurabel. Weder die Existenz noch die Bedeutung der Phänomene, die mit den oben zitierten Bestimmungen gemeint sein können, sollen hier geleugnet werden. Doch Bildung ist wohl mehr. In ihr liegt die gesamte Lebenserfahrung eines Menschen; sie ist zugleich geistige Haltung und Wissen. Diesen Gesamthabitus aber auf einzelne besonders tiefgehende Erfahrungen zurückzuführen, scheint kaum möglich. Bildung ist ebenso Prägung, Nachahmung und Gewöhnung, und nach allem, was wir wissen, bestimmen diese »das Gesetz des inneren Aufbaus der sittlichen Persönlichkeit« wohl ebenso nachdrücklich wie Bildungserfahrungen der oben genannten Art[5].

Bildung, wie sie uns in einem Menschen entgegentritt, läßt sich also nicht zureichend bestimmen, wenn man von dem Prozeß, der zu ihr hinführt, nur die Faktoren beachtet, die durch die Momente der Intentionalität und Verantwortlichkeit charakterisiert sind, und Bildungserfahrung nur als existentielle Auseinandersetzung gelten läßt. Derartige Aussagen haben sicher den guten Sinn, dem Erzieher deutlich zu machen, daß seine Aufgabe vor allem Weckung der Selbsttätigkeit, nicht aber mechanischer Drill ist. Sie sind dann als Teil einer Erziehungslehre Leitsätze pädagogischen Handelns. Der Gegensatz, um den es hier geht, ist der von Zwang und Spontaneität. In einer Auseinandersetzung um den Bildungsbegriff aber müßten, wenn man das Phänomen in seinem ganzen Umfang erfassen will, die Momente der Nachahmung, Prägung und Gewöhnung nachdrücklich betont werden; denn ohne sie ist die geistige Entwicklung eines Menschen nicht zu denken. Hier wäre eine Antithese von Spontaneität auf der einen und Nachahmung, Prägung und Gewöhnung auf der anderen Seite nur halb richtig. Nicht nur, daß ein Kind ohne die Fähigkeit der Nachahmung sich nicht entwickeln könnte, die Nachahmung selbst enthält vielmehr ein beträchtliches Moment der Spontaneität. Jedes spontane Lernen hat wiederum ein Element der Anpassung an objektive Gegebenheiten in sich, gerade im Bereich der sittlichen Entwicklung. Man hat immer wieder gesagt: Anpassung und Bildung seien unvereinbar, und das ist durchaus verständlich, wenn man bedenkt, daß die Schule seit je unter dem Druck massiver Anpassungsforderungen der Gesellschaft gestanden hat. Diese Formel sichert ihr – theoretisch wenigstens – einen freien Raum. Zur Beschreibung des Bildungsprozesses allerdings ist sie kaum brauchbar; denn Bildung ist nicht eine Naturkategorie, d. h. nicht Ergebnis der spontan sich entfaltenden Individualität, sondern ein kulturelles Phänomen. Auch wo in ihr das Postulat individueller Freiheit aufgehoben ist, bedeutet sie doch eine Lenkung und gesellschaftliche Vermittlung dieses Anteils an Spontaneität – das heißt wiederum: sie ist auch Anpassung.

Wenn man dieses Moment aus dem Bildungsbegriff ausschaltet, verschließt man sich nicht nur dem, was im Bildungsprozeß als Ganzem vor sich geht; auch die Gefahr, den jeweiligen Anpassungsforderungen der Gesellschaft blind sich anheim zu geben, muß wachsen, je weniger diese in der Bildungstheorie reflektiert werden. Das überzeugendste geschichtliche Beispiel dafür ist vielleicht die Entwicklung der Jugendbewegung: je radikaler das Nein zur gegebenen Zivilisation wurde und je unreflektierter der Rückzug aus der Gesellschaft in einen vermeintlichen Raum freien Jugendlebens, um so leichter konnte die Maschinerie des totalen Staates sie aufsaugen. Doch nicht nur die Jugendbewegung, die ganze große Tradition des deutschen Individualismus scheint auf der Flucht vor der Gesellschaft ihrer barbarischsten Form verfallen zu sein. Vielleicht enthält eben der Verzicht auf die Reflexion der gesellschaftlichen Bedingungen individuellen Lebens (zumindest in einer sich demokratisierenden Gesellschaft) ein Element des Totalitären.

Nun wird allerdings W. Klafkis knappe Formulierung des Bildungsbegriffes sehr viel weniger von dieser Kritik betroffen als seine im Anschluß an Copei, Petzelt und andere entwickelten zusätzlichen Bestimmungen. Klafkis Bildungsbegriff wäre viel eher als eine strukturelle Beschreibung des Lernvorganges und -ergebnisses zu verstehen. In ihm könnte noch all das enthalten sein, was nachher ausgeschlossen wird: Prägung, Nachahmung, Anpassung; denn auch in diesen ist die Einheit subjektiver und objektiver Momente gegeben, auch sie sind *Lernvorgänge*. Daß schließlich ganz andere Konsequenzen gezogen werden, zeigt noch einmal, wie formal dieser Bildungsbegriff ist. Der weiteren Klärung seiner didaktischen und wohl auch erkenntnistheoretischen Implikationen dient W. Klafkis Erörterung des Begriffs der »kategorialen Anschauung«. Gemeint ist damit eine Anschauung, die über den einzelnen »angeschauten« Gegenstand hinaus eine allgemeine Einsicht vermittelt – so die Anschauung eines gotischen Domes etwa eine Einsicht in das *Wesen* der Gotik. Damit ist die alte Lehre neu ausgesprochen, daß nicht nur Begriffe ohne Anschauung »blind« sind, sondern daß auch Anschauung ohne Begriff etwas völlig Isoliertes bleibt. Doch W. Klafki meint wohl mehr, wenn er sagt, »der pädagogische Begriff der Anschauung« ziele darauf, daß ein Allgemeines »unbeschadet seiner Allgemeinheit unmittelbar gegeben ist« (373).

»Der pädagogische Begriff der Anschauung darf nicht mit dem der sinnlichen Wahrnehmung gleichgesetzt werden. Vielmehr entspricht es durchaus dem Sprachgebrauch der gehobenen Umgangssprache, wenn der Begriff ›Anschauung‹ im gesamten Bereich der Begegnung des jungen Menschen mit einem Objektiven, sei es dinglicher oder geistiger Natur, Verwendung findet.« (373)

Nun ist die Berufung auf die Umgangssprache – nicht nur angesichts der Konsequenzen, die der Begriff hier hat – ein understatement; denn der Streit um das Verhältnis von Begriff und Realität ist fast so alt wie die Geschichte der europäischen Philosophie. Dabei geht es W. Klafki pädagogisch zunächst um etwas recht Einfaches und zugleich Wichtiges, nämlich um die Forderung, die Inhalte des Unterrichts so auszuwählen, daß sie den Begriff einer Sache exemplarisch verdeutlichen. Insofern ist auch der Terminus »kategorial« recht glücklich, als er darauf hinweist, daß nur jene Anschauungen pädagogisch fruchtbar seien, die dem Lernenden Kategorien zukünftiger Erfahrung vermitteln. Doch W. Klafki führt die Auseinandersetzung darüber hinaus auf erkenntnistheoretisches Gebiet, vor allem dort, wo er sich gegen das »Dogma von der induktiv-generalisierenden Herleitung« des Begriffs wendet (364 f.):

»Wenn es möglich ist, das Allgemeine im Besonderen oder doch anhand des Besonderen zu gewinnen, dann kann dieses Allgemeine nichts sein, was man sich aus einer Fülle von Einzelfällen erst abgeleitet oder entstanden denken könnte.«

Eben hier vermißt man – über die andeutenden Verweise auf Husserl, Hönigswald und andere hinaus – eine klarere Bestimmung der philosophischen Position. Der Autor fühlt selbst das Unbefriedigende dieses Verzichts, und auch uns scheint, daß die von ihm geforderte »Untersuchung der Begriffe ›Wesensschau‹ und ›kategoriale Anschauung‹ in der Philosophie Husserls« (376) eigentlich die Voraussetzung seiner Überlegungen sein sollte; denn ihnen wird nur der folgen können, der Husserls Lehre vom ›wesensschauenden Bewußtsein‹ als zureichende Interpretation des Erkenntnisprozesses gelten läßt. Wer das nicht tut, muß das Empfinden haben, daß der Begriff Anschauung hier überfrachtet wird. Immer wieder wird betont, daß Allgemeinbegriffe nicht aus einer Vielzahl besonderer Anschauungen generalisierend gewonnen werden. So heißt es etwa:

»Nicht hundert oder mehr gotische Bauwerke ergeben den Begriff des Gotischen, vielmehr ist dieser als ein allgemeines Stilprinzip bereits Voraussetzung, um auch nur ein einziges Bauwerk als ›gotisch‹ zu erfassen.« (366)

Wie aber der tatsächliche Weg von der Anschauung zum Begriff verläuft, darüber finden sich nur sehr allgemeine Aussagen, wie etwa die, daß »das Bildend-Allgemeine immer als solches, in einem einheitlichen geistigen Akt ergriffen« werde (366). Liegt nicht die erkenntnistheoretische Aufgabe vielmehr darin, die Komplexität dieses ›einheitlichen Aktes‹ durch eine Bestimmung seiner Faktoren zu erhellen? Auch W. Klafkis Berufung auf Karl Reumuth hilft hier nicht weiter.

»Die Anschauung ist ein Vorbegriff. Im Anschauen sind wir der Wirklichkeit zugewandt, wir versenken uns in sie, wir lösen uns aber noch nicht denkend von der Wirklichkeit ab, wir abstrahieren noch nicht. Die Anschauung ist aber transparent, durch sie leuchtet der Begriff, das Wesen der Sache hindurch. Von der Anschauung aus sind wir auf dem Sprunge zum Wesensbegriff.« (Karl Reumuth: a. .a O. 374)

Diese etwas mystische Rede vom »Leuchten« der Begriffe trägt kaum zur Klärung ihres Entstehens und ihres Verhältnisses zur Anschauung bei.

Vielleicht läßt sich an einem der von W. Klafki genannten Beispiele andeuten, wie vielschichtig dieses Verhältnis ist. Wenn ein Lehrer seine Klasse in eine gotische Kirche führt, um eindringlich zu zeigen, was Gotik ist, dann kann er gewöhnlich annehmen, daß die meisten seiner Schüler das Wort gotisch als Kennzeichnung eines derartigen Bauwerkes schon gehört haben. Einige wissen vielleicht schon, daß damit eine ganz bestimmte Bauweise gemeint ist, und erkennen gleich: Das ist eine gotische Kirche. Andere wieder haben vielleicht bisher angenommen, eine gotische Kirche sei eine aus Sandsteinen gebaute, wieder andere, sie zeichne sich durch besonders reiche Verzierung aus, und wenn der Lehrer ihnen nicht ausdrücklich sagt, was gemeint ist, gehen sie möglicherweise mit dem gleichen Begriff von Gotik wieder nach Hause. Die isolierte Anschauung ist also keine sichere Grundlage des Begriffs. In ihm vereinen sich aktuelle Anschauung und vergangene Erfahrung. – Man könnte sich vorstellen, daß der Lehrer nach einem solchen Kirchenbesuch fragt: Ihr habt nun eine besonders schöne und charakteristische gotische Kirche gesehen. Könnt Ihr einmal zusammenfassen, worin Ihr das Wesen der gotischen Baukunst seht? Die Schüler werden nun wahrscheinlich eine Fülle von Eindrücken wiedergeben und Merkmale nennen, von denen sicher einige nicht durch den Begriff Gotik erfaßt werden. Sie werden dann vom Lehrer hören, daß nur gewisse mehr oder weniger genau bestimmbare Stilmerkmale und ihr Zusammenhang mit dem Wort Gotik bezeichnet werden. Erst jetzt ist aus der Anschauung eine Kategorie gewonnen worden, die zukünftige Erfahrung richtig ordnen hilft, und der Begriff kann seine hermeneutische Funktion erfüllen.

Schon bei diesen Überlegungen zeigt sich, daß der Begriff »kategoriale Anschauung« eine Verkürzung des wirklichen Vorgangs ist. Es geht W. Klafki jedoch nicht nur um dieses logisch Allgemeine des Begriffes, sondern mehr noch um den *Sinn*, die Bedeutung eines Phänomens. Vor allem hier gilt für ihn der Satz, daß die Anschauung der Erscheinung bis zum ›Wesensbegriff‹ hinführe. Im Zusammenhang einer kurzen Auseinandersetzung mit Kanning (Strukturwissenschaftliche Pädagogik, Heidelberg 1953) heißt es:

»Dagegen scheint uns die Gültigkeit der phänomenologischen Methode auf jene Inhalte eingeschränkt zu sein, deren Sinn ganz in ihrer Phänomenalität aufgeht, in denen Sinn und Erscheinung untrennbar miteinander verbunden sind: also vor allem auf ästhetische Phänomene, darüber hinaus aber auch auf einen weiten Bereich der Sprache (etwa »modifizierende Prädikate« wie mild, gelassen, gütig u. ä.).« (Klafki: a. a. O., 381)

Auch an dieser Stelle wäre eine Diskussion von Gedanken Husserls erforderlich. Wir müssen uns jedoch darauf beschränken, an unserem Beispiel anzudeuten, daß hier Unmögliches von der Anschauung erwartet wird. Das liegt vor allem darin begründet, daß der Sinn einer Erscheinung – auch (und vor allem) einer ästhetischen – nicht in der bloßen Phänomenalität zu fassen ist. Das Phänomen »gotischer Dom« etwa, das uns zu Ausrufen des Staunens verleitet oder andächtig stimmt, war noch für die meisten von Goethes Zeitgenossen nichts als ein barbarisch zusammengesetzter Haufen von Steinen – Ausdruck einer finsteren, kulturlosen Zeit. Das heißt: der Sinn dieser Erscheinung ist nicht nur durch das Phänomen, sondern zugleich durch unsere gesamte geschichtliche Erfahrung bedingt. Nur wenn wenigstens ein Teil dieser Erfahrung individuell nachgeholt werden konnte, führt die Anschauung auf ihrem Hintergrunde zum Begreifen des Sinns, den *wir* in einem gotischen Bauwerk erkennen. Aber auch dann haben wir nicht eine Erkenntnis des Wesens, sondern die einer geschichtlich präformierten Bedeutung.

Für Worte wie »mild« gilt im Grunde das gleiche: eine Handlung, die wir mit diesem Prädikat belegen, muß nicht notwendig Menschen aus anderen Kulturen ebenso erscheinen. Was in einem Lande als höflich gilt, kann im anderen als Beleidigung verstanden werden. Auch hier also sind keineswegs Erscheinung und Sinn untrennbar miteinander verbunden; ihr Zusammenhang ist vielmehr abhängig von geschichtlichen Voraussetzungen, in diesem Falle also von – dem kulturellen Wandel unterworfenen – Sitten, Verhaltensweisen und Ausdrucksformen.

Man könnte einwenden, daß diese Argumente für den Lehrer recht nebensächlich seien, daß er etwa, um seinen Kindern deutlich zu machen, was *mild* heißt, nur einem von ihnen sanft übers Haar zu streichen brauche, um ihnen in der Anschauung unmittelbar die Bedeutung des Begriffs zu klären. Es braucht ihn vielleicht nicht zu kümmern, was es mit dieser Verbindung von Phänomen und Begriff eigentlich auf sich hat. Uns scheint jedoch, daß ihm auch der hier verwendete Begriff der kategorialen Anschauung keine wesentliche Hilfe zur Klärung dieses Verhältnisses sein kann, weil er zu vieles zusammenfaßt, das ›auseinandergelegt‹ erst deutlicher würde, vor allem aber, weil er impliziert, es gebe einen Weg von der Anschauung zum übergeschichtlichen »Wesen« einer Erscheinung.

Wahrscheinlich hätte W. Klafki auch ohne diesen der Phänomenologie entlehnten erkenntnistheoretischen »Überbau« auskommen können; denn seine Untersuchung beweist im übrigen, wie fruchtbar die Frage nach elementaren

Anschauungen für den Unterricht sein kann. Auch aus diesem Grunde sollte der Leser dieser Kritik noch einmal daran erinnert werden, daß er in ihr sehr wenig über das Buch, an das sie anknüpfte, erfährt, und daß er sie nicht als Urteil über das Ganze nehmen darf, sondern wirklich nur als eine Zusammenstellung von Überlegungen zu bestimmten methodologischen Problemen, die diese umfangreiche Untersuchung aufwirft.

1 Weinheim 1959, 3./4. Aufl. 1964.

2 Zusammenfassende recht ausführliche Besprechungen finden sich in der Zeitschr. f. Pädagogik, 1960, S. 444 ff. und in Westermanns pädagogischen Beiträgen, 1960. Nach Angaben des Verfassers ist das Buch bisher ca. 16mal besprochen worden.

3 Ein wenig erschreckend ist es schon, wenn im Anschluß an Spranger »die Grundbeziehung von Angebot und Nachfrage« als eine solche übergeschichtliche Kategorie des Verstehens wirtschaftlicher Zusammenhänge bezeichnet wird (S. 318). Hier könnte der Unterricht selbst zur Ideologie werden, wenn er nicht deutlich macht, daß die auf diesen Zusammenhang sich gründende Theorie Produkt der beginnenden kapitalistischen Gesellschaft ist, daß sich im Zeitalter der Monopole das wirtschaftliche Geschehen eher verschleiert als erklärt, wenn er nicht zeigt, daß, je nach der beschriebenen Situation, diese Formel Wahres und Falsches enthält, auf jeden Fall aber eins nicht ist: ein geschichtsunabhängiges wirtschaftliches Gesetz.

4 Vgl. W. Klafki: Die Erziehung im Spannungsfeld von Vergangenheit, Gegenwart und Zukunft. In: Die Sammlung 1958, S. 452. Jetzt in: Studien zur Bildungstheorie und Didaktik. Weinheim [10]1971.

5 Vgl. dazu W. Brezinka: Erziehung als Lebenshilfe. Wien 1957. Ders.: Die Pädagogik und die erzieherische Wirklichkeit. In: Zeitschr. f. Pädagogik. 1959, S. 1 ff.
F. Fürstenberg: Die soziale Anpassung als Problem der pädagogischen Soziologie. In: Bildung und Erziehung, 1961/5, 282 ff.

Wolfgang Klafki

Zu Peter Roeders »Bemerkungen ...«[1]

I.

Es scheint mir ein begrüßenswerter Tatbestand zu sein, daß führende pädagogische Zeitschriften von Zeit zu Zeit wissenschaftlichen Kontroversen Raum geben. Vielleicht könnte die Intensivierung dieser Praxis dazu beitragen, den Stil und die Produktivität der wissenschaftlichen Kritik in der Pädagogik zu verbessern; ganz besonders wäre das für das Rezensionswesen zu wünschen, das allzuoft über die »Waschzettelmode« mit der – obligaten Schlußbemerkung, »jeder verantwortungsbewußte Pädagoge müßte das betreffende Werk gelesen haben«, nicht hinauskommt. – Wenn man bedenkt, daß wir ein wissenschaftliches Gespräch in der Pädagogik nach dem kurzen Anlauf der 20er Jahre erst wieder seit 1945 kennen, sollte auch die Tatsache, daß wir bei solchen Kontroversen vorläufig oft nur bedingt über Kritik und Gegenkritik hinauskommen, nicht sogleich zu dem Urteil verleiten, das ganze Unternehmen sei grundsätzlich fruchtlos. Wir brauchen einfach weiterhin Zeit und Gelegenheit, uns im Felde der wissenschaftlichen Kritik zu üben.

II.

Zu Beginn der Replik auf Roeders kritische Bemerkungen zu meinem Buche über »Das pädagogische Problem des Elementaren und die Theorie der kategorialen Bildung« muß ich einen von Roeder selbst betonten Sachverhalt noch einmal nachdrücklich hervorheben: Er will keine Gesamtrezension des Buches bieten, sondern »bestimmte Probleme«, die sich für ihn aus meiner Fragestellung und Methode ergeben, erörtern, »ohne die Arbeit als ganzes zu würdigen« (S. 76)*. Diese Feststellung ist deshalb so wichtig, weil Roeder zwar von bestimmten Problemen ausgeht, dann aber mehrfach Querverbindungen zu anderen Teilen der Arbeit andeutet, so daß der Eindruck entstehen könnte, als ob seine Kritik im Grunde doch das Ganze, mindestens die entscheidenden Partien der Arbeit zur Diskussion bringt. Natürlich wäre dieses Verfahren durchaus berechtigt, sofern sich herausstellte, daß die in jenen Querverbindungen angeschnittenen Fragen des Buches dabei angemessen zur Darstellung kämen. Aber das gilt eben allein unter dieser Bedingung: nur wenn das, was die Kritik kritisiert, zunächst so verstanden wird, wie es gemeint ist, kann sie treffen; andernfalls wird sie zur »Kritik des Mißverstandes« (Feuer-

* Pädagogische Kontroversen 2, d. h., der Hinweis bezieht sich auf diesen Band. [Anm. des Herausgebers]

bach). Leider scheint mir letzteres an etlichen Stellen des Roederschen Aufsatzes der Fall zu sein. Freilich bleibt auch dann, wenn der Kritiker das Gemeinte mißverstanden haben sollte, die Frage, zu wessen Lasten die Mißverständnisse gehen; sofern sie in Unschärfen des kritisierten Autors begründet sind, wird dieser – selbst, wenn er »es anders gemeint hat« – dem Kritiker Dank wissen.

Roeders Einwände sind zwiefacher Art: ein Teil zielt auf die allgemeine methodologische Frage nach Möglichkeit und Sinn einer Problemgeschichte, ein anderer Teil richtet sich gegen einzelne Partien meiner Theorie des Elementaren und der kategorialen Bildung. Während Roeder mehrfach vom ersten Problem unmittelbar zum zweiten Fragenkreis übergeht, scheint es mir zweckmäßig, beide Aspekte im folgenden gesondert zu behandeln.

III.

1. Wenden wir uns zunächst Roeders Gedanken zur Frage nach Möglichkeit und Sinn einer Problemgeschichte zu, so ist einleitend darauf hinzuweisen, daß hier eine für die wissenschaftliche Pädagogik grundlegend wichtige Frage angeschnitten wird. Der Verfasser teilt Roeders Wertschätzung methodologischer Reflexionen durchaus; wie in jeder Wissenschaft, so hängen auch in der Pädagogik die Geltung und die Bedeutung wissenschaftlicher Aussagen von der Zulänglichkeit der Methoden ab, mit deren Hilfe sie gewonnen werden. Wissenschaftstheoretische Untersuchungen scheinen mir heute besonders dringlich zu sein, wo die verhältnismäßig schmale methodische Basis der herkömmlichen Pädagogik durch neue Ansätze verbreitert wird: einerseits durch die empirische Forschung (pädagogische Tatsachenforschung) und die vergleichende Erziehungswissenschaft, andererseits durch die im Vergleich zur älteren Pädagogik neuartige Bezugnahme auf andere Wissenschaften: Theologie, Philosophie, Soziologie, Psychologie, philosophische Anthropologie und cultural anthropology. Trotz zahlreicher Versuche sind weder die einzelnen Methoden noch ihr Zusammenhang schon hinreichend methodologisch geklärt. Das gilt zweifellos auch von jenem Verfahren, dem Roeder meine Untersuchung mit Recht zuordnet und von dem er sagt, daß es bereits eine »ehrwürdige Tradition« aufzuweisen habe: das historisch-systematische oder problemgeschichtliche Verfahren. Roeder weist in diesem Zusammenhang auf die aus der Schule Herman Nohls stammenden »Göttinger Studien zur Pädagogik« hin; sie sind vielfach – auch über die von Roeder genannten Arbeiten Lehmensicks und Dörings hinaus – diesem methodischen Typus zuzurechnen. Zu nennen wären auch Nohls eigene Bildungstheorie (»Die pädagogische Bewegung in Deutschland und ihre Theorie«) sowie Erich Wenigers »Theorie der Bildungsinhalte und des Lehrplans«, in der die Geschichte des Problems allerdings mehr vorausgesetzt als ausführlich expliziert worden ist; ähnliches gilt, wenn ich recht sehe, bis zu einem gewissen Grade auch von W. Flitners

»Allgemeiner Pädagogik«. – Wie verbreitet das historisch-systematische Verfahren auch in der jüngeren wissenschaftlichen Pädagogik ist, dafür mag hier eine Reihe von neueren Veröffentlichungen stehen, die, wie unterschiedlich sie im einzelnen nach Problemstellung, Stil und Umfang sein mögen, im Grunde doch dem gleichen Prinzip folgen[2]. Für Roeders Einwände gegen diese Methode ist mein Buch eigentlich nur ein zufälliger, wenn auch vielleicht ein besonders typischer Anlaß.

Wenn ich die Begriffe »historisch-systematisch« und »problemgeschichtlich« eben synonym gebrauchte, so bedarf dieser Sprachgebrauch sofort einer Erläuterung. Der Begriff der »Problemgeschichte« ist wohl von den Neukantianern für ihre Art philosophie- und erziehungsgeschichtlicher Forschung geprägt, jedenfalls durch sie allgemein bekannt geworden; der Terminus »historisch-systematisch« stammt m. W. von Herman Nohl, der ihn in Anlehnung an Diltheys Theorie der Geisteswissenschaften verstanden wissen wollte. Ohne selbst die philosophischen Voraussetzungen der Neukantianer zu teilen, habe ich den Eindruck, daß ihre methodologischen Beiträge zur Frage der Problemgeschichte auch in neueren Untersuchungen zur Theorie der Geisteswissenschaften keineswegs erschöpfend ausgewertet worden sind[3]. Für das folgende gilt: Wenn »historisch-systematisch« und »problemgeschichtlich« synonym gebraucht werden, so geschieht das zunächst immer im Sinne des Sprachgebrauchs der »Göttinger Schule«.

Es trifft zu, wenn Roeder feststellt, daß ich die allgemeine Problematik des historisch-systematischen Verfahrens innerhalb meiner Arbeit nicht ausführlich diskutiert habe. Bestehen Roeders Einwände gegen mein Vorgehen zu Recht, so würde man den Verzicht auf eine solche Erörterung natürlich nicht durch den Hinweis rechtfertigen können, daß das Buch mit 471 Seiten ohnehin einen überdurchschnittlichen Umfang angenommen hat. Es gilt also, diese Einwände sachlich zu prüfen. Allerdings ist es mir unverständlich, warum Roeder die einschlägigen Ausführungen, die sich einerseits in der Einleitung, andererseits an mehreren Stellen der Arbeit finden, ebenso aber die bereits auf Seite 1 des Buches erfolgte Verweisung auf meine Untersuchung über »Die Stufen des pädagogischen Denkens« (Bildung und Erziehung 1954, S. 193 ff. und S. 286 ff.)[4] offensichtlich kaum ernsthaft zur Kenntnis genommen hat.

2. Worin besteht – so fragen wir im Sinne einer vorläufigen Klärung – das Kennzeichnende des historisch-systematischen bzw. problemgeschichtlichen Verfahrens[5]? Man kann an den vorher genannten Untersuchungen folgendes ablesen: Ausgangspunkt solcher Forschungen sind Programme, Formeln, Begriffe, Fragestellungen, Kontroversen, die die pädagogische Diskussion der Gegenwart des betr. Forschers bewegen. Dabei muß die gegenwärtige Problemstellung oft erst klar herausgearbeitet werden; so gilt es etwa, die gemeinsame Fragerichtung scheinbar unterschiedlicher Ansätze sichtbar zu machen oder gerade die Unterschiedlichkeit scheinbar übereinstimmender Positionen herauszu-

stellen. Entscheidend ist, daß die in dieser Weise aufgenommene oder geklärte Fragestellung als durch zwei Momente gekennzeichnet verstanden wird: einesteils wird erkannt oder vermutet, daß die betr. Frage bereits »eine Geschichte hat« und daß sie in ihrer gegenwärtigen Gestalt durch diese ihre Geschichte mitbedingt ist. Zugleich damit aber wird vorausgesetzt, daß die Erörterung der in der Geschichte entwickelten Sinngebungen der Frage und der versuchten Antworten und Lösungen auch der Gegenwart noch Wesentliches zu sagen habe, nicht nur im Sinne einer historischen Standortbestimmung der Gegenwart (– also um zu verstehen, welche geschichtlichen Hintergründe, Motive und »Ablagerungen« in der eigenen Fragestellung oder in der zur Debatte stehenden Situation nachwirken –), sondern darüber hinaus im Sinne gültiger, d. h. zunächst: heute noch gültiger Einsichten, Prinzipien, Hilfen für die Lösung gegenwärtiger Aufgaben. Eben dieses Festhalten gewisser Einsichten, denen über den historischen Moment hinaus, in dem sie gewonnen wurden, Geltung zugesprochen wird, und die Einordnung solcher Einsichten in einen aus ihnen sich ergebenden oder mit ihrer Hilfe zu entwerfenden Sinnzusammenhang, der das betr. Problem durchschaubar macht und seiner praktischen Lösung dient, wird durch den Terminus »systematisch« in der Formel »historisch-systematische Methode« bezeichnet.

In diesem Sinne wenden sich historisch-systematische Untersuchungen also der Geschichte (ihres Problems) »in systematischer Absicht« zu. Ihr Sinn erfüllt sich erst, wenn der Ertrag der (Problem-)Geschichte als »systematischer« Zusammenhang von Aussagen formuliert wird, und zwar zugleich »in pragmatischer Absicht«, d. h. um der hier und heute zu verantwortenden erzieherischen Entscheidungen willen. Sie bewegen sich also notwendig in einem »hermeneutischen Zirkel« besonderer Art: sie befragen die pädagogischen Theorien der Vergangenheit nicht, um sie im strengen Sinne des Wortes »historisch« zu verstehen, aus dem Ganzen der geschichtlichen und biographischen Voraussetzungen, Bedingungen und Abhängigkeiten einerseits, der Möglichkeiten und Ziele des betr. Denkers andererseits. Diese Bezüge können nur in Betracht gezogen werden und sie brauchen es nur, soweit sie einen einsichtigen Zusammenhang mit dem in systematisch-pragmatischer Absicht Erfragten haben. Dieser Zusammenhang kann durchaus auch negativer Natur sein: Es kann von großer systematischer Bedeutung sein zu sehen, aus welchen Gründen bei einem bestimmten Denker, einer ganzen »Schule« oder Epoche die betr. Frage gar nicht auftaucht, schrittweise zurücktritt oder unbeantwortet bleibt. Aber auch dieses gilt: Die Klärung der Frage kann bedeutende Förderung erfahren bei der Analyse einer Theorie, die als Ganze vielleicht auf Voraussetzungen beruht, die wissenschaftlich nicht verifizierbar sind oder nicht mehr als verbindlich angesehen werden können. Wir sehen also: Der Inhalt der Frage, genauer: die Struktur des in der Frage Erfragten bestimmt den Aspekt, in dem die Geschichte in den Blick tritt.

3. Roeder beginnt seine Einwände mit Hinweisen, wie man sich »eine Di-

daktik unter historischem Aspekt etwa vorstellen« könnte (S. 76). Er gibt einige einleuchtende Beispiele dafür, daß »die Bedeutung didaktischer Entscheidungen erst im Zusammenhang der gegebenen geschichtlichen Konstellation verständlich wird« (S. 76). All dem kann ich vorbehaltlos zustimmen. Nur ist zugleich festzustellen, daß der Grund, aus dem sich in meiner Arbeit von den durch Roeder angedeuteten Möglichkeiten »kaum etwas« findet, nicht etwa der ist, daß in der ›schon ehrwürdigen Tradition‹, der ich mich anschließe, ›ein solches Vorgehen nicht üblich ist‹ (S. 77), sondern einfach der, daß ich keine Entstehungs- und Wirkungsgeschichte von Lehrplänen, pädagogischen Programmen oder Einrichtungen und keine Entwicklungsgeschichte der pädagogischen Theorien oder Systeme einzelner Denker, sondern eben – eine Problemgeschichte vorlege. Die Kritik Roeders beruht darauf, daß er »Problemgeschichte« als historisch-systematische Forschung und »Entstehungs- und Wirkungsgeschichte« als Historie oder historische »Ortsbestimmung der Gegenwart« nicht unterscheidet.

Problemgeschichte gibt es nur dort, wo sich zeigen läßt, daß bestimmte Fragestellungen, Prinzipien, Ideen im historischen Wandel und durch ihn hindurch »gleichsinnig« bleiben, d. h. in die gleiche Denkrichtung weisen, auf ein Gemeinsames, auf eine strukturell gleiche Aufgabe oder Möglichkeit hindeuten. Nur muß man von diesem Gedanken einer möglichen »Gleichsinnigkeit« zeitlich oft weit auseinanderliegender Denkansätze alle substantialisierenden Vorstellungen fernhalten, etwa das Denkmodell eines außergeschichtlichen Reiches der Ideen, Werte, Wesenheiten. Solche »Gleichsinnigkeit« – ich vermeide mit Absicht den Terminus »Identität« – kann auf einer gemeinsamen Tradition und einer gemeinsamen geschichtlichen Konstellation beruhen (Roeder S. 76), sie kann aber z. B. auch darauf beruhen, daß das betr. Problem sich aus einer fundamentalen Bestimmung ergibt, ohne die wir menschliches Dasein gar nicht als »menschlich« verstehen können, z. B. die Sprachfähigkeit oder die Erziehbarkeit (im weitesten Sinne des Wortes). Dogmatische Vorurteile sind hier in zwiefacher Richtung vom Übel: sowohl dann, wenn sie die Geschichtlichkeit einfach als Vordergrundansicht beiseite schieben und gleich oder ähnlich lautende Begriffe, Formeln, Aussagen verschiedener Zeiten ohne eingehende Analyse als gleichsinnig voraussetzen, als auch dann, wenn sie behaupten, der Sinn, das »Gemeinte« einer Aussage könne gar nicht anders recht verstanden werden denn als Gedanke in einem bestimmten geschichtlichen Moment und in der Gebundenheit an eine konkrete Situation. Wenn gewisse problematische Formulierungen meiner Arbeit Roeder zu dem Vorwurf veranlaßt haben, ich dächte nicht genügend geschichtlich, so geraten nun umgekehrt manche seiner Gegenthesen bedenklich in die Nähe eines dogmatischen Relativismus, genauer eines (erkenntnistheoretischen) Historismus und Wissenssoziologismus. (Gegenüber neuen Mißverständnissen sei hier betont, daß mit dieser Bemerkung nicht das mindeste gegen eine selbstkritische Wissenssoziologie gesagt sein soll.)

Um nun die Gedankenführung sogleich auf den besonderen Gegenstand unserer Kontroverse zu beziehen: Ob sich den Aussagen eines »älteren« Pädagogen zum Problem des Elementaren – in methodisch kontrollierter Abhebung von den Besonderheiten ihrer Ursprungssituation und in ebenso methodisch kontrollierter Lösung aus dem Gesamtzusammenhang seiner Theorie oder seines Systems – ein noch heute systematisch aufschlußreicher Sinn abgewinnen läßt, kann vorweg weder bestritten noch behauptet werden; es muß sich in der Durchführung historisch-systematischer Forschung erweisen. Darum ging es in meiner kritischen Interpretation der Geschichte des Nachdenkens über das Problem des Elementaren und der in den verschiedenen Ansätzen nachweisbaren Auffassung von der Struktur der Bildung. Wo ich meinte, die Art und Weise der methodischen »Abhebung« und »Loslösung« über die Verweisungen auf die Standardliteratur hinaus – sozusagen »vor den Augen des Lesers« – skizzieren zu müssen, ist das am Beginn der betreffenden Kapitel geschehen. Daß jene »Abhebung« von der Ursprungssituation und die »Loslösung« aus den jeweiligen Werk- bzw. Systemzusammenhängen gelegentlich darauf hinausliefen, den »historischen Ausdruck« der Gedanken eines Autors, so etwa im Falle von Fröbels Metaphysik, als »unwesentlich Äußeres« abzutun (Roeder, S. 77), ist eine Entstellung dessen, was ich auf den Seiten 85 bis 92 meines Buches wirklich geschrieben habe.

Die zusammenhängende Darstellung der besonderen geschichtlichen Konstellation, der pädagogischen, weltanschaulichen, kulturellen, gesellschaftlich-politischen Kampfsituation, in die auch der Gedanke des Elementaren bei verschiedenen Denkern verwoben war und in der er wirksam oder auch nicht wirksam geworden ist, der Wirkungen auf die Lehrplangestaltung und die Schulorganisation usf. wäre eine besondere, ebenso reizvolle wie verdienstvolle Arbeit. In einer solchen Entstehungs- und Wirkungsgeschichte des Elementarprinzips müßten auch gewisse Verfälschungen des Prinzips ihren Ort finden, deren geschichtlich wirksamste – nämlich die »Reduktion der Inhalte und Methoden auf ein elementares Minimum ›fürs Volk‹ (Roeder, S. 76) – von Roeder irrigerweise einfach als eine zweite Bedeutung des Begriffes Elementarisierung neben die eigentliche Bedeutung des Prinzips gestellt wird[6].

4. Aus der Eigenart historisch-systematischer Untersuchungen ergibt sich ein besonderes Darstellungsproblem. Denn was als Ergebnis solcher Forschungen letzten Endes in Gestalt eines Buches oder eines Aufsatzes vorliegt, kann hier noch weniger als in der sonstigen Forschung eine genaue Spiegelung des tatsächlichen Forschungsprozesses sein. Der historisch-systematisch Vorgehende stellt in seiner Problemgeschichte so wenig seinen Forschungsweg dar, wie der Historiker es gewöhnlich in seinen Veröffentlichungen tut. Sein systematischer Entwurf, der das »Ergebnis« der Untersuchung darstellt, entwikkelt sich in einem dauernden Wechselspiel zwischen der Auslegung der ihm jeweils vorliegenden Texte, also z. B. der Aussagen Fröbels zum Problem des Elementaren, und dem, was der Untersuchende bereits als systematische Ein-

sicht aus der Auswertung früherer oder späterer Texte und zugleich auf Grund direkter gedanklicher Auseinandersetzung mit dem betreffenden Problem, wie es sich in der Gegenwart darstellt, mitbringt. Prinzipiell ist dieser gedankliche Prozeß unabschließbar. Es ist grundsätzlich immer möglich, daß mir ein neuer systematischer Aspekt des zu untersuchenden Gesamtkomplexes aufgeht, der nun eine schon durchinterpretierte ältere Theorie in neuer Weise aufschließt, wobei dann diese nun neu gesehene Theorie weitere systematische Einsichten erbringen kann. Daraus folgt: Die Darstellung einer älteren Theorie muß immer wieder neu, und zwar so in die Problemgeschichte eingeordnet werden, daß ihr systematischer Bezug zu den früheren oder späteren Partien der Problemgeschichte sichtbar wird. Die mit dem Abschluß der Gesamtuntersuchung erfolgende »letzte Redaktion« der einzelnen Partien geschieht also notwendig bereits »aus dem Wissen um die weitere Entwicklung dieses Problems« (Das päd. Problem . . ., S. 35/3. u. 4. Aufl.: S. 37).

Nur wenn man diesen Zusammenhang verkennt, kann man dem problemgeschichtlichen Verfahren überhaupt und meiner Untersuchung insbesondere den Vorwurf machen, sie liefen auf gedankliche Tautologien hinaus (Roeder, S. 81). Es ist eine schlechthin irrige Behauptung, daß die am Ende der Untersuchung entwickelte eigene Konzeption, so etwa mein Ansatz zur Theorie der kategorialen Bildung, »schon vor der Analyse der Geschichte als Ergebnis eben dieser Geschichte vorliegt« (Roeder, S. 81).

Dieser Irrtum wirkt ersichtlich auch in Roeders Einwänden gegen den vermeintlichen Geltungsanspruch meiner systematischen Aussagen nach. Meiner ganzen Untersuchung, so unterstellt Roeder dort, liege eine unausgesprochene Voraussetzung zugrunde: Ich »postulierte« einen »Maßstab«, einen »Bezugspunkt« »jenseits der Geschichte«, »eine unveränderte Grundstruktur der Bildung«, ein ›vom Gange der Geschichte im tiefsten unberührbares Wesen der Bildung‹ (Roeder, S. 77). Als diesen »Maßstab« setzte ich unreflektiert meinen eigenen Begriff der Kategorialen Bildung, an dem nun die älteren Theorien als mehr oder minder gültig oder irrig gemessen würden, je nachdem, ob oder wieweit sie mit der von mir vertretenen Auffassung übereinstimmten. – Zu dieser Argumentation ist zweierlei zu sagen. Einesteils enthält sie selbst ein »tautologisches Moment«. Wer nämlich eine These mit dem Anspruch vorträgt, darin über ein Problem Wahres oder Gültiges auszusagen, der muß notwendigerweise alles, was damit in Teilen oder im Ganzen übereinstimmt, als ebenfalls »gültig«, alles aber, was der eigenen Auffassung widerspricht, als nicht oder nicht mehr oder nicht voll gültig bezeichnen. In jeder wahrsein-wollenden Aussage liegt diese Konsequenz begründet, mag sie nun ausgesprochen werden oder nicht. – Im übrigen aber erweist sich Roeders Kritik von unseren vorausgehenden Überlegungen her als Folge jenes bereits gekennzeichneten Mißverständnisses: der »Maßstab« oder der »Bezugspunkt« wird in meiner wie in anderen historisch-systematischen Untersuchungen nicht »postuliert« oder »jenseits der Geschichte« gefunden, sondern er ergibt sich in der

Problemgeschichte selbst und durch sie. Dieser »Maßstab« ist ja nichts anderes als der aus der Problemgeschichte herausgearbeitete systematische Entwurf selbst.

Sieht man von diesen Einwänden Roeders, die auf Mißverständnissen beruhen, ab, so bleibt doch eine wichtige Problemstellung übrig: die Frage nämlich nach Art und Umfang der Geltung systematisch-pädagogischer Aussagen. Auch dieses Problem ist so kompliziert und in so diffizile erkenntnis- und wissenschaftstheoretische Zusammenhänge verwoben, daß es hier unmöglich ausführlich diskutiert werden kann. Soviel aber muß festgestellt werden: Wenn nicht ausdrücklich weiterreichende Folgerungen gezogen und begründet werden, so reicht der Anspruch, den systematische Aussagen als Ergebnis problemgeschichtlicher Untersuchungen machen, zunächst genau so weit, wie die dargestellte Problemgeschichte oder der aus ihr heraus entwickelte Zusammenhang von Voraussetzungen und Motiven reicht. Daß diese hermeneutische Regel auch für meine Untersuchung gilt, dürfte der immerhin gut neun Seiten umfassenden Einleitung meines Buches zu entnehmen sein. Schließlich sagt Roeder eingangs selbst, daß ich mich »ganz im Zusammenhang einer spätestens mit Pestalozzi einsetzenden geistesgeschichtlichen Entwicklung« verstünde (Roeder, S. 75). Ich werde allerdings prüfen müssen, ob einzelne meiner Formulierungen, in denen vom »Wesen der Bildung« gesprochen wird, Anlaß zu den in Rede stehenden Mißverständnissen gegeben haben. – Ergänzend muß noch gesagt werden: Es kann sich jederzeit zeigen, daß ein Problem – im ganzen oder in einzelnen Aspekten – bereits früher als zunächst angenommen aufgetaucht ist und daß der Geltungsbereich der systematischen Aussagen sich damit »nach rückwärts« erweitert. Das hat für unsere Frage J. Derbolav in seinem Buche über »Das Exemplarische im Bildungsraum des Gymnasiums« gezeigt.

IV.

Wenden wir uns der zweiten Gruppe kritischer Bemerkungen zu, die sich auf die »Grundzüge einer Theorie und Praxis der kategorialen Bildung« beziehen, wie sie im 7. Kapitel meines Buches entwickelt sind, so muß auch hier einleitend auf den bedauerlichen Umstand hingewiesen werden, daß das Gespräch mit Peter Roeder in den meisten Punkten bestenfalls Ansätze für wirklich weiterführende Überlegungen sichtbar machen kann. Denn es gilt zunächst weitgehend, auf das im Text wirklich Gesagte überhaupt erst wieder hinzuweisen.

1. Beginnen wir mit den Bemerkungen zum Begriff der Kategorialen Bildung, so fällt zunächst auf, daß Roeder auf S. 80 und auf S. 81 seines Aufsatzes jeweils eine Formulierung zitiert, die im Zusammenhange meiner Ausführungen deutlich erkennbar nicht als abschließende Definitionen, die es im geisteswissenschaftlichen Felde ja ohnehin nicht gibt, sondern als einweisende,

vorläufige Auslegungssätze gemeint sind. So erklärt sich wahrscheinlich Roeders Einwand, daß mein Begriff der Kategorialen Bildung »den geschichtlichen Charakter von Bildung nicht einmal andeutet« (S. 81). Schon der nächste Auslegungssatz hätte Roeder darauf aufmerksam machen können, daß er mit dieser Kritik zu kurz peilt. Es heißt dort: »Bildung ist Erschlossensein einer dinglichen und geistigen Wirklichkeit für einen Menschen ..., aber das heißt zugleich: Erschlossensein dieses Menschen für diese seine Wirklichkeit ...« (S. 294). Kann es denn nach den vorausgehenden Ausführungen des betreffenden Abschnittes, in denen ausdrücklich von der »Geschichtlichkeit der Bildung, und das heißt: des Wandels der Inhaltlichkeit jener Gestalt menschlichen Seins, die wir ›Bildung‹ nennen«, die Rede ist, von der entscheidenden Entdeckung der im Gefolge Diltheys sich entwickelnden geisteswissenschaftlichen Pädagogik also, auch nur dem mindesten Zweifel unterliegen, daß jene »Wirklichkeit«, die erschlossen werden soll, als die *geschichtliche* Wirklichkeit, und jener Mensch, der sich erschließen soll, als ein *geschichtliches* Wesen verstanden werden müssen? Und sollte Roeder tatsächlich überlesen haben, daß sich unmittelbar an jenen Absatz auf S. 294 f. (3./4. Aufl.: S. 297) meines Buches, aus dem er einen isolierten Auslegungssatz zitiert, ein Abschnitt (S. 296–304) (3./4. Aufl.: S. 311 ff.) anschließt, in dem Erich Wenigers durch und durch geschichtliche Sicht des Bildungsproblems und die daraus zu entwickelnden Folgerungen behandelt werden? Eine Sicht, die ich an einer Stelle (S. 297) (3./4. Aufl.: S. 313) durch den Satz zu kennzeichnen versuche: »Man muß die konkrete geistig-geschichtliche Lage und besonders die spezifische Bildungssituation einer Menschengruppe kennen, um zu begreifen, warum bestimmte Inhalte gerade unter diesen Menschen als *Bildungs*inhalte, *Bildungs*werte gelten, andere nicht«.[7] – Hier ist einer der Punkte, an denen die Erwägungen zum Problem der Kategorialen Bildung und des Elementaren in bildungssoziologische Fragestellungen ausmünden. Roeder hätte recht, wenn er kritisierte, daß ich auf diese sich hier eröffnende Notwendigkeit, Ergebnisse soziologischer Forschung einzubeziehen oder pädagogisch-soziologische Forschungen anzusetzen, nicht ausdrücklich hingewiesen habe; er irrt, wenn er den Anschein erweckt, als sei für solche Fragestellungen im Anschluß an die von mir vorgetragenen Überlegungen grundsätzlich kein Raum.

2. Der Vorwurf, meine Ausführungen ließen einen grundsätzlichen Mangel an historischem Bewußtsein erkennen, steht offensichtlich auch hinter Roeders Einwänden gegen die Theorie von den »Schichten des Elementaren«. Es soll nicht bestritten werden, daß einige zusätzliche Bemerkungen zu diesem Problem wünschenswert, zum Teil unbedingt notwendig sind. Es wird sich auch empfehlen, in der 2. Auflage den Begriff des Übergeschichtlich-Elementaren durch einen weniger problematischen zu ersetzen[8]. Und schließlich muß ich das Versäumnis eingestehen, daß der Hinweis auf eine für meine Ausführungen grundlegende Untersuchung von Litt über »Das Allgemeine im Aufbau der geisteswissenschaftlichen Erkenntnis« (2. Aufl. Groningen 1959),

deren Bedeutung über die Geisteswissenschaften weit hinausreicht, versehentlich unterblieben ist. Im übrigen aber halte ich das, was Roeder zur Struktur und zur Geltung der in jedem Erkenntnis- oder Wertungsakt wirksamen Kategorien (im weitesten Sinne dieses Wortes) sagt, für unzulänglich. Mit – gelinde gesagt – forschen Urteilen in philosophischen Dingen wie jenem, daß es sich z. B. bei Litts wissenschafts- und erkenntnistheoretischen Reflexionen um »Postulate einer verspäteten Transzendental-Philosophie« (Roeder, S. 78) handelt, können wir Pädagogen uns vor der Philosophie nur blamieren.

Was soll es heißen, wenn Roeder sagt: »Die Kategorien, mit denen wir das Vergangene reflektierend ordnen, sind wie dieses selbst nicht außerhalb konkreter Situationen gegeben« (Roeder, S. 78)? Wenn damit gesagt sein sollte, daß die Kategorien, mit denen wir z. B. heute – um bei diesem Beispiel zu bleiben – Geschichte zu verstehen und darzustellen versuchen, ursprünglich »Entdeckungen« in bestimmten Zeitpunkten der Geschichte, genauer: der Geschichte des geschichtlichen Denkens gewesen sind und daß sie ständiger Kontrolle, Korrektur, Differenzierung unterliegen, so deckt sich das mit der in meinem Buche auf Seite 344 unten (3./4. Aufl.: S. 328) angedeuteten, wenn auch nicht ausführlich genug erläuterten Auffassung. (Insofern ist der Begriff »übergeschichtlich-elementar«, der von Roeder immer als »außergeschichtliche« oder »ungeschichtlich« verstanden wird, wirklich mißverständlich[9].) Aber Roeder meint offensichtlich mehr. Er nivelliert den logischen Unterschied zwischen der Geltung der Grundbegriffe und Kategorien des geschichtlichen Verstehens und den zu verstehenden besonderen Ereignissen, Taten, Zusammenhängen. Diese sind je-einmalig, konkret, unwiederholbar, jene Begriffe und Kategorien aber sind nicht-einmalig, nicht-konkret, nicht unwiederholbar. Sie sind »Grundbegriffe, Kategorien« nur, insofern sie die Je-Einmaligkeit übersteigen. Wie wäre es möglich, daß wir einen bestimmten, unwiederholbaren Vorgang im Athen des Jahres x, einen bestimmten, unwiederholbaren Vorgang in Frankreich im Jahre y, diese je einmaligen geschichtlichen Vorgänge (und zahlreiche andere) zwischen je einmaligen Menschen in nicht wiederholbaren geschichtlichen Konstellationen mit dem gleichen Worte »Wahl« bezeichnen, wenn wir in jenen so einmaligen Vorgängen – unbeschadet ihrer Einmaligkeit – nicht ein »Allgemeines«, eine Struktur zu erkennen vermöchten, die als solche, als Kategorie, als »Bedingung der Möglichkeit der Erkenntnis oder Erfahrung des Besonderen« nicht im gleichen Sinne »geschichtlich«, d. h. einmalig, konkret, situationsbedingt usf. ist wie jene Geschehnisse, die sie verstehbar machen soll. Die »Geschichte« der Kategorien ist etwas anderes als die Geschichte, die mit Hilfe dieser Kategorien verstanden werden soll. Beide »Geschichten« entwickeln sich nicht unabhängig voneinander, aber sie können weder miteinander gleichgesetzt noch auch einfach parallelisiert werden.

Auf dieses Verhältnis der logischen Geltung der Kategorien gegenüber dem in ihnen Erfaßten zielt die Unterscheidung zwischen der Ebene des »Geschichtlich-Elementaren« und der des »Übergeschichtlich-Elementaren«. Indem Roeder diese logische Differenzierung verwischt, muß er alle von ihm angedeuteten Beispiele meines Buches anders verstehen, als sie gemeint sind. So unterlegt er z. B. der von mir im Anschluß an Spranger als Grundbegriff des Verstehens von wirtschaftlichen Zusammenhängen genannten Beziehung von Angebot und Nachfrage eine ganz bestimmte ökonomische bzw. wirtschaftspolitische Auffassung und deutet jene Grundbeziehung in ein »wirtschaftliches Gesetz« (Roeder, Anm. 2) um. Ich weiß mich von kapitalistischer Ideologie durchaus frei, vermag aber weder den Tauschhandel in früheren Kulturen noch die Wirtschaft der Hanse noch neuzeitlich-kapitalistische Wirtschaftssysteme noch das Denkmodell einer idealen kommunistischen Wirtschaft zu verstehen, ohne die (höchst variable und komplizierbare) Grundbeziehung von Angebot und Nachfrage (oder umgekehrt) mit zu Hilfe zu nehmen.

3. Roeders Befürchtung, daß manche Partien meines Buches konservativen pädagogischen Ideologien Nahrung geben könnten, drückt sich auch in seinen kritischen Bemerkungen zum Problem der »volkstümlichen Bildung« aus. Nun scheint mir der Abschnitt über »Das Elementare und die Bildungsstufen« heute, etwa 4 Jahre nach Abschluß des Manuskriptes, in der Tat gewisser Korrekturen und Ergänzungen zu bedürfen: Die Absätze über die Stufen der »volkstümlichen Bildung«, der sogen. »mittleren Bildung« und der »gelehrten Grundbildung« erwecken zu sehr den Anschein eines einfachen Nebeneinanders. Das Verhältnis zwischen den allen allgemeinbildenden Schulen gemeinsamen Aufgaben und den Besonderheiten der einzelnen Schularten müßte klarer herausgearbeitet werden; von da her ergäbe sich auch ein Hinweis auf die schulorganisatorische Frage einer gemeinsamen, elastisch differenzierenden Mittelstufe für alle Schüler. Schließlich scheint mir der Begriff »volkstümliche Bildung«, den ich ja bereits in der Arbeit mit Vorbehalten und unter Hinweis auf einen eigenen Beitrag zur Entideologisierung des Begriffes gebraucht habe, heute nicht mehr geeignet, um die Bildungsaufgaben der Volksschule, der Berufsschule und der Volkshochschule angemessen zu bezeichnen[10]. Daß aber die Beziehung auf die »jeweilige Lebenswirklichkeit« (Roeder, S. 80), aus der sich die Unterschiede der einzelnen Bildungsstufen ergeben, nicht als Beschränkung auf die gesellschaftliche »Schicht« und die gegenwärtige Lebenssituation, aus der die Schüler einer Schulart vorwiegend kommen (– eine solche Homogenität der sozialen Herkunft der Schüler bestimmter Schularten gibt es heute ja ohnehin nur bedingt –), sondern als »vorwegnehmende« und damit immer vorläufige Bezugnahme auf die von den Schülern selbst allmählich ins Auge zu fassende zukünftige Lebens- und Berufswirklichkeit gemeint war, sollte meinen Ausführungen doch zu entnehmen sein.

Was meine Berufung auf Alfred Manns Buch »Denkendes Volk – volkshaftes Denken« betrifft, so ist zweierlei festzustellen: Erstens habe ich nirgends die »Redeweise vom ›volkhaften Denken‹ kommentarlos übernommen«; zweitens ist der gegen Mann gerichtete Vorwurf, er verfechte in dem von mir herangezogenen Kapitel, dessen Überschrift »Seinsform der Denkgegenstände« lautet, eine »durch erkenntnistheoretisches Gebaren kaum verhüllte Ideologie« (Roeder, S. 79), unbegründet. Das von Roeder angeführte Zitat aus Manns Buch bedarf nicht erst der Rückführung »auf einen rationalen Kern«. Die Auslegung des Mannschen Gedankens aber in dem Sinne, daß er letztlich nicht mehr als die seit langem bekannte Forderung wiederhole, der Unterricht dürfe an den Gegenständen der Lebenswirklichkeit der Schüler »nicht vorbeigehen«, verharmlost das von Mann ins Auge gefaßte erkenntnistheoretisch-didaktische Problem der Konstituierung von Gegenständen des Denkens, und zwar eines nicht-wissenschaftlichen Denkens. Es scheint mir, wiederum vor allem um der praktisch-pädagogischen Konsequenz willen – von der Schulorganisation und der Lehrplangestaltung bis zur »Didaktischen Analyse« und der methodischen Besinnung des Lehrers in der Unterrichtsvorbereitung – dringend notwendig, daß wir diese erkenntnistheoretischen Fragen im pädagogischen Aspekt ernst nehmen. Es sind Probleme, die auch in allen Untersuchungen zur »Psychologie der Unterrichtsfächer«, wie sie z. B. in der sehr verdienstvollen Schriftenreihe, die Wilhelm Hansen im Kösel-Verlag, München, herausgibt, vorliegen, implizit immer schon vorausgesetzt werden.

4. Einen anderen Ansatz zur Kritik findet Roeder in meiner Bezugnahme auf Fr. Copei und A. Petzelt (Roeder, S. 81). Die drei Sätze Copeis und der eine Satz Petzelts, die Roeder zitiert, um die mangelnde Klarheit gewisser Bestimmungen des Begriffes »Kategoriale Bildung« zu belegen, sind in der Tat so gewählt und – im Falle des Petzelt-Zitates besonders auffällig – derart aus dem Zusammenhang, in dem sie bei mir stehen, gelöst, daß man den Eindruck gewinnen könnte, weder die zitierten Wissenschaftler noch ich selbst wären im Hinblick auf den Bildungsprozeß über »metaphorische Umschreibungen« oder gar Aussagen, die allbekannte Begriffe (!) wie den des Lernens »in Poesie aufzulösen« geeignet sind, hinausgekommen. Copeis wie meine Theorie setzen nach Roeder dort ein, »wo es keinen ... empirischen Zugang zur Sache mehr gibt.« – Da ich Copeis Buch nach wie vor für ein gerade in der praktischen Schul- und Erziehungsarbeit noch längst nicht genügend ausgewertetes Standardwerk der neueren Pädagogik halte, liegt mir besonders viel an dem Hinweis, daß Copei seine Grundgedanken zwar bisweilen durch bildhafte Wendungen erläutert, zugleich aber in durchaus präzisen Aussagen entwickelt und begründet hat. Allerdings entziehen sich das »Aufgehen« einer Erkenntnis im Lernprozeß oder etwa die kategorial bildende Erfahrung einer sittlichen Norm oder eines sittlichen Anspruches als solche offenbar einer genaueren Erfassung; jedenfalls ist sie bis heute nicht gelungen. Das gilt aber nicht von den Voraussetzungen und den Wirkungen des »fruchtbaren Momentes«. Hier ist es ja gerade Copei selbst gewesen, der

einen durchaus »empirischen« Weg der Untersuchung eingeschlagen hat: einerseits in der Analyse von autobiographischen Erfahrungsberichten, andererseits in der Auswertung von Unterrichtsbeispielen.

Ich bin durchaus der Meinung, daß die pädagogische Psychologie und die pädagogische Soziologie, wenn sie sich auf das pädagogisch Bedeutsame verstehen, wesentliche Beiträge zu den in Rede stehenden Problemen zu leisten vermögen. Roeder rückt das Phänomen des »fruchtbaren Moments« durch seine Charakteristik als ein »existenzielles Geschehen« viel zu ausschließlich in eine Sonder- und Ausnahmestellung. In Wahrheit handelt es sich um ein geistig-seelisches Grundphänomen von universaler Bedeutung. Schon der kleinste Akt eines noch so schlichten oder begrenzten Verstehens – ein Kind erfaßt zum erstenmal den Unterschied zwischen Stuhl und Bank – oder etwa jede neue »Stimmungserfahrung« – ein Kind erlebt zum erstenmal Heimweh – oder jede neue sittliche Erfahrung – ein Kind schämt sich zum erstenmal – ist potentiell ein »fruchtbarer Moment« im Sinne Copeis. Natürlich gewinnen die fruchtbaren Momente mit der Tiefe und der Bedeutung des in ihnen Erfaßten oder Erfahrenen – bis hin zu »existenziellen Erfahrungen« – auch pädagogisch an Gewicht. In den letzten Jahren hat die pädagogische Psychologie die Durchleuchtung jener Probleme, die Copei in Angriff genommen hatte, erfreulich vorangetrieben. Vor allem ist hier auf H. Roths »Pädagogische Psychologie des Lehrens und Lernens« hinzuweisen. In Fortführung dieser und der Copeischen Untersuchung ergeben sich zahlreiche Aufgaben für eine »pädagogische Tatsachenforschung«, die auf die methodisch kontrollierte Herbeiführung bzw. auf die Ermöglichung »fruchtbarer Momente« gerichtet ist und die dabei aufweisbaren Voraussetzungen und Wirkungen systematisch erhellt. Wenige beispielhafte Fragen sollen das Mögliche und Notwendige andeuten: Wie ereignet sich der fruchtbare Moment im Erkenntnisprozeß beim Gruppenunterricht? – Aus welchen Erfahrungen kann heute bei Kindern und Jugendlichen eine Fragehaltung im Hinblick auf soziale oder politische Probleme erwachen? – Erweisen sich Auslandsaufenthalte junger Menschen wirklich als umformende Erfahrungen im Sinne der Völkerverständigung? – Welche Umwelteinflüsse hindern oder fördern heute den Durchstoß junger Menschen zur »kategorialen« Erfahrung mitmenschlicher Verantwortlichkeit? – Läßt sich über die äußeren und inneren Situationen Genaueres aussagen, in denen bestimmte sittliche Motivationen, z. B. die Fairneß im Sport, ihren Ursprung haben können? – Sehr aufschlußreich könnten darüber hinaus sorgfältige Untersuchungen sein, die die Rolle »fruchtbarer Momente« in der biographischen Entwicklung des »Weltbildes« einzelner Kinder oder Kindergruppen, die Bedingungen ihres Eintretens, die Art und das Ausmaß ihrer Wirkungen erforschten.

Roeder knüpft an seine Bemerkungen zur Frage des fruchtbaren Moments Überlegungen zum Problem der Nachahmung, der Gewöhnung und der Anpassung, die alle davon ausgehen, daß diese Phänomene in meiner Theorie unberücksichtigt blieben. Dazu ist folgendes zu sagen: Die vier Begriffe können so Unterschiedliches meinen, daß es mir nicht glücklich scheint, sie einfach nebeneinander zu stellen. Ebenso unzulänglich aber sind m. E. Formulierungen wie die, daß »Prägung, Nachahmung, Gewöhnung e b e n s o« (Sperrung von mir) Bildung sei wie der Gewinn kategorialer Einsicht und Erfahrung in unserem Sinne. Wenn Prägung und Nachahmung bedeuten sollen, daß ein junger Mensch ohne eigene Einsicht und Stellungnahme »geprägt wird« oder Verhaltensformen seiner Mitmenschen uneinsichtig imitiert, dann allerdings haben diese Phänomene nichts mit »Kategorialer Bildung« in unserem Sinne zu tun, im Sinne der Bildungsauffassung nämlich – so lautet unsere These –, die den um das Prinzip des Elementaren zentrierten pädagogischen Bestrebungen korrelativ als die notwendige »Bedingung ihrer Möglichkeit« zuzuordnen ist; es sei denn, daß man das, was das Kind und der junge Mensch als »Prägung« und dank bloßer »Nachahmung« (– selbst dieser Begriff steckt ja voller Schwierigkeiten! –) immer schon mitbringt, als ein für ihn selbst erst zu erschließendes Feld von Bildungsmöglichkeiten versteht.

In Roeders Ausführungen steckt jedoch eine wichtige, in meiner Untersuchung nicht beantwortete Frage: Wie verhält sich das im Begriff der »Kategorialen Bildung« gemeinte Ganze von lebendigem Wissen und Können, von Haltung und Gesinnung, von Motiven und Wertungsmaßstäben eines Menschen zu jenem Komplex unbewußter oder unkontrollierter Reaktionen, Stimmungen, Emotionen, Selbstverständlichkeiten des »Meinens«, die zweifellos in mehr oder minder starkem Maße immer *auch* zum Gesamthabitus eines Menschen gehören? (Es ist eine terminologische Frage, ob man gut daran tut, diesen Gesamthabitus eines Menschen als seine »Bildung« zu bezeichnen.)

Wenn schon die Begriffe »Prägung« und »Nachahmung« keineswegs ganz eindeutig sind, so gilt das in noch erheblich stärkerem Maße von »Gewöhnung« und »Anpassung«. Im ersten Falle erstreckt sich die Skala der Bedeutungsmöglichkeiten von der »unmerklichen Gewöhnung« bis zu dem »Sich-etwas-(intentional)-zur-Gewohnheit-Machen«. In diesem letzten Sinne berührt sich die Gewöhnung eng mit dem Einprägen, Üben, Wiederholen, Trainieren, Anwenden, »Fruchtbarwerden«. Im einzelnen haben diese Formen des »Sich-etwas-habituell-Machens« ihren systematischen Ort im Bereich der Methodik und sind deshalb in unserer didaktisch und bildungstheoretisch orientierten Arbeit nicht ausführlich behandelt worden; mehrfach wurde aber gezeigt, wie und wo die Didaktik oder Erziehungslehre des Elementaren in diese methodische Fragestellung ausmündet (S. 57, 101, 194, 361 f. bzw 3./4. Aufl.: S. 59, 103, 196, 417 f.).

Den Ausführungen Roeders zum Problem »Anpassung und Bildung« vermag ich fast durchgehend zuzustimmen, und zwar durchaus im Einklang mit meinem Buche. Das hängt damit zusammen, daß Roeder den vielschichtigen Begriff »Anpassung« in einem pädagogisch legitimen Sinne verwendet. Auch er meint damit nicht kritiklosen Konformismus, nicht bloßes Mitläufertum.

Eine solche »Anpassung« ließe sich allerdings nicht mit »Bildung« versöhnen, sofern man den Bildungsbegriff nicht jedes wertenden und normierenden Momentes entblößen will. Wird »Anpassung« dagegen z. B. im Sinne von John Dewey als adjustment verstanden, also als ein Verhalten, das den geschichtlich gesellschaftlichen Verhältnissen gerecht zu werden versucht, dann zielt dieser Begriff genau in die gleiche Richtung wie der der Kategorialen Bildung bzw. der seines didaktischen Korrelates, des Elementaren: Dem jungen Menschen soll *seine* geschichtlich-gesellschaftliche Wirklichkeit erschlossen werden, und damit soll er selbst sich *seiner* Wirklichkeit erschließen. Dann aber ist »Bildung« nicht »auch« Anpassung »neben« selbsttätiger Bewältigung[11], sondern sie ist gleichbedeutend mit produktiver Anpassung im pädagogischen Verstande[12]. Im übrigen bleibt unverständlich, daß Roeder meint, den Anspruch der »objektiven Gegebenheiten« des geschichtlich-gesellschaftlichen Lebens und die Tatsache, daß Bildung »keine Naturkategorie . . ., sondern ein kulturelles Phänomen« ist (S. 83), gegen meine Ausführung betonen zu müssen.

5. Es ist bedauerlich, daß auch der letzte Teil der Kritik Roeders, ja er in besonderem Maße, keine wirkliche Auseinandersetzung und Fortführung ermöglicht, weil die elementare Voraussetzung eines produktiven Gespräches, daß man nämlich zunächst einmal zur Kenntnis nimmt, was im zu diskutierenden Text steht, nicht gegeben ist. Das ist um so betrüblicher, da die Untersuchung hier erneut unmittelbar in die ganz konkreten Aufgaben des Schul- und Erziehungsalltages, insbesondere in die Fragen der pädagogischen Methode ausmündet und da hier zugleich wieder die notwendige Korrespondenz mit der pädagogischen Psychologie einerseits, der Erkenntnistheorie und Logik andererseits sichtbar wird. Angesichts der Fülle von Mißverständnissen und Entstellungen muß ich mich auf wenige Bemerkungen beschränken.

a) Mein Abschnitt über »Kategoriale Anschauung und Begriff« steht ausdrücklich im unmittelbaren Zusammenhang mit den vorausgehenden Ausführungen über die »Fragehaltung« und den »fruchtbaren Moment im Bildungsprozeß« und über »das Elementare als Sinn- oder Werthaft-Gegenständliches«. Nur wenn man diesen Tatbestand nicht berücksichtigt, kann man meinen, Husserls Lehre vom »wesensschauenden Bewußtsein«[13] sei die durchgehende und notwendige Voraussetzung meiner Ausführungen; ihren durchaus vorläufigen Charakter habe ich übrigens nicht nur »gefühlt«, sondern ausdrücklich hervorgehoben.

b) Die Formulierung: »Immer wieder wird betont, daß Allgemeinbegriffe nicht aus einer Vielzahl besonderer Anschauungen generalisierend gewonnen werden (S. 84), vergißt erstens, daß das keineswegs von *allen* Allgemeinbegriffen behauptet wird, zweitens aber, daß meinen diesbezüglichen Ausführungen die große (übrigens vor einer Neuauflage stehende) Untersuchung von O. Wichmann »Bildender Wert und Eigengesetz der Lehrfächer«, Halle 1930, zugrunde liegt. Leider habe ich in der 1. Auflage meines Buches den

Hinweis auf eine andere wesentliche Quelle meiner Ausführungen unterlassen, die bereits genannte Studie Litts über »Das Allgemeine im Aufbau der geisteswissenschaftlichen Erkenntnis« (Groningen [2]1959); vgl. jetzt auch die weiteren Literaturhinweise in Langevelds Einführung zu dieser Neuauflage). Bestätigungen der Philosophie dafür, daß die Ergebnisse der erkenntnistheoretischen bzw. logischen Untersuchungen Wichmanns, Litts u. a. nach wie vor als gültig betrachtet werden können, sind mir in letzter Zeit bei E. Cassirer: Zur Logik der Kulturwissenschaften (Darmstadt 1961, bes. 3. Studie) und bei H.-G. Gadamer: Wahrheit und Methode (Tübingen 1960, bes. S. 405 f.) begegnet.

c) Die erkenntnistheoretische Aufgabe, jenen einheitlichen geistigen Akt, in dem das Bildend-Allgemeine erfaßt wird, durch eine »Bestimmung seiner Faktoren«, wie Roeder m. E. begrifflich etwas unscharf sagt, zu erhellen, ist in meiner Untersuchung doch wohl über »sehr allgemeine Aussagen«, die von Roeder durch einen einzigen, um Wesentliches gekürzten Satz exemplifiziert werden sollen (S. 85), und über die »Berufung auf Karl Reumuth« (S. 85) hinaus gefördert worden. Die in meinem Buche skizzierte Einordnung des Problems der Anschauung und der Begriffsbildung in den Zusammenhang mit der Fragehaltung und dem Problembewußtsein im Sinne Copeis, mit dem Prinzip der originalen Begegnung im Sinne Roths, mit dem in früheren Kapiteln interpretierten heuristisch-genetischen Unterrichtsprinzip, mit der von Kanning entwickelten »methodischen Explikation konkreter geistiger und sozialer Energien und Aufgaben« durch eine »Aufklärung« der Lebenserfahrungen des jungen Menschen und ihrer historischen Voraussetzungen, diese Zusammenhänge, die von Roeder nicht mit einem Wort erwähnt werden, dürften – obgleich ich sie nur als Ansätze und Aufgabenstellungen betrachtet habe – der Klärung der fraglichen Probleme doch weiterhelfen als etwa Roeders banales Beispiel zum Begriff der Gotik. Dieses Beispiel soll die weder von mir noch von einem der zitierten Autoren bestrittene Tatsache erhärten, daß »die isolierte Anschauung ... keine sichere Grundlage des Begriffes« (S. 85) abgibt. Ihm fehlen jedoch alle »Faktoren«, die für den Prozeß kategorialer Erkenntnisgewinnung in diesem Falle charakteristisch sein könnten: das Herausarbeiten einer wirklichen Fragestellung, der Ausgang vom Vergleich mit dem »Entgegengesetzt-Gleichen« (vgl. das Fröbel-Kapitel meiner Arbeit) – etwa mit romanischen und barocken Kirchenbauten –, das Aufspringen des fruchtbaren Momentes, das Fruchtbar-Werden-Lassen der Erkenntnis.

d) Roeders Bemerkungen zu meiner Hypothese über Sinn und Grenzen der phänomenologischen Methode, wie Kanning sie im Unterricht auszuwerten versucht, leiden an einer fundamentalen Verkennung des Sinnes der Begriffe »Phänomen« und »Phänomenalität«. Wenn etwa, wie Roeder richtig feststellt, für die meisten Zeitgenossen Goethes ein gotischer Dom »nichts als ein barbarisch zusammengesetzter Haufen von Steinen« war, so deshalb, weil sie des Phänomens, das wir in der Stilbetrachtung heute »gotisch« nennen, überhaupt noch nicht ansichtig geworden waren. Roeder ist es offenbar entgangen, daß er mit seinen kritisch gemeinten Bemerkungen mehrfach in jenen vordergründigen Anschauungsbegriff (im Sinne sinnlicher Wahrnehmung) zurückverfällt, um dessen Überwindung es seit Pestalozzi geht. Man vergleiche z. B. außer den Beispielen Copeis, Roths, Kannings, Breidenbachs, auf die ich verwiesen habe, diejenigen, die sich bei den in Anmerkung 1312 (3./4. Aufl.: Zweiter, systematischer Teil, Anm. 478) genannten Didaktikern und Methodikern des Sprachunterrichts finden, so vor allem das klassische Beispiel zum Wort »mild« bei Rudolf Hildebrand; und man konfrontiere diese Beispiele mit dem von Roeder auf S. 86 skizzierten, um zu erkennen, daß die Kritik an dieser Stelle einfach hinter dem bereits erreichten und in der pädagogischen Praxis verifizierbaren Erkenntnisstande zurückbleibt[14].

Ein weiteres Mal springt an dieser Stelle meiner Kontroverse mit Peter Roeder eine allgemeine Folgerung auf. Ebenso dringend wie der methodisch durchdachten Zusammenarbeit der Pädagogik (im engeren Sinne) mit der pädagogischen Psychologie, Anthropologie und Soziologie bedürfen wir dringend einer Neuaufnahme der Zusammenarbeit der Pädagogik mit der Erkenntnistheorie, der Logik und der Sprachphilosophie. Daß ich auch dieser zuletzt genannten Forderung in meinem Buche nur in Anfängen gerecht zu werden vermochte, ist in ihm selbst und in dieser Replik mehrfach betont worden.

1 [Anmerkung W. K. 1972: Die hier wieder abgedruckte Kontroverse mit P. M. Roeder darf m. E. auch insofern zu den fruchtbaren wissenschaftlichen Auseinandersetzungen gezählt werden, als sie den Auftakt zu einer bis heute anhaltenden, freundschaftlich-kollegialen Zusammenarbeit zwischen uns Kontrahenten bildete.
Zur heutigen wissenschaftstheoretischen Position des Verfassers, in der die methodologischen Aspekte, die in diesen Kontroversen eine Rolle spielen, in einen größeren Zusammenhang integriert worden sind, vgl. W. Klafki u. a.: Erziehungswissenschaft, 3 Bde., Frankfurt/M. 1970 f., insbes. Bd. 3, 9. und 10. Kapitel und »Schluß« sowie W. Klafki: Erziehungswissenschaft als kritisch-konstruktive Theorie: Hermeneutik – Empirie – Ideologiekritik. In: Zeitschrift für Pädagogik 3/1971, S. 351–385.]

2 A. O. Schorb: Erzogenes Ich – erziehendes Du. Stuttgart 1958. – K.-E. Nipkow: Die Individualität als pädagogisches Problem bei Pestalozzi, Humboldt, Schleiermacher. Marburger Päd. Studien, hrsg. v. Prof. Dr. E. Blochmann. Weinheim 1960. – K.-H. Schwager: Wesen und Formen des Lehrgangs im Schulunterricht. Päd. Studien, hrsg. v. G. Geißler. Weinheim o. J. – H. Hornstein: Bildsamkeit und Freiheit. Ein Grundproblem des Erziehungsdenkens bei Kant und Herbart. Schriftenreihe »Aneignung und Begegnung«, hrsg. v. Prof. Dr. J. Derbolav, Nr. 1, Düsseldorf 1959. – Th. Ballauf: Die Grundstruktur der Bildung. Weinh. o. J. – J. Derbolav: Das Exemplarische im Bildungsraum des Gymnasiums. Düsseldorf 1957. – H.-D. Raapke: Das Problem des freien Raums im Jugendleben. Gött. Stud. z. Päd., hrsg. v. Prof. Dr. E. Weniger, H. 7. Weinh. o. J. – E.-B. Wagemann: Quadrat – Dreieck – Kugel. Die Elementarmathematik und ihre Bedeutung für die Pädagogik bei Pestalozzi, Herbart und Fröbel. Gött. Stud. z. Päd., Neue Folge, H. 4. Weinh. 1956. – C.-L. Furck: Das pädagogische Problem der

Leistung in der Schule. (Habil.-Schr. Berlin). Weinh. 1961. – G. Hausmann: Didaktik als Dramaturgie des Unterrichts. Heidelberg 1959. – H.-W. Brandau: Die mittlere Bildung in Deutschland. Historisch-systematische Untersuchung einiger ihrer Probleme. Gött. Stud. z. Päd., Neue Folge, H. 2. Weinh. 1959.

3 Selbst das imponierende Werk von H.-G. Gadamer: Wahrheit und Methode, Grundzüge einer philosophischen Hermeneutik (Tübingen 1960) wird in dieser Hinsicht den Neukantianern m. E. nicht voll gerecht. (Vgl. bes. S. 357 ff.) – Die gründlichste, vor allem für Pädagogik aufschlußreiche kritische Auseinandersetzung mit dem Begriff der Problemgeschichte bei den Neukantianern findet man jetzt bei H. Blankertz: Der Begriff der Pädagogik im Neukantianismus. Gött. Stud. z. Päd., Neue Folge, H. 9, S. 71–90.

4 Jetzt in: Erziehungswissenschaft und Erziehungswirklichkeit, hrsg. v. H. Röhrs. Frankfurt (M.) 1964, S. 145 ff.

5 Vgl. dazu W. Flitner: Das Selbstverständnis der Erziehungswissenschaft in der Gegenwart. Heidelberg [2]1958, S. 26 f. – Ders.: Allgemeine Pädagogik. Stuttgart [2]1950, S. 22 f. – H. Nohl: Die pädagogische Bewegung in Deutschland und ihre Theorie. Frankfurt [3]1949, S. 119 ff. – J. Derbolav: Die gegenwärtige Situation des Wissens von der Erziehung. Bonn 1956, bes. S. 13–17, 22 f., 30.

6 Schon die von Roeder mehrfach gebrauchte Formulierung »Elementarisierung« (statt »Prinzip des Elementaren«) verzeichnet – genau genommen – das bei Pestalozzi und seinen echten Nachfolgern bis heute hin Gemeinte.

7 Vgl. meinen Aufsatz »Kategoriale Bildung«. In: Z. f. P. 1959, H. 4, S. 386 ff., bes. S. 411 f. und den von Roeder genannten Aufsatz »Die Erziehung im Spannungsfeld von Vergangenheit, Gegenwart und Zukunft«. In: Die Sammlung 1958, S. 448 ff. (Beide Aufsätze jetzt in W. Klafki: Studien zur Bildungstheorie und Didaktik. Weinheim [19]1971).

8 [Anmerkung W. K. 1972: In der 2.–4. Auflage des Buches ist der Begriff des »Übergeschichtlich-Elementaren« durch die Formel »Kategoriale Voraussetzungen geistiger Aneignung und Bewältigung« ersetzt worden].

9 Für den auf Seite 344 von mir gebrauchten Ausdruck »Zeitlos-Allgemeines« gilt das in noch höherem Grade, da ich nicht erläutert habe, daß damit der logische Geltungsanspruch gewisser Kategorien oder Aussagen, nicht aber die faktische »zeitlose« Gültigkeit und Unkorrigierbarkeit gemeint war (vgl. Anm.).

10 [Anmerkung W. K. 1972: Vgl. die Neufassung des betr. Kapitels in der 2.–4. Aufl. (1963 bzw. 1964), S. 391; außerdem: W. Klafki: Integrierte Gesamtschule – ein notwendiger Schulversuch, in: W. Klafki, A. Rang, H. Röhrs: Integrierte Gesamtschule und Comprehensive School. Braunschweig 1970; 2. stark erweiterte Aufl. 1972]

11 Wie schon Roeders einführende Kennzeichnung meines Anliegens – meine Arbeit zeige, daß in der didaktischen Entscheidung formale und materiale Gesichtspunkte *nicht zu trennen* sind (Kursiv von mir) – erweckt auch ein solch äußerliches Nebeneinanderstellen von Spontaneität und Anpassung, wie es in solchen »sowohl-als-auch-Formulierungen« zum Ausdruck kommt, den Eindruck, daß jene dialektische Überwindung gewisser Denkmodelle, um die ich mich in meiner Arbeit bemühe, weil sie mir erzieherisch wie didaktisch wie schulpolitisch gefährlich zu sein scheinen, im Kern nicht verstanden worden ist.

12 Indessen dürfte der Begriff Anpassung zu sehr verschlissen sein, als daß man hoffen dürfte, diese Sinngebung im allgemeinen Sprachgebrauch jetzt noch durchsetzen zu können.

13 Roeders Behauptung verdeckt überdies die Tatsache, daß Husserls Auffassung von der »Wesensschau« tiefgreifende Wandlungen durchgemacht hat.

14 Hinsichtlich der »modifizierenden Prädikate« (mild, gelassen u. ä.) ist in meinem Buche versehentlich der Hinweis auf die erkenntnistheoretisch-logisch-sprachphilosophischen Grundlagen unterblieben, die ich dem Buche von J. König: Denken und Sein, Halle 1937, verdanke.

Peter-Martin Roeder

Zur Problematik der historisch-systematischen Methode

(Zugleich eine Fortsetzung des Gesprächs mit Wolfgang Klafki)

Daß der Rezensent sich noch einmal zu Wort meldet, geschieht nicht, weil er unbedingt Recht behalten möchte, sondern weil er meint, daß es nach der Replik des Autors sinnvoll sei, die Frage nach den Grenzen und Möglichkeiten des historisch-systematischen Verfahrens noch einmal grundsätzlich zu erwägen. Dazu eine Vorbemerkung:

Im Anschluß an Wilhelm Dilthey haben viele Erziehungswissenschaftler mit Recht betont, daß Bildung ein geschichtliches Ereignis sei, und die Geschichte der Erziehung wurde von nun an ihr eigentlicher Forschungsgegenstand. Ihnen verdanken wir im wesentlichen unsere Kenntnis der Entwicklung des pädagogischen Denkens seit der Antike.

Seit uns aber vor allem die Soziologen nachdrücklich darauf hingewiesen haben, daß man die im Schrifttum überlieferten Ideen nicht einfach beim Wort nehmen darf, sondern sie erst auf dem Hintergrund ihres geschichtlichen und gesellschaftlichen Umfeldes deuten sollte, ist uns die traditionelle Form der Ideengeschichte fragwürdig geworden. Jedermann weiß nun, daß Begriffe wie »Bildung«, »Freiheit« oder »das Elementare« in den verschiedenen geschichtlichen Epochen und politischen Lagern nicht genau die gleiche Bedeutung hatten, daß also auch eine Ideengeschichte oder Problemgeschichte die Interpretation des überlieferten Schrifttums nur dadurch sichern kann, daß sie den jeweils geäußerten Gedanken als Antwort auf eine konkrete Situation versteht, die ihm erst seine eigentümliche ›geschichtliche‹ Bedeutung verleiht. Diesem methodischen Prinzip stimmt auch W. Klafki zu:

> Es »ist eine Schau der Gesamtkultur anzustreben, in der die Erziehung und das pädagogische Denken tatsächlich wurzeln, aus der heraus sie immer neue Gestalt und Impulse gewinnen und auf die sie selber wieder verwandelnd einwirken«.[1]

Damit ist genau die Position bezeichnet, von der aus der Rezensent seine Kritik ansetzte in der Überzeugung, daß diese Forderung auch für das historisch-systematische[2] Verfahren gelte.

W. Klafki vertritt im Gegensatz dazu die Auffassung, daß es hier nicht darum gehe, »im strengen Sinne des Wortes ›historisch‹ zu verstehen« (Replik, S. 91).

Wendet man diesen Grundsatz konsequent an, so wird der überlieferte Text nicht mehr aus seiner Zeit, sondern ausschließlich aus der Situation des Interpreten verstanden; d. h. er wird im Prinzip wie die Äußerung eines zeitgenössischen Denkers gewertet[3]. Das Problem ist nicht nur, ob man ein solches Verfahren noch »historisch« nennen kann, sondern auf welche Weise hier Urteile über die »Geltung« älterer Theorien gefällt werden können und wie die eigene systematische Aussage zu sichern ist.

I.

Der Autor antwortet darauf in seiner Replik[4]: Der »Maßstab«, d. h. das Kriterium für die Geltung seiner und der von ihm als gültig bezeichneten Aussagen, sei »nichts anderes als der in der Problemgeschichte herausgearbeitete systematische Entwurf selbst« (Replik, S. 95). Damit sind wir nun wieder auf die Frage zurückgeworfen, worauf sich dessen Geltung gründe. Der systematische Entwurf, »der das ›Ergebnis‹ der Untersuchung darstellt«, entwickelt sich W. Klafki zufolge »in einem dauernden Wechselspiel zwischen der Auslegung der ihm jeweils vorliegenden Texte ... und dem, was der Untersuchende bereits als systematische Einsicht aus der Auswertung früherer oder späterer Texte und zugleich aufgrund direkter gedanklicher Auseinandersetzung mit dem betreffenden Problem, wie es sich in der Gegenwart darstellt, mitbringt« (Replik, S. 93 f.).

Eben dieses Verfahren war Gegenstand der Kritik; denn es ist keineswegs sicher, daß durch ein gewissermaßen sich selbst regulierendes »Wechselspiel« zwischen eigener Theorie und überlieferten Texten wahre Aussagen gefunden werden. Der Maßstab für ihre Geltung kann in diesem Falle nur die eigene Theorie sein, auch wenn sie in der Lektüre fortlaufend modifiziert werden sollte. Nur wenn die eigene Theorie also im wesentlichen gesichert ist, können begründete Urteile über die Geltung anderer Aussagen gefällt werden, es sei denn, diese sind in sich selbst voll beweiskräftig. Das ist wiederum nur dann der Fall, wenn es sich bei dem herangezogenen Text entweder um eine schlüssige empirische Untersuchung handelt oder aber eine umfassende realhistorische Analyse vorliegt, aus der hervorginge, daß die gesellschaftliche Situation, aus der eine Aussage verständlich wird, der unseren in ihrer Struktur so ähnlich ist, daß diese Aussage prinzipiell noch heute gilt. – Auf diese beiden Formen der Überprüfung könnte man nur dann verzichten, wenn es so etwas gäbe wie ein übergeschichtliches »Wesen der Bildung«, dessen Erkenntnis uns als Maßstab für pädagogische Urteile dienen könnte.

Daß es sich hier nicht nur um ein theoretisches Problem handelt, zeigt auch die Lektüre von W. Klafkis Buch: in der den historischen Kapiteln jeweils angeschlossenen »systematischen Zusammenfassung« finden sich die Urteile des Autors über richtige und falsche Verfahren und Prinzipien, noch gültige und nicht mehr gültige Einsichten. Sie sind fast in jedem Falle durchaus plausibel; manch skurriler Einfall widerlegt sich in einer mehr als hundertjährigen pädagogischen Erfahrung von selbst, anderes wird durch neue Erkenntnisse der Psychologie und Soziologie oder durch die wenigen empirischen Untersuchungen – wie etwa auf dem Gebiet der Rechenmethodik – bestätigt oder überholt. Wo eine solche Sicherung nicht vorhanden ist, taucht die Frage nach dem Kriterium der Urteile wieder auf, und sie wird weder durch die Arbeit selbst noch durch die Replik immer zufriedenstellend beantwortet. Dafür ein Beispiel aus dem wichtigen Kapitel: »Bildung als kategoriale Bildung« (a. a. O. S. 290 ff.):

An eine Zusammenstellung von Äußerungen zeitgenössischer Pädagogen schließt der Autor dort die Bemerkung an: »Macht man sich die in den angeführten Zitaten sichtbar werdende Auffassung vom Wesen der Bildung zu eigen, so läßt sich von ihr aus – wie es uns scheint – endgültig zur Theorie der formal-funktionalen Bildung Stellung nehmen« (a. a. O. S. 293).

Wie schwierig es jedoch ist, sich die in diesem Zusammenhang vorgetragenen Auffassungen zu eigen zu machen, ist etwa an der dort zitierten Bemerkung von Hans-Michael Elzer zu erkennen: Bildung bezeichne nicht nur ein »geistiges Sein«, sondern »darüber hinaus ... noch eine durch Bildung ermöglichte und vollzogene Entsprechung der Wesens-Bildung und der Funktionswelt des Psychischen, des Senso-Motorischen, des Physiologischen und auch des Morphologischen« (a. a. O. S. 229).

Diese Behauptung umschließt so weitreichende (und möglicherweise falsche) Hypothesen, daß sie ohne eingehende empirische Überprüfung gar nicht zu beurteilen ist.

Es ist interessant, daß W. Klafki einerseits die strenge historische Analyse für das historisch-systematische Verfahren ablehnt (Replik, S. 91), andererseits aber feststellt:

»Problemgeschichte gibt es nur dort, wo sich zeigen läßt, daß bestimmte Fragestellungen, Prinzipien, Ideen im historischen Wandel und durch ihn hindurch ›gleichsinnig‹ bleiben« (Replik, S. 92), und wenig später ganz im Sinne des Rezensenten fortfährt: »Solche ›Gleichsinnigkeit‹ ... kann auf einer gemeinsamen Tradition und einer gemeinsamen geschichtlichen Konstellation beruhen« (ebenda).

Man kann hier nur wieder fragen, wie denn diese »Gleichsinnigkeit« festzustellen sei ohne eine historische Analyse, die den genauen »Sinn« der Texte erst erbringt und die Tatsache einer »gemeinsamen geschichtlichen Konstellation« erst erweist. Zum anderen erscheint es so, als ob der Autor nun doch eine logische Sicherung seiner Aussagen durch den Rekurs auf »fundamentale Bestimmungen« – und das heißt zugleich: aufs übergeschichtliche Wesen der Sache – versuche. An der oben zitierten Stelle heißt es nämlich weiter: ›Gleichsinnigkeit‹ könne »aber z. B. auch darauf beruhen, daß das betreffende Problem sich aus einer fundamentalen Bestimmung ergibt, ohne die wir menschliches Dasein gar nicht als menschlich verstehen können, z. B. die Sprachfähigkeit oder die Erziehbarkeit«.

Der Autor hat den Einwand der Rezensenten, daß hier ein nicht begehbarer Ausweg aus der Geschichte gesucht wird, zwar als ›Unterstellung‹ zurückgewiesen (Replik, 94), der zitierte Satz läßt sich jedoch kaum anders deuten, zumal wenn man W. Klafkis Aufsatz über »Die Stufen des pädagogischen Denkens« zur Interpretation heranzieht.

Er vertritt dort die Auffassung, daß auf der Stufe der Erziehungsphilosophie allgemeingültige Aussagen möglich seien. Der erste Beweis dafür wird mit der »Peritrope« geführt: der Einwand, es gebe keine allgemeingültigen, d. h. über die Geschichte hinausführenden Aussagen, erhebe selbst Anspruch auf Allgemeingültigkeit, setze also die Möglichkeit derartiger Aussagen voraus. Der zweite Beweis ist darin zu sehen, daß die Menschen, soweit wir zurückblicken können, einen Begriff von Erziehung haben (beides a. a. O. S. 295).

Zur ersten Form der Beweisführung läßt sich einwenden: der Anwalt der Geschichtlichkeit muß auf der Allgemeingültigkeit seines Argumentes wahrscheinlich nicht bestehen. Ihm könnte die Feststellung genügen, daß beim gegenwärtigen Stand menschlichen Denkens die Annahme sinnvoll erscheine: konkrete Aussagen über geschichtliches Geschehen erfassen nur geschichtliche Aspekte, während die Annahme, in ihnen ein zeitloses Wesen zu beschreiben, bisher immer widerlegt werden konnte. – Der zweite Beweis betrifft wohl nur die Identität des Wortes und hat damit für die Sache selbst keine Geltung. Wenn diese Argumente richtig sind, ruht die gesamte Beweislast auf der Evidenz der vom Verfasser genannten Beispiele, also z. B. der Aussage: »Bildsamkeit des Zöglings ist eine der zeitlosen Bedingungen der Möglichkeit der Erziehung« (a. a. O. S. 296). Diese Aussage gilt in der Tat allgemein, solange es Erziehung gibt. Bildsamkeit ist in allen uns bekannten Erziehungsvorgängen die notwendige Voraussetzung gewesen, und jeder uns bekannte Begriff von Erziehung impliziert den Begriff der Bildsamkeit. Auch hier ist wahrscheinlich zu überlegen, ob, da die realen Vorgänge selbst nur in einer bestimmten wandelbaren historischen Form erscheinen, nicht wiederum nur von der Identität von Worten die Rede ist. Vor allem aber ist einzuwenden, daß alle (mir) bekannten Aussagen der obengenannten Art formal und völlig unfruchtbar sind. Sie lassen keine weiterführenden Folgerungen zu, sondern sind ›selig in sich selbst‹. Es ist deshalb kaum denkbar, daß die Erziehungsphilosophie sich mit der Aufgabe begnügen könne, derartige Aussagen zu sammeln, die sich wahrscheinlich nicht einmal zu einer wirklich sinnvollen Systematik verbinden lassen, da man, um nur die in ihnen enthaltenen Begriffe zureichend zu bestimmen, Aussagen geschichtlicher Geltung zu Hilfe nehmen muß.

In W. Klafkis Überlegungen wird das Problem der Geltung von Urteilen über geschichtliche Vorgänge nach Auffassung des Rezensenten zu einem Scheinproblem – zur Frage nämlich, ob es möglich sei, sie so zu formulieren, daß sie, von jedem historischen Ballast befreit, abstrakte allgemeine Geltung behaupten können. Das ist kaum mehr als ein logisches Spiel; denn die grundsätzliche methodische Folgerung aus der Einsicht in die Geschichtlichkeit der

Erziehung, daß der Versuch, eine bestimmte geschichtlich geprägte Form als das »Wesen« zu interpretieren, methodisch nicht zu sichern ist, bleibt davon unberührt.

Auch in der Replik gibt manches Anlaß zu der Frage, wie entschieden sich der Autor nun von seinen eigenen Begriffen des »Übergeschichtlichen« und »zeitlos Allgemeinen« abwendet. Seine Feststellung, daß es eine eigentliche Bedeutung des Begriffes ›Elementarisierung‹ neben anderen uneigentlichen gebe (Replik, S. 93), kann als ein Versuch verstanden werden, sich den Bereich des Eigentlichen als Reservat des eigentlich Ungeschichtlichen zu erhalten. In der historischen Betrachtung kann es nach unserer Ansicht nichts anderes sein als das, was *jeweils* eigentlich mit einem Begriff gemeint ist. Für die preußischen Kultusminister um 1850 war die eigentliche Bedeutung des Begriffes Elementarisierung: Reduktion der Inhalte des Unterrichts auf ein elementares Minimum fürs Volk. Was wir eigentlich mit ihm meinen, hat W. Klafki in seiner Studie dargestellt.

Schwer verständlich ist in dieser Hinsicht auch der Vorbehalt gegenüber dem »forschen Urteil« des Rezensenten (Replik, S. 97) über die Rede von den übergeschichtlichen Kategorien historischen Verstehens, vom ›ewigen Grundmotiv der menschlichen Seele‹, vom »Urmotiv« und den »geistigen Urphänomenen« im Gegensatz zu »zeitlichen Ursprüngen«. Zumindest bei E. Spranger geht es in diesem Zusammenhang nicht um Unterschiede in der logischen Geltung von Kategorien, wie der Autor zu meinen scheint (Replik, S. 97). Er schließt aus der Kritik zu Recht, daß der Rezensent den Unterschied zwischen dem Übergeschichtlichen und Außergeschichtlichen nicht kenne (Replik, S. 98) zu Unrecht aber, daß er annähme, Begriffe seien so einmalig wie die in ihnen erfaßten Vorgänge und wandelten sich im gleichen Tempo wie diese. Eine solch anarchistische Meinung ist in der Kritik nirgends vertreten worden. Die »logische Differenzierung« zwischen Begriff und historischem Faktum wird mit der Geschichtlichkeit der Begriffe keineswegs verwischt, wie W. Klafki annimmt. Es scheint vielmehr auch logisch nicht erforderlich, ihnen übergeschichtliche Geltung zuzuerkennen.

II.

Selbst bei allgemeinen methodologischen Überlegungen stößt der Pädagoge immer wieder auf die Tatsache, daß empirische Untersuchungen notwendig wären, aber weithin fehlen. In der deutschen pädagogischen Theorie hat man sich bisher um diese Seite sehr wenig bemüht; das ist zwar aus unserer Wissenschaftstradition verständlich – schon Dilthey hat seine geisteswissenschaftliche Methode in betontem Gegensatz zur empirischen Psychologie gesehen –, aber dennoch bedauerlich. Unsere Erziehungswissenschaftler entwickeln ihre Gedanken sehr viel häufiger im Gespräch mit Philosophen, Religionsphilosophen, Theologen und Dichtern als in der Auseinandersetzung mit der empirischen Soziologie, Sozialpsychologie oder Psychologie. Das mag mit dazu beigetragen haben, daß sie manchmal in Kategorien denken, die kaum mehr geeignet sind, reale Vorgänge zu erfassen, und eine Sprache sprechen, aus der der Weg zur präzisen Hypothese oft schwer zu finden ist.

Das trifft nach Auffassung des Rezensenten auch für wichtigen Partien des systematischen Teils der Arbeit von W. Klafki zu, vor allem aber für manche Belegstellen aus der von ihm herangezogenen Literatur. Wenn er, wie sich nun zeigt, selbst von der Möglichkeit und Notwendigkeit empirischer Untersuchungen überzeugt ist (Replik, S. 100), kann man ihn nur bitten, noch einmal zu überlegen, wo sie von seiner Arbeit her einen Ansatz finden könnten, und zweitens, wo er selbst an Hand schon zugänglicher Untersuchungen einen empirischen Zugang zum Problem hätte finden können. Dieser Weg wäre nach Auffassung des Rezensenten an mehreren zentralen Stellen der Arbeit fruchtbarer als der tatsächlich eingeschlagene gewesen, so z. B. beim Problem der sittlichen Entwicklung und Erziehung. Hätte sich der Autor hier auf Standardwerke der Sozialpsychologie bezogen, wäre er wahrscheinlich nicht auf die Idee gekommen, die »verbreitete Auffassung der Erziehungslehre« zu widerlegen, daß »die Entwicklung sittlicher Werthaltungen Ergebnis *allmählicher* Herausbildung« sei[5]; denn eben das scheint der Fall zu sein: nach den Ergebnissen der Sozialpsychologie und Soziologie kann kaum ein Zweifel daran bestehen, daß die sittliche Haltung eines Menschen in hohem Maße Ergebnis eines allmählichen Lernprozesses ist, in dem Nachahmung, Anpassung und Gewöhnung eine beträchtliche Rolle spielen. Die Bedeutung von Entscheidungen in ethischen Konfliktsituationen soll damit nicht negiert werden[6].

Die Schwierigkeit, vor der eine empirische Untersuchung stünde, die auf W. Klafkis Arbeit aufbauen wollte, zeigt sich besonders in seinem Begriff der »kategorialen Anschauung«. Es fällt zunächst auf, daß er sehr weit gefaßt ist, wenn er »im gesamten Bereich der Begegnung eines jungen Menschen mit einem Objektiven, sei es dinglicher oder geistiger Natur, Verwendung findet« (W. Klafki, Das pädagog. Problem des Elementaren ... S. 373). Man muß schon fragen, ob es sinnvoll ist, ebenso von der Anschauung des Religiösen wie von der Anschauung eines Stuhles zu sprechen, es sei denn, man versteht den Terminus als eine nur vorläufige Bestimmung, die in der weiteren Analyse der Vorgänge zu differenzieren und evtl. durch andere Begriffe zu ersetzen wäre, die dann den jeweils gemeinten Vorgang spezifischer erfassen könnten.

Gerade diese Möglichkeit der Differenzierung scheint sich der Autor dadurch zu verbauen, daß er mit Hilfe seines Konzeptes von kategorialer Anschauung den Weg von der Anschauung zum Begriff recht gewaltsam verkürzt: »daß dieses Allgemeine aber unbeschadet seiner Allgemeinheit *unmittelbar* gegeben ist, eben darauf zielt der pädagogische Begriff der Anschauung« (a. a. O. S. 373). Wenn das Wort *unmittelbar* hier ernst zu nehmen ist, dann bedeutet es, daß das gewonnene Allgemeine durch nichts *vermittelt* ist als durch die *isolierte Anschauung* des Besonderen (vgl. Replik, S. 103). Diese Auffassung ist nicht zu halten. Es kann vielmehr als gesichert gelten, daß auch in der scheinbar unmittelbarsten Anschauung der Gegenstand kulturell präformiert ist. Wir erkennen Funktionen und Bedeutungen von Objekten nur aufgrund bestimmter Erfahrungen, und zwar wahrscheinlich nicht nur als Folge individueller Lernprozesse, sondern auch, weil in den Bedeutungsfeldern der Begriffe gesellschaftliche Erfahrung gespeichert und vom Individuum ›assimiliert‹ wird.

In Anthropoiden-Versuchen und in der Beobachtung von Menschen, die bis ins Erwachsenenalter blind oder taub waren, zeigte es sich, daß selbst einfache Wahrnehmungen in einem bestimmten Alter gemacht werden müssen, um überhaupt auf den in einer jeweiligen Kultur als ›normal‹ angesehenen Stand zu kommen (Hartley & Hartley, S. 229). J. S. Bruner und Goodman (Value and Need as Organizing Factors in Perception, Journal of Abnormal und Social Psychology, 1947) haben in einem Münzenversuch, bei dem ärmere Kinder die Münzen größer wahrnahmen als Kinder wohlhabender Eltern, deutlich machen können, von welchen Faktoren ein konkreter Wahrnehmungsvorgang abhängig ist. Muzafer Sherif konnte im Experiment mit Hilfe des autokinetischen Effekts zeigen, wie im Prinzip gesellschaftliche Urteile über Wahrnehmungen zustande kommen und wie eine einmal gefestigte Gruppennorm den Wahrnehmungsvorgang determiniert.

Diese Versuche und Beobachtungen – man findet zahllose weitere instruktive Beispiele – deuten alle darauf hin, daß Wahrnehmung *selektiv* ist, daß also jeder, auch der scheinbar unmittelbarste Wahrnehmungsvorgang durch vorausgehende Erfahrungen in gewissem Umfange bedingt ist. Man braucht kaum zu betonen, wie sehr das notwendig auch für die ›Anschauung‹ ästhetischer Gegenstände zutrifft; hier gilt erst recht der Satz: man sieht die Welt vorwiegend durch die Augen anderer Menschen.

Wie fruchtbar dieser Ansatz vom in der Sozialpsychologie empirisch bereits gut gesicherten Konzept der Wahrnehmung ist, zeigt sich nicht nur darin, daß man mit seiner Hilfe dem *Vermittlungsprozeß* auf die Spur kommt, durch den in der Wahrnehmung des Besonderen das Begriffliche entspringt. (Es erweist sich nämlich – wie wir sahen –, daß Begriffliches als Folge vorangegangenen Lernens in die Wahrnehmung mit hineingenommen, in ihr modifiziert wird, und daß nur auf diesem Wege Begriffliches aus der Wahrnehmung wiederum gewonnen werden kann.) Ebenso wichtig ist es sicher, daß es auf diesem Wege möglich wird, Anschauung oder Wahrnehmung im Rahmen einer konsistenten Lerntheorie zu verstehen.

Es kann hier leider nicht einmal grob skizziert werden, was dadurch gewonnen werden könnte, den Lernprozeß – um es ein wenig überspitzt zu sagen – als eine Folge (mehr oder weniger bewußt) gelenkter Wahrnehmungen zu verstehen. Der Lehrer ist in diesem Prozeß gewissermaßen der Agent der Gesellschaft; er wählt die Gegenstände der Wahrnehmung so aus und gestaltet den auf sie hinführenden Lernvorgang so, daß aus ihm die gesellschaftlich akzeptierten Urteile, Begriffe und Wertungen gewonnen werden können. Auch das geschieht sicher sehr oft nicht bewußt – um so mehr aber ist zu fordern, daß der Erziehungswissenschaftler und Lehrer sich dieses Abhängigkeitsverhältnisses bewußt wird, um, wenn nötig, dem stillen Zwang zur Konformität sich entgegenstellen zu können und durch die Theorie des Lernens hindurch zu einer Theorie der Erziehung durchzustoßen.

1 A. Reble bei W. Klafki: Die Stufen des pädagogischen Denkens. In: Bildung und Erziehung 1954, S. 289. [Jetzt in Erziehungswissenschaft und Erziehungswirklichkeit, hrsg. v. H. Röhrs, Frankfurt (M.) 1964, S. 145 ff.]

2 W. Klafki definiert das historisch-systematische Verfahren als den Versuch, über die geschichtliche Darstellung hinaus ›gewisse Einsichten festzuhalten‹, »denen über den historischen Moment hinaus, in dem sie gewonnen werden, Geltung zugesprochen wird, und die ... in einen aus ihnen sich ergebenden oder mit ihrer Hilfe zu entwerfenden Sinnzusammenhang« einzuordnen sind, »der das betreffende Problem durchschaubar macht und seiner praktischen Lösung dient« (W. Klafki: Replik, S. 91).

3 Auch eine solche Betrachtungsweise ist zweifellos sinnvoll. Die »klassischen« Schriften Pestalozzis, Herbarts, Fröbels und anderer können sicher diese Funktion des Ratgebers und Anregers erfüllen.

4 Eine der Antworten des Autors versteht der Rezensent nicht: »der Anspruch, den systematische Aussagen als Ergebnis problemgeschichtlicher Untersuchungen machen«, reicht »zunächst genau so weit wie die dargestellte Problemgeschichte oder der aus ihr entwickelte Zusammenhang von Voraussetzungen und Motiven« (Replik, S. 95). Heißt das, daß die systematischen Aussagen für die Zeit von Pestalozzi bis in die Gegenwart gelten? Oder etwa für alle in dieser Problemgeschichte herangezogenen Texte? Um das zu erweisen, wäre doch die von W. Klafki nicht durchgeführte umfassende historische Analyse erforderlich. Was ist mit den aus der Problemgeschichte heraus entwickelten Voraussetzungen und Motiven gemeint?

5 Das pädagogische Problem ... S. 367; als Beleg für diese Auffassung bringt W. Klafki das vom Rezensenten auf S. 81 der Rezession herangezogene Petzelt-Zitat. Der Vorwurf, es sei vom Rezensenten den Zusammenhang entstellend zitiert, ist also unbegründet. Die Sätze entsprechen ebenso Prof. Petzelts Auffassung wie der vom Autor an dieser Stelle vertretenen.

6 W. Klafki stellt in seiner Erwiderung fest, daß seine Untersuchung die Frage nach der Bedeutung von Anpassung, Gewöhnung, Prägung, Nachahmung für »das im Begriff der ›Kategorialen Bildung‹ gemeinte Ganze von lebendigem Wissen und Können, von Haltung und Gesinnung, von Motiven und Wertmaßstäben« nicht beantworte. Demgegenüber kann man nur noch einmal auf die in dem zitierten Zusammenhang gegebene eindeutig negative Antwort hinweisen, die erfreulicherweise in der Replik gemildert wird. Die Befürchtung, daß Begriffe wie Anpassung und Nachahmung zu vieldeutig und verschlissen seien, teilt der Rezensent nicht. Sie haben sich im Gegenteil in einer ganzen Anzahl von Untersuchungen, besonders der amerikanischen Sozialpsychologie, als höchst brauchbare Konzepte erwiesen. Zum Problem der Nachahmung vergleiche: Miller, N. E. und Dollard, J.: Social Learning and Imitation. New Haven 1941; im übrigen: Sherif, M.: An Outline of Social Psychology. N. Y. 1948. Newcomb, T. M.: Sozialpsychologie; Hartley, E. L. und Hartley, R. E.: Fundamentals of Social Psychology. N. Y. 1959. Deutsch: Die Grundlagen der Sozialpsychologie. Berlin 1955. Der ausgezeichnete Problembericht von Klaus Mollenhauer: »Anpassung« (Zeitschrift f. Pädagogik, 1961, S. 346 ff.), ist eine weitere Bestätigung dafür, daß diese Begriffe sinnvoll angewandt werden können, ja, daß sie nicht zu entbehren sind, wenn man heute über Bildung sprechen will.

3. Kontroverse »Berliner Schule« (Heimann/Schulz) – Klafki

Paul Heimann

Didaktik als Theorie und Lehre

Am 16. 10. 1958 beschloß das Berliner Abgeordnetenhaus ein Lehrerbildungsgesetz, das in § 6 ein allgemeines pädagogisches (grundwissenschaftliches) Studium, ein Fachstudium (wissenschaftlicher, künstlerischer oder technischer Art) und die schulpraktische Ausbildung zu einem einheitlichen Ausbildungskomplex zusammenfaßte. Eine Gruppe von Dozenten der Pädagogischen Hochschule Berlin nahm das Erscheinen dieses Gesetzes zum Anlaß, ein Modell auszuarbeiten, in dem der schulpraktischen Ausbildung eine zentrale Funktion für die Integration aller Studiendisziplinen zugesprochen wird. Insbesondere sollte an dieser neuralgischen Stelle das Ineinander von Theorie und Praxis in beispielhafter Form und unter Beteiligung aller Dozenten – zunächst als Experiment – verwirklicht werden. Für diese Zwecke wurde im Studienaufbau zwischen dem 3. und 5. Semester ein praktisches Halbjahr eingeschaltet, das wegen seiner theoretisch-praktischen Funktion die Bezeichnung »D i d a k t i k u m« erhielt. Erstmalig im Sommer 1960 wurde ein derartiges Didaktikum, das sich inzwischen viermal wiederholt hat, durchgeführt.

Hier soll . . . eine Ausbildungseinrichtung zur Diskussion gestellt werden, die sich keineswegs allseitiger Zustimmung erfreut, an deren Abbau jedoch niemand, an deren Weiterentwicklung fast alle heute lebhaft interessiert sind.

I.

Seine theoretische Grundlage
stößt dabei auf alle Schwierigkeiten, die der Entwicklung einer didaktischen Theorie in lehr- und anwendbarer Form heute entgegenstehen. Sie hat ja in dem Ausbildungsgesamt des »Didiktikums« eine eminent praktische Funktion und kann in keinem Falle als eine luxurierende theoretische Disziplin ohne Folgen betrieben werden.

Es wird erwartet, daß sie mindestens für drei immer wiederkehrende konkrete Ausbildungsanlässe eine theoretische Basis entwickelt:
1. für die unterrichtliche *Analyse* in den häufigen Hospitationssituationen,
2. für die Planung von *Unterrichtsvorhaben*, die von Studenten durchzuführen sind,
3. für unterrichtliche *Experimente*, die zur Verifikation oder Falsifikation umstrittener didaktischer Hypothesen gelegentlich unternommen werden.

Sie wendet sich also an den antizipierenden, agierenden, reflektierenden und verifizierenden Lehrer und kann sich in dieser Funktion – ungeachtet der in den gleichen Projekten mitwirkenden Fachdidaktiker – nur als eine

»allgemeine« Didaktik verstehen, die ein für solche Zwecke unabdingbares Mindest-Maß an didaktischen Grundkategorien und Denkmethoden bereitstellt, ohne die weder eine kategoriale Durchdringung und Erhellung von Unterrichtsprozessen noch die konstruktive Leistung einer Unterrichtsplanung und -realisierung denkbar erscheint, es sei denn, man überantwortet solche Funktionen dem intuitiven Geschick eines interpretierenden oder ratgebenden Mentors.

Doch darüber dürfte wohl kein Zweifel bestehen, daß innerhalb der deutschen Lehrerbildung der Gegenwart bei aller Unterschiedlichkeit nebeneinander bestehender Ausbildungsformen grundsätzlich nur eine *theoretisch-wissenschaftliche* Modifizierung des unterrichtlichen Naiv-Verhaltens gemeint sein kann, wobei mit dem Terminus »wissenschaftlich« im Bereich von Erziehung und Unterricht etwas vorsichtiger umzugehen ist als auf beliebig anderen in hochschulmäßige Pflege genommenen Gebieten.

Hier soll jedenfalls darunter nur verstanden werden, daß es sich bei dieser didaktischen Lehre nicht um das einfache Tradieren historisch überkommener Systeme noch um das Propagieren einer normativ auftretenden pädagogischen »Heilslehre« handeln kann, sondern um eine weitgehend erfahrungswissenschaftlich orientierte Durchforschung und Klärung unserer Unterrichtswirklichkeit, um die Kategorien zu gewinnnen und gebrauchen zu lernen, welche uns befähigen, unser unterrichtliches Handeln rationaler und erfolgreicher zu gestalten und uns frei zu machen von didaktischem Dogmatismus und nicht zuletzt von den Zufällen, die unser pädagogisches Handeln in jedem Augenblick bedrohen[1].

Eine solche Ausbildungstendenz enthält gewisse Konsequenzen für die Anbahnung eines unterrichtlich-praktischen Verhaltens, das hier – weil es weitgehend auf unreflektierte Imitation, dogmatische Nachbildung und primitive Selbstregulierung, wie sie im »praktischen« Handeln laufend erfolgt, verzichtet – kurzerhand unter den Begriff eines *theoretisch gesteuerten Verhaltens* gefaßt werden soll.

Mit der Einführung eines solchen Begriffes erheben sich sofort zwei Fragen, deren Beantwortung nicht ausgewichen werden kann:

1. Wie ist bei einem solchen Begriffsgebrauch das Verhältnis von Theorie und Praxis zu verstehen?
2. An welcher Art von »Theorie« ist ein so gemeintes Verhalten letztlich zu orientieren?

Auf die zweite Frage soll hier zuerst eingegangen werden.

Der Zustand der didaktischen Theorie in Deutschland

Es ist selbstverständlich, daß bei der Beantwortung dieser Frage nicht an dem derzeitigen Zustand der didaktischen Theorie in Deutschland vorübergegangen werden kann und daß auch jede fortschreitende Theorienbildung den vorhandenen Bestand an Theoremen und Ansätzen in ihre Überlegungen aufzunehmen hat.

Für unsere Zwecke ist es ratsam, dabei von vornherein zwei Klassen von Theorienbildungen zu unterscheiden: die der geschlossenen und offenen Systeme, wobei nicht immer unmißverständlich zu entscheiden ist, wann ein System noch als offen bezeichnet werden kann. Offen und geschlossen sind dabei nicht als Werturteile, sondern nur als schlichte Beschreibungsbegriffe aufzufassen. Sie sagen etwas aus über die innere Aufbaugesetzlichkeit einer Theorie.

Geschlossene Systeme: Wenn man von einigen großen klassischen Systemen (Herbartianer usw.) absieht, fallen in diese Theorieklasse vor allem die bekannten schulreformerischen Bildungs- und Unterrichtssysteme wie die Arbeitsschule Kerschensteinerscher Prägung, die *Waldorf-* und *Montessori-Schule* und jene, die sich schon in der Bezeichnung als »Plan«-System definieren wie der *Dalton-*, *Jena-*, *Projekt-Plan* u. a. Sie stellen sich als Bildungsorganismen großer materialer Festgelegtheit dar, die durch ein System von Axiomen und didaktischen Postulaten gesteuert werden, mit denen man sich identifizieren muß, wenn man innerhalb ihrer Systematik didaktisch operieren will. Sie kennen nur systemabhängige Begriffsbildungen. Arbeit, Gruppe, Spiel und didaktisches Material haben nicht nur einen bestimmten *faktischen* Stellenwert in diesen Systemen, sondern auch einen *begrifflichen*.

Es ist offensichtlich, daß eine fixe Orientierung an dieser Art von Theorien für unsere Zwecke nicht geeignet ist, obwohl eine Beschäftigung und Auseinandersetzung mit ihnen nicht nur wünschenswert, sondern auch sehr fruchtbar sein kann, sofern man in der Analyse danach trachtet, ihre innere Aufbaugesetzlichkeit zu erkennen. An ihnen kann didaktisch gelernt werden. Die meisten von ihnen liegen nicht nur in literarischer Fixierung vor, sondern werden auch praktiziert, was die Beschäftigung mit ihnen noch lohnender macht.

Offene Systeme: Handelt es sich – sehr negativ ausgedrückt – bei den geschlossenen Systemen um jene »Kasernenbauten der radikalen Doktrinen« im Sinne Wilhelm Diltheys[2] und befindet man sich innerhalb ihrer selbst in einer Art liebenswerter, aber gefährlicher Gefangenschaft, so tun sich in den jetzt zu charakterisierenden Theorie-Bildungen die offenen Horizonte eines stärker strukturtheoretischen Denkens und Forschens mit geringer materialer Festgelegtheit und hoher Formalität und Allgemeinheit auf. Bei der Fülle der hier vorliegenden Konzeptionen ist es zweckmäßig, sie nach *bildungs-* und *lerntheoretisch* bestimmten Entwürfen zu unterscheiden.

Die *Bildungstheoretiker:* Hier handelt es sich um theoretische – insgesamt wohl eigentümlich deutsche – Konzeptionen, die auf bildungsphilosophisch-geisteswissenschaftlicher Grundlage entstanden sind, den *Begriff der Bildung* zum zentralen Ausgangsort der didaktischen Überlegungen, die *Historizität* alles Erziehungs- und Bildungsgeschehens zum Konstituens der Theorienbildung machen und eine mehr oder weniger begrenzte *Autonomie* des pädagogischen Handelns postulieren. Ursprungszentren dieses Bildungsdenkens liegen abwechselnd bei Herder und Humboldt, Pestalozzi und Schleiermacher, Kant, Hegel und Dilthey, neueren Datums bei Heidegger und dem Existentialismus oder in der *protestantischen Theologie* der Moderne und in *katholischen* Seins- und Geschichtsauslegungen. Die Methoden sind abwechselnd hermeneutisch-analytisch, historisch-systematisch, dialektisch-phänomenologisch. Einzelne Schulen heben sich ab: für das Schicksal des deutschen Bildungsdenkens besonders folgenreich die in der Nachfolge Diltheys entstandene (Dilthey, Nohl, Weniger und seine Schüler); starke Impulse gingen von der Hegel-Erneuerung durch Litt (Derbolav), ähnliche von der Husserlschen Phänomenologie (Langeveld, Derbolav), und *Existenzphilosophie* (Bollnow, Ballauff) aus. Bezeichnend für eine durchgehende Tendenz dieser bildungstheoretischen Schulen und Denkansätze scheint mir die »Grundstruktur der Bildung[3]« des letzteren zu sein (wenn auch nur im Titel, weniger im Verfahren): mit ihrer Tendenz, in der Erscheinungsfülle der historischen Bildungsphänomene eine strukturelle Verbindlichkeit zu entdecken, an der sich das aktuelle Bildungshandeln zuverlässig orientieren läßt.

Zu einer bemerkenswerten Präzision, Versachlichung und Klarheit ist derartiges Denken in dem Klafkischen Entwurf einer »kategorialen« Bildung[4] gelangt.

Eine verbindliche Orientierung des praktischen Handelns an Theoremen dieser Art ist jedoch aus mehreren Gründen von nur fraglichem Wert:

Die aufgefundenen Strukturen und Kategorien sind in den meisten Fällen von solcher »Allgemeinheit«, daß sie für die didaktischen Entscheidungen des Schulalltags *folgenlos* bleiben. Ihr Wert für die Anbahnung »letzter Einstellungen« zu Bildung und humaner Selbstverwirklichung soll unbestritten bleiben, in einer didaktischen Grundausbildung können sie kaum – was sie intendieren – eine so zentrale Position beanspruchen. Die Unterscheidung von *»Bild und Begegnung«* (Guardini), die *»Gewissensbezogenheit«* aller Bildung (Derbolav), der existentialistische »Begegnungsbegriff« Bollnows, der so evident scheinende Absolutheitscharakter des *»pädagogischen Bezuges«* (Nohl) sind eigentlich keine adäquaten Denkmodelle für das, was in Schulen wirklich vor sich geht. Das gilt sogar für die bestechende Theorie des *»fruchtbaren Moments im Bildungsprozeß«* (Copei).

Die reale Folge dieses bildungsphilosophischen »Stratosphärendenkens« ist leider die Tatsache, daß das, was in konkreten Unterrichtsstunden wirklich geschieht, weit mehr von der zahlreichen didaktischen *Kompendien-Literatur* beeinflußt wird als von den weitreichenden Entwürfen der großen Bildungstheoretiker und deshalb ganz unverhältnismäßig weit unter ihrem Niveau liegt.

Die Arbeiten Stöckers und Hubers[5] spielen in Lehrerarbeitsgemeinschaften und Hochschulen eine viel größere Rolle als die subtile Theoretik der Bildungsphilosophen (die großen Auflageziffern beweisen das), und man muß noch zufrieden sein, daß es sie gibt, weil sie dazu beitragen, ein Mindestmaß von sauber formulierten Grundbegriffen und didaktischen Modellvorstellungen an Studenten und Aufklärung suchende Lehrer zu vermitteln.

Es sei deshalb hier einmal die mit Gewißheit Anstoß erregende Hypothese vertreten, daß der *»Bildungsbegriff«* vielleicht grundsätzlich ungeeignet ist, auf ihm eine praktikable Didaktik aufzubauen. Daß er trotzdem in jeder didaktischen Theorie auftreten muß, ist eine Selbstverständlichkeit, weil es das Phänomen ja gibt. Doch sollte er nicht die zentrale Kategorie sein, sondern einen abhängigen Stellenwert besitzen, wie zu erweisen sein wird. Er stellt nun einmal seiner Herkunft nach eine von Anfang an ideologisch aufgeladene Begriffsbildung dar und hat deshalb im Verlauf seiner Geschichte eine nicht mehr zu beseitigende Unschärfe und Vieldeutigkeit erlangt.

Zum anderen haben sich bei einigen modernen Theoretikern Auffassungen herausentwickelt, die »Bildung« mit Recht als ein »Vorkommnis im Unstetigen« betrachten, das grundsätzlich unplanbar und nicht organisierbar, auf jeden Fall nicht zu institutionalisieren ist. In derselben Weise spricht man von der »Unverfügbarkeit« des fruchtbaren Moments im Bildungsprozeß. Mit solchen Bestimmungen, die zweifellos auf richtige Tatbestände verweisen, gerät die intendierte Bildung in einen unaufhebbaren Widerspruch zur Schule, der angesichts solcher Verhältnisse nichts übrigbleiben kann als zu resignieren. Aber vielleicht intendiert die Schule überwiegend anderes als jene subtilen Vorgänge, die einzelne Theoretiker als Bildung definieren.

Vielleicht dürfte deshalb auch eine *lerntheoretisch* orientierte Didaktik eher versprechen, der Schule zu einem Selbstverständnis und zu einem Organisationsmodell für ihre diffizile Funktion in der Gesellschaft zu verhelfen.

Die *Lerntheoretiker:* Darunter seien hier in Abweichung vom psychologischen Sprachgebrauch die Didaktiker und Pädagogen verstanden, die jene Vorgänge, um die es im didaktischen Bereich geht, schlicht als »Lehr- und Lernvorgänge« bezeichnen, so etwa Gottfried H a u s m a n n in seiner »Didaktik als Dramaturgie des Unterrichts«, einer Definition Dolchs[6] folgend:

Die Didaktik »stellt die besondere Disziplin dar, die es ... mit dem Lernen in allen Formen und mit dem Lehren aller Art auf allen Stufen« zu tun hat, dabei aber grundsätzlich das gesamte Erziehungsgeschehen perspektivisch im Blick behält[7]«.

»Sie war zu Anfang nur eine Lehre des schulmäßigen Unterrichts und entwickelte sich erst später zu einer umfassenden Wissenschaft vom Lernen und Lehren in allen Formen des Lebens und der Kunst. Erst in der Gegenwart wurde sie zu einer Strukturtheorie ausgebaut, welche die Handlungsgefüge, durch die das Lernen und Lehren bewirkt wird, phänomenologisch erfaßt und hermeneutisch interpretiert[8].«

Diese Auffassungen korrespondieren mit den Ergebnissen der bedeutenden amerikanischen Lernforschung, die uns Heinrich Roth in seiner »Psychologie des Lehrens und Lernens[9]« zugänglich gemacht und in einer eminent fruchtbaren Weise in eine systematische Didaktik »psychologischer Lernhilfen« transformiert hat, die weitaus das brauchbarste ist, was wir zur Zeit an lerntheoretisch orientierter Didaktik besitzen.

Wer angesichts der Bedeutungsfülle des deutschen Bildungsbegriffs hier einen bedenklichen Niveauverlust des didaktischen Denkens befürchten könnte, sei nachdrücklich darauf verwiesen, daß die lerntheoretischen Forschungen in Amerika dazu geführt haben, daß »die Theorie des Lernens und die »Theorie des Persönlichkeitsaufbaus« in der amerikanischen Psychologie fast identische Probleme geworden sind. . . ., so daß sich eine Lernpsychologie zu entwickeln scheint, die eine *allgemeine Theorie der menschlichen Natur* zu werden verspricht[10].

Selbstverständlich ist aus einem so betont psychologischen Ansatz nicht eine voll entfaltete Didaktik zu entwickeln; er könnte jedoch als Modell dienen, wie unter Aufbietung erfahrungswissenschaftlicher Methoden auch die anderen Aspekte des didaktischen Handelns unter eine wissenschaftliche Kontrolle zu bringen wären. Daß es dazu auch anderer als empirischer Verfahren bedürfte, steht außer Frage – wie die Tatsache, daß Lehren und Lernen von einer Fülle außertheoretischer Faktoren bestimmt werden, die es ebenso gälte, bewußt zu machen[11].

In diesem Zusammenhang wären im übrigen noch die jüngsten Versuche zu erwähnen, das didaktische Denken an kybernetischen Modellen zu orientieren und Lern- und Lehrvorgänge in Begriffen der eben entstehenden »Informationstheorie« zu definieren; denn man ist bereits dabei, die ersten pädagogisch-didaktischen Konsequenzen aus diesen neuen Forschungsergebnissen zu ziehen[12]. Auf gleicher Ebene liegt auch der zunehmende Gebrauch von »Lernmaschinen« für schulische Zwecke, die didaktische Produkte lerntheoretischer Grundlagenforschung darstellen (Skinner u. a.) und deren möglicher künftiger Einfluß auf unsere Lern- und Bildungsvorstellungen und Praktiken noch gar nicht abzusehen ist.

Solche Perspektiven, zusammen mit den eingangs erörterten offenen und geschlossenen Systemen bildungs- und lerntheoretischer Provenienz eröffnen einen verwirrenden Horizont unterschiedlichster Interpretationsmöglichkeiten dessen, was täglich in unseren Schulen vor sich geht. Wer diese Möglichkeiten studienmäßig alle durchliefe, würde zum Mitwisser des heutigen Status moderner Bildungs- und Lernforschung.

Ob das studienökonomisch möglich ist, bleibt zweifelhaft, ob ausbildungsstrategisch wünschenswert, sei dahingestellt.

Eine gewisse Kenntnis aller dieser Ansätze dürfte für eine hochschulmäßige Grundorientierung in diesem Arbeitsgebiet wohl unerläßlich sein, ohne daß die Summe dieser Modelle und Theoreme gleichzusetzen wäre mit einem *ope-*

rativen didaktischen Bezugsfeld von praktischer Bedeutsamkeit. Dazu ist die Widersprüchlichkeit und Spannung innerhalb dieses Theoriengesamts zu groß, was seinen Verbindlichkeitswert erheblich herabsetzt. Wie ein solches operatives Bezugsfeld aufzubauen wäre, entscheidet sich erst an der Frage, wie das Verhältnis von Theorie und Praxis gesehen wird. Die Antwort darauf bestimmt letzten Endes auch die Form und den Inhalt der didaktischen Lehre.

Didaktisches Bezugsfeld und theoretisches Bewußtsein

Wesentliches ist bereits vorentschieden, wenn man das Theorie-Praxis-Verhältnis nicht *technologisch* interpretiert, so als ob didaktische Entscheidungen in konkreten Situationen schlicht aus zuhandenen Theoremen deduziert werden könnten (aus welchen dann?), des weiteren, wenn man Unterrichts-, Lehr-, Lern- und »Bildungs«-Vorgänge als sehr dynamische *Interaktionsprozesse* von strenger gegenseitiger Bezogenheit, betonter Singularität und Augenblicks-Gebundenheit betrachtet, die trotzdem einer bestimmbaren Strukturgesetzlichkeit gehorchen und deshalb auch manipulierbar sind.

Diese Vorgänge theoretisch abzubilden ist deshalb so schwierig, weil jeder Einzelprozeß praktisch sein eigenes *theoretisches Äquivalent* besitzt, das keine völlige Entsprechung in irgendeinem didaktischen System hat, sondern im Augenblick der Ereignung solcher Lehr- und Lernprozesse erst gebildet werden muß und danach mit der Situation wieder zerfällt, weil es keinen absoluten, sondern nur einen situationsbezogenen Geltungswert besitzt, eine Gesetzmäßigkeit übrigens, die für didaktische Augenblickssituationen und umgreifende Zeitsituationen gleichermaßen gilt.

Das heißt aber, daß die Theorienbildung sich dem prozeßhaften Seins-Charakter der Grundvorgänge anzupassen und selbst Prozeß-Form anzunehmen hat.

Es gibt in solcher Sicht keine *statischen Theorien,* sondern nur *theoretische Prozesse.* Das Grundverhalten des theoretisch gesteuerten Didaktikers muß also prinzipiell ein *experimentelles* sein.

Was für Folgen ergeben sich aus einem solchen Theorie-Verständnis für die didaktische Lehre?

1. Es sind nicht so sehr die Theorien, es ist das *Theoretisieren* zu lehren. Nicht der Inhalt von Theoremen ist das Entscheidende, sondern die Weise, in der sie die Interpretation einer didaktischen Situation gestatten.
2. Nicht die Theorie als Endgestalt, der *Prozeß der Theorienbildung* ist der eigentliche Gegenstand der didaktischen Ausbildung. Dieser Prozeß hat seine

Entsprechung in der Strukturgesetzlichkeit der didaktischen Aktionsformen[13].
3. Der personale Ort, wo sich die Informationen über die Aufbaugesetzlichkeit von Unterrichts- und Bildungsprozessen sammeln, soll hier als *didaktisches Bezugsfeld,* der Ort, wo die didaktischen Entscheidungen fallen, als *theoretisches Bewußtsein* definiert werden.
4. Ziel der didaktischen Ausbildung ist die Bildung eines leistungsfähigen didaktischen *Bezugsfeldes* und die Konstituierung eines operativen *theoretischen Bewußtseins* und *Gewissens.*

Didaktisches Bezugsfeld und theoretisches Bewußtsein zusammen lassen sich auffassen als ein *theoretisches Potential,* das sich laufend in der unterrichtlichen Praxis *aktualisiert.*
5. Für den Aufbau eines zulänglich ausgestatteten didaktischen Bezugsfeldes ist das Studium von Bildungssystemen, theoretischen Konzeptionen und Tatsachenwissenschaften förderlich; zur Präzisierung des theoretischen Bewußtseins ist eine Kultivierung der didaktischen Reflexion wünschenswert.
6. Die angemessene Vermittlungsform für solche Informationen und Einstellungsanbahnungen ist nicht so sehr die verbale Belehrung (obwohl unentbehrlich) als vielmehr ein *didaktisches Exerzitium,* das zur Aktionsbasis die Schulpraxis der Alltagswirklichkeit hat.

Was darf von einer solchen Form der Ausbildung erwartet werden? Daß der von ihr Betroffene in die Lage versetzt wird, unterrichtliche Situationen kategorial zu strukturieren, faktoriell zu analysieren und sie auf fällige Entscheidungen hin didaktisch zu beurteilen.

Er muß zu diesem Zwecke lernen,

1. Strukturen zu erkennen;
2. Probleme zu exponieren;
3. Tatsachen, Normen und Organisations-Formen zu beurteilen;
4. Entscheidungen vorzubereiten;

um in ganz konkreten Fällen das jeweils erforderliche *theoretische Äquivalent* bilden und *Entscheidungen* mit einem mittleren Maß wissenschaftlicher Begründetheit treffen zu können.

Soviel zur *Ausbildungsprogrammatik.*

Der Rest der Darstellung soll dazu benutzt werden, einen groben Grundriß der *inhaltlichen Ausstattung* des didaktischen Bezugsfeldes und *der Genese* des theoretischen Bewußtseins zu geben.

II

Reflexion und Engagement

Es war eingangs darauf hingewiesen worden, daß die Beanspruchung der didaktischen Theorie bei ganz konkreten Ausbildungsanlässen auftritt: wenn die Studenten in die Situation gebracht werden, beobachteten Unterricht zu analysieren oder selbst ein Unterrichtsvorhaben zu entwerfen und vorzubereiten.

Der unterschiedliche Charakter dieser beiden Situationen ist ausgezeichnet geeignet, zwei Reflexionsarten zu demonstrieren, die auf verschiedenen Ebenen verlaufen und die Agierenden in ebenso unterschiedlicher Art theoretisch beanspruchen.

Bei der *Analyse* ist das Verhalten distanziert und emotional neutralisiert, erkennend, Zusammenhänge aufsuchend, zergliedernd, objektivierend, bei der *Unterrichtsplanung* konstruktiv, kombinatorisch, erfinderisch, entscheidungsbedacht, engagiert.

Das sind zwei Seiten theoretischen Verhaltens, die sich zwar auf den gleichen Gegenstand beziehen und eine identische kategoriale Basis haben, sich aber tiefgehend dadurch unterscheiden, daß im zweiten Falle eine dimensionale Bereicherung der Reflexion durch das Auftreten der

Entscheidungskategorie

stattgefunden hat. Ein planender Student durchläuft bei Unterrichtsvorbereitungen eine ganze Skala mehr oder weniger bedeutsamer und unterschiedlich bewußt werdender Entscheidungssituationen, die ihn die Struktur des didaktischen Handelns manchmal blitzartig erkannen lassen. Es handelt sich bei theoretischen Überlegungen dieser Art um eine »réflexion engagée« (Flitner)[14]. Das ist letzten Endes auch in der analytischen Haltung der ersten Reflexionsebene der Fall. Wir suspendieren dort nur den Entscheidungszwang aus heuristischen und Entlastungsgründen.

Engagement und *Entscheidung* sind also Grundkategorien des unterrichtlichen Handelns und deshalb auch Grundkategorien seiner Theorie.

Dazu muß bemerkt werden, daß es sehr unterschiedliche Ebenen und Höhenlagen des Engagements gibt, angefangen von weltanschaulich-religiösen Formen bis zur »einfachen« Entscheidung für einen Unterrichtsinhalt oder ein Methodendetail. Zur begrifflichen Klärung dieses Formenreichtums täte uns eine Phänomenologie des didaktischen Entscheidungsverhaltens not.

Des weiteren bedarf es hier des Hinweises darauf, daß die meisten Situationen, in die Stundent und Lehrer geraten, didaktisch bereits vorentschieden sind, so daß das in der Aktion steckende Entscheidungsmoment gar nicht mehr bewußt erlebt wird. Ein klassischer Fall ist die gedankenlose Verwendung von Lehr- und Stoffplänen. Die theoretische Reflexion hat ihr besonderes Augenmerk auf diese verdeckten Vorentscheidungen zu richten und zu ihrer Aufdeckung beizutragen. Nicht unbedingt mit der Absicht der Rebellion, sondern um in Akten der Identifikation einen bewußten Entscheidungsnachvollzug zu provozieren.

Was sich aber als evidente Konsequenz aus diesem Entscheidungscharakter didaktischer Situation ergibt, ist die theoretische Verpflichtung um eine Klärung der *Begründbarkeit* überhaupt sowie der faktischen Begründung unseres unterrichtlichen Tuns. Die Weisen und Methoden dieser Begründung machen einen wesentlichen Teil der didaktischen Lehre aus. Wenn – wie hier – mit Vorrang an erfahrungswissenschaftliche Begründungsformen gedacht wird, dann ist das bereits eine Vorentscheidung für einen bestimmten Unterrichts- und Lehrstil.

Die Reflexions-Stufen

Worauf wäre also bei der Analyse oder Planung von Unterricht konkret zu reflektieren? Stellen wir zunächst einmal fest, daß eine solche Reflexion auf unterschiedlichen *Stufen* verläuft.

Da es sich letzten Endes um *didaktische Entscheidungen* und ihre Begründung handelt, wird auf einer ersten Stufe ermittelt werden müssen, ob es konstante Situations-Momente gibt, auf die sich der Entscheidungs- und Begründungswille immer zu richten hat.

Das geschieht in einer didaktischen Kategorial-Analyse, die einige strukturelle Konstanten von Unterrichtsvorgängen (Lehr- und Lern-Prozessen) herausarbeitet und deshalb zweckmäßigerweise hier als die Stufe der *Struktur-Analyse* bezeichnet werden soll. Sie entwirft eine didaktische Topologie der wichtigsten Entscheidungs- und Begründungsfelder und ist formaler Natur, auf die Konstituierung eines geschärften *Struktur- und Problembewußtseins* gerichtet. Die hier zu ermittelnden Grundkategorien (Strukturbegriffe) bezeichnen die Bedingungen der Möglichkeit von Unterricht (als Ort didaktischer Prozesse) überhaupt. Sie geben an, welche Bedingungen erfüllt sein müssen, wenn von Unterricht gesprochen werden darf.

Auf einer zweiten Stufe der Reflexion geht es um die Ermittlung der Faktorengruppen, die die didaktische Entscheidung konkret und materiell herbeiführen. Es geht hier nicht um Möglichkeiten, sondern um Realisation von Entscheidungen und Realitäten. Auf dieser Stufe sind die unterschiedlichen Begründungen für so und nicht anders abgelaufene oder für planend vorwegzunehmende Unterrichtsvorgänge aufzusuchen und zu explizieren. Da es sich in Unterrichtssituationen immer um Faktoren-Komplexionen (Winnefeld[15]) handelt, geht es hier letzten Endes um eine *Faktoren-Analyse,* bei der vornehmlich das *Entscheidungs-*, *Tatsachen-* und *Methoden-Bewußtsein* beansprucht und herausgefordert wird.

Struktur-Analyse

Wenden wir uns zunächst den Gegenständen der ersten Reflexions-Stufe, *den konstanten Strukturen,* zu und gehen wir phänomenologisch von dem aus, als was sich der Unterricht »von sich selbst her« zeigt. In laiensprachlicher Formulierung ließe sich dann etwa sagen: im Schul-Unterricht geht es offenbar immer darum, irgendwelche Gegenstände (Lernanlässe) *in bestimmter Absicht* (zu Lernzwecken) und in bestimmten *Situationen* in den Erkenntnis-, Erlebnis- und Tätigkeits-Horizont von *Kindern* oder *Jugendlichen* zu bringen, wobei man sich bestimmter *Verfahrensweisen* und *Medien* bedient.

Ein kategorial-analytisches Vorgehen erkennt in einem solchen naiven Beschreibungsversuch mindestens sechs kategoriale Grundbestimmungen, hinter denen sich Strukturzusammenhänge vermuten lassen:

Aller Unterricht ist offenbar so gebaut, daß in ihm immer folgende *formal* konstant bleibenden, *inhaltlich* variablen Elementar-Strukturen gegeben sind:

solche intentionaler,
inhaltlicher,
methodischer,
medien-bedingter,
anthropologisch-psychologischer
und situativ-sozial-kultureller Art.

Damit ist die formale Baugesetzlichkeit von Lehr- und Lernvorgängen in der Schule angedeutet.

Wir sprechen mit Rücksicht auf diese formale Regelhaftigkeit von der *Intentionalität, Inhaltlichkeit, Methoden-Organisation, Medienabhängigkeit* und *anthropologischen* sowie *sozial-kulturellen Determination* aller Unterrichtsverläufe. Jede Unterrichtsanalyse beginnt deshalb zweckmäßig mit der Aufweisung dieser kategorial eindeutig bestimmbaren Strukturen als Voraussetzung für die Faktoren-Analyse der zweiten Reflexionsstufe und begünstigt damit das Entstehen eines didaktischen *Struktur-* und *Problem-Bewußtseins,* wobei das erste mit der Sache selbst identisch ist, das zweite sich aus ihr ergibt; denn jeder dieser Elementarstrukturen ist eine spezifische Problematik inhärent, die im analytischen Verfahren zu exponieren ist.

Das Problem-Bewußtsein wird bereits angesprochen beim einfachen Klassifizierungsversuch. Offenbar gehören die Einzelstrukturen kategorial unterscheidbaren Aktions- und Sachfeldern zu und verlangen eine unterschiedliche Beachtung und Zuwendung.

Innerhalb der intentionalen, inhaltlichen, methodischen und Medienstruktur geht es ganz offensichtlich um *Entscheidungen.* Es muß entschieden werden, *welche Absichten* an *welchen Inhalten* unter Verwendung *welcher Methoden* und *Medien* verwirklicht werden sollen (Planung) oder verwirklicht worden sind (Unterrichtsanalyse).

Der anthropologische und situative Strukturbereich verweisen ihrerseits auf personale und sozialkulturelle *Bedingungen* des unterrichtlichen Tuns, die beachtet werden wollen.

Wir haben also hinter dieser kategorialen Aufgliederung strukturbildende Aktions- und Sach-Fehler zu erkennen, die nach dem eben Ausgeführten zweckmäßigerweise
als unterrichtliche *Entscheidungsfelder* (1–4)
und ebensolche *Bedingungsfelder* (5–6)
zu bezeichnen wären.

Wenden wir uns kurz den hier so bezeichneten Entscheidungsfeldern zu:

1. Bei Schulunterricht wird man wegen der institutionellen Planmäßigkeit, mit der in diesem Raum alles vor sich geht, mit Recht annehmen müssen, daß es sich hier um durchgehend *intendierte Prozesse* handelt, wobei der Begriff der Intentionalität in seiner ganzen Bedeutungsbreite Verwendung finden soll. Es wird also darunter sowohl das zweckrational und ausdrücklich Gesetzte wie auch das – häufig unterschwellig – Mitgemeinte verstanden: Intention also im Sinne von Zwecksetzung und Sinngebung unterrichtlicher Akte.

Diese Intentionen können auf ganz unterschiedlichen Ebenen liegen: die Skala reicht hier von ganz pragmatischen und funktionalen Zielsetzungen bis zu letzten Sinngebungen. Hier ist auch der Ort, wo es sich entscheidet, ob man Lernvorgänge im Sinne des weiter oben diskutierten Bildungsbegriffes interpretieren und die Lehrprozesse in entsprechender Weise intentional gestalten will oder nicht. Nach meiner Ansicht bestehen keine zwingenden Gründe dazu, obwohl Bildung in der Schule sich immer wieder ereignet und ereignen kann und die Schule sich schließlich so einrichten sollte, daß Bildung nicht verhindert wird.

Ob aber Bildung im Sinne Schallers[16] als »In-Anspruch-nehmen-Lassen« durch Sachen und Dinge oder als »Gewissensentfaltung« im Sinne Derbolavs[17] oder als humane Selbstverwirklichung im Sinne humanistischer Bildungsideologie verstanden werden soll, entscheidet sich nicht auf dieser 1., sondern erst auf der 2. Reflexionsstufe. Auf der ersten Stufe didaktischer Reflexion wird man nur des Problems ansichtig.

Trotzdem läßt sich bereits auf dieser Stufe eine quasi formal-inhaltliche Bestimmung der unterrichtlichen Intentionalität treffen, denn es sind gewisse (gleich zu benennende) Formalstrukturen als Möglichkeiten vorgegeben, die sich fast wie Notwendigkeiten interpretieren lassen.

Wenn die landläufige Didaktik der Kompendien in meist nicht erkennbar geordneter Weise von *Wissen, Können, Erkennen, Erleben, Fähigkeiten, Fertigkeiten, Gewohnheiten, Überzeugungen, Gesinnungen, Haltungen, Gestaltungen und Werkvollendung* spricht, so meint sie damit in der menschlichen Natur vorgegebene Entfaltungsmöglichkeiten, an denen sich die Lehraktivität notwendigerweise orientieren muß. Zwar kann es sich auf dieser Stufe auch nur um die Erörterung der reinen Möglichkeiten handeln, weil die realen Akzente in einer anderen Entscheidungsebene gesetzt werden.

Aber als Vorklärung struktureller Art ist die didaktische Meditation über diese Möglichkeiten nicht unergiebig.

Gehen wir davon aus, daß Schüler in der Schule (wie Menschen auch im Leben) abwechselnd sich *klar werden* wollen und sollen über Situationen oder sich von ihnen *ergreifen lassen* oder etwas in ihnen *verwirklichen* sollen, so lassen sich auch die Lern-Intentionen aufgliedern nach folgenden Möglichkeitsklassen:

in *kognitiv-aktive* (Kenntnisse, Erkenntnisse, Überzeugungen);
affektiv-pathische (Anmutungen, Erlebnisse, Gesinnungen);
pragmatisch-dynamische (Fähigkeiten, Fertigkeiten, Gewohnheiten, Taten, Werkvollendungen).

Es geht dabei, wie sich aus der Schematik leicht erkennen läßt, um spezifische Akte
der *Daseins-Erhellung* (Erkenntnis-Dimension),
der *Daseins-Erfüllung* (Emotionale Dimension) und
der *Daseins-Bewältigung* (Antriebs- und Willensdimension).

Und es kann dem Meditierenden auch nicht verborgen bleiben, daß es innerhalb dieser Möglichkeiten der Selbstverwirklichung unterschiedliche Höhenlagen gibt, daß die kognitive Aktion aufsteigt von der schlichten punktuellen Kenntnisnahme zur anspruchsvollen Erkenntnis von Zusammenhängen und schließlich übergehen kann in die »Gewissensdimension« der Überzeugung.

So läßt sich in allen drei Bereichen eine solche aufsteigende Leistungs-Tendenz feststellen, die ich das *Gesetz der dimensionalen Bereicherung* nennen würde (so den Fortschritt vom bloßen Angemutetsein zum Erlebnis). Und es bedarf wohl keines ausdrücklichen Hinweises, daß diese Entfaltungsformen menschlicher Existenz als lebenslange Prozesse in strenger Interdependenz zu denken sind und sich ständig gegenseitig modifizieren, fördern und hemmen. Ich möchte dieses Phänomen als das *Gesetz der permanenten Induktion* bezeichnen.

Es dürfte evident sein, daß solche an vorgegebenen Strukturen gewonnenen Einsichten das unterrichtliche Tun hinsichtlich der Absichten und Sinngebungen einigermaßen zu ordnen imstande sein könnten. Es ergeben sich daraus auch einige Interpretations-Gesichtspunkte für die *Einordnung historischer Unterrichtsstile:* z. B. der Arbeitsschule, der Herbartianer, der Erlebnispädagogik (W. Neubert), die jeweils *eine* Entfaltungsdimension: den Arbeits-, Erkenntnis- oder Erlebnisprozeß zum stilbildenden Grundprinzip ihrer didaktischen Systeme gemacht haben. Wir wollen die Betrachtungen über die strukturbildende Funktion des Intentionalen im Unterricht, die unschwer fortgesetzt werden könnten, an dieser Stelle abbrechen, um ein paar analoge Bemerkungen über die anderen Entscheidungsfelder der Inhaltlichkeit, Methodenorganisation und Medienwahl zu machen.

2. *Das Inhaltsproblem* hat sich in der modernen Didaktik aus begreiflichen Gründen so in den Vordergrund gedrängt, daß von einigen bildungstheoretischen Schulen[18] der Begriff der Didaktik ganz für diesen Problembereich in Anspruch genommen wird. Ohne das Inhaltsproblem unterschätzen zu wollen, möchte ich mich einer solchen Ansicht nicht anschließen, weil sie den Begriff der Didaktik unzweckmäßig verkürzt und das Gesamtphänomen »Unterricht« z. B. nicht ganz in den Griff bekommen kann. Die Ausklammerung der Methodenorganisation oder der Medienwahl aus dem Didaktikbegriff ist ein Akt folgenschwerer Desintegration, der sich nicht nur gegen das Ganze des Unterrichts, sondern sogar gegen den der »Inhaltlichkeit« selbst richtet. Denken über »Inhalte als lehrbare« impliziert das Methodische und die Medienwahl. Methoden und Medien sind auch Dimensionen des Inhalts-Kalküls. Hier tritt die durchgehende Interdependenz der unterrichtsstrukturellen Momente ganz massiv in Erscheinung.

Was ist nun von der »Inhaltlichkeit« des Unterrichts strukturell vorgegeben? Das Gesamtpotential der *Bildungsgüter* (des Bildungskosmos einer Epoche) ist natürlich nicht konstant, sondern ein geschichtliches Produkt. Es muß auf der 2. Reflexionsstufe diskutiert werden und gehört zur Faktorenanalyse.

Aber es gibt m. E. mindestens 3 konstante Grundformen, in der alle »Inhaltlichkeit« innerhalb des Unterrichts auftritt und strukturell vorgegeben auftreten muß: Die Inhalte präsentieren sich entweder als *Wissenschaften, Techniken* oder *Pragmata*[19] und fallen sehr häufig in *einen* »Fach«zusammenhang, was ihre saubere begriffliche Scheidung so schwer macht.

Ein Beispiel ist der Deutschunterricht, in dem so Unterschiedliches wie die *Wissenschaft* der Literaturgeschichte, *Techniken* wie die grammatische Schulung, *Pragmata* wie der konstruktive Aufsatz und das selbstgefertigte Poem in eins zusammenfallen. Dasselbe Modell findet sich fast in allen Unterrichtsdisziplinen wieder. Manchmal scheint sich ein Fach als rein pragmatische Disziplin darstellen zu wollen, z. B. die Leibeserziehung. Aber hat sie nicht ihr wissenschaftliches Komplement in der Biologie und Hygiene? Hier macht sich nach der Moderne hin eine begründete Tendenz breit, die den pragmatischen Disziplinen zuzuordnende Reflexion als Schul-Wissenschaft zu organisieren. Wieviel Reflexion steckt etwa im modernen Kunst-Unterricht, der neben die Kunst-Praxis in der Bildbetrachtung die Anfänge kunstwissenschaftlicher Analyse stellt? Wieviel Reflexion und »Wissenschaft« muten wir unseren Schülern in der »Politischen Bildung« auf schmalster pragmatischer Erfahrung zu? Hier herrscht innerhalb der strukturellen Grundformen eine durch die Moderne ganz besonders angeheizte Dynamik und gelegentliche Disproportionalität.

Die zentrale Achse dieser Inhalts-Systematik sind offenbar die *Techniken,* worunter hier die Wort- und Bild-, die Zahl- und Maß-Techniken, insbesondere die sprachlichen und mathematischen Exerzitien gemeint sind, die als unerläßliche Kulturtechniken vor allem das geistige Leben der Grundschule zu einem großen Teil ausmachen und Instrument und Schlüssel zugleich sind für die Besitzergreifung der Wissenschaften und »Pragmata« insgesamt. Hier von »Inhalten« zu sprechen, bereitet den reinen »Inhalts«-Didaktikern sicherlich einige Schwierigkeiten wegen des ausgeprägten Formal-Charakters dieser Disziplinen, für die »Lern«-Theoretiker bedeutet das eine Selbstverständlichkeit.

Einen kurzen Hinweis verdienen noch die strukturellen Spannungen, die sich als scheinbar unaufhebbare Polaritäten quer durch alle Wissenschaften, Techniken und Pragmata ziehen und in einer didaktischen Strukturlehre zu erörtern sind: die Gegensätzlichkeit zwischen *natur-* und *geisteswissenschaftlicher* Weltbetrachtung, zwischen den *freien Künsten* (artes liberales) und den *handwerklich-technischen* (artes illiberales), zwischen der *sprachlichen* und der *Zahlensymbolik,* die jeweils ein sehr Unterschiedliches an Welt-»Inhalten« repräsentieren.

Hier wird das oft zitierte *Problembewußtsein* besonders dringlich angesprochen, insbesondere dort, wo sich Tendenzen des Ausgleiches nach einer Integration dieser unterschiedlichen Aspekte in gewissen *Feldwissenschaften* oder musisch-technisch-*pragmatischen* Vorhaben oder filmischen und schaubildartigen *Techniken* anzukündigen scheinen. Die Erörterung der Möglichkeiten fachübergreifenden Unterrichts gehört in diesen Problemkreis.

Als legitimes Strukturproblem dieser Reflexionsstufe ist die Transformation der Kunst- und Wissenschaftsgehalte in die Ebene der *»Bildungsinhaltlichkeit«* anzusehen. Die Diskussion dieser Problematik hat zur Zeit einen Höhepunkt erreicht. Bildungstheoretiker sprechen hier von der Ermittlung der »Bildungsgehalte« einer Disziplin. Wir würden es vorziehen, hier nur von dem in den Wissenschaften und Künsten sich anbietenden »Lernpotential« zu reden, für das die Schule sich leicht als zuständig erklären kann. Es besteht kein Zweifel, daß diese Problematik ins Zentrum didaktischer Gegenwarts-Forschung gehört. Eine Epoche fruchtbarer Zusammenarbeit von Pädagogik und Fachwissenschaft deutet sich hoffnungsvoll an.

Dieser Aspekt der »Bildungsgehalte« (Lernpotentiale) deutet übrigens darauf hin, wie rasch hier die Grenzen inner-struktureller Problemerörterung überschritten werden müssen; denn was heute als »Lernpotential« deklariert werden kann, entscheidet sich zu einem großen Teil auf einer anderen Ebene als der der wissenschafts-theoretischen bzw. bildungsstrukturellen Betrachtung. Hier greifen Mächte, Ideologien und Faktizitäten des gesellschaftlichen Raumes ein und bringen sich zur Geltung.

Das gilt noch für eine Reihe anderer Inhalts-Probleme, die sich innerhalb der Strukturanalyse stellen, aber nicht lösen lassen. Dazu rechnen: die Problematik der fachlichen Sektorierung und Spezialisierung (Allgemeinbildung), der durchgehenden, wenn auch modifizierten »Wissenschaftlichkeit« des modernen Unterrichts (E. Fink[20]), der »Exemplarität« der Unterrichtsinhalte und nicht zuletzt das einer »volkstümlichen Bildung« mit ihren spezifischen Inhaltsproblemen.

Selbst die Behandlung einer so strukturell bestimmten Problematik wie die einer »kategorialen Bildung« (W. Klafki[21]) muß an vielen Stellen die Grenzen rein struktureller Erwägungen transzendieren, wenn sie Effektivität erlangen will.

3. Die Frage nach den *methodischen Strukturen* eines Unterrichtsverlaufs wird normalerweise in jeder analytischen Besprechung einer gemeinsam beobachteten »Unterrichtsstunde« gestellt. Wir befinden uns hier auf einem viel durchdachten Kerngebiet der didaktischen Theorie und Lehre dürfen uns deshalb vielleicht ganz besonders kurz fassen. Außerdem liegt dazu die bereits erwähnte Arbeit von H. Roth[22] vor, der in den Abschnitten 4 und 5 einer »Pädagogischen Auswertung der Psychologie des Lernens« unter dem Begriff der »Lernhilfen« eine »lerntheoretische« Didaktik »in nuce« entwickelt hat.

Wir befinden uns bei der Behandlung dieser Frage auf dem Gebiete der didaktischen »Erfindung«, des konstruktiven Denkens und deshalb eines unerhörten Formenreichtums. Aber alle Erfindungskraft ist auch hier – und das gilt für die großen Methodiker ebenso wie für die einsamen »Erfindungen« des Stundenplaners – an vorgegebene Stukturen gebunden, die in zweckmäßiger, zeitadäquater Weise zu variieren die unverzichtbare Aufgabe jeder Epoche ist. Experimentelles Verhalten ist in diesem didaktischen Bereiche häufiger als in den übrigen, weil die Überprüfung der Effektivität mit empirischen Mitteln am ehesten möglich ist. Es ist damit zum klassischen Gebiet des pädagogischen Experiments geworden.

Die hier anzutreffenden Hauptstrukturformen sind: die *Artikulation* des Unterrichtsprozesses nach Stufen oder Phasen (von der Motivation bis zum Transfer, um eine lernpsychologische Gliederungsschematik anzudeuten); die *Gruppen-* und *Raumorganisation*, wobei an Sitzordnungen und Vergesellschaftungsformen gedacht werden muß (Gruppen-, Block- und Einzelunterricht); der Kanon der *Lehr- und Lernweisen* (vom Lehrervortrag und Schülerreferat bis zum Gespräch und Eigenexperiment); die Ausrichtung an bestimmten *methodischen Modellen* (ganzheitlicher oder analytischer, exemplarischer Art, facheigener Einzelmethoden); die Orientierung an einem *Prinzipien-Kanon* (Anschaulichkeit, Selbsttätigkeit), der sich um ständige Neubildungen zu erweitern scheint.

Wie fruchtbar eine Neuinterpretation der gesamten Methoden- und Organisationstruktur des Unterrichts sein kann, beweist die bereits erwähnte umfangreiche Arbeit Gottfried Hausmanns[23], der auf Grund eines Hamannschen Aperçus eine »Dramaturgie des Unterrichts« entwarf und in einer durchgehenden Analogie zur theatralischen die überraschenden Chancen einer *didaktischen Dramaturgie* entdeckte, von der möglicherweise Anstöße zu einem völlig neuen Durchdenken unserer methodischen Modelle ausgehen werden. Ein ähnliches ist zu erwarten von dem Einsatz von »Lernmaschinen« und Programmierungsformen im Stile der modernen Kybernetik.

Zum Glück ist die didaktische Praxis und Theorie auf methodischem Gebiet in den letzten 50 Jahren sehr beweglich und undoktrinär geworden, denn von allen Dogmatismen ist der methodische der ärgerlichste und unfruchtbarste, weil zugleich der unsinnigste; denn von allen Unterrichtsstrukturen ist die methodische am leichtesten und zweckmäßigsten variabel zu halten.

4. Am meisten überraschen könnte in dem hier entwickelten Strukturenschema die Postulierung einer isolierten *Medien-Struktur des Unterrichts*, die einer besonderen Begründung bedürfte, hier aber aus Raumgründen nicht geleistet werden kann. Es besteht aber kein Zweifel, daß die Repräsentation der Unterrichtsinhalte durch bestimmte Medien (Rede, Buch, Bild, Formel, Diagramm, Tonband, Film, Bildschirm, Naturgegenstände, Modell, Apparaturen und Maschinen) in ihrer modifizierenden und lernförderlichen oder -hemmenden Wirkung in der bisherigen Didaktik nicht angemessen behandelt und bewertet worden ist. Ein Medium ist schon seines bilateralen Status wegen didaktisch interessant, denn es hat einen ebenso starken *Inhalts-* wie *Methodenbezug*, vermag Inhalte durch seine Form-Qualitäten überraschend zu intensivieren, zu verfremden, zu akzentuieren, zu entsubstantialisieren und ver-

flüchtigen, was jeweils methodische Chancen für eine wirkungsvollere *Konkretion* oder *Abstraktion* eröffnet und damit methodischen Fundamentalzielen dient. Es ist ein lernpsychologisch gravierender Unterschied, geschichtliche Persönlichkeiten durch das gesprochene und geschriebene Wort, alte Stiche oder durch Fotos oder gar Filme zu vergegenwärtigen.

Eine methodisch sehr aufschlußreiche Klassifizierung der gebräuchlichen Medien nach strukturellen Gesichtspunkten hat die amerikanische Medienforschung versucht. Edgar Dales[24] »Cone of experience« stellt eine solche geistreiche Schematisierung der Medien-Eignung für den Unterricht dar, die von der unterschiedlichen konkretisierenden bzw. abstrahierenden Formtendenz der einzelnen Medien ausgeht und dem praktizierenden Lehrer eine situationsadäquate Medienwahl erleichtert.

Ein besonderer Anlaß, diesem Fragenkreis einen solchen Stellenwert im System didaktischen Theoretisierens zu geben, liegt in der Tatsache, daß im Zuge der Technisierung überraschend neuartige Medien im Entstehen sind, die imstande sein könnten, unsere didaktischen Konzeptionen von Grund auf zu verändern. Man denke nur an die elektronischen Möglichkeiten, das Eindringen von Maschinen in den Lehrbetrieb der Schule und die Funktion des Fernsehens in den nationalen Bildungsräumen Europas und Amerikas, Deutschland ausgenommen. Hier ist zum ersten Male die für viele erschreckende Möglichkeit der völligen Aufsaugung der lebendigen Lehrergestalt durch ein Medium mit Erfolg realisiert worden. Das ist der Anfang vom Ende einer alten Didaktik.

Es bleibt festzustellen, daß eine *didaktische Stukturanalyse* der hier skizzierten Art doch einige Chancen haben könnte, das Problembewußtsein von Studenten und Lehrern zu wecken, zu differenzieren und zu aktivieren. Die beschriebenen Strukturen stellen so etwas wie eine *Matrix für unterrichtliche Handlungsmöglichkeiten dar,* die sich im Rahmen einer begrenzten Zahl von vorgegebenen Strukturen halten müssen, wenn sie anstreben, Unterricht genannt zu werden.

Faktoren-Analyse

Es hat sich gezeigt, daß die rein kategorial-analytischen Bemühungen um die Grundstrukturen des Unterrichts allenfalls zu einem geschärften Problembewußtsein und zur Einsicht in die hier sich eröffnenden formalen Möglichkeiten und Notwendigkeiten, nicht aber zu einem Verständnis von *faktischem Unterricht hic et nunc* führen können.

Auch das Bewußtsein der durchgängigen anthropologischen und sozial-kulturellen Determiniertheit alles unterrichtlichen Geschehens hält nur die Tatsache fest, daß in diesen Bereichen die Bedingungen für die jeweilige Faktizität stattfindenden Unterrichtes zu suchen sind.

Das wirkliche Aufsuchen dieser Bedingungen in der menschlichen und gesellschaftlichen Seinswirklichkeit einer Epoche erst führt auf eine zweite Stufe didaktischer Reflexion: zur *Faktoren-Analyse*.

Halten wir zunächst noch einmal fest, auf welche Sachfelder sich diese Analyse zu beziehen hat: einmal auf die in die Lehr- und Lernprozesse verwickelten *Personenkreise*, die Lehrenden und Lernenden also, zum anderen auf die *spezifische Situation*, in der sich Unterricht real vollzieht.

Der Lehrer bringt sich wie der Schüler mit seiner faktischen Personstruktur in die Unterrichtsprozesse ein. Die Faktoren-Analyse hat sich hier auf die philosophisch-anthropologische und erfahrungswissenschaftlich-psychologische Interpretation der personalen Bedingungslage zu stützen, im Falle des Schülers vor allem auf die Deutung der entwicklungspsychologischen und und lernpsychologischen Phänomene.

Die Faktorenkomplexion des situativen Bedingungsfeldes ist erheblich. Aller Unterricht ist in ein Situationsgefüge eingebettet, das sich schon einer Strukturanalyse (erster Reflexionsstufe) als ein vielfältiges Ineinanderwirken von mindestens 4 Situationstypen erweist: der *»Individuallage«* des Schülers (häusliches Mileu), der *Klassensituation* (mit ihrem Klassenklima), der *Schulsituation* (einzelner Schulzweige gymnasialen oder technisch-praktischen Charakters), schließlich der *»Zeit«-Situation*, unter der hier die ganze Komplexion der gesellschaftlichen und kulturellen Faktoren, die sich zu einer bestimmten »Zeitsignatur« integrieren, verstanden werden sollen.

Das Situationsgefüge modifiziert die faktischen Unterrichtsvorgänge in fast allen Richtungen: inhaltlich, methodisch sowie hinsichtlich der auftretenden Intentionen und der sozialen Vorgänge und Kontakte (siehe Winnefeld[25]).

Für die faktische Unterrichtsanalyse, bei der die wirkliche Motivation unserer didaktischen Entscheidungen und die Gründe für die tatsächliche Verlaufsform realer Unterrichtsvorgänge aufzudecken sind, ist es zweckmäßig, die Vielfalt der dabei zu erörternden Faktoren nach Klassen zu ordnen, um der Analyse methodische Sicherheit und Eindeutigkeit zu geben.

Es sollen zu diesem Zweck hier drei Faktorengruppen unterschieden werden:

1. *normenbildende* (zielsetzende), meist ideologische und außerpädagogische Faktoren,
2. *bedingungensetzende* (konditionierende) Sachfaktoren,
3. *formschaffende* (organisierende) Faktoren, die hier als die eigentlich stilbildenden anzusehen sind.

Der in der Ausbildung stehende Student wird also hier mit der Existenz von

Normen, Fakten und *didaktischen Formen*

konfrontiert, in der Absicht, ihn für

Normenkritik, Faktenbeurteilung und *Formverständnis*

aufzuschließen und auszurüsten; das bedeutet die Eröffnung von Argumentations-Horizonten, ohne die das Unterrichtsgeschäft blind betrieben werden müßte.

1. Die Gruppe der *normenbildenden Faktoren* soll hier auf die ideologieabhängigen eingeschränkt werden, ohne zu vergessen, daß auch andere Faktoren-Gruppen normsetzende Wirkungen haben. Die normative Bedeutung des Faktischen etwa ist allzu bekannt; der Unterricht wird sicherlich ebensosehr durch seine bloße Faktizität (die sich einer ideologisch motivierten Umstrukturierung lange widersetzen kann) genormt wie durch direkte ideologische Einflußnahme.

Der Begriff der Ideologie wird hier nicht negativ im Sinne des »schlechten Bewußtseins« gebraucht, sondern wertneutral. Er bedeutet hier lediglich das gedanklich »Sich-selbst-voraus-Sein« des durch bestimmte kollektive Wunsch- und Erwartungsvorstellungen angetriebenen Menschen. Ideologienbildung hat also konstruktiven Charakter und umfaßt die philosophische Spekulation ebenso wie den religiösen Glauben und die politische und gesellschaftliche Meinungsbildung.

Normenbildender Fremdwille, in Gestalt ideologischen Druckes, macht sich vor allem im Bereich der unterrichtlichen Intentionalität, d. h. der expliziten Zwecksetzung und der »letzten« Sinngebung von Unterricht und Lehre, geltend. Hier fällt zum Beispiel die Entscheidung darüber, ob gewisse »Lernvorgänge« als Bildung interpretiert werden oder nicht. Die Träger dieser Ideologienbildung und Bildungspolitik sind *gesellschaftliche Mächte* und *Weltanschauungsgruppen,* die mit ihrer realen und materiellen »Mächtigkeit« ihrer ideologischen Vorstellungen erst Effektivität verleihen: der Staat, die Wirtschaft, Elternorganisationen, Parteien, Kirchen. Erst in zweiter Reihe rangieren freischwebende philosophische Systeme, kleine Weltanschauungsgruppen und pädagogische Zusammenschlüsse (reformpädagogische Gruppen wie »New Education Fellowship«).

Den praktisch tätigen Lehrer muß am meisten interessieren, wie dieser normsetzende, ideologische Druck unmittelbar in das Unterrichtsgeschehen hineinwirkt: durch Schulgesetze, Richtlinien und Verwaltungsanordnungen. Er muß die besondere Ideologie-Anfälligkeit mancher Unterrichtsdisziplinen kennen (Sprach- und Geschichtsunterricht) und seinen eigenen Standort im ideologisch-politisch-gesellschaftlichen Spannungsfeld seiner Zeit. Eine solche

Reflexion könnte ihm das Feld seiner eigenen Ideologieanfälligkeit und die möglichen Ideologie-Quellen zum Bewußtsein bringen. Er würde rasch entdecken, daß die Art seines Gedichtvortrages, der Geschichtserzählung, Feier- und Spielgestaltung, Bildbetrachtung bis hin zur Auslegung einer Bibelstelle oder das Kontaktverhältnis zu seinen Schülern (nach autoritärem oder kooperativem Modell) nicht frei sein kann von ideologiebestimmten Einflüssen.

Das Ziel einer solchen *distanzierenden Analyse* ist nicht die totale Auflösung aller Ideologie-Bestände (das wäre wegen der teleologischen Struktur des Unterrichts nicht nur nicht möglich, sondern auch nicht wünschenswert), sondern ihre Aufklärung und bewußte Asssimilation durch das kontrollierende Bewußtsein.

Methodisches Ziel solcher Exerzitien ist die permanente Ideologie-Kritik.

Auf dieser Ebene lassen sich dann auch Begründungen entwickeln für weiterreichende bildungspolitische Entscheidungen, die gar nicht in die Hand des einzelnen gelegt sind, aber allgemeiner Beurteilung zugängig gemacht werden müßten: z. B. die Frage, ob sich Schule und Unterricht mehr auf die Erstellung eines fungiblen *Leistungswissens* oder die Entwicklung eines humanen *Bildungswissens* (M. Scheler[26]) einstellen, ob sie sich stärker einer vorgreifenden *Berufsvorbereitung* oder einer allgemeinen *Menschenbildung* zuwenden sollten.

2. Die *konditionierenden (Sach-)Faktoren* unterscheiden sich von den normierend-ideologischen dadurch, daß es sich bei ihnen um objektive Tatbestände handelt, die weitgehend der subjektiven Meinungsbildung entrückt sind und sich ohne Rücksicht auf ihre gefühlsmäßige Bejahung oder Ablehnung im Unterrichtsgeschehen durch das Gewicht ihrer Faktizität durchsetzen, obwohl eine solche Feststellung nur halb richtig ist. Denn in Wirklichkeit ist es ja doch nur unsere Auffassung über diese Tatsachen, die sich im Unterricht durchsetzt. In diesem Falle wird diese Auffassung allerdings repräsentiert durch wissenschaftliche, d. h. objektive Aussagen einschlägiger Disziplinen: der Soziologie, Nationalökonomie, Wissenschaftstheorie, Kulturanthropologie, Lernforschung, Entwicklungs- und Sozialpsychologie, die die didaktische Urteilsbildung in den letzten Jahrzehnten zunehmend stärker beeinflußt und das Unterrichtsgeschäft immer mehr objektiviert haben.

Wir wissen heute, daß die in einer Kultur vorherrschenden *Wissensformen* und das Selbstverständnis der *Wissenschaften* das Unterrichtsleben stark mitbestimmen, daß es objektive Gründe und der Druck gesellschaftlicher und arbeitstechnischer Verhältnisse sind, die uns heute den Kanon der Unterrichtsdisziplinen um neue Inhaltsaspekte – musisch-künstlerische und praktischtechnische – zu erweitern zwingen. Paradigmatisch dafür ist die Diskussion um eine sog. *polytechnische* Grundausbildung, die ein Weltproblem geworden und keineswegs auf die Ostblock-Länder zu beschränken ist. Ähnliche dramatische Umgruppierungen, die auf gesellschaftliche Veränderungen und wissenschaftliche Schwerpunktverschiebungen zurückgehen, spiegeln sich in den großen, klassisch gewordenen Analysen der amerikanischen Bildungswirklichkeit, im *Havard-, Rockefeller- und Conant-Report,* wider.

Auch das schulpolitische Ringen um eine *Neuorganisation des Bildungswesens in Deutschland* (Bremer Plan und Rahmenplan) hat nicht nur ideologische, sondern auch sehr gravierende faktische Hintergründe.

In weit undramatischerer Form hat sich im Unterrichtsleben unser Tatsachenwissen auf dem Gebiete der *Lern-, Entwicklungs- und Sozialpsychologie* durchgesetzt, das seit langem regulierend und korrigierend auf die unterrichtliche Stilbildung einwirkt.

Zwar gibt es hier auch unerklärliche Verzögerungen. Und es darf getrost vermutet werden, daß alte elementenpsychologische Auffassungen auch heute noch das Unterrichtsdenken vieler Lehrer beherrschen und gestalt- und feldtheoretische sowie tiefenpsychologische noch weithin unbekannt sind, von den letzten amerikanischen Ergebnissen der Lernforschung ganz zu schweigen.

Alles, was die Ausbildung hier anstreben kann und muß, ist eine Verbreiterung des didaktischen relevanten Tatsachen-Wissens auf den Gebieten der anthropologischen und Kultur-Forschung und die Anbahnung eines *Methoden-Verständnisses.* Denn die Begründungen für persönliche didaktische Entscheidungen sollten in einer modernen Unterrichtspraxis auf derselben methodischen Grundlage entstehen wie in den einschlägigen Wissenschaften.

3. Es wurde schon angedeutet, daß die methodenbildenden Anstrengungen innerhalb der Didaktik eine Sache der Erfindungskraft seien. Die eigentlich *formschaffenden* und den Unterricht organisierenden *Faktoren* haben wir also in uns selbst, in der Produktivität unserer entwerfenden und konstruierenden Phantasie zu suchen. Dilthey sah diesen Zusammenhang sehr klar und hat ihn – begrifflich glänzend formuliert – nachdrücklich herausgestellt[27].

Dieser Grundsachverhalt darf uns bei der Faktoren-Analyse nicht vergessen machen, daß sich im Laufe einer 1000jährigen Geschichte ein riesiges Reservoir solcher »Erfindungen« gebildet hat, das als ein vorhandenes Depot die weiterdenkende didaktische Phantasie auch verhängnisvoll festhalten kann in ausgefahrenen Gleisen und Mustern. Die Geschichte der Unterrichtsmethoden ist ein einziger Beweis für diese »retrospektive Hemmung«, die um so verständlicher wird, sobald man darauf stößt, daß es den Methoden-»Erfindern« im Grunde stets um die Schaffung objektiver, zeitüberlegener Verfahren gegangen ist, die möglicherweise aus der »ewigen« Natur des Menschen selbst abzuleiten wären (Beispiel Pestalozzi).

Der moderne Historismus hat uns darüber belehrt, daß auch didaktische Methodensysteme zeitabhängig sind und eine grundsätzlich historische Existenz führen.

Methoden haben sich deshalb stets in ihrer Zeit neu zu begründen. Dabei kann das vorhandene Arsenal der überlieferten Modelle:
die vielfältigen *Aktionstypen* des Darbietens, des Entwickelns oder Erarbeitens,
die *Artikulationsweisen* der formalen Stufensysteme (Klarheit, Assoziation, System, Methode u. a.),
die *Situationstypen* der Spiel-, Gesprächs-, Arbeits- und Feiersituationen,
die *Stundentypologie* der sowjetischen Schule.
das *Projekt-Denken* der Amerikaner,
im Sinne fundamentaler Ersterfahrungen durchaus eine produktive Weiterentwicklung begünstigen.

Wir kommen hier zurück auf die eingangs entwickelte Vorstellung von der grundsätzlichen Prozeßhaftigkeit der Lern- und Bildungsanstrengungen und auf die Hypothese von dem singularen *theoretischen Äquivalent* jeder Unterrichtssituation, das vom Lehrer immer neu gebildet werden muß. Generelle Urteile wie »richtig« oder »falsch« verlieren in diesem Zusammenhang ihren Sinn.

Seine innere Wahrheit gewinnt ein »theoretisches Äquivalent« (ein Unterrichtsstil) immer nur im Hinblick auf seine Übereinstimmung mit personalen, situativen und anderen objektiven Grundverhältnissen, denen entsprochen wird oder die verfehlt werden können.

Das heißt aber nicht, daß jede lernpsychologische oder andere Erkenntnis zu einem didaktischen Postulat erhoben werden müßte. Es gibt zahlreiche Fälle, wo auch gegen objektive Verhältnisse entschieden werden kann (wobei eben eine andere Faktorengruppe ihr Begründungsgewicht geltend macht). So elastisch hat nun einmal eine Theorie, die sich am Prozeßcharakter des Unterrichts verbindlich orientiert, zu sein.

Das bedeutet keineswegs die Einführung der Anarchie in das didaktische Denken. Im Gegenteil: der persönliche Unterrichtsstil der Zukunft wird sich gerade dadurch auszeichnen, daß er ein Maximum an objektiven Momenten assimiliert, aus der Erkenntnis heraus, daß auch der individuellste didaktische Entwurf zugleich eine Antwort sein muß auf die Herausforderung einer epochalen Situation.

III

Es könnte den Anschein erwecken, als ob mit einer solchen didaktischen Lehre den Studierenden ein Zuviel an Erkenntnis und wissenschaftlicher Haltung gerade auf einem Gebiet zugemutet wird, das man gern der ungebrochenen Initiative der Einzelpersönlichkeit überlassen möchte.

Gewiß macht die Theorie nicht von vornherein sicher, sie tut eher das Gegenteil, sie verunsichert zunächst. Aber es gibt so viel naive *Selbstsicherheit* vor allem unter Fachdidaktikern, die sich einzig auf die Sachlogik ihrer Fächer berufen, und so viel *Geborgenheitsbequemlichkeit* bei den Systemhörigen, daß dieser verunsichernde Effekt der allgemeinen Didaktik günstig ausgelegt zu werden verdient.

Und es gibt für den, der seine erste Naivität eingebüßt hat, eine Art zweiter Sicherheit aus der Theorie, wenn er die Exerzitien einer wissenschaftlichen Unterrichtsbetrachtung glücklich hinter sich gebracht hat.

Natürlich geht es hier um eine *Didaktik der geistigen Wachheit* und immerwährenden Reflexion. Wer unter ihrem Einfluß seine unterrichtliche Spontaneität verliert, sollte die Schuld nicht auf die Theorie abwälzen.

Verwissenschaftlichung des unterrichtlichen Handelns setzt ein sehr

vitales Engagement

voraus, das eigentlich durch keine Reflexion zerstört, wohl aber in ein kontrolliertes Engagement verwandelt werden kann.

Endziel der Ausbildung bleiben also ein weites, gut ausgestattetes didaktisches Bezugsfeld und die Konstituierung eines theoretischen Bewußtseins, das in seiner Genese – wie geschildert – alle Stufen eines Struktur-, Problem-, Tatsachen- und Methodenbewußtseins zu durchlaufen hat.

Es kann nicht behauptet werden, daß dieses Ziel in der Ausbildung der Pädagogischen Hochschule Berlin erreicht worden ist; es ist angestrebt worden:

1. *in Gestalt einer vorbereitenden Vorlesung im 3. Semester,*
2. *in Übungen an protokollierten Unterrichtsverläufen ebenfalls im 3. Semester,*
3. *in Situations-Interpretationen am Orte der Ereignung von Unterricht (in den Schulen) im 4. Semester.*

Die 1. (Vorlesungs-) Form hat sich als die wirkungsloseste, die 3. als die bei weitem effektivste herausgestellt; aber sie ist an Bedingungen gebunden, die nicht überall erstellt werden können.

Das Bestehen eines »Didaktikums« als praktische Ausbildungsform aber ist die Voraussetzung für die Entstehung eines operativen theoretischen Be-

wußtseins, wie es hier beschrieben wurde. Es ist eine von den unverzichtbaren Bedingungen der Möglichkeit seiner Genese, weil es operative didaktische Erkenntnisbildung am »Orte der Erfahrung« gestattet, ein – wie Herbart es in seinem Göttinger Lebenslauf genannt hat – cognoscere usu et experientia.

1 Ähnliche Gedanken wurden vom Verf. in dem Aufsatz »Pädagogische Theorie und Praktikum. Bemerkungen zu einem aktuellen Ausbildungsproblem«, Pädagogik, 3. Jhrg. Nr. 7, bereits im Jahre 1948 geäußert.
2 W. Dilthey: Ges. Schriften IX, S. 180.
3 Th. Ballauff: Die Grundstruktur der Bildung. Weinheim, o. J.
4 W. Klafki: Das pädagogische Problem des Elementaren und die Theorie der kategorialen Bildung. Weinheim 1959 [jetzt: 3/4. Aufl. Weinheim 1964].
5 K. Stöcker: Neuzeitliche Unterrichtsgestaltung. München [14]1970. F. Huber: Allgemeine Unterrichtslehre. Bad Heilbrunn [10]1968.
6 J. Dolch: Grundbegriffe der pädagogischen Fachsprache. Nürnberg 1952, S. 40.
7 G. Hausmann: Didaktik als Dramaturgie des Unterrichts. Heidelberg 1959.
8 ebd., S. 9.
9 H. Roth: Pädagogische Psychologie des Lehrens und Lernens. Hannover 1957, S. 196.
10 ebd., S. 196.
11 In diesem Zusammenhange sei auf die von F. Winnefeld in Halle entwickelten empirischen Formen der Unterrichtsforschung verwiesen, die in diesen Forschungskreis gehören. Vergl. F. Winnefeld und Mitarbeiter: Pädagogischer Kontakt und pädagogisches Feld. München 1957.
12 Die erste zusammenhängende Darstellung dieser Probleme in Deutschland findet sich in H. Frank: Kybernetische Grundlagen der Pädagogik. Baden-Baden 1962.
13 Ein Analogon zu solchen theoretischen Ansätzen findet sich in Goethes Auffassungen über die Baugesetzlichkeit der Pflanze. Vgl. die Stelle in Goethes Brief an Herder aus Neapel, 17. Mai 1787:
»Ich muß Dir vertrauen, daß ich dem Geheimnis der Pflanzenzeugung und -organisation ganz nahe bin und daß es das Einfachste ist, was nur gedacht werden kann. – – – Die Urpflanze wird das wunderlichste Geschöpf von der Welt. – – Mit diesem Modell und dem Schlüssel dazu kann man alsdann noch Pflanzen ins Unendliche erfinden, die konsequent sein müssen . . .«
14 W. Flitner: Das Selbstverständnis der Erziehungswissenschaft in der Gegenwart. Heidelberg 1957, S. 18.
15 E. Winnefeld: a. a. O., S. 34.
16 K. Schaller: Vom Wesen der Erziehung. Ratingen 1961.
17 J. Derbolav: Versuch einer wissenschaftstheoretischen Grundlegung der Didaktik. 2. Beiheft der Zeitschrift für Pädagogik. 1960 [vgl. die Kontroverse Schaller/Derbolav. In: Pädagogische Kontroversen 1, hrsg. v. W. Faber, München 1969].
18 Es handelt sich hier vor allem um von der Göttinger Schule (E. Weniger) ausgehende Tendenzen, unter Didaktik nur die Reflexion auf die Bildungsinhalte und Bildungsgehalte zu verstehen.
Vgl. hierzu W. Klafki: Didaktik. In: Pädagogisches Lexikon. Stuttgart 1961, S. 174. [Neubearbeitung des Artikels in der Neuauflage 1972].
19 *Pragmata* werden hier als inhaltlich bestimmte Kategorie (Aufsätze schreiben, Blumen pflegen, körperliche Übungen ausführen, technische Montagen durchführen) von den formalen *Techniken* des Schreibens, Lesens, Rechnens unterschieden.
20 Vgl. das Referat E. Finks auf dem Bremer Kongreß der AGDL »Menschenbildung – Schulplanung«, Deutsche Schule 7/8 1960, S. 319.

21 a. a. O., S. 289–397.
22 a. a. O., S. 195–326.
23 G. Hausmann: Didaktik als Dramaturgie des Unterrichts. Heidelberg 1959.
24 E. Dale: Audio-Visual Methods in Teaching. New York 1947, S. 39.
25 F. Winnefeld: a. a. O.
26 M. Scheler: Die Formen des Wissens und die Bildung. 1925.
27 W. Dilthey: Gesammelte Schriften IX., S. 203.

Wolfgang Schulz

Die Schule als Gegenstand der Pädagogik

A. Die Aufgabe

Ein so komplexes Thema stellt man sich im Rahmen eines Aufsatzes nicht, um es erschöpfend zu behandeln. Ziel des Vortrages, der dieser Arbeit zugrunde liegt[1], war es vielmehr, eine Einführung in den Stand der Diskussion über die Schule zu geben, einige Ergebnisse zu ordnen, Fragen festzuhalten und damit vielleicht eine Vorarbeit für eine zeitgemäßt Theorie der Schule zu leisten. Dieser Aufsatz gibt die referierenden Teile des Vortrages verkürzt wieder; dafür weitet er die Problemdiskussion aus, um einem Kreis sachverständiger Leser nicht lediglich eine Ordnung des Bekannten zu bieten. Am Zweck der Arbeit hat sich nichts geändert. Die Darstellung will in die gegenwärtige Situation der Schulpädagogik einführen. Bewußt wird sie dabei jene Funktionen betonen, die Schulpädagogik für den anspruchsvoll über sein Handeln sich vergewissernden Praktiker hat: Radikale *Kritik,* d. h. nach den Bedingungen der Möglichkeit von Schulerziehung fragende Reflektion, *Integration* der Ergebnisse pädagogischer Grundwissenschaften zu einer Theorie der Schule, *Empirie,* d. h. Feststellung dessen, was im Erziehungsfeld Schule sich tatsächlich begibt. In der wechselseitigen Ergänzung und Korrektur dieser Aktivitäten konstituiert sich keine »angewandte« oder »praktische« Pädagogik– es handelt sich schlicht um *Pädagogik, konzentriert auf den Erfahrungsraum Schule*[2].

B. I. Schule

1. Institution im Wandel

Die Institution Schule[3] soll heute Erwartungen erfüllen, die weit über ihren ursprünglichen Aufgabenkreis hinausreichen. Sicher hat Georg Geißler, der Hamburger Altmeister der Schulpädagogik, recht, wenn er betont, »daß die ursprüngliche und zentrale Funktion der Schule die methodisch geordnete Wissensüberlieferung, der zusammenhängende, vorausgeplante Lehrgang ist[4]«. Vor allem Privatschulen, etwa für Stenographie und Maschinenschreiben, erinnern an diesen bescheidenen Anfang. Blickt man auf die öffentliche Schule, die jeder durchlaufen muß, so bietet sich das Bild einer Institution, die die Heranwachsenden neben der Familie durchgängig zeitlich besonders ausgedehnt und dazu vielseitig anspricht. Das gilt auch für die deutsche Vormittagsschule. In Bayern z. B. gingen zwölfjährige Volksschüler anno 1877 25 Wochenstunden zur Schule, 1926 waren es bereits 30 Wochenstunden, 1955 33[5]. Zusammen mit der Einführung des achten Schuljahres bedeutet das ein Ansteigen der Wochenstundenzahlen um ein Drittel. Heute haben die meisten Bundesländer ein Minimum von neun Pflichtschuljahren gesetzt oder sind jedenfalls entschlossen, es durchzusetzen.

Aus einem bis drei Lehrgängen sind mehr als ein Dutzend geworden. Kaum einer kann mit der außerschulischen Erfahrung der Schüler als Basis auskommen. In Werkstätten und Laboratorien, auf Exkursionen und mit Hilfe moderner Anschauungsmittel hat die Schule jene Basis primärer und sekundärer Erfahrung erst einmal herzustellen, auf der sie dann ihr Begriffsgerüst errichten kann. Sie ist genötigt, neben dem Unterricht jugendgemäße Handlungsfelder zu eröffnen, in denen die Verantwortung des Erwachsenen vorweggeübt und jugendlicher Betätigungsdrang befriedigt werden kann.

John Dewey hat die Übermittlung ausgewählter Traditionsbestände in Lehrgangsform nur als eine Teilaufgabe der Schule bezeichnet, eingebettet in drei übergreifende Aufgaben: eine vereinfachte gesellschaftliche Umgebung zu bieten, unerwünschte Einflüsse darin auszuschalten und zwischen den individuellen Erfahrungen zu vermitteln[6]. Die Pädagogik der unterrichtszentrierten Vormittagsschule erörtert diese Probleme meist nur am Rande[7]. Man muß das bedauern. Schon aus Rücksicht auf den Unterrichtserfolg sollte der Zusammenhang zwischen Gesellungsschwierigkeiten und Versagen gegenüber dem Unterrichtsstoff beobachtet und beeinflußt werden[8]. Auf Grund einer Verengung des Lernbegriffs wird zudem leicht übersehen, daß soziale Anpassungsprozesse ebenfalls Lernvorgänge sind und von der Schule mitgesteuert werden können. Schließlich eröffnet die Schule dem Kind einen ersten verbindlichen Erfahrungsraum für das Leben in großen Bezugsgruppen, für ein Leben im Staat. Dies macht es nötig, den Weg des Kindes durch die Schule gerade als Weg zur gesellschaftlichen Mündigkeit[9] auf mögliche Lernhilfen hin zu durchdenken.

2. Schulleben

Es ist nicht damit getan, die vertraute Rede wieder aufzunehmen, nach der ein Lehrer daneben auch Erzieher sein solle. Warum nicht? Erstens ist sachbezogene Unterweisung zugleich ein sozialer Vorgang, und der Lehrer als Stellvertreter der sozialen Ordnung demonstriert in ihm, wie in dieser Ordnung Erwachsene mit Heranwachsenden umgehen, Lehrende mit Lernenden, Staatsdiener mit Staatsbürgern. Deshalb ist die Erziehungsaufgabe (im weiteren Sinne) nicht nebenbei zu erledigen, nicht auf die Pausensituation und auf den Wandertag beschränkbar. Zweitens: Auch die res, die gelehrt wird, erfährt eine Interpretation durch die Möglichkeit oder Unmöglichkeit, sie im Unterricht unbefangen zu befragen oder an ihrer Herstellung mitzuwirken. Drittens muß noch einmal betont werden: Das Lernen der res ist weitgehend abhängig von der Bereitschaft, sie in einer bestimmten Gruppe bei einem bestimmten Lehrer zu lernen. Die exemplarische Bedeutung dieser Sozialerfahrungen wird in Brechts Flüchtlingsgesprächen radikaler erfaßt als in der Fachliteratur. Wolfgang Hochheimers Beitrag »Zur Tiefenpsychologie des pädagogischen Feldes[10]« ist eine Ausnahme geblieben.

In der Schulordnung findet der Besucher die pädagogische Vorstellung von wünschenswerten schulischen Sozialbeziehungen institutionalisiert[11]. Wie oft wird jener Teil, der nicht von Amts wegen festgelegt ist, nur für die Schüler ausgearbeitet. Da heißt es z. B. »Alle Schüler erscheinen pünktlich zum Unterricht.« Dabei gilt diese Regel auch für den Partner der Schülerschaft, für das Kollegium. Deshalb könnte es in einer gemeinsam mit der Schülervertretung ausgearbeiteten Ordnung heißen: »Schüler wie Lehrer kommen pünktlich zum Unterricht. Wenn sie zu spät kommen mußten, entschuldigen sie sich voreinander. Schüler, die aus außerschulischen Gründen fehlen mußten, legen eine Erklärung ihres Erziehungsberechtigten vor.« Eine solche Schulordnung wird nicht nur Pflichten, sondern auch Rechte setzen, wird vor allem ein Einspruchsrecht vorsehen. Alle Benutzer der Schule oder ihre gesetzlichen Vertreter erhalten bei der Aufnahme ein Exemplar. – Die Auffassungen einer Schule von den Lehren, die sie in bezug auf das öffentliche Leben vermitteln zu müssen glaubt, sind u. a. auch an der Behandlung der Schülermitverwaltung ablesbar: »Auch der sicherlich bessere Ausdruck ›Mitverantwortung‹ weist auf eine gewisse Einseitigkeit in unseren bisherigen Diskussionen hin: Er betont eine Bindung, ohne *das Risiko einer Freigabe von Initiative* deutlich zu fordern ...[12]« Gerade die Verfügung über Schulzeiten, Schulräume, einen Etat, gerade auch das Recht, eine Bitte des Schulleiters im Namen der Schüler abzuschlagen – vielleicht ganz unüberlegt –, eröffnet den Raum für Erfahrung im Entscheiden, für Übungen im Mündig-werden.

In diesem Sinne ist die Schulzeit ein bedeutungsvoller Lebensabschnitt geworden. Die Schule braucht andere Lebensbereiche nicht nachzuahmen, etwa die Familienwohnstube (Grundstufe), die Lehrwerkstatt (Vokssschuloberstufe), das Büro (Mittelschule) oder gar die Universität (auf der gymnasialen Oberstufe): Sie ist selbst eine für diese Gesellschaft typische Realität. Ihr fällt in einer differenzierten Gesellschaft die Aufgabe der Vermittlung zu. Sie ergänzt die familiären und nachbarschaftlichen Erfahrungen und verknüpft sie; sie bereitet auf Berufswelt, öffentliches Leben und Freizeit vor, und zugleich soll sie als ein Schonraum zwischen den Bereichen dem Heranwachsenden ermöglichen, Autonomie gegenüber diesen Lebensbezügen zu gewinnen. Im Hinblick auf diese Aufgaben prophezeit Carl-Ludwig Furck in seinem utopischen Plan: »Die Schule im Jahre 2000 wird eine ›Tagesheimschule‹ von 8.00 Uhr bis 16.30 Uhr sein. Das bedeutet keineswegs, daß die

Zahl der Unterrichtsstunden einfach vermehrt wird, sondern man wird Erfahrungen der Jugendpflege und der Gruppenpädagogik weitgehend berücksichtigen. Dazu gehört auch all das, was in der schwedischen und z. T. auch in der angelsächsischen Schule selbstverständlich ist: das gemeinsame Mittagessen, die Mittagsruhe, Sport und Spiel[13].« Wer befürchtet, daß die Heranwachsenden auf diese Weise allzulange und intensiv der formenden Kraft *einer* Institution ausgesetzt sind, wird einen entsprechenden Ausbau der Institutionen der Freizeitpädagogik wünschen müssen. Nicht zu leugnen aber ist wohl, daß die öffentliche Erziehung ausgeweitet werden muß, um allen Kindern und Jugendlichen jenen Grad an Sozialreife und intellektueller Angeregtheit zu sichern, der Voraussetzung für eine Verbesserung der Schulleistungen, für die Mobilisierung von Begabungsreserven ist.

3. Auslese und Förderung

Grundgesetz und Schulgesetze einzelner Länder berechtigen uns anzunehmen, daß unsere Gesellschaft im allgemeinen Zugang zu den öffentlichen Schulen hat, in Schulgeld- und Lehrmittelfreiheit ihre egalitären Züge demonstrieren will, im Auslesegedanken ihre liberalen. Gesetzt, es verhält sich so, dann liegt eine Fülle bedenklicher Beobachtungen vor, die Zweifel daran aufkommen lassen, daß die Schule diesem Selbstverständnis entsprechend funktioniert. Der Gleichheit der Chancen steht z. B. nachweislich entgegen, daß bereits in der 1. Klasse der Grundschule 77 % aller Beamten und Angestellten die endgültige Wahl in bezug auf den Oberschulzweig getroffen hatten, dagegen Arbeiter in typischen Arbeiterwohngebieten nur zu 42 %; das ergab eine Untersuchung von Knebel und Kob 1958 in Hamburg an Hand von 1500 Fällen[14]. Wesentlich stärker als mit der Intelligenz korreliert bei Volksschülern (OPZ-Schülern) und Gymnasiasten (OWZ-Schülern) die Schulbildung des Vaters mit dem Schulzweig der Kinder[15]. Seit die hochindustrialisierten Länder nach Begabungsreserven suchen müssen, sind auch in unseren Nachbarländern gleichartige Fragen aufgeworfen worden. So berichtet Jean Floud aus England, daß der Anteil von Arbeiterkindern am obersten Leistungsdrittel der grammar school »von etwa 66 % am Anfang auf rund 33 % am Ende der siebenjährigen Schulzeit fällt[16]«.

Neben der andauernden Behinderung schulischer Entfaltung durch Milieueinflüsse mindern nach wie vor Geschlechtszugehörigkeit und Wohnsitz die Schulausbildungschancen. Weibliche Jugendliche können Schulerfolge weit eher mit ihrer Geschlechtsrolle vereinbaren als männliche Jugendliche[17]; sie bleiben deshalb seltener sitzen[18] und gelangen dennoch seltener zum Abitur[19]. Wohnt man in Westeuropa, so hat man die 17,5prozentige Wahrscheinlichkeit, mit 15 bis 19 Jahren noch täglich zur Schule zu gehen; in der

UdSSR sind es aber 48,6 %, in den USA 64,3 %, wie uns Friedrich Edding vorgerechnet hat[20]. Innerhalb der Bundesrepublik gibt es verblüffende Unterschiede. So bestanden 1960 in Rheinland-Pfalz 3,3 % aller 18–19jährigen das Abitur, in Berlin (West) 8,8 %[21].

Viele finden es beunruhigend, daß die schulische Ausbildung in unserer Gesellschaft zum entscheidenden Statusmerkmal geworden ist. Hier wird eine andere Ansicht vertreten: Es ist in einer hochrationalisierten, pluralistischen, dynamischen Großraumgesellschaft nur legitim, Informiertheit zu prämiieren. Bedenklich ist dagegen, daß unser Schulsystem noch immer den Sozialstatus des Elternhauses eher belohnt, als es Chancen gibt, seinen Sozialstatus durch Leistung selbst zu bestimmen. Dem entspricht ein System, das eher ausliest als fördert, d. h. mehr Zeit darauf verwendet, zu messen, welche Leistungen sich unter bestimmten Umständen zeigen, als es systematisch danach strebt, Leistungsfähigkeit und -bereitschaft durch Situationsänderungen zu beeinflussen. Daß unser Schulsystem eher ausliest als fördert, ist u. a. an der Zahl der »Sitzenbleiber«, am Verhältnis der von den Gymnasien vorzeitig abgehenden zu den später noch aufgenommenen Schülern erkennbar, an der einmaligen Chance des normalen Überganges in die höhere Schule. Auslesegesichtspunkte führen dann dazu, daß die Sexten der Gymnasien übervoll sind und so vorzugsweise dem eine Chance geben, der des persönlichen Kontaktes mit dem Lehrer, der Aktivität in der Kleingruppe nicht so sehr bedarf, weil sein Ehrgeiz und seine soziale Anpassungsfähigkeit von zu Hause aus genügend gestützt werden. Wer nach der Auslese für den mittleren und den höheren Weg übrigbleibt – und das ist in allen Bundesländern außer Berlin die große Mehrheit der Schüler –, bedürfte schon wegen der Abhängigkeit einer egalitären Demokratie von seiner Stimme besonders der Förderung. Gerade er geht aber auf dem kürzesten Weg durch die Schule, in Klassen mit höheren Frequenzen, mit kürzer ausgebildeten, schlechter bezahlten Lehrern.

4. Schultypen und Schulzweige

Der fragwürdigste Teil der Schulpädagogik ist unter diesen Umständen die Pädagogik einzelner Schulzweige. Allzuleicht gerät der Gymnasialpädagoge, der Grundschulpädagoge oder ein Spezialist für Sonderschultheorie in die Gefahr, den »Eigengeist der Volksschule« (Spranger) oder das Wesen des Gymnasiums zu entdecken, d. h. historisch wandelbaren Zweckformen den Glanz zeitenthobener Klassizität und damit Dauer zu verleihen, oft zu einem Zeitpunkt, zu dem sie nicht mehr zweckmäßig sind. Wohltuend berührt deshalb die Distanziertheit, mit der Paul Heimann den Report des BVL über einen Berliner Schulzweig eingeleitet hat. Dort heißt es: »Leider liegt z. T. schon in der Benennung solcher Schulsysteme (z. B. Praktische Oberschule) eine gewisse Verführung, ihre Aufgabe zu eng, d. h. gewöhnlich im Sinne einer bürgerlichen Brauchbarkeit aufzufassen[22].« Der seit kurzer Zeit vorliegende Entwurf einer »Universität zu Bremen[23]« – der erste übrigens in Deutschland, der den Bedürfnissen der Lehrerschaft und Erziehungswissenschaft ohne Einschränkung gerecht zu werden versucht – der Bremer Entwurf spezifiziert die schulpädagogischen Lehrstühle nach Grundstufe, Mittelstufe und Oberstufe. Eine derartige Einteilung trifft die unterschiedlichen Möglichkeiten der einzelnen Altersstufen und zugleich die Aufgabe, innerhalb einer Altersgruppe die Anforderungen effektiver zu differenzieren, als es mit dem Drei-Schornsteine-Modell Volksschuloberstufe, Mittelschule, Gymnasium möglich ist.

a) *Grundstufe:* Der auf diese Stufe spezialisierte Schulpädagoge würde sich z. B. mit einer vielfach bekräftigten Hypothese von Basil Bernstein[24] auseinandersetzen müssen. Bernstein führt zunächst eine Reihe von Untersuchungen an, die erweisen, daß ein Kind der mittleren bürgerlichen Schichten auf die Schule im Durchschnitt besser vorbereitet ist als ein Arbeiterkind. Seine Eltern sind am Schulerfolg interessierter, ebenso an der Entwicklung von Freizeitinteressen. Sie strafen mehr mit Vernunftsgründen als mit Brachialgewalt und stärken das Bewußtsein des Eigenwerts – alles Erfahrungen, die Schulerfolg begünstigen. Er zitiert eine Arbeit von Greenald, nach der »ein Kind aus einer Familie der Mittelklasse nur einen IQ von 123 Punkten oder sogar weniger benötigt, um von der grammar school zu profitieren, während ein Kind aus einer niedrigeren Statusgruppe dafür einen IQ von mehr als 130 Punkten benötigt[25]«. In diesem Zusammenhang betrachtet Bernstein den Faktor »sprachliche Kommunikation« genauer. Er weist nach, daß Kinder der Arbeiterklasse vorzugsweise eine Sprache lernen, die von dürftiger Syntax ist, stereotype Wendungen bevorzugt, wechselseitige Sympathie mehr als logischen Fortschritt des Gedankens betont.

Beispiel: »Na, was sagen Sie von Lotte? – Ist ein schlimmes Unglück. – Haben Sie recht. Ist wirklich ein schlimmes Unglück. Und die armen Eltern. – Ja, die armen Eltern. Was dachte sich das Mädchen dabei? – Dachte sich nichts. Tat eben, was sie wollte. – Ein Unglück nenne ich das, ein schlimmes Unglück für das ganze Haus[28].«

Die anderen Kinder lernen diese Sprache auch – auf der Straße. Aber sie sind daneben auch in einer der Lehrersprache ähnlichen Diktion geübt, empfinden genauere Bezeichnung der jeweils besonderen Situation, gedanklichen Fortschritt, Argumentieren nicht als fremd. Bernstein folgert: »Wenn der Sprachgebrauch tatsächlich eine wichtige Variable darstellt, ... dann hat die dem Kind aus der Arbeiterklasse angemessene Schulbildung noch nicht einmal begonnen[27]«. Die kürzlich von Carl-Ludwig Furck[28] erneut erhobene Forderung nach einem obligatorischen Schulkindergarten bei späterem Schulbeginn würde bei weiterer Bestätigung dieser Annahme erheblich an Gewicht gewinnen.

b) *Mittelstufe:* Auch aus der Schulpädagogik für die Mittelstufe können in diesem Rahmen nur zwei weiterführende Ansätze erwähnt werden. Heinrich Roth ist u. E. mit seinen Beiträgen zur Pädagogik der Förderstufe[29] richtungweisend für die Behandlung der Zehn- bis Zwölfjährigen in der Schule geworden. Gestützt auf einige psychologische Untersuchungen dieser Altersstufe erhebt er etwa die folgenden Forderungen:

1. Die Zehn- bis Zwölfjährigen sollten (wie es in Berlin ja geschieht) noch zusammenbleiben. Die sozial Schwächeren bedürfen des Umganges mit den vom Elternhaus Gestützten, um eine faire Chance zu haben. Die sozial Starken müssen u. a. über Führer- und Helferrollen gefordert und damit gefördert werden.
2. Das Klassenlehrersystem sollte zunächst durch zwei bis drei kooperierende Lehrer ersetzt werden, nicht durch ein reines Fachlehrersystem, weil die volle Leistungsbereitschaft immer noch besteht, wenn das Kind sich vom Lehrer gekannt und angenommen weiß.
3. Technisch-physikalischer und heimatübergreifender geographisch-biologischer Sachunterricht soll bereits nachdrücklicher als bisher einsetzen; dagegen wird von einer Forcierung der Grammatik- und Rechtschreibeübungen abgeraten.
4. Die Möglichkeiten zu handgreiflichem Erfahren sind auszubauen, kritische Erkenntnisbildung ohne Lösung vom Gegenstand zu kultivieren. »Er (der Zehnjährige; Zus. d. Verf.) schließt ohne weiteres richtig, daß Fritz größer ist als Hans, wenn Karl kleiner ist als Fritz und größer als Hans, aber auch diese Aufgabe möchte er am liebsten vor sich sehen, um sie zu lösen, und er scheitert am gleichen Sachverhalt, wenn ihm dieser in einer abstrakten Formel vorgesetzt wird[30].«
5. Neben der Wahrung der Bindung an den oder die Lehrer wird die Bestätigung durch die Altersgenossen so wichtig, daß Gruppenbildung mit wechselnder Zusammensetzung Lernfreude und sozialen Kontakt sichern sollten.
6. So behalten nach Roth einerseits diejenigen recht, die eine stärkere intellektuelle Herausforderung der Zehn- bis Zwölfjährigen empfehlen. Aber sie werden zurückgewiesen, wenn sie sich überwiegend der mechanischen Merkfähigkeit wie der sprachlich-formalen Schulung widmen wollen. Statt dessen wird zum Lernen an den Dingen der Welt aufgerufen, in handgreiflichem Umgang, in freundlicher, Vertrauensvorschuß gebender Atmosphäre.

Im Hinblick auf ein Schulsystem der krassen Übergänge ist Roth hierin uneingeschränkt zuzustimmen. Leider hat sogar der Deutsche Ausschuß für das Erziehungs- und Bildungswesen[31] dieses System nur zu mildern, nicht an der Wurzel des Übels zu kurieren gesucht. Sollte ein System partieller, gleitender Übergänge einmal durchsetzbar sein, wie es in dem schon genannten Furckschen Plan konsequent zu Ende gedacht worden ist, dann ist eine bereits im 4. Schuljahr einsetzende Trennung in leistungsbetonten Kursen bei Wahrung der Klasseneinheit und fortlaufender Korrektur ebenfalls denkbar. So aber muß die Entscheidung so lange wie möglich aufgeschoben werden, weil sie für die große Zahl der Schüler gegenwärtig unwiderruflich ist.

Die Grundzüge einer Pädagogik des 7. bis 10. Schuljahres für alle bietet ein 1957 veröffentlicher Aufsatz von Paul Heimann[32]. Er liegt inzwischen mit anderen verdienstvollen Arbeiten zu diesem Thema in einem Sammelband vor[33] und wird durch eine in Heft 11/1963 abgedruckte Arbeit des gleichen Verfassers glücklich ergänzt. An dieser Stelle muß der Hinweis genügen, daß Heimann erstmalig das Modell einer wissenschaftfremden volkstümlichen Bildung[34] als Ziel einer Formung der breiten Masse der Bevölkerung zurückgewiesen hat. Niemand kann heute mündig genannt werden, dem die Haltung kritischer Rationalität fremd geblieben ist. Gerhard Kudritzki hat diesen Ansatz in seiner Arbeit »Die Kategorie des Volkstümlichen – eine Erkenntnisgrenze gegenüber politischen, gesellschaftlichen und wirtschaftlichen Strukturen[35]?« fruchtbar weitergedacht.

c) *Oberstufe:* Vergleicht man die berufsbegleitende und die Wissenschaftliche Oberschule, so fällt bei aller Verschiedenheit, der hier nicht nachgefragt werden kann, ein Gemeinsames auf: Beide beginnen unter der Bezeichnung Sozialkunde ein Integrationszentrum zu bilden, das gegenüber problematischer Berufsgebundenheit einerseits und beziehungsarmer Fächervielfalt andererseits eine übergreifende Gesamtorientierung auf der Basis eines wissenschaftlichen Weltbildes anstrebt. Das berufsbegleitende Schulwesen zeigt nicht die Tendenz, Aufgaben an die Arbeitswelt zu verlieren, sondern zusätzliche Aufgaben zu erhalten[36]. Das Gymnasium entwickelt sich immer mehr zu einer Schule, deren Abschluß nicht selbstverständlich zum Studium führt[37]. Eine Tendenz zum allgemeinen Schulbesuch bis zum 18./19. Lebensjahr ist besonders angesichts der Entwicklung in den USA und der UdSSR festzustellen[38]. Wenn die Schule, die »Jugendschule[39]«, aber zum Lebensmittelpunkt jugendlicher Existenz werden soll, dann wird sie stärker als bisher auf die von Robert Havighurst[40] herausgearbeiteten vier Aufgaben der Adoleszenz helfend eingehen müssen:

1. »emotionale Unabhängigkeit von Eltern und anderen Erwachsenen,
2. Berufswahl und Berufsvorbereitung,
3. den Aufbau neuer und reiferer Beziehungen zu andersgeschlechtlichen Altersgenossen,
4. die Entwicklung sozialer Verantwortung.«

Schließlich wird das schulische Angebot sich ändern müssen, um allen Jugendlichen genügend Entfaltungsmöglichkeiten zu geben:

1. Niveaukurse zur Leistungsförderung, 2. Neigungsgruppen,
3. Spezialabschlüsse,
4. Arbeit mit Geldverdienst,
5. wechselnde Schwerpunktbildung zwischen theoretischen Studien – Werkstatt, Labor – Büroausbildung – Arbeit gegen Entgelt – Freizeitaktivitäten.

II. Schulunterricht

Der erste Teil der Arbeit galt vorzugsweise der Schule als Institution. Jetzt soll ein für diese Institution charakteristischer Prozeß im Vordergrund des Interesses stehen, der Unterricht. Im Unterschied zu jenen Formen des Lehrens[41], die im Schulleben außerhalb der Unterrichtszeit vorherrschen, wird im Unterricht der Lebenszusammenhang, in dem ein Lernproblem auftaucht, in der Regel verlassen, um planmäßiges Lernen mehrgliedriger Lerngegenstände, in mehreren, zeitlich auseinanderliegenden Abschnitten zu fördern. Entsprechend dem Selbstverständnis des Berliner Arbeitskreises Didaktik[42] wird der gesamte Unterricht innerhalb der Didaktik behandelt, wobei Didaktik als Bezeichnung für Theorie des Unterrichts verwendet wird. Insofern Lehren und Unterrichten einer Institution wie der Schule nicht zwangsläufig bedürfen, reicht der Gesichtskreis der Didaktik über die Welt der Schule hinaus[43]. Andererseits übt Schule aber über ihre Funktion als Lehranstalt hinaus pädagogischen Einfluß aus, wie der Abschnitt I deutlich machen sollte. In diesem Sinne überschreitet Schulpädagogik didaktische Fragestellungen.

Auf dem letzten pädagogischen Hochschultag hat es in der Bestimmung der Aufgabe von Didaktik eine Kontroverse gegeben, auf die hier eingegangen wird, weil sie den Stand des didaktischen Selbstverständnisses in Rede und Gegenrede erhellt und dabei Grundprobleme sichtbar werden läßt[44]. Von Theoretikern, die unter Didaktik lediglich »die Theorie der Bildungsaufgaben und Bildungsinhalte bzw. der Bildungskategorien« verstehen wollen[45], wird die Berliner, aber nicht nur Berliner Auffassung als »Didaktik im weiteren Sinne« toleriert[46]. Dennoch handelt es sich nicht nur um Worte. Klafki etwa glaubt, durch die Abtrennung einer Didaktik im engeren Sinne den Primat der Frage nach dem Unterrichtsziel vor der nach dem Unterrichtsweg sichern zu müssen: »Man muß das Ziel kennen, um über den Weg entscheiden zu können.« Er befürchtet, die von Heimann geprägte Formel von der »durchgehenden Interdependenz«, z. B. zwischen Inhalts- und Methodenfrage verdecke eine wichtige Seite des Problems: »Die Methodik hängt in anderer Weise von der Didaktik ab als die Didaktik von der Methodik.« Aber in der Heimannschen Formulierung wird nicht die Gleichartigkeit der wechselseitigen Beeinflussung der Strukturmomente des Unterrichts behauptet; die nähere Bestimmung des Verhältnisses der einzelnen Momente des Unterrichts zueinander wird vielmehr offen gelassen. Dagegen versucht Klafki, »das Verhältnis von Didaktik und Methodik schärfer zu fassen«. Wie das geschieht, erscheint nicht unbedenklich.

Die Einwände gegen Klafkis Ansatz lassen sich am besten an Hand einer Denkfigur erläutern, in der jene Heimannschen Strukturbegriffe einander zugeordnet sind, auf die sich auch Klafki in seiner Argumentation bezieht[47].

Thematik Intentionalität	Methodik Medienwahl sozial-kulturelle Voraussetzungen	anthropogene Voraussetzungen

Das heißt, die Wissenschaft vom Lehren und Unterrichten muß eine Theorie der Lehrinhalte (Themen), der Lehrabsichten (Intentionen), der Lehrverfahren (Methoden) und der Lehrmittel (Medien) entwickeln, dazu eine Theorie des Menschen und seiner sozial-kulturellen Systeme, insofern anthropogene und sozial-kulturelle Voraussetzungen Lehre und Unterricht begründen oder begrenzen. Die Denkfigur soll zeigen, daß die Entscheidungen sowohl über Inhalt und Absicht des Unterrichts als auch über Verfahren und Mängel von den anthropogenen und sozial-kulturellen Voraussetzungen abhängig sind. Umgekehrt kann Unterricht diese Voraussetzungen ändern[48].

Klafki meint nun, die Fragestellung seiner »Didaktik i. e. S.« (»Aufgaben und Inhalte der Bildung«) umfasse die theoretischen Fragen der Thematik und Intentionalität im Heimannschen Sinne, einschließlich der Voraussetzungen menschlicher und kultureller Art. Dagegen gehörten wieder Methoden und Medien enger zusammen. Bei dieser Gruppierung droht zweierlei übersehen zu werden:

a) Verfahren und Medien sind ebenso von anthropogenen und kulturellen Voraussetzungen abhängig wie Inhalte und Absichten; ob man einen Unterrichtsgegenstand gruppenunterrichtlich erarbeiten lassen kann, hängt von Alter und Vorerfahrung der Kinder ab und ebenso u. a. von der Bedeutung, die diese Arbeitsweise sonst in der (vielleicht demokratischen oder diktatorischen) Gesellschaft hat; ein Tafelbild von der Kreuzotter wirkt auf Kinder von heute, die Fotos, Film und Fernsehen gewohnt sind, anders, als es vor hundert Jahren gewirkt hat. Derartige Fragen können offenbar nicht allein über Thema und Absichten entschieden werden; die direkte Beziehung zwischen den Verfahren bzw. Medien und den Momenten anthropogener bzw. sozial-kultureller Art ist also keinesfalls zweitrangig.

b) Die einseitige Betonung der Wahrheit »Methoden können nur entworfen werden, wenn didaktische Vorentscheidungen gefallen sind«, verdeckt den notwendigen Rückbezug didaktischer Überlegungen i. e. S. auf methodische Fragen. Klafki betont zwar, daß die Didaktik i. e. S. auf die methodische Realisation ihrer Erkenntnisse angewiesen sei, aber er sagt nicht, was geschieht, wenn es sich als unzweckmäßig oder undurchführbar erweist, das Bildungsziel mit den Mitteln der Schule zu erreichen. Vielleicht trägt der ausschließende Gebrauch des Bildungsbegriffes zur Verdeckung dieser Zusammenhänge bei. Was immer als Bildung bezeichnet wird, es ist eine jeweils erwünschte Form menschlicher Orientiertheit, Handlungsweise oder Integriertheit gemeint. Bezeichnet man ein Geschehen, in dem ein Bildungsziel verwirklicht werden soll, als Bildungsgeschehen, so muß man sich bewußt bleiben, daß es dennoch nicht sicher ist, ob Bildung sich ereignet. Sicher wird die Wünschbarkeit eines Wunsches nicht davon berührt, daß er nicht erfüllt worden ist. In der Formel: »So ist die Didaktik (i. e. S.) auf die produktive Leistung der Methodik *verwiesen,* wenn es gilt, ihre Erkenntnisse in ... das wirkliche Bildungsgeschehen zu übersetzen[49]« wird jedenfalls die Übersetzbarkeit der Wünsche, scheint es, allzu bereitwillig unterstellt.

Zusammengefaßt: Mit der Formel von der wechselseitigen Abhängigkeit der Unterricht konstituierenden Momente ist über die Art dieser Abhängigkeit noch nichts ausgesagt. Die bei Klafki versuchte Qualifizierung zweier der möglichen Wechselbeziehungen lockert die Bindung zwischen Methodik bzw. Medienwahl und ihren anthropogenen bzw. sozialkulturellen Voraussetzungen. Die fehlende Rückwirkung von den Verfahrensfragen auf die Zielfrage erschwert die Korrektur von Bildungsvorstellungen durch Erfahrung[50].

Von dieser Zwischenüberlegung her werden die Einteilungsgesichtspunkte für die folgende Darstellung von Ergebnissen und Problemen der Unterrichtsforschung und Unterrichtstheorie ohne weiteres verständlich sein.

1. Intentionalität

Die Diskussion über die *Intentionen,* die Absichten des Schulunterrichts, wird von drei Fragen beherrscht: a) Wie ist der Heranwachsende auf seine Berufsrolle vorzubereiten? b) Wie auf seine Mitbürgerschaft in unserem Lande, in dieser Welt? c) Wie ist er auf seine Freizeit vorzubereiten? Alle drei Fragen sind durch die raschen Wandlungen und die ideologische Offenheit unseres sozial-kulturellen Systems entstanden.

a) *Arbeitsverhalten:* Das Unbehagen an der Akzentuierung, mit der die Schule auf die Arbeitswelt vorbereitet, äußert sich in zunehmender Kritik an der Glorifizierung klaglosen Schuftens in schicksalhafter Beengung, wie sie sich in Lesebüchern immer wieder findet. Zwei Beispiele mögen hier für viele stehen:

> »Willst du sein ein guter Christ,/Bauer, bleib auf deinem Mist./Laß die andern Freiheit singen,/Düngen geht vor allen Dingen[51].«
>
> »Soldat Wolters, redete der Vorarbeiter beim Brückenbau sich selber an: Du stehst hier, General über die Arbeitsschlacht, aber ändern kannst du auch nichts im Verlauf, du kannst nur dein Leben, eingesetzt in das Werk, mit dem Leben deiner Kameraden verbinden! Du kannst nur mit ihnen siegen oder mit ihnen untergehen[52].«

Viel Beachtung finden neuerdings trotz ihrer ideologischen Verengung die Versuche mit polytechnischer Bildung jenseits der Mauer, wie z. B. der Erfolg des Rowohlt-Bandes des Ostberliner Professors Helmut Klein beweist[53]. Als Zentralproblem zeichnet sich dabei das Verhältnis von Arbeiten und Lernen in der Produktionswirklichkeit ab[54]. Lernen stört die Arbeitsproduktivität, und ernsthafter Einsatz kindlicher Arbeitskräfte verhindert Lernen. Die zaghaften westdeutschen Versuche bringen zuerst technische Elementarprobleme in den Unterricht. Verdienstvoller Ansatz alles in allem: Carl Schietzel: Technik und Natur[55]. Neuntes und zehntes Schuljahr experimentieren, wo sie eingeführt sind, mit der Verbindung von Unterricht mit Kurzlehren und Praktika; die Berufsschule beginnt das Monopol des Berufsbildes vom gelernten Handwerker und der stoffgebundenen Gruppierung – Holz – Metall – Elektrizität – zu lockern[56]. Vergleiche zu den Grundsatzfragen u. a. den Sammelband von Hermann Röhrs[57], den von A. Blumenthal und H. Roth herausgegenen Band 2 der AUSWAHL[58].

b) *Sozialverhalten:* Die Absicht, ein zeitgemäßes Sozialverhalten zu fördern, das eine wünschenswerte politische Haltung begründet, wird in letzter Zeit auf drei Ebenen des Unterrichts verfolgt: Einmal wird der Unterrichtsstil als bedeutsamer Faktor bei der Demokratisierung der Schule erkannt. Ursula Walz hat die Untersuchungen der Schule Lewins Lehrern zugänglich gemacht[59], Arbeiten, die durch mehrere vergleichbare Untersuchungen bestätigt werden[60]. In einer für deutsche Verhältnisse breit angelegten und zudem methodisch gut gesicherten Untersuchungsreihe stellten Annemarie und Reinhard Tausch[61] fest:

1. Der größte Teil von Lehrkräften hält ein sozialintegratives Eingehen auf die Motive erziehungsschwieriger Kinder für wünschenswert[62].
2. Praktisch werden aber gerade die autokratischen Methoden des uneingeschränkten Zurückweisens von Kindern am häufigsten angewandt[63].
3. Man ist versucht anzunehmen, daß die autoritative Vorerziehung der Kinder den Lehrern keine andere Wahl gelassen hat, als »durchzugreifen«.
4. Aber eine Befragung von Kindern ergibt, daß gerade das »Durchgreifen« sie am ehesten veranlaßt, ihre aggressive Haltung aufrechtzuerhalten, während sie auf verständnisvolles Entgegenkommen mit hoher Wahrscheinlichkeit auf die Dauer am positivsten reagieren[64]. Beispiel: Ein Lehrer sieht einen Jungen beim Abschreiben während des Diktats. Was soll er sagen?
   a) Heft zu! Fünf! Nachsitzen!
   b) Ich werde dir unter die Arbeit schreiben, daß du abgeschrieben hast!
   c) Paul, du möchtest gern wissen, wie Fritz das Wort geschrieben hat. Wir wollen aber nicht abschreiben.

Gerade auf die letzte Form der Antwort reagierten die meisten Schüler positiv. Sie wollten mit Abschreiben aufhören. Die anderen Formen zwangen sie vielleicht aufzuhören, innerlich aber wollten sie weitermachen, und die Aggressionen blieben unabgebaut.

Am fragwürdigsten blieb bisher die Verwirklichung der politischen Erziehung als Unterrichtsprinzip. So versuchen zwei Lesebücher, dem politischen Auftrag des Deutschunterrichts durch Abdruck eines Originalbeitrages gerecht zu werden, der wie folgt beginnt:

»Es war einmal ein mächtiger Mann, dem alles Volk gehorchen mußte, auch wenn das, was er verlangte, gegen Gottes Gebot war. Wer nicht seinen Willen tat, den ließ der Herrscher ins Gefängnis werfen oder umbringen. Eines Tages aber legte er selbst Hand an sich. Wenn ihr das lest, glaubt ihr vielleicht, das sei aus einem uralten Märchen. Aber ein solcher Mann lebte noch vor wenigen Jahren in unserem eigenen Land. Er hieß Adolf Hitler, und eure Eltern haben die Zeit seiner Herrschaft noch miterlebt[65].«

Hier verkehrt sich auf dem Umweg über den Versuch kindertümlicher Darstellung das politische Anliegen in sein Gegenteil: Hitler wird als übermächtiges Schicksal dargestellt, das man leider ertragen mußte. Er allein trug Verantwortung. Mit seinem Tode war das Problem gelöst.

Der Sozialkundeunterricht als Fach besitzt in dem Aufsatz »Worauf es ankommt« von Wolfgang Hilligen eine anregende Explikation möglicher Intentionen[66]. Wie sich die Intentionen des Lehrenden praktisch auswirken, zeige die folgende Gegenüberstellung. Durchgängig betont die eine Darstellung die Bedeutung des Staates, während die andere das gesellschaftliche Geschehen von handelnden einzelnen her anzusprechen versucht[67].

Verglichen werden

Otto Seitzer: Miteinander – Füreinander; Ernst Klett Verlag, Stuttgart.

Wolfgang Hilligen: Sehen – Beurteilen – Handeln; Teil 2, Ausgabe A, 3. Auflage, Hirschgraben Verlag, Frankfurt/M.

Der Vergleich betrifft die Überschriften zu einzelnen Themen.

Thema	Überschrift
Recht	*Seitzer* »Unser Staat schützt das Recht« *Hilligen* »Jeder will sein Recht«
Grundgesetz Art. 14 d	*Seitzer* »Unser Staat schützt das Eigentum« *Hilligen* »Mehr Rechte – mehr Pflichten«
Staatsgewalt	*Seitzer* »Von der Gewalt des Staates« *Hilligen* »Der Staat sind wir«

c) *Freizeitverhalten:* Das Gespräch über die Intentionen einer Freizeitlehre kreist vor allem um folgende Probleme: Kann die bescheidene Eigenproduktivität als vornehmste Freizeitbeschäftigung hingestellt werden oder muß nicht gerade auch das Konsumieren des kulturellen Angebots, die kritische Auswahl zwischen den Produkten gelehrt werden[68]?

Ist den volkstümlichen Künsten des Singens, Bastelns, Laienspielens und Volkstanzens noch immer grundsätzlich der Vorzug vor Photokurs und Tonbandexperiment, Gesellschaftstanz und Bandgründung zu geben[69]?

Müßte der wachsenden Bedeutung der Massenmedien entsprechend nicht mit der Entwicklung anspruchsvoller Benutzergewohnheiten begonnen werden, mit einer ästhetischen Schulung im Umgang mit Massenkommunikationsmitteln[70]?

Freizeit ist für viele das zweite, oft das eigentliche Leben geworden. Muß das Angebot von Entspannungs- und Ausgleichspraktiken da nicht unbefriedigend bleiben?

Den Konsensus über die Grenzen einer Freizeitlehre (und Freizeitpädagogik überhaupt) in unserer Gesellschaft hat zuletzt Weber in einer zusammenfassenden Darstellung formuliert: »Jede pädagogische Beeinflussung des Freizeitlebens muß dem einzelnen seine Eigeninitiative und Eigenentscheidung lassen, soll sie geradezu herausfordern und stärken[71]«.

2. Thematik

Diese neuen Absichten der Schule haben zum Wiederaufleben einer Spannung zwischen *zwei Prinzipien der Anordnung von Unterrichtsgegenständen* geführt: zwischen Fachunterricht und Gesamtunterricht. Ganz offensichtlich lassen die neuen Intentionen sich größtenteils in fachübergreifenden Lehrgängen am ehesten verwirklichen, in denen auch Disziplinen, die in der Schule nicht vertreten sind, wie Psychologie oder Wirtschaftswissenschaften, zur Klärung herangezogen werden können. Damit hängt es wohl auch zusammen, daß in den Abschlußklassen der Schulzweige Raum für fach-übergreifende Themen gelassen wird. Aber Ilse Lichtenstein-Rother[72] und Wolfgang Kramp[73] haben erst kürzlich darauf hingewiesen, daß die Frage Fach- oder Gesamtunterricht sich heute ganz anders stellt.

a) Die Notwendigkeit fachspezifischer Lehrgänge wird nicht mehr bezweifelt. Dabei bleibt offen, ob es die jetzigen Fächer sein müssen, die den Stundenplan füllen.

b) Der Gesamtunterricht hat seinen kulturkritischen, ja, antizivilisatorischen Affekt aufgegeben, wenn man von wenigen Nachfahren wie Herbert Otterstädt[74] absieht.

c) Zwischen einem vorfachlichen Gesamtunterricht in den ersten Schuljahren und einem fachübergreifenden, die Fächerung des Wissens voraussetzenden Gesamtunterricht wird genauer unterschieden.

d) Das Projektverfahren bietet im Gegensatz zu freiem oder vorweg komponiertem Gesamtunterricht den Vorzug, die Gegenstände von der Zielsetzung her in eindeutige Beziehung zueinander zu setzen[75].

e) Neben den beiden genannten Formen sollten zeitlich begrenztere Kurse eingeführt werden.

Vielleicht verwundert es, dem Projektgedanken unter dem Abschnitt Thematik zu begegnen. In der Tat bestimmt der Gesichtspunkt, daß ein Projekt vorzugsweise fachübergreifende Gegenstände wegen ihrer Lebensbedeutsamkeit betrifft, den didaktischen Ort des Projekts nicht zureichend. Es setzt den Schüler grundsätzlich in einen Handlungsbezug zum Gegenstand, ist also auch pragmatisch intentioniert. Weil es den Fortschritt des Schülers auf ein konkretes Handlungsziel fordert und dadurch kontrollierbar macht, enthält das Projekt auch Methode: es handelt sich um einen Stil des Unterrichts[76], von dem hier lediglich das Moment der Themenbehandlung besonders hervorgehoben worden ist.

Zur vieldiskutierten Frage einer exemplarischen Auswahl der Themen kann hier nur im Abschnitt III unter ›Bildung‹ indirekt Stellung genommen werden.

3. Methodik

Trotz aller Vorbehalte gegen den Frontalunterricht hat sich dieses Verfahren aus Gründen, denen hier nicht nachgegangen werden kann, in unbestreitbarer Führungsstellung behauptet. Die Dominanz des Lehrers im Frontalunterricht muß den Methodiker deshalb bevorzugt beschäftigen.

Reinhard Tausch hat allein 56,3 Lehrerfragen pro Stunde als Mittelwert ermittelt; ihnen standen nur 2,2 Schülerfragen gegenüber[77]. G. G l a u ß registrierte in 21 Stunden einen Durchschnitt von 2101 Worten des Lehrers gegenüber 534 Worten aller Schüler zusammen. Das ist ein Verhältnis von 78,9 % zu 21,1 %[78]. Ursula Wiesenhütters Untersuchungen über »Das Drankommen der Schüler im Unterricht[79]« zeigen nun, wie einzelne Schüler wegen ihres Platzes in der Sitzordnung nur geringe Chancen haben, wenigstens an den 21 % Schülerworte beteiligt zu sein.

Neben Gruppenunterricht und Einzelarbeit, in die außer Ursula Walz die Arbeit von Karl Odenbach[80] am ehesten einführt, werden u. a. von Ernst Meyer und vom Verf.[81] Korrekturen des Frontalunterrichts vorgeschlagen: Eröffnung eines Verhaltensspielraumes zwischen »Einstieg« und Unterrichtsziel oder ein System von Alternativen, das eine in ihren Folgen überprüfbare Entscheidung mindestens zwischen zwei Möglichkeiten einräumt.

4. Medienwahl

Der Berliner Kongreß »Programmierter Unterricht und Lehrmaschinen« vom Juli 1963 und die laufenden Versuche mit schuleigenem Fernsehen[82] weisen darauf hin, daß die Schulpädagogik gerade im Bereich der Unterrichtsmittel in Bewegung geraten ist. Von der Entwicklung auf diesem Gebiet wird es abhängen, wie weit die großräumige, differenzierte, schnell sich wandelnde Kultur der Gegenwart zum Unterrichtsthema gemacht werden kann. Der einzelne Lehrer wird ohne ihre Unterstützung weder überzeugend genug unterrichten können noch in der Lage sein, alle Schüler ohne Leerlauf in Lernvorgänge zu verwickeln. Hüten wir uns darüber hinaus, das Schreckgespenst eines nur noch über Apparate betriebenen Unterrichts dem Wunschbild eines alltäglichen Umgangs im Zeichen des pädagogischen Bezugs nach Herman Nohl[83] oder des Dialogischen Prinzips nach Martin Buber[84] gegenüberzustellen. Bei dem Zahlenverhältnis zwischen Lehrer und Schülern[85] kann von solchem Bezug nur als von einer Ausnahme die Rede sein.

a) Niemand behauptet, über Fernsehen und Programme den Lehrer verdrängen zu können[86].

b) Fest steht, daß bestimmte schulische Leistungen, wie die Darbietung anspruchsvollen Anschauungsmaterials und die Darstellungskraft einzelner Lehrer, über Fernsehen effektiver werden können[87].

c) Fest steht wohl auch, daß manche Schüler manche Lehrgänge im reinen Sachbezug besser durcharbeiten können als unter Einschaltung des Lehrers[88].

d) Fest steht auch, daß der Einsatz von Hilfsmitteln Lehrer für die Anbahnung sozialen Lernens freisetzen könnte, wie es gerade ein Vertreter des programmierten Unterrichts, Felix von Cube, letztens ausdrücklich gefordert hat[89].

Das sind Gründe genug, die Möglichkeiten und Grenzen der neuen Medien empirisch zu prüfen.

III. Bildung und Begabung

Nachdem Institutionen und Prozesse angesprochen worden sind, mit denen die Schulpädagogik es zu tun hat, sollen nun auch Ideen unmittelbar diskutiert werden, die in der Beurteilung und Beeinflussung der Institutionen sichtbar werden und auch in den bisher angedeuteten Stellungnahmen steuernd wirksam waren. Jeder pädagogischen Maßnahme liegt mindestens eine Vorstellung von dem zugrunde, was der Mensch, der dem Erzieher gegeben ist, an Erziehbarkeit mitbringt, und welche Erziehungsfähigkeit und -bereitschaft er sich selbst zutrauen darf: *Begabung* wird diese Ausgangsposition gern genannt. Die Endlage aber, die mit Hilfe der Erziehungsmaßnahmen für den zu Erziehenden angestrebt wird, wird hierzulande vorzugsweise als *Bildung* bezeichnet. Beide Schlüsselbegriffe sind nicht nur für die Diskussion der Schulerziehung bedeutsam, aber die gesellschaftliche Bedeutung der Schule führt dazu, sie gerade in der Schuldebatte immer wieder zu gebrauchen. Eine Pädagogik, die sich auf den speziellen erzieherischen Handlungsraum Schule bezieht, kann deshalb nicht darauf verzichten, sie zu erörtern. Sie kann die in diesen Worten angesprochenen Werte nicht setzen; sie kann sie explizieren, auf ihre Vereinbarkeit mit dem Stand der Wissenschaften hin untersuchen, ihre Widerspruchsfreiheit prüfen und ihren praktischen Folgen nachgehen. Die permanente Kritik des pädagogischen Engagements ermöglicht dessen Selbstkorrektur: theoretisch gesteuertes Handeln.

1. Bildung

Der Bildungsbegriff ist mit der nicht immer glücklichen Entwicklung unseres Schulwesens in mehr als anderthalb Jahrhunderten untrennbar verknüpft. Er ist vieldeutig geworden und so allgemein, daß es schwerfällt, konkrete Richtlinien für das pädagogische Handeln von ihm her zu entwickeln. Man ist versucht, auf ihn zu verzichten. Aber auch ein anderer Weg ist gangbar: Man kann den Bedeutungswandel, den er durchgemacht hat, samt der gesellschaftlichen Hintergründe aufdecken. Wie jeder umgangssprachliche Ausdruck kann er nach präziser Beschreibung des Gemeinten innerhalb einer Theorie eindeutig verwendet werden.

Welche Forderungen sind an einen wissenschaftlich verwendbaren Bildungsbegriff zu stellen?

1. Bildung muß sich auf einen Sachverhalt beziehen, der zu allen Zeiten in allen menschlichen Gesellschaften als Bestandteil des pädagogischen Handlungsraumes angenommen wird, so wie sich die Erziehungswissenschaft auf der Erkenntnis gründet, daß der Mensch als homo educandus immer auch als erziehungsbedürftiges und zur Erziehung aufgerufenes Wesen verstanden werden kann.
2. Als Bezeichnung für einen Sachverhalt, der sich wie der Mensch überhaupt in der Geschichte wandelt, muß Bildung jeweils durch exakte Angabe der Gruppe, die eine Bildungsvorstellung entwickelt, konkretisiert werden, durch Angabe der Gruppe, für die sie gelten soll, der Fakten, auf die sie gegründet ist, der Wertungen, von denen her sie sich verstanden wissen will.
3. Der bezeichnete Sachverhalt muß beobachtet werden können, jedenfalls indirekt, damit der pädagogisch Handelnde seine Fortschritte in Richtung auf Bildung überprüfen kann.

In diesem Sinne wird hier als Bildung eines Menschen jenes Maß an Geformtsein durch Erfahrung bezeichnet, das innerhalb einer Gesellschaft oder einer gesellschaftlichen Gruppe als wünschenswert gilt und damit auch mit Hilfe der Erziehungsmaßnahmen dieser Gruppe angestrebt wird[90].

Nur ein Versuch, diesen obersten Bezugspunkt auch der Schulpädagogik für unsere Gesellschaft heute zu bestimmen, kann in diesem Rahmen erörtert werden: Die Theorie einer kategorialen Bildung von Wolfgang Klafki ist der wirksamste Ansatz eines einzelnen gewesen, eine Übereinkunft herbeizuführen[91].

In dem Aufsatz, dem diese Darstellung vorzugsweise folgt[92], untersucht Klafki zunächst die *materialen Bildungsbegriffe,* also die Versuche, Bildung als Wissen oder Können oder Wollen ganz bestimmer Sachverhalte zu bestimmen. Wer etwa meint, gebildet sein heiße, am Stand der Wissenschaften orientiert zu sein, übersehe dreierlei:

a) Der Stand der Wissenschaften wird in dieser Auffassung verabsolutiert, ihre historische Wandelbarkeit, ihre begrenzte Zuständigkeit bleiben unberücksichtigt.

b) Es fehlt ein Kriterium, nach dem man unter dem vorliegenden Wissen auswählen kann, obwohl doch nicht alles gelehrt werden kann.

c) Wer auf die letzte Frage (vgl. b) die Antwort gibt: das Klassische muß gelehrt werden, der vergißt, daß jede Zeit aus ihrer Lage ihre »Klassik« selbst bestimmt und daß es in einer sich wandelnden Welt nicht für alle Aufgaben eine klassische Lösung gibt.

Den *Theorien der formalen Bildung* wirft Klafki vor, daß sie die Gegenstände der Welt, an denen sie die Kräfte oder Methoden der Menschen üben wollten, nicht ernst nähmen.

a) Man könne also z. B. keine literarische Genußfähigkeit erwerben, ohne dies an bestimmten Autoren zu üben, die wiederum auf Inhalt und Grenzen des Wohlgefallens Einfluß hätten.

b) Wer Methoden gelernt habe, sich durch die Welt zu schlagen, der habe sie an bestimmten Sachverhalten gelernt, für die sie sich mehr oder weniger geeignet haben; wenn er die folgenden Sachverhalte nicht mehr befrage, sei er in Gefahr, inadäquate Methoden auf sie zu übertragen.

Klafkis eigene Auffassung von Bildung wird uns am ehesten an einem Beispiel deutlich, das er von Martin Wagenschein übernimmt[93]: »Thema ›Der Mond und seine Bewegung‹ ... Im Zentrum dieser vielleicht zehn Unterrichtsstunden in Anspruch nehmenden Behandlung steht der geistige Nachvollzug des Newtonschen Erklärungsprinzips der Mondbewegung ... Wagenschein erläutert uns die Newtonsche Theorie wie folgt: Vom Gipfel eines hohen, weit über die Lufthülle ragenden Berges denkt er (Newton) sich Steine geworfen, immer stärker. Immer weiter entfernt liegen ihre Aufschlagorte, immer mehr aber auch krümmt sich die Erde hinweg unter ihrer Wurfbahn. Bis einmal, bei einer ganz bestimmten Anfangsgeschwindigkeit, der besondere ›Fall‹ (und Wurf) erreicht ist, daß der Stein die Erde nicht mehr erreichen kann. Der Stein fällt um die Erde herum, und zwar in Ewigkeit ... Auf diese Weise zeigt Newton, wie aus dem uns allen vertrauten Werfen das unbegreiflich scheinende Kreisen werden kann ...« – Soweit Wagenschein.

Klafki findet in diesem Beispiel alle Bildungsforderungen, deren Absolutheitsanspruch er kritisiert hat, als Teilmomente wieder. Materialen Bildungsforderungen genüge es, weil die Erklärung der Mondbewegung in der Wissenschaft eine große Rolle spiele, ja, geradezu ein klassischer Fall physikalischen Denkens sei. Aber das allein würde Klafki nicht genügen, es in der Schule zu behandeln. Er weist auf die Funktion hin, die das hier demonstrierte Denken für die Schüler in unserer Welt hat, daß aus dem Nachvollzug Kräfte zur Bewältigung derartiger Erkenntnisprobleme wachsen können. Deshalb formuliert er u. a.: »Bildung ist Erschlossensein einer dinglichen und geistigen Wirklichkeit für einen Menschen – das ist der objektive oder materiale Aspekt; aber das heißt zugleich: Erschlossensein dieses Menschen für diese seine Wirklichkeit –, das ist der subjektive oder formale Aspekt zugleich im ›funktionalen‹ wie im methodischen Sinne[94]«.

Kritik: Wir haben eine in sich widerspruchsfreie Darstellung vor uns, gewiß. Aber wovon ist in dieser Darstellung eigentlich die Rede gewesen? Von *Auffassungen* über Bildung, von Wünschen an den zu formenden Menschen. Ein legitimer Weg, Auffassungen über Bildung kennenzulernen, ist das Studium pädagogischer Texte. Klafki hat seinen Bildungsbegriff auf diese Weise gewonnen, d. h. er hat einen Trend in der Entwicklung von Bildungs*auffassungen* sichtbar gemacht. Keineswegs aber kann man auf seinem Weg prüfen, ob kategoriale Bildung sich in der vermuteten Weise in Menschen tatsächlich begibt. Dazu müßten die Lernprozesse, die Veränderungen des Sich-Bildenden beobachtet werden, die helfende, hemmende oder etwa bedeutungslose Rolle der Maßnahmen des Erziehers dabei. Auch über die Verbindlichkeit einer solchen Auffassung wird auf diesem Wege kaum etwas ausgemacht.

Bis hierher will unsere Kritik nur einen Hinweis auf die begrenzende Bedeutung von Interpretationen pädagogischer Texte geben. Die Notwendigkeit, sich Klarheit über vorliegende und eigene Auffassungen zu verschaffen, bleibt unbestritten. Aber muß man von solchen Auffassungen nicht erwarten, daß sich bestimmte pädagogische Aktivitäten von ihnen her fordern, andere ausschließen lassen? Mit anderen Worten: Sie sollten eindeutige Folgen für das Handeln haben und im Handeln überprüfbar sein, wenn sie praktisch von Belang sein wollen. Dazu aber ist die Formel von der wechselseitigen Erschließung bzw. Erschlossenheit von Mensch und Welt zu formal. So wehrt sich Klafki u. E. mit Recht mehrfach gegen Vorwürfe, die seiner Auffassung harmonisierende[95], subjektivistische[96] oder rationalistische[97] Tendenzen nachsagen. Derartig eindeutige Entscheidungen sind mit der kategorialen Bildung nicht verbunden. Eben deshalb ist eine bestimmte Folgerung für das pädagogische Handeln noch nicht aus ihr abzuleiten. Klafki sagt ja selbst: »Man muß die konkrete geistesgeschichtliche Lage und besonders die spezifische Bildungssituation einer Menschengruppe kennen, um zu begreifen, warum bestimmte Inhalte gerade unter diesen Menschen als *Bildungs*inhalte, *Bildungs*werte gelten, andere nicht[98].« An anderer Stelle hat er sieben konkretere Bestimmungen entwickelt, die sämtlich nicht an den kategorialen Bildungsbegriff gebunden sind[99].

Vollends fragwürdig aber wird dieses Bildungsdenken da, wo streckenweise die entwickelte Auffassung von wünschenswerter Bildung mit dem Eintreten in diesen »Modus des Menschseins[100]« selbst unversehens verwechselt wird. Das geschieht u. a. in dem Beispiel aus dem Physikunterricht, das hier soeben referiert wurde: Klafki trägt uns vor, wie Wagenschein die Newtonsche Theorie der Mondbewegung lehrt. Er arbeitet heraus, daß der Lehrende alle Momente kategorialer Bildungsauffassung anspricht, und damit gilt kategoriale Bildung dann als exemplifiziert. Aber der »Modus des Menschseins« muß doch wohl erst am Lernenden erkennbar geworden sein, ehe man von Bildung als von einem eingetretenen Zustand sprechen kann. Diese Übertragung der Intentionen des Lehrenden auf die Lernenden wird weder hier noch in anderen Beispielen[101] verfolgt. Demgegenüber halten wir fest, daß auch Klafki einen »Modus« des Lernenden meint, wenn er von Bildung spricht. Solange nicht untersucht wird, ob das Ansinnen Wagenscheins diesen Modus bewirkt, ob dieser Modus nur so bewirkt werden kann, ob Lernen sich überhaupt so vollzieht, wie im Beispiel vorausgesetzt wird[102], solange bleibt es eine Vermutung, daß es kategoriale Bildung gibt. Es wird nicht versucht, diese Vermutung lernpsychologisch zu unterbauen, es wird kein Weg entworfen, sie zu überprüfen. Das ist vor allem deshalb bedauerlich, weil die Definition eindeutig Auffassungen vom Lernprozeß enthält. In den letzten drei Sätzen des 458 Seiten starken Hauptwerkes wird von pädagogischer Tatsachenforschung gesprochen. Aber dabei wird nicht angeregt, die implizierten lerntheoretischen Vermutungen zu überprüfen, sondern lediglich um die Konkretisierung der Lehre auf verschiedenen Gebieten, im Sinne offenbar des Wagenschein-Beispiels: »Es müßte auf diesem Wege gelingen, überzeugende, erziehungswissenschaftlich begründete Modelle einer Bildungs- und Erziehungspraxis im Sinne des Elementaren, Fundamentalen, Exemplarischen zu entwickeln . . .[103]«.

Sicher wird man einwenden, daß ein so komplizierter Vorgang wie der von Klafki unterstellte sich vielleicht prinzipiell der Kontrolle weitgehend entzöge. Dann aber bedürfte der praktische Pädagoge eines bescheideneren Ansatzes, wenn er sein Tun nicht der Beliebigkeit ausliefern will. Wenn kategoriale Bildung als Ergebnis von Lernprozessen nur an dem Verhalten des Lehrenden, nicht aber an der Reaktion der Lernenden eindeutig überprüft würde, wäre das Selbstverständnis des Lehrenden wichtiger als sein Unterrichtserfolg und unabhängig von diesem. – Wozu könnte ein solches Theoretisieren noch nützen, wenn es nicht mit der Effektivität des Unterrichts in Verbindung gebracht wird? Die Einschränkung Klafkis, der als Bildung nur den bewußten, kontrollierten »Modus des Menschseins« versteht[104], legt die Vermutung nahe, kategoriale Bildung lediglich als Selbstverständnis, als Erkennungszeichen derer zu betrachten, die von diesem Begriff wissen und ihre Handlungen von ihm her verstehen; als eine Art Statusmerkmal der Berufserzieher, besonders der Unterrichtenden, mit dem sie ihr Geschäft gegenüber den mannigfachen Formungseinflüssen der Umwelt abgrenzen.

Ansätze zu einer eigenen Auffassung: Eine Bildungsvorstellung, die in unserer Gesellschaft als das Ziel angesehen werden könnte, dem Erziehung und Unterricht den einzelnen näherbringen sollen, müßte u. E. die folgenden Erwartungen erfüllen[105]:

1. Sie sollte *egalitär* sein, d. h. für alle Mitglieder der Gesellschaft mit Hilfe der öffentlichen Schulen potentiell erreichbar.
2. Sie müßte die Forderung enthalten, der einzelne solle *autonom* sein, d. h. die Entscheidung gegenüber den gesellschaftlichen Anpassungsforderungen vorbehalten können[106].
3. Bildung müßte *pragmatisch* aufgefaßt werden, d. h. hier: Sie hätte im Handeln der gebildeten Person zum Ausdruck zu kommen.
4. Bildung sollte *prozeßhaft* gedacht werden, weil der Mensch sich (zumindest) bis zu seinem Tode ändern kann und wohl auch ändern müßte.
5. Bildung müßte sich (gewissermaßen) *dialektisch* vollziehen, d. h. nicht als Entfaltung ein für alle Male zu lernender Orientierungs- und Verhaltensmuster. Vielmehr sollen die Muster Erfahrung ermöglichen, die wiederum die Muster in Frage stellen kann[107].
6. Der Bildungsbegriff sollte so formuliert werden, daß der Fortschritt der Lernenden auf die Bildungsvorstellung zu *kontrollierbar* wird.

Bewußt geht diese Charakterisierung von den Voraussetzungen einer pluralistisch-dynamischen Massendemokratie aus, vom Selbstverständnis des Menschen als Former seiner selbst in der heutigen philosophischen Anthropologie und in den Lerntheorien. Die Erziehungswissenschaft und damit auch die Schulpädagogik kann auf Integration der Nachbardisziplinen nicht verzichten. Ihre Autonomie beruht auf ihrer Fragestellung, nicht auf ihrem Gegenstand. Das wird besonders an der Frage der Begabung deutlich.

2. Begabung

Wenn wir als Intelligenz mit Richard Meili[108] die meßbare Anfangsleistung neuen Aufgaben gegenüber verstehen, dann würden wir Begabung mit Heinrich Roth[109] jene Leistungsfähigkeit nennen müssen, die sich aus der Anfangsleistung im Umgang mit dem Aufgabenbereich entwickelt. Die Psychologie hat über Begabung einige Tatsachen ermittelt, die pädagogisch außerordentlich folgenreich sind[110]:

a) Von einer angeborenen Begabung für ein Schulfach, wie es ja sozialkulturell bedingt auftritt, kann keine Rede sein. Angeboren sind nur wenig spezifizierte Lernvoraussetzungen, die erst in Verbindung mit Erfahrung zu bestimmten Leistungsformen oder Ausfällen führen. Die Erfahrungen, die man macht, die Anregungen, das Vertrauen, das man erfährt, ermöglichen erst die Entwicklung von Begabung. Sie ist weitgehend Gabe der Umwelt: Terman hat 35 Jahre lang das Leben Hochintelligenter (IQ über 140) verfolgt: 10 % der Männer und 15 % der Frauen haben nicht studiert, weil die Schule sie nicht entdeckt und ermuntert hatte[111].

b) Lebensziele, Anspruchsniveau, Selbstdeutung, wie sie uns nicht zuletzt von unserem Milieu vorgehalten werden, sind von großer Bedeutung für die Entwicklung von Begabung. Das erklärt die klaglos in der OPZ sitzenden Begabten. Roth schreibt dazu: »... wenn im Schnitt nur zwei ähnlich (wie gerade noch erfolgreiche Gymnasiasten) Begabte noch in jeder Volksschulklasse zu finden sind, was ernsthaft vermutet werden kann, (machen) diese eine größere Zahl aus als alle Abiturienten zusammen[112]«.

c) Alarmierende Meldungen über den Begabungsschwund zeigen bei näherer Betrachtung eher eine Begabungsverschiebung an; so erklären sich wachsende Leistungsfähigkeiten in bezug auf numerische und technische Herausforderungen bei Vernachlässigung von Sprache, wie Wilhelm Arnold sie feststellt[113], aus den Herausforderungen unserer Welt. Es ist an der Schule, durch Bezugnahme auf diese Herausforderungen Anstrengungsbereitschaft für schulisches Lernen zu stärken. Auch diese Betrachtung zeigt: Begabung ist beeinflußbar.

C. Schulpädagogik

Schulpädagogik ist als kontemplatives Äquivalent zum erziehenden Handeln in der Schule letztlich nicht mehr teilbar, denn sie bezieht sich auf ein Feldgeschehen, in dem kein Teil völlig bestimmt werden kann, ohne daß man ihn als Moment in einem Gefüge wechselseitig aufeinander wirkender Momente begreift. – So mag es heuristischen Wert haben, die Genese pädagogischen Denkens als Stufenfolge darzustellen[114]: Methodische Reflexion bezieht sich dann auf Erfolg oder Mißerfolg des Erziehens; didaktische Reflexion beginnt mit der Beobachtung der historischen Wandelbarkeit der Erfolgskriterien; wer nach den Bedingungen der Möglichkeit dieses historisch sich wandelnden Erziehens fragt, treibt dann Pädagogik, Schulpädagogik auf der Ebene philosophischen Denkens. – Keinesfalls ist es folgerichtig, aus diesem Gedankengang eine Arbeitsteilung zwischen Methodiker, Didaktiker und »allgemeinem«

Pädagogen abzuleiten. Seit »der geisteswissenschaftliche Einsatz[115]« der Pädagogik die Abhängigkeit der Lehrverfahren von der historisch bestimmten Auswahl der Lehrpotentiale und der damit verbundenen Intentionen bewußt gemacht hat, ist keine Methodenlehre annehmbar, die sich über ihre (im engeren Sinne) didaktischen Vorentscheidungen nicht klar ist. Umgekehrt können didaktische Setzungen als Ziele pädagogischen Handelns von der Beobachtung mangelhafter oder ausbleibender Realisierung nicht unberührt bleiben.

Dieses Zusammendenken verschiedener Ebenen des Theoretisierens über das pädagogische Erfahrungsfeld Schule, in dem die Teile sich spannungsvoll wechselseitig bedingen und zugleich begrenzen, ist nicht zu verwechseln mit dem Trend zur harmonisierenden Einheitlichkeit pädagogischen Denkens, gegen die Hartmut von Hentig sich in seiner Antrittsvorlesung an der Georg-August-Universität[116] mit Recht wendet: »... Einheit ist nicht Einheitlichkeit, nicht die Totalisierung des pädagogischen Systems in einer (wissenschaftlichen) Ebene, sondern die in der Praxis notwendige enge Zusammengehörigkeit der verschiedenen Erkenntnisse und Erfahrungen[117]«. Auch der Berliner Arbeitskreis Didaktik, dessen Mitarbeitern diese Arbeit verpflichtet ist, hat auf die saubere Scheidung der methodischen Ansätze von Anfang an größten Wert gelegt[118], allerdings ebenso »die in der Praxis notwendige enge Zusammengehörigkeit der Erkenntnisse und Erfahrungen« gesucht. Aus dieser Sicht liest man nicht ohne Befremdung, daß von Hentig seine Warnung ausspricht, um den Totalitätsanspruch der empirischen Forschung abzufangen[119], um so »eine notwendige neue philosophische Wendung[120]« der Pädagogik einzuleiten. Wer erhebt denn hierzulande einen Totalitätsanspruch im Namen der pädagogischen Empirie? Von Heinrich Roth zitiert von Hentig gleichsinnige Äußerungen[121], und andere Empiriker nennt er nicht. Gegenüber einer zaghaft beginnenden Forschung vor einem nicht nachgewiesenen Totalitätsanspruch zu warnen, kann leicht als Rechtfertigung derer gedeutet werden, die weiterhin Pädagogik als »Tiefsinn aus zweiter Hand[122]« betreiben, während Theoretisieren nach von Hentig sogar »... nur sinnvoll, ja überhaupt erst möglich (ist), wo die Einzelergebnisse vorliegen[123]«.

Wenn über die Einheit der pädagogischen Fragen, d. h. über ihre notwendige Bezogenheit aufeinander, eine Übereinkunft besteht wie hier, ist die Frage, ob (im Sinne von Hentigs) philosophische und wissenschaftliche Pädagogik getrennte Disziplinen oder wohlunterschiedene Aspekte einer Disziplin heißen sollten, eine Ermessensfrage. Auch von Hentig scheint hier zu schwanken. Einmal fordert er: »Als Wissenschaft muß die Pädagogik einheitlich sein[124]«; dann wieder weist er darauf hin, daß die philosophische Aufgabe »heute von den einzelnen Disziplinen selbst geleistet" werde,

»sicher nicht immer in dem nötigen und schon gar nicht in dem pädagogisch zu wünschenden Maß[125]«. Ob »die der Wissenschaft nicht unterworfene philosophische Reflexion« dann »unkontollierten Werten« zur Wirkung verhilft, relativiert lediglich durch die »Wertvielheit« der pluralistischen Gesellschaft[126]? Dagegen scheint von Hentig selbst mit seiner Auffassung von der kritischen Funktion der Philosophie zu argumentieren: »... Philosophie hat es nicht mit dem Gegenstand von Erkenntnis zu tun, sondern mit der Erkenntnis selbst ...[127]«. Andererseits ist jede Setzung als Element hier eines schulerzieherischen Zusammenhanges an Kriterien wirksamer Handlungsziele gebunden:

Sie muß so formuliert sein, daß bestimmte Handlungsweisen damit vereinbar sind, andere nicht; der Fortschritt auf sie zu muß wenigstens teilweise überprüfbar sein.

Die Notwendigkeit einer übergreifenden Theorie der Schule zu sehen, heißt nicht, alle Hypothesen, die Ermittlung der nötigen Fakten und alle Verknüpfungen von einem Lehrstuhl zu erwarten. Didaktiker für die einzelnen Lehrbereiche sind als Partner in Forschung und Lehre ebenso unentbehrlich wie der schul- und erziehungsbezogene Psychologe und Soziologe, wie der Philosoph. Leider bleibt es in der Praxis oft bei der deklamatorischen Beschwörung dieser Partnerschaft. Hartmut von Hentig legt überzeugend dar, daß eine Fakultät die Zusammenarbeit fördern würde. Daß die philosophische Fakultät sich in naher Zukunft dazu als geeignete Stätte erweisen kann, wird allerdings mit Friedrich Edding bezweifelt werden müssen: »Die einzelnen Fakultäten bekennen sich in sehr verschiedenem Grade zur Ausbildungsaufgabe. Die philosophischen Fakultäten tun dies oft besonders unwillig. Sie würden dann mit Nutzen für alle Beteiligten am besten ganz von der Ausbildungsaufgabe entlastet. Die künftigen Gymnasiallehrer würden in diesem Fall zum Teil gemeinsam mit den Lehrern der anderen Schularten an pädagogischen Fakultäten studieren[128].

1 Am 26. November 1963 hat der Verfasser auf der Mitarbeiterkonferenz des Berliner Verbandes der Lehrer und Erzieher einen Vortrag über ›Die gegenwärtige Situation der Schulpädagogik‹ gehalten, der in W. Schulz – H. Bath: ›Schulpädagogik und Lehrerbildung‹ veröffentlicht worden ist (hrsg. vom BVL, mit einem Vorwort von Erich Frister, Berlin 1964). Die vorliegende Arbeit stellt eine völlige Überarbeitung jenes Vortrages dar.

2 Vgl. Wolfgang Kramp: Schulpädagogik. In: Pädagogisches Lexikon, hrsg. von Groothoff und Stallmann. Stuttgart 1961, Spalte 843 f.

3 Als Schule wird eine Institution der Gesellschaft oder gesellschaftlicher Gruppen verstanden, in der relativ unabhängig vom Wechsel der Lehrer und Schüler Unterricht und andere pädagogische Aktivitäten organisiert sind.

4 Georg Geißler: Die Situation der Schule in der Gegenwart. In: ›Schriftenreihe der evangelischen Akademie für Rundfunk und Fernsehen‹, Heft 8, München 1959, S. 12.

5 Theodor Hellbrügge und Joseph Rutenfranz: Graphische Darstellungen zur Schulsituation. Aus der Kinderpoliklinik der Universität München; MUND Nr. 94, 1960, S. 11 f.
6 John Dewey: Demokratie und Erziehung, dtsch. von E. Hylla. Hamburg [2]1949, S. 39 ff.
7 Um so mehr werden Darstellungen einzelner Aspekte des Problemkreises der Aufmerksamkeit empfohlen, z. B. »Das Schulleben« von Karl Odenbach, 1. Kapitel der »Studien zur Didaktik der Gegenwart«. Braunschweig 1961. – Vgl. weiter Franz Pöggeler: Die Verwirklichung politischer Lebensformen in der Erziehungsgemeinschaft. Ratingen 1954. – Karl Friebold und Erich Kühn (Bearbeiter): Hygienische Forderungen an den Schulbau. Hinweise für ihre technische Durchführung. Brackwede bei Bielefeld 1956. – Wolfgang Scheibe u. a.: Schülermitverantwortung. Ihr pädagogischer Sinn und ihre Verwirklichung. Berlin – Neuwied – Darmstadt 1959. – Karl Wagner: Schülermitverantwortung in neuer Sicht. In: Die Deutsche Schule, Jg. 1963, Heft 11, S. 567–582.
8 Vgl. Heinrich Roth: Gesellungsschwierigkeiten in der Schulgemeinschaft. In: ›Jugend und Schule zwischen Reform und Restauration‹. Hannover 1961.
9 Vgl. Martinus J. Langeveld: Die Schule als der Weg des Kindes. Braunschweig 1960.
10 Wolfgang Hochheimer: Zur Tiefenpsychologie des pädagogischen Feldes. In: Die Deutsche Schule, Jg. 1959.
11 Beste Darstellung Hans Heckel – Paul Seipp: Schulrechtskunde. 1957.
12 Karl Wagner, vgl. Anm. 7, S. 567.
13 Carl-Ludwig Furck: Schule für das Jahr 2000. Ein utopischer Plan. In: Neue Sammmlung, 3. Jg. (1963), November/Dezember, S. 505.
14 Hans Joachim Knebel und Janpeter Kob: Der quantitative und qualitative Nachwuchsbedarf in der industriellen Gesellschaft; MUND Sondernummer F 1, Juni 1960, S. 32.
15 Knebel/Kob; a. a. O., S. 23.
16 Jean Floud: Die Schule als selektive Institution. In: Soziologie der Schule, hrsg. von P. Heintz. Köln und Opladen 1959, S. 48.
17 Hans-Joachim Hoffmann: Zum Problem von Leistung und Erfolg in der heutigen Schule. In: ›Schule und Erziehung – ihre Probleme und ihr Auftrag in der industriellen Gesellschaft, hrsg. von O. W. Haseloff und H. Stachowiak. Berlin 1960, bes. S. 164 ff.
18 Vgl. z. B. Erich Wolf: Lebensumstände großstädtischer Schuljugend in heutiger Zeit; Manuskriptdruck, Berlin 1960, S. 65.
19 Vgl. Roderich von Carnap – Friedrich Edding: Der relative Schulbesuch in den Ländern der Bundesrepublik 1952–1960. Frankfurt/M. 1962.
20 Friedrich Edding: Bildungsinvestitionen und Wirtschaftswachstum. In: Die Deutsche Schule, Jg. 1962. S. 3.
21 v. Carnap – Edding: a. a. O.
22 Paul Heimann: Zur theoretischen Grundlegung der Bildungsarbeit an Oberschulen Praktischen Zweigen. In: Die OPZ in Berlin, hrsg. von U. J. Kledzik. Hannover 1963.
23 Empfehlungen des Beratungsausschusses für die Gründung einer Universität zu Bremen. In: Berliner Lehrer Zeitung, 15. November 1963 (H. 21), S. 482 f.
24 Basil Bernstein: Sozio-kulturelle Determinanten des Lernens. Mit besonderer Berücksichtigung der Rolle der Sprache. In: Soziologie der Schule, hrsg. v. P. Heintz. Köln und Opladen 1959.
25 Bernstein: a. a. O., S. 61 f.
26 Bernstein: a. a. O., S. 67.
27 Bernstein: a. a. O., S. 72.
28 Carl-Ludwig Furck: Bildungsorganisation für das Jahr 2000. In: Aufstieg durch Bildung. Bonn 1963 (nicht im Buchhandel), S. 51 l. – Vgl. auch die 2. Fassung: Anm. 13, S. 504.
29 Heinrich Roth: Was für ein Lehren und Lernen ist Zehn- bis Zwölfjährigen angemessen? In: Pädagogische Psychologie des Lehrens und Lernens. Hannover [1]1957 u. w. Aufl. – Ders.: Zur Epochal- und Sozialpsychologie der Zehn- bis Zwölfjährigen. In: Jugend und Schule zwischen Reform und Restauration. Hannover 1961.
30 Roth: Jugend und Schule, a. a. O., S. 139.

31 Deutscher Ausschuß für das Erziehungs- und Bildungswesen: Rahmenplan zur Umgestaltung und Vereinheitlichung des allgemeinbildenden öffentlichen Schulwesens. Stuttgart o. J., S. 2.

32 Paul Heimann: Zur Bildungssituation der Volksschuloberstufe in der Kultur und Gesellschaft der Gegenwart. In: Die Deutsche Schule, Jg. 1957 (H. 2).

33 H. Roth u. A. Blumenthal (Hrsg.): Das 9. und 10. Schuljahr, AUSWAHL, Reihe A, H. 3. Hannover 1963.

34 Vgl. die Nachkriegsliteratur. Carl Schietzel: Das volkstümliche Denken und der sachkundliche Unterricht. Hamburg 1948. – Herbert Freudenthal: Volkstümliche Bildung. München 1957. – Wilhelm Flitner und Eduard Spranger kommen mit ›Die vier Quellen des Volksschulgedankens‹ bzw. ›Der Eigengeist der Volksschule‹ diesem Ansatz nahe.

35 Gerhard Kudritzki: Die Kategorie des Volkstümlichen – eine Erkenntnisgrenze gegenüber politischen, gesellschaftlichen und wirtschaftlichen Strukturen? In: Die Deutsche Schule, Jg. 1962 (H. 3).

36 Zur Einführung in diesen Zusammenhang dient die Übersicht bei Theodor Wilhelm: Pädagogik der Gegenwart. 2., erw. u. verb. Aufl., Stuttgart 1960, S. 290–305.

37 Zur Einführung in diesen Zusammenhang dient Theodor Wilhelm: a. a. O., S. 305–325.

38 Friedrich Edding: Der Aufwand für Bildungseinrichtungen im internationalen Vergleich; in: septembergesellschaft, forum für fragen der erziehung und bildung, H. 2, August 1959.

39 Vgl. Heinrich Roth: Idee und Gestalt einer Jugendschule im technischen Zeitalter. In: Schule und Jugend zwischen Reform und Restauration. Stuttgart 1961.

40 Vgl. zum ganzen Absatz Robert Havighurst: Schule und Jugend. In: Soziologie der Schule, hrsg. v. P. Heintz. Köln und Opladen 1959.

41 Unter Lehren wird jedes Verhalten von Menschen gegenüber Menschen verstanden, das Lernprozesse einleiten, fördern oder hemmen will.

42 Vgl. Wolfgang Schulz: Die Wissenschaft vom Unterricht. In: Informationen Nr. 1, Berlin 1960.

43 Das wird z. B. in der Darstellung von Gottfried Hausmann (Didaktik als Dramaturgie des Unterrichts, Heidelberg 1959) besonders deutlich.

44 Wolfgang Klafki nimmt in »Das Problem der Didaktik« (3. Beiheft der Zeitschrift für Pädagogik, Weinheim/B. 1963) Stellung zu Paul Heimann (Didaktik als Theorie und Lehre. In: Die Deutsche Schule, Jg. 1962, H. 9), [Päd. Kontroversen 2, S. 115 ff.]

45 Vgl. Klafki: a. a. O., S. 21.

46 Vgl. Klafki: a. a. O., S. 22.

47 Heimann nennt sie »Intentionalität, Inhaltlichkeit, Methoden-Organisationen, Medienabhängigkeit und anthropologische sowie sozial-kulturelle Determination«. A. a. O., S. 416.

48 Vgl. auch Erich Weniger: Die Theorie der Bildungsinhalte und des Lehrplans; Weinheim/B. [2]1962.

49 Klafki: a. a. O., S. 23.

50 Dazu Otto Walter Haseloff: Probleme der empirischen Bewährungsprüfung von Erziehungszielen, Anm. 17.

51 Zit. n. Gisela Kuhn: Moderne Schulbücher mit falschen und alten Zöpfen. In: Das Berliner Wort vom 12. 10. 1963. – Vgl. Erwin Voigt: Die Arbeitswelt in Lesebüchern der Nachkriegszeit. In: Informationen Nr. 2 des Berliner Arbeitskreises Didaktik. Berlin 1960. – Wolfgang Schulz: Die Arbeitswelt in den Lesebüchern der Bundesrepublik und Westberlin. In: Mitteilungen der Deutschen Pestalozzi-Gesellschaft, Nr. 1/1962. – Gunter Otto und Wolfgang Schulz: Über Schullesebücher. In: Die Deutsche Schule, Jg. 1961, H. 5.

52 Das Lesestück »Brückenbau« von Heinrich Lersch wurde in 7 Lesewerken vorgefunden. Zit. n. Der Strom, Bd. III.

53 Helmut Klein: Polytechnische Bildung und Erziehung in der DDR, rde 144. Reinbek bei Hamburg 1962.

54 Vgl. Klein: a. a. O., S. 92.
55 Carl Schietzel: Technik und Natur. Theorie und Praxis einer Sachkunde. Braunschweig 1960.
56 Vgl. z. B. Adolf Schwarzlose: Berufserziehung in der industriellen Gesellschaft; MUND Nr. 63, 1954, ber. S. 27 f.
57 Hermann Röhrs (Hrsg.): Die Bildungsfrage in der modernen Arbeitselwt. Frankfurt/M. 1963.
58 A. Blumenthal u. H. Roth (Hrsg.): Das 9. und 10. Schuljahr. AUSWAHL, H. 3, Hannover 1963, Reihe A.
59 Ursula Walz: Soziale Reifung in der Schule. Hannover 1960, bes. S. 37–64.
60 C. Wayne Gordon: Die Schulklasse als soziales System. In: Soziologie der Schule, hrsg. v. P. Heintz. Köln und Opladen 1959.
61 Annemarie und Reinhard Tausch: Erziehungspsychologie. Göttingen 1963.
62 Tausch: a. a. O., S. 15; s. a. 60 f.
63 Tausch: a. a. O., S. 70.
64 Tausch: a. a. O., S. 63.
65 Georg Müller, Menschen in Angst und Not; zit. n. Neues Hessisches Lesebuch, Bd. IV, (5. Schulj.), 1962.
66 Wolfgang Hilligen: Worauf es ankommt Ztschr. Gesellschaft – Staat – Erziehung, Jg. 1961 (H. 8), S. 339–359. – Vgl. dazu auch Theodor Wilhelm: Politische Elementarlehre. In: Handbuch für Lehrer, Bd. II.
67 Frei nach Ingrid Harks: Die didaktische Konzeption der in Berlin zugelassenen Lehrbücher für Gemeinschaftskunde. Examensarbeit an der PH Berlin (Referent: D. Verf.).
68 Wolfgang Schulz: Angesichts wachsender Freizeit. In: Die Deutsche Schule, Jg. 1958, H. 3. – Ders.: Ästhetische Erziehung in der Kultur der Gegenwart. In: Die Deutsche Schule, Jg. 1958, H. 12. – Ders.: Freizeitverhalten. In: Handbuch für Lehrer, Bd. 2, Gütersloh 1961. – Vgl. auch Gunter Otto: Die Theorie der musischen Bildung und ihr Verhältnis zur Realität. In: Westerm. Päd. Beiträge, Jg. 1959. — [Vgl. ferner Breyer – Otto – Wieneke: Kunstunterricht, hrsg. v. W. Faber u. S. Oppolzer. Reihe »Didaktik«. Düsseldorf 1970].
69 Wolfgang Schulz: Wider die musische Freizeit; In: deutsche jugend, Jg. 1958, H. 12.
70 Zur Einführung vom Verf.: Massenkommunikationsmittel; in: Handbuch für Lehrer, Bd. 2. Gütersloh 1961. – Desgl. Ernst Meyer (Hrsg.): Massenmedien in der Volksschule. Stuttgart 1961.
71 Erich Weber: Das Freizeitproblem. München–Basel 1963, S. 213.
72 Ilse Lichtenstein-Rother: Gedanken zur inhaltlichen und methodischen Struktur der Volksschule. In: Das Problem der Didaktik. 3. Beiheft der Zeitschrift für Pädagogik, Weinheim/B. 1963.
73 Wolfgang Kramp: Begriff und Problem des Gesamtunterrichts. In: Westerm. Päd. Beiträge, Jg. 1961 (H. 8), S. 331–364.
74 Herbert Otterstädt: Bildungseinheiten für das Volksschulabschlußjahr. Hanau a. M. 1961.
75 John Dewey – William H. Kilpatrick – Edward Collings: Der Projektplan (dtsch. 1935). – Nelson M. Bossing: Progressiv Methods of Teaching, 1942 (dtsch. v. G. Geißler. In: Das Problem der Unterrichtsmethode, Weinheim ^{2}1951).
76 Zum Stilbegriff in der Didaktik Paul Heimanns: Vergleichende Unterrichtslehre. In: »Vergleichende Erziehungswissenschaft«, hrsg. v. Hans Espe. Berlin 1956.
77 Tausch: a. a. O., S. 42.
78 G. Claus: Zur sprachlichen Struktur des Unterrichts. In: Wiss. Ztschr. d. Univer. Leipzig, IV Gesellschafts- und Sprachwissenschaftliche Reihe, 3/4, S. 361–368. Zit. n. Tausch, S. 45 f.
79 Ursula Wiesenhütter: Das Drankommen der Schüler im Unterricht. München–Basel 1963.
80 Karl Odenbach: Studien zur Didaktik der Gegenwart. Braunschweig 1962.
81 Ernst Meyer: Die Elastizität der Unterrichtsvorbereitung. In: Westerm. Päd. Beiträge,

Jg. 1962, S. 297 ff. – Wolfgang Schulz: Unterricht – Analyse und Antizipation. In: »Zur Unterrichtsplanung«, Didaktische Informationen Nr. 4/5, Berlin 1963, S. 15.

82 Erste, allerdings noch sehr vorläufige Einführung in Closed Circuit Television bei Heribert Heinrichs: Roboter vor der Schultür? Kamps pädagogische Taschenbücher 17. – Über programmiertes Lernen vgl. das Heft 6 der AUSWAHL, hrsg. v. H. Roth und A. Blumenthal. – Wilbur Schramm: Programmierter Unterricht heute und morgen. Berlin und Bielefeld 1963. – Helmar Frank (Hrsg.): Lehrmaschinen in kybernetischer und pädagogischer Sicht. Stuttgart 1963.

83 Herman Nohl: Pädagogik aus dreißig Jahren; Frankfurt/M. 1949, S. 152 f.

84 Vgl. Martin Buber: Dialogisches Leben. Zürich 1947. [Insgesamt: M. Buber, Werke (1962–1964)].

85 Im Bundesgebiet ohne Stadtstaaten kamen 1961 auf einen Volksschullehrer 37 Schüler, auf einen Gymnasiallehrer 19. Dazu ein Vergleich mit einem Stadtstaat: Hamburg hatte 1961 pro Volksschullehrer 33,7 Schüler, pro Gymnasiallehrer 24,6 Schüler. (Statistischer Bericht der Freien und Hansestadt Hamburg vom 30. 10. 1061.)

86 Vgl. z. B. Hilgard: a. a. O., S. 506 ff.

87 Vgl. Schramm: Die Forschung . . ., a. a. O., S. 447.

88 Vgl. Hochheimer: a. a. O., S. 438.

89 Felix von Cube: Die Redundanztheorie des Lernens und ihre Anwendung bei Lehrmaschinen. In: Lehrmaschinen in kybernetischer und pädagogischer Sicht, hrsg. v. H. Frank. Stuttgart 1963.

90 An anderer Stelle hat d. Verf. mit Begründung für Geformtsein ausdrücklich Angepaßtheit verwendet. In: Unterricht-Analyse und Antizipation. Didaktische Informationen 4/5, Berlin 1963, vor allem S. 18.

91 Wolfgang Klafki: Das pädagogische Problem des Elementaren und die Theorie der kategorialen Bildung. 2., erw. Aufl., Weinheim/B. 1963 [3./4. Aufl. 1964]. – Vom gleichen Verf.: Das Problem der Didaktik. In: Zs. für Pädagogik, 3. Beiheft, Weinheim/B. 1963.

92 Wolfgang Klafki: Kategoriale Bildung. Zur bildungstheoretischen Deutung der modernen Didaktik. In: Zs. für Pädagogik, Jg. 1959 (Heft 4), S. 386–412; neuerdings abgedruckt in der Aufsatzsammlung »Studien zur Bildungstheorie und Didaktik«. Weinheim/B. 1963.

93 Wolfgang Klafki: Kategoriale Bildung: a. a. O., S. 404 f. – Das Beispiel stammt aus Martin Wagenschein: Natur physikalisch gesehen. Frankfurt/M. 1953, S. 51.

94 Klafki: a. a. O., S. 410.

95 Vgl. Klafkis Auseinandersetzung mit A. Rang. In: »Das pädagogische Problem . . .«, S. XIV f.

96 Vgl. Klafkis Auseinandersetzung mit Jürgen Henningsen (Die Pädagogik vor dem Anspruch des Objektiven; Vierteljahresschrift f. wissensch. Päd., 1961, S. 3 ff.). In: »Das pädagogische Problem . . .«, S. 321 f.

97 Vgl. Klafkis Auseinandersetzung mit Oskar Hammelsbeck (Volksschule in evangelischer Verantwortung), Bochum 1962. In: »Das pädagogische Problem . . .«, bes. S. 306.

98 Klafki: Das pädagogische Problem . . ., a. a. O., S. 313.

99 Klafki: Das Problem der Didaktik, a. a. O., S. 31–36.

100 Klafki: Das Problem der Didaktik, a. a. O., S. 29.

101 Man vgl. Kategoriale Bildung, a. a. O., S. 408 f. und vom gleichen Verf.: Die didaktischen Prinzipien des Elementaren, Fundamentalen und Exemplarischen. In: ›Handbuch für Lehrer‹, Bd. 2. Gütersloh 1961, S. 120 ff.

102 Auch ein Bildungsdenken, das im wesentlichen nur die Intentionen des Lehrenden diskutiert, kommt nicht darum herum, einen Lernprozeß anzunehmen, der diesen Intentionen entspricht. Das zeigt sich im Kontext unseres Beispiels an Wendungen wie: »Einsichten vom jungen Menschen in geistiger Selbsttätigkeit erworben, in ihm als wahres Bildungswissen lebendig geworden«; »Insofern die Erkenntnis selbsttätig erarbeitet worden ist, ist sie mit einem freudigen Gefühl des geistigen Wachstums, neu gewonnener Erkenntnismöglichkeiten verbunden«. Ob die pädagogischen Intentionen nicht nur als Bildungshilfe gemeint, sondern auch wirksam geworden sind, bleibt am Zögling festzustellen.

103 Klafki: Das pädagogische Problem . . ., a. a. O., S. 458.
104 Klafki: Zu Peter Roeders »Bemerkungen«. In: Die Deutsche Schule, Jg. 1961, (H. 12), S. 591. [Päd. Kontroversen 2, S. 101].
105 Es folgt die überarbeitete Fassung der Forderungen an eine moderne Bildungsauffassung, wie sie der Verf. zuerst in einer gemeinsam mit P. Laudan verfaßten Arbeit ›Bildung – Ausbildung – Bildungschancen‹ vorgelegt hat. In: Berliner Lehrer-Zeitung, Nr. 22/1962.
106 Vgl. z. B. den Autonomiebegriff von David Riesman: Die einsame Masse (dtsch. von Renate Rausch, 1956, III. Teil). – Vgl. ebenso von Groothoff und Stallmann: Mündigkeit. Artikel in Pädagogisches Lexikon. Stuttgart 1961, Sp. 638 f.
107 Dazu Paul Heimann. In: Film – Funk – Fernsehen in der Lehrerbildung. In: Jugend, Film, Fernsehen, Jg. 1961, H. 1. – Ders.: Intensive und extensive Bildung. In: ›Aufstieg durch Bildung‹. Bonn 1963, S. 37–40.
108 Richard Meili: Lehrbuch der psychologischen Diagnostik. Berlin 1953. – S. a. Peter R. Hofstätter: Psychologie. In: Das Fischer Lexikon, Bd. 6. Frankfurt/M. 1957, S. 173 f.
109 Heinrich Roth: Wir müssen Intelligenz und Begabung unterscheiden. In: Pädagogische Psychologie des Lehrens und Lernens. Hannover [1]1957, u. w. A., bes. S. 143 und S. 156 f.
110 Die folgenden Punkte werden im wesentlichen referiert nach Heinrich Roth: Der Wandel des Begabungsbegriffs. In: Jugend und Schule zwischen Reform und Restauration. Hannover 1961.
111 Lewis M. Terman und Melitta H. Oden: The gifted group at Mid-Life: Thirty-five years follow-up of the superior child. Stanford University Press 1959; zit. n. Roth, s. Anm. 110, S. 103.
112 Roth, s. Anm. 110, a. a. O., S. 109.
113 Wilhelm Arnold: Begabungswandel und Erziehungsfragen. 1960.
114 Wolfgang Klafki: Die Stufen des pädagogischen Denkens. Bildung und Erziehung, Jg. 1954. – Jetzt auch in einem Aufsatzband vom gleichen Verf.: Studien zur Bildungstheorie und Didaktik. Weinheim/B. 1963.
115 Bezeichnung nach Theodor Wilhelm: Pädagogik der Gegenwart. 2., verb. u. erw. Aufl., Stuttgart 1960.
116 Hartmut von Hentig: Philosophie und Wissenschaft in der Pädagogik; In: Neue Sammlung, 4. Jg. (1964), Januar/Februar.
117 Von Hentig: a. a. O., S. 23.
118 Vgl. Anm. 42, S. 8 ff.
119 Von Hentig: a. a. O., S. 21.
120 Von Hentig: a. a. O., S. 11.
121 Von Hentig: a. a. O., S. 14 (zweimal).
122 Theodor W. Adorno: Was bedeutet Aufarbeitung der Vergangenheit?; In: Gesellschaft, Staat, Erziehung, Jg. 1960 (H. 1).
123 Von Hentig: a. a. O., S. 22.
124 Von Hentig: a. a. O., S. 23.
125 Von Hentig: a. a. O., S. 19.
126 Von Hentig: a. a. O., S. 29.
127 Von Hentig: a. a. O., S. 12 f.

Wolfgang Klafki

Zur Diskussion über Probleme der Didaktik

Antworten auf Fragen der Schriftleitung

1. Wie beurteilen Sie den augenblicklichen Stand des »Problems der Didaktik«? Ist das Interesse an den didaktischen Fragen weiterhin wach, oder hat sich die wissenschaftliche Pädagogik mehr anderen Problemen zugewandt?

Wenn ich recht sehe, so hat im Zeitraum zwischen den beginnenden 50er und den beginnenden 60er Jahren das Problem der Didaktik weitgehend im Zentrum des erziehungswissenschaftlichen Interesses gestanden, und zwar vor allem im engeren Sinne dieses Begriffes, der die Erforschung der Auswahl, der Struktur und der Anordnung von Lehr- bzw. Lerninhalten oder -aufgaben meint. Vor allen Dingen waren es Bemühungen im Bereich der Allgemeinen Didaktik, in der neue Ansätze und erste Versuche zu umfassenderen Konzeptionen vorgelegt und diskutiert wurden. Diese Diskussionen mündeten bereits damals immer wieder in die Forderung aus, daß die Fachdidaktiken diese Anstöße aufnehmen und in ihren Problemfeldern konkretisieren müßten; zugleich wurde häufig betont, daß auch der Fortschritt in der Allgemeinen Didaktik davon abhänge, daß entsprechende Diskussionen in den Fachdidaktiken in Gang kämen.

Seit einigen Jahren sind einige andere Problembereiche in den Vordergrund der pädagogischen Diskussion gerückt. Es ist nicht ganz einfach zu sagen, ob damit das Interesse an didaktischen Problemen i. e. S. nachgelassen hat. – Vor allem sind es zwei neue Problemfelder, die heute mit mindestens gleicher Intensität diskutiert werden:

a) Neue Ansätze im Bereich der Methodenproblematik, insbesondere die Frage des programmierten Unterrichts und des Einsatzes anderer neuer Unterrichtsmedien.

b) Schulorganisatorische Probleme.
Einmal ist es fraglich geworden, ob die herkömmliche Scheidung von sogenannten allgemeinbildenden und sogenannten berufsbildenden Schulen noch brauchbar ist oder in welcher Weise das Verhältnis zwischen den genannten Schulgruppen neu bestimmt werden müßte. Zum anderen ist auch im Bereich der sogenannten allgemeinbildenden Schulen die Frage aufgetaucht, ob die herkömmliche Dreigliederung nicht überholt sei und durch Formen integrierter Schulen – insbesondere durch Gesamtschulen – ersetzt werden müßte.

Mir scheint, daß die weitere didaktische Diskussion nur dann fruchtbar weitergeführt werden kann, wenn sie jene neuen Fragestellungen einbezieht. Umgekehrt zeigt sich, daß einerseits die Diskussionen um den programmierten Unterricht und ähnliche methodische Ansätze zwangsläufig auf die didaktischen Voraussetzungen und Implikationen zusteuern und daß andererseits die schulorganisatorischen Diskussionen immer wieder in didaktische Fragen einmünden.

2. Hat sich Ihre Sicht von den Problemen der Allgemeinen Didaktik, wie Sie sie 1962 dargelegt haben, geändert? Haben sich für Sie Korrekturen bzw. neue Akzente ergeben?

Meine Sicht des Problems der Allgemeinen Didaktik hat sich gegenüber den Beiträgen, die ich bis 1962 vorgelegt habe, nicht grundsätzlich geändert. Jedoch sind Aspekte, die ich damals nur angedeutet oder berührt habe, in den letzten Jahren für mich sehr viel bedeutsamer geworden. Insbesondere scheint es mir notwendig zu sein, intensiver und differenzierter der Frage nachzugehen, wie die empirisch-pädagogische Forschung für die Klärung didaktischer Probleme eingesetzt werden kann.

Der Beitrag empirisch-pädagogischer Forschung zur Klärung gewisser schulorganisatorischer Fragen, z. B. der Chancen oder Hemmnisse des Zugangs von Kindern bestimmter Sozialschichten zu bestimmten Schulzweigen oder Schulformen, und der Beitrag der empirischen Forschung zur Klärung von Methodenfragen – etwa Fragen der Effektivität bestimmter Methoden oder bestimmter Führungsstile des Lehrers im Unterricht – scheint mir bereits heute ziemlich eindeutig bestimmbar und z. T. bereits überzeugend erwiesen zu sein.

Inwiefern sich Lehrplanprobleme, Auswahlprobleme, Fragen der Anordnung von Lehr- und Lerninhalten in Lehrgängen usf. in Forschungsvorhaben empirischer Art übersetzen lassen, ist bis heute nicht ausreichend untersucht. Das zeigen z. B. auch die schwedischen Lehrplanuntersuchungen. Auch in Deutschland gibt es inzwischen Ansätze zu empirischer Lehrplanforschung, meist laufen sie unter dem amerikanischen Terminus der Curriculum-Forschung; aber es ist methodologisch noch nicht hinreichend erörtert, in welcher Weise auf dieser Basis strittige Lehrplanprobleme geklärt werden können. – Grundsätzlich bin ich jedoch der Überzeugung, daß wir nur unter Zuhilfenahme empirischer Forschungsverfahren auch in der Allgemeinen Didaktik und in der Fachdidaktik weiterkommen werden. Deutlich scheint mir die Einsatzmöglichkeit empirischer Verfahren im Bereich der Effektivitätsforschung zu sein, d. h.: ob ein bestimmter Lehrplan oder ein bestimmter Lehrgang bei Schülern, deren Intelligenzniveau, deren häusliches Milieu usf. (wiederum mit empirischen Forschungsmethoden) ermittelt worden ist, in einem bestimmten Zeitraum mit Erfolg durchgeführt oder nicht durchgeführt werden kann, ist empirisch erforschbar. Die Frage, ob ein *anderer* Lehrgang oder eine *andere* Lehrplanauswahl pädagogisch sinnvoller als der untersuchte ist, dürfte sehr viel schwieriger durch empirische Forschung geklärt werden können. Voraussetzung dafür ist nämlich ein consensus darüber, an welchen Kriterien man »das pädagogisch Sinnvolle« oder »Wünschenswerte" messen will.

Zur 2. Hauptfrage noch eine letzte Bemerkung: In den kritischen Beiträgen zu meinen eigenen didaktischen Versuchen spielt ein Mißverständnis eine erhebliche Rolle: die Meinung nämlich, Wenigers wie meine Auffassung von Didaktik stelle sich in einen Gegensatz zu den Fachwissenschaften, ihrer Entwicklung und ihrer zunehmenden Bedeutung in der gegenwärtigen Welt. Demgegenüber haben sowohl Weniger wie diejenigen, die seinen Ansatz weiter zu entwickeln versuchten, immer wieder mit Nachdruck betont, daß Didaktik und insbesondere Fachdidaktik nur in ständigem produktivem Kontakt der Schulfächer mit den zugeordneten Wissenschaften konzipiert werden können. Das gilt heute zweifellos mehr denn je. Trotzdem ist die Auffassung irrig, daß es sich bei diesem Verhältnis um die Relation der Ableitung didaktischer Konsequenzen aus vermeintlich unproblematischen fachwissenschaftlichen Voraussetzungen handeln könne.

3. Wenn wir es richtig sehen, liegen im Bereich der wissenschaftlichen Didaktik drei unterschiedliche Ansätze vor (Derbolav, Klafki, Heimann). Sehen Sie
a) Ansätze zu einer Annäherung der Standpunkte auf wissenschaftlicher Ebene,
b) Möglichkeiten der Integration im Blick auf die Unterrichtsvorbereitung?

a) Im Bereich der Didaktik liegen nach meiner Sicht heute *vier* unterscheidbare Ansätze vor. Der von Josef Derbolav, der des Berliner Arbeitskreises Didaktik – repräsentiert vor allem durch Paul Heimann und seinen Schüler Wolfgang Schulz –, die in der Nachfolge Erich Wenigers stehenden Versuche – darunter mein eigener – und schließlich die sogenannte kybernetische Didaktik, vertreten vor allem von den Berliner Professoren Helmar Frank und Felix von Cube.

Josef Derbolav hat seinen Aufriß einer didaktischen Konzeption, den er auf dem Tübinger Hochschultag 1959 vortrug, leider nicht in neuen Veröffentlichungen fortgeführt, so daß sich in dieser Hinsicht kaum neue Aussagen machen lassen. An den grundsätzlichen Bedenken gegenüber einigen Aussagen dieser Konzeption, die ich in früheren Veröffentlichungen geäußert habe, meine ich nach wie vor festhalten zu müssen.

Das Verhältnis des Ansatzes Wenigers, den ich kritisch fortzusetzen und zum Teil doch auch zu modifizieren versucht habe, zu der Didaktik des Berliner Arbeitskreises ist in einigen Veröffentlichungen der letzten Zeit als ein Verhältnis sich ausschließender Gegensätze dargestellt worden. Ich halte diese Deutung für falsch. Beide Konzeptionen schließen sich nicht aus, sie gehen vielmehr von zunächst unterschiedlichen Fragestellungen aus, berühren sich aber, sobald man jeden Ansatz auf seine Voraussetzungen oder Konsequenzen hin weiterdenkt. Der Ansatz Wenigers und mein eigener beginnen bei der Frage nach den Inhalten schulischen Lehrens und Lernens. Die Berliner Didaktiker setzen bei der Frage einer möglichst objektiven Beschreibung von wirklichem Unterrichtsgeschehen an. In einem zweiten Schritt kommen aber auch die Berliner Didaktiker zur Frage der Unterrichtsplanung, der Unterrichtsvorbereitung, und in diesem Zusammenhang stellt sich auch ihnen unausweichlich das Problem der Auswahl und der Anordnung der Lehr- und Lerninhalte. In dieser Hinsicht scheint mir die Berliner Konzeption am wenigsten differenziert zu sein, während ich sie unter dem Gesichtspunkt der Beschreibung und Analyse wirklicher Unterrichtsabläufe durch Studierende bzw. durch selbstkritische pädagogische Praktiker für das mit Abstand beste und differenzierteste Kategoriensystem halte, das bisher in der Erziehungswissenschaft vorgelegt worden ist.

Um Mißverständnisse zu vermeiden, hebe ich noch einmal hervor, daß diese Aussage sich auf ein Kategoriensystem für *Studierende* bzw. *praktizierende Lehrer* bezieht; in der Unterrichts*forschung* muß man weitaus detailliertere Kategoriensysteme entwickeln, wie das in der amerikanischen Erziehungswissenschaft z. B. durch Bales, Medley und Mitzel oder Wallen und Travers (vgl. die entsprechenden Abschnitte im Handbook of Research on Teaching, hrsg. v. Gage, Chikago 1963), in Deutschland etwa durch P. M. Roeder (Versuche einer kontrollierten Unterrichtsbeobachtung, Psychologische Beiträge 1965, S. 408 ff) geleistet worden ist.

Führt also die Berliner Konzeption folgerichtig zur Auswahlproblematik hin, so verweist andererseits Wenigers Ansatz bei der Frage nach den Unterrichtsinhalten, ihrer Auswahl und ihrer Anordnung in Lehrplänen und Lehrgängen auf die Frage, wie denn eine bestimmte, durch Richtlinien rahmenhaft vorentworfene und durch den einzelnen Lehrer dann konkretisierte Auswahl tatsächlich im Unterricht praktiziert wird. Im Grunde liegt natürlich auch den Überlegungen zur Auswahl bestimmter Inhalte immer schon eine gewisse Vorstellung von der Realität durchschnittlichen Unterrichts zugrunde. Diese Probleme sind aber in Wenigers und in meiner Konzeption mehr vorausgesetzt als differenziert expliziert worden, während sie bei den Berliner Didaktikern im Mittelpunkt stehen.

Ich fasse zusammen: Der Ansatz Wenigers und einiger seiner Schüler einerseits und der Ansatz der Berliner Didaktiker stehen m. E. im Verhältnis notwendiger Ergänzungen zueinander. Eine umfassende Didaktik muß in Zukunft beide Aspekte (und ggf. weitere) berücksichtigen bzw. weiterführen.

Die sogenannte kybernetische Didaktik geht von der allgemeinen Kybernetik bzw. der Informationstheorie aus. Einstweilen läßt sich über den möglichen Beitrag dieses Ansatzes zur Fortführung der didaktischen Forschung und der didaktischen Theoriebildung m. E. wenig sagen, da die diesbezüglichen Erörterungen noch – und zwar wohl notwendigerweise – auf der Ebene hochabstrakter Grundsatzerörterungen geführt werden. Wenn ich recht sehe, steht zur Zeit im Horizont dieses Ansatzes immer noch die Frage zur Diskussion, ob und in welcher Weise Lehr- und Lernprozesse überhaupt in den Modellvorstellungen der Kybernetik bzw. der Informationstheorie beschrieben werden können. Ich bin nicht der Meinung, daß man gegen ein vorgebliches »Wesen« des Menschen oder des menschlichen Lernprozesses oder des Lehrens und Lernens verstößt, wenn man solche Prozesse in kybernetischen oder informationstheoretischen Modellen beschreibt. Was mit solchen Beschreibungen allerdings für die konkrete didaktische und methodische Forschung gewonnen werden kann, muß sich erst zeigen. Das Problem besteht m. E. darin, aus den allgemeinen Lernmodellen der Kybernetik konkrete Hypothesen abzuleiten, die dann mit Hilfe empirischer Forschung verifiziert bzw. falsifiziert werden können. Erst wenn eine Reihe solcher Untersuchungen vorliegt, wird sich das Verhältnis dieses neuen Ansatzes zu den »traditionellen« didaktischen Konzeptionen präziser bestimmen lassen.

b) Die Integration des Berliner und meines didaktischen Ansatzes im Hinblick auf die Unterrichtsvorbereitung ist m. E. nicht nur möglich und notwendig, diese Integration ist zum Teil schon vollzogen. Denn die (allerdings recht knapp gehaltenen) Vorschläge zur »Unterrichtsplanung«, die sich vor allem in Wolfgang Schulz' Abhandlung »Unterricht – Analyse und Planung« (in dem gleichnamigen Schroedel-Bändchen »Auswahl«, Reihe B, Nr. 1/2, S. 43 ff) finden, enthalten selbstverständlich *auch* Gesichtspunkte, die sich auf die »Inhaltlichkeit« des Unterrichts beziehen, nämlich auf die Zielsetzung (Intentionalität) und die Thematik sowie die damit jeweils angesprochenen »anthropogenen« und »sozial-kulturellen" Voraussetzungen. In dieser Hinsicht meine ich allerdings, daß mein Aufriß der didaktischen Analyse aspektreicher als die Berliner Konzeption ist. Das von Schulz genannte erste Planungsprinzip der »Interdependenz«, d. h. der »widerspruchsfreien Wechselwirkung der Planungsmomente«, ist in der didaktischen Analyse durchaus enthalten – und dieser Sachverhalt gilt unbeschadet der Tatsache, daß ich, von W. Schulz abweichend, den Satz vom Primat der Didaktik (i. e. S.) im Verhältnis zu den methodischen Fragen nach wie vor für beweisbar richtig halte. Auch das zweite Planungsprinzip der Berliner Didaktik – »das Prinzip der Variabilität«, d. h. der »absichtsvollen Bereitstellung von Alternativen, der Zulassung von Variationen, der nachträglichen Korrektur von Unterrichtszielen und der Elastizität beim Ansteuern dieser Ziele (Schulz, a. a. O., S. 45) – läßt sich unschwer als in meinem Ansatz mitenthalten nachweisen. Aber es bleibt das unbestreitbare Verdienst der Berliner Gruppe, die Gesichtspunkte der »Interdependenz« und der »Variabilität« als übergreifende Prinzipien herausgestellt und begrifflich fixiert zu haben. Das in einer ausführlichen »didaktischen Analyse« Ermittelte kann u. a. unter diesen Gesichtspunkten sinnvoll zusammengefaßt werden.

Fast noch wertvoller scheint mir die mögliche Ergänzung meines Aufrisses der didaktischen Analyse durch das dritte, von den Berlinern genannte Prinzip, das der »Kontrollierbarkeit didaktischer Entwürfe« (Schulz, a. a. O., S. 45), zu sein. Damit wird auf die Notwendigkeit verwiesen, Verfahren zu finden und in die Unterrichtsvorbereitung einzuplanen, die eine Effektivitätskontrolle im Hinblick auf Schüler und Lehrer ermöglichen, ein in meinem Entwurf nicht hinreichend berücksichtigter Gesichtspunkt.

Daß in dem Berliner Aufriß die Methodenfrage stärker als in der »didaktischen Analyse" hervortritt, kann nur dann als Gegensatz beider Entwürfe gedeutet werden, wenn man meinen nachdrücklichen Hinweis überliest, daß die »didaktische Analyse« (i. e. S. des Wortes »didaktisch«) m. E. zwar den Kern, aber keineswegs das Ganze der Unterrichtsvorbereitung ausmacht, m. a. W.: daß die methodische Vorbereitung der notwendige, nicht minder wichtige zweite Schritt jeder konsequenten Unterrichtsplanung ist. Dieser Schritt ist in dem Aufsatz über die »didaktische Analyse« allerdings nur thesenartig angedeutet worden. Wolfgang Kramp hat ihn im zweiten Teil seiner »Hinweise zur Unterrichtsvorbereitung für Anfänger« (Schroedel-Taschenbuch »Auswahl«, Reihe A, Nr. 1) sehr präzise und erheblich differenzierter aufgeschlüsselt, als das später etwa Wolfgang Schulz und seine Mitarbeiter getan haben.

Entscheidend ist also, daß hier nirgends sachliche Gegensätze vorliegen; alle diesbezüglichen Konstruktionen beruhen auf Mißverständnissen oder auf ungenauer Lektüre[1].

4. Sie haben Ihren didaktischen Entwurf nicht nur zur Fortentwicklung der pädagogischen Forschung vorgelegt, sondern auch in der Absicht der Hilfe für die Praxis. Sehen Sie im Blick auf die Praxis Ihre Absichten bestätigt oder zeigen sich Gefahren oder Mißverständnisse?

Die Absicht meiner Beiträge zur Didaktik war durchaus, nicht nur die erziehungswissenschaftliche Forschung voranzutreiben, sondern auch der

Praxis Hilfen zu geben. Nun ist insbesondere das Konzept der »Didaktischen Analyse« in der Praxis der Lehrerausbildung – insbesondere wohl in der zweiten Phase – zu meinem größten Bedauern häufig in eigentümlicher Weise dogmatisiert worden. Eine Art neuer Herbartianismus hat zum Teil Platz ergriffen.

Mein Entwurf der didaktischen Analyse war und ist gedacht als ein variables Fragenschema, das vom Praktiker angesichts bestimmter Unterrichtsaufgaben mit größtmöglicher Freiheit gehandhabt werden sollte. Unter dieser Bedingung meine ich nach wie vor, daß er eine notwendige Hilfe für eine pädagogisch verantwortliche Unterrichtsgestaltung sein kann. Wahrscheinlich ist einer der Gründe für jene problematische Dogmatisierung meines Entwurfes darin zu sehen, daß die Fachdidaktiken dieses Konzept nur selten kritisch und produktiv aufgenommen, modifiziert und in seinem Sinn und seinen Grenzen angesichts konkreter Unterrichtsbeispiele durchleuchtet haben. Freilich liegt eine Reihe solcher sinnvoller Anwendungen dieses Entwurfes in der Literatur vor – nicht zuletzt in einigen Beiträgen des »Rundgesprächs« aus den letzten Jahren.

Die Mißverständnisse, die vielfach aufgetreten sind, lassen sich vielleicht besonders gut am Beispiel der Frage nach der Gegenwarts- und der Zukunftsbedeutung bestimmter Unterrichtsinhalte deutlich machen. Diese Fragen waren im strengen Sinne als echte Fragen gemeint, d. h. so, daß sie nicht nachträglich einer bereits gefallenen Vorentscheidung als Quasi-Begründung angehängt werden. Beide Fragen weisen übrigens auf den größeren Zusammenhang hin, in dem die didaktische Analyse etwa einer einzelnen Unterrichtsstunde oder einer Stundenreihe steht, nämlich auf grundsätzliche Lehrplan- und Auswahlprobleme bis hin zur Frage, ob herkömmliche Fächer in ihrer bisherigen Form noch den gegenwärtigen pädagogischen Aufgaben angemessen sind und ob es nicht eine Reihe von Sachgebieten gibt, die im Blick auf die politische, gesellschaftliche, ökonomisch-technische Situation der Gegenwart überhaupt erstmalig in den Zusammenhang unserer Schulbildung eingeführt werden müßten. Nur wenn man den Ansatz der didaktischen Analyse in diesem größeren Zusammenhang sieht und ihn als einen Versuch versteht, grundsätzlich pädagogische Reflexion in Gang zu setzen und erforschbare Fragestellungen herauszuarbeiten, wird man vor Kurzschlüssen und falschen Dogmatisierungen, aber auch vor einer Verurteilung in Bausch und Bogen gefeit sein.

5. Wie sehen Sie den Zusammenhang zwischen der Allgemeinen Didaktik und der Besonderen Didaktik der einzelnen Schularten? Tritt die Bedeutung der Allgemeinen Didaktik hinter der Didaktik der Schularten zurück oder wäre besonders auf die übergreifenden Aussagen der Allgemeinen Didaktik hinzuweisen?

Alle schulorganisatorischen Integrationsbemühungen weisen zwangsläufig auf die Notwendigkeit hin, die Allgemeine Didaktik – freilich in differenzierter Form – intensiv weiterzuentwickeln. Allerdings muß hier noch einmal betont werden: Allgemeine Didaktik kann überhaupt nur in Korrespondenz mit einzelnen Fachdidaktiken bzw. Bereichsdidaktiken weiterentwickelt werden. Solange die Fächer darauf warten, von der Allgemeinen Didaktik die entscheidenden Weisungen zu erhalten, wird der Prozeß der wechselseitigen Befruchtung von Allgemeiner Didaktik, Fachdidaktik und Besonderer Didaktik nicht zufriedenstellend in Gang kommen. – Andererseits steigt gerade mit der Annäherung verschiedener Schularten die Bedeutung der Allgemeinen Didaktik, und es wäre naiv anzunehmen, die Summierung von zunächst unabhängig voneinander zu entwickelnden Fachdidaktiken könnte »später einmal« so etwas wie eine Allgemeine Didaktik ergeben. Allgemeine Didaktik ist im Felde der Erziehungswissenschaft ebenso unverzichtbar wie im Bereich der exakten Naturwissenschaften etwa »theoretische Physik«, die auch nicht durch Addition experimental-physikalischer Einzelergebnisse zustande kommt. Die Allgemeine Didaktik muß von vornherein die Beziehungen didaktischen Denkens in verschiedenen Teilbereichen mit der Allgemeinen Erziehungswissenschaft aufrechterhalten, nicht zuletzt im Hinblick auf die Entwicklung erziehungswissenschaftlicher Forschungsmethoden. Sie muß zugleich übergreifende Termini, Hypothesen, Zusammenhänge erforschen bzw. entwickeln, und sie ermöglicht damit eine gegenseitige Verständigung und ein gemeinsames Problembewußtsein der Fach- bzw. Bereichsdidaktiker. So ist z. B. auch und gerade das Problem übergreifender Stufendidaktiken ohne die Vermittlungsfunktion der Allgemeinen Didaktik unlösbar.

6. Sie haben – besonders seit dem Jahrgang 1963 – die Veröffentlichungen des »Rundgesprächs« zu Fragen einer Reform der gymnasialen Oberstufe, der Neugestaltung der Hauptschule und der Entwicklung der Fachdidaktiken verfolgt. Worin liegt Ihrer Meinung nach das besondere Verdienst dieser Reihen, wo sehen Sie besondere Schwächen?

Die Diskussion, die im »Rundgespräch« vor allem seit dem Jahr 1963 über Fragen der Reform der gymnasialen Oberstufe, der Neugestaltung der Hauptschule und der Entwicklung einiger Fachdidaktiken geführt worden ist, scheint mir – gerade im Vergleich mit anderen pädagogischen Zeitschriften – aufs Ganze gesehen sehr verdienstvoll gewesen zu sein. Es gibt kaum eine andere pädagogische Zeitschrift, die solche Fragen in der Form einer fortlaufenden Diskussion zur Erörterung gestellt hat. Daß dem »Rundgespräch« das gelungen ist, scheint mir ein besonderes Verdienst zu sein.

Sicherlich wird man unter den eingangs genannten veränderten Bedingungen der erziehungswissenschaftlichen Diskussion feststellen müssen, daß diese Diskussionen des »Rundgesprächs« vorwiegend noch in der Perspektive jeweils einer der traditionellen Schularten geführt worden sind. Das Problem übergreifender Stufendidaktiken ist zwar mehrfach angesprochen, aber kaum ausführlich expliziert worden. – An einigen Stellen hat es fruchtbare Ansätze zur Konkretisierung der Diskussionen in Unterrichtsbeispielen gegeben. In dieser Richtung kann m. E. auch heute noch gar nicht genug getan werden, und ich meine, daß die Anregung zur Vorlage und zur kritischen Diskussion von Unterrichtsbeispielen weiterhin aufrechterhalten werden sollte. – Einen gewissen Mangel sehe ich darin, daß die Diskussionen oft zu sehr auf die Erarbeitung eines relativ festen Ergebnisses zusteuerten, während es m. E. heute vielfach darauf ankommt, in Diskussionen dieser Art die Konzeption von Versuchen, Unterrichts- bzw. Schulversuchen, herauszuarbeiten. Solche Versuchskonzepte müßten dann von einer möglichst großen Anzahl interessierter Kollegen im Unterricht erprobt werden. Außerdem müßte man die Möglichkeit von Protokollationen und Dokumentationen solcher Versuche klären, so daß die Auswertung und ggf. die Verallgemeinerung positiver Ergebnisse möglich sind.

7. Haben Sie den Eindruck, daß diese Reihen sowohl der weiteren wissenschaftlichen Klärung didaktischer Probleme als auch der konkreten Hilfe in der Praxis dienen konnten?

Beide Teilfragen möchte ich im Prinzip bejahen. Mehr darüber zu sagen scheint mir nur dann möglich zu sein, wenn man in eine genaue Analyse der einzelnen Beiträge eintreten würde und jeden Beitrag auf den gegenwärtigen Forschungsstand bezöge. Das aber kann hier nicht geleistet werden.

8. Das »Rundgespräch« zieht jetzt eine Art Zwischenbilanz. Könnten Sie eine Empfehlung geben, in welcher Weise das »Rundgespräch« fortfahren sollte? Welche Probleme sollten in naher Zukunft in den Mittelpunkt der Betrachtung rücken?

Die Frage, in welcher Weise mir die Fortsetzung der Arbeit des »Rundgesprächs« im Gesamtbereich der Didaktik als sinnvoll erscheint, kann hier nur durch das Ansprechen weniger Aspekte beantwortet werden. Mir scheint, daß auch fachdidaktische Probleme in Zukunft immer im Hinblick auf die Entwicklung von Stufendidaktiken durchdacht werden sollten, ohne daß man dabei das Faktum, daß wir von einer generellen Aufhebung der herkömmlichen Schulzweige noch weit entfernt sein dürften, aus dem Auge verlieren sollte. Diskussionen dieser Art können aber immer so geführt werden, daß die Weiterentwicklung nach vorn offengehalten wird, auch wenn man sie jetzt noch nicht zu realisieren vermag.

Inhaltlich möchte ich – ohne jeden Anspruch auf Vollständigkeit – einige Probleme andeuten, die mir der Erörterung besonders wert zu sein scheinen (– die Reihenfolge ist keine Wertrangfolge –):

a) Das Problem der Arbeitslehre – zunächst in der Hauptschule, aber darüber hinaus im Gesamtbereich der Mittelstufe unseres Schulwesens – muß m. E. mit Intensität weiter diskutiert werden. Auch hier kommt es ebensosehr darauf an, die weiterlaufenden grundsätzlichen Diskussionen zu verfolgen wie vor allem, überzeugende Beispiele praktikabler Unterrichtsvorhaben zu skizzieren. Ins Zentrum muß m. E. die Frage nach dem Aufbau eines praktischen, technisch-ökonomischen Lehrganges bzw. eines kleinen »Systems« solcher Lehrgänge treten. Es wird sich nur in Zusammenarbeit zwischen Berufsschullehrern, aufgeschlossenen Werkerziehern der Hauptschule und Fachleuten aus dem Bereich der Technologie erarbeiten lassen.

b) Ein zweiter didaktischer Schwerpunkt scheint mir der muttersprachliche Unterricht zu sein, und zwar in einer besonderen Perspektive: Seitdem neuere Forschungen uns die Bedeutung des Sozialmilieus für die Sprachentwicklung von Kindern und Jugendlichen deutlich gemacht haben, müssen Probleme der Sprachdidaktik heute u. a. unter diesem Gesichtspunkt erörtert werden. Beispielsweise fehlen uns Überlegungen, praktikable Vorschläge und Versuche, wie man durch die Einrichtung von besonderen Kursen, durch Einsatz technischer Hilfsmittel – beispielsweise des Sprachlabors u. ä. – sprachgehemmten oder aus einem wenig differenzierten Sprachmilieu kommenden Schülern gezielte individuelle Hilfen vermitteln kann.

c) Das »Rundgespräch« erwürbe sich ein Verdienst, wenn es außerdem die Frage der Grundschule nachdrücklich zur Diskussion stellte. Die auch vom Deutschen Ausschuß für das Erziehungs- und Bildungswesen geäußerte Vermutung, daß die Grundschule im wesentlichen auf den Ergebnissen der entsprechenden Bemühungen der 20er Jahre fußen könne, scheint mir problematisch zu sein. Insbesondere muß das Problem des sogenannten heimatkundlichen Unterrichts – ich würde lieber von Sachunterricht sprechen – gründlich durchdacht werden. Ein Grundgesichtspunkt einer solchen Neubesinnung über die Grundschule müßte m. E. folgender sein: Man sollte sich von allen überkommenen entwicklungspsychologischen Schemata zunächst einmal lösen; Schemata, die besagen, daß die 7- und 8jährigen das und das bereits könnten oder nicht könnten, zu dieser oder jener Leistung bereits in der Lage oder nicht in der Lage wären, an diesen oder jenen Fragen bereits Interesse oder – aus vermeintlich entwicklungspsychologischen Gründen – noch kein Interesse haben könnten. Was Grundschüler heute zu leisten vermögen, was sie interessiert, was ihnen zugänglich gemacht werden kann, das muß ganz neu aus entsprechenden Versuchen heraus ermittelt werden.

d) Ein weiteres Thema, das der Diskussion bedürftig ist, scheint mir der sachkundliche bzw. naturwissenschaftliche Unterricht im 5.–9. Schuljahr aller Schularten bzw. der Förderstufe zu sein. Physik bzw. Naturlehre-Unterricht beispielsweise sind im herkömmlichen Gymnasium im 5. und 6. Schuljahr überhaupt noch nicht vertreten. Das aber widerspricht, wenn ich recht sehe, allen Beobachtungen über Interessen und Fähigkeiten der entsprechenden Altersstufe. Schon auf dieser Stufe springt ein Problem auf, dessen Erörterung für alle Bildungsstufen notwendig ist: die Stellung der Technik im Rahmen des naturwissenschaftlichen Unterrichts.

e) Seit einigen Jahren ist das Problem des Geschichtsunterrichts in eigentümlicher Weise vernachlässigt worden. Jedenfalls sehe ich nicht, daß wir über den Diskussionsstand der frühen 50er Jahre wesentlich hinausgekommen wären. Auch hier liegt ein fruchtbares Arbeitsfeld.

f) Die Untersuchungen über die Wirksamkeit politischer Bildung bei westdeutschen Schülern, die in den letzten Jahren erschienen sind, zeigen, daß auch und gerade das Thema »Politische Bildung“ bzw. »Sozialkunde« keinesfalls von der Tagesordnung abgesetzt werden darf. Vordringliche Aufgabe ist es m. E., die ökonomischen Faktoren, die Gesellschaft und Politik beeinflussen, ins Bewußtsein der Lehrenden zu heben und entsprechende Korrekturen der Bildungspläne und der Schulbücher zu veranlassen. Nirgends wird der viel berufene Pluralismus der modernen Gesellschaft und ihre (legitime!) Konfliktstruktur deutlicher als in dieser Perspektive! Und an keiner Stelle scheint es mir notwendiger zu sein, die verharmlosenden Harmonie-Modelle, die in der politischen Bildung noch immer eine verhängnisvolle, weil die Wirklichkeit verschleiernde Rolle spielen, zu überwinden.

g) Die fruchtbare Diskussion des »Rundgesprächs« über neue Arbeitsformen auf der gymnasialen Oberstufe sollte m. E., vielleicht nach einer kleinen Besinnungspause, wieder aufgenommen werden. Dann wird es allerdings notwendig sein, das Gespräch auf grundsätzliche organisatorische und inhaltliche Probleme auszudehnen. Die College-Pläne Hartmut v. Hentigs und ähnliche Vorschläge haben das Problem hier erneut in sehr prinzipieller Weise aufgerollt und gezeigt, daß man nicht bei der Saarbrücker Rahmenvereinbarung stehen bleiben kann, wiewohl deren Bedeutung nicht bagatellisiert werden soll. Eine künftige Diskussion wird zwangsläufig einerseits Überlegungen über eine Reform der Reifeprüfung, andererseits über die Bestimmung des Verhältnisses zwischen gymnasialer Oberstufe und gymnasialer Mittelstufe zur Folge haben; letztere droht ja – zwischen einer reformierten gymnasialen Unterstufe bzw. der Förderstufe und einer Reform der Oberstufe – zum Ödland eines neuen didaktischen Materialismus zu werden. Wenn man die Unterstufe didaktisch-methodisch als Eingangsstufe für weiterführende Bildungsgänge gestaltet und auf der Oberstufe studienähnliche Lehr- und Lernformen erproben will, so muß – scheint es – auf der Mittelstufe dann ja wohl stofflich »gebimst« werden. Diese Konsequenz wäre jedoch psychologisch – angesichts der in der Vorpubertät und der Pubertäts-Hauptphase stehenden Altersgruppen – und didaktisch (– woher soll denn eigentlich die Fähigkeit zu selbständiger Arbeit auf der Oberstufe kommen, wenn man sie auf der Mittelstufe unberücksichtigt läßt? –) völlig verfehlt.

Abschließend seien noch zwei Aufgabenfelder genannt, die sowohl die Unverzichtbarkeit der Allgemeinen Didaktik als auch die Notwendigkeit ihres Kontaktes mit den Fachdidaktiken besonders hervortreten lassen:

h) Die »fächerübergreifenden Themen« wie die übergreifenden Aufgabengebiete, etwa die »Gemeinschaftskunde« (– der verunglückte Terminus ist leider schon als solcher ein Hindernis sachgemäßer Klärung –), sind nach wie vor didaktisch unbewältigte Probleme. Vielleicht brächte uns auch hier die gründliche, kritische Analyse einzelner Unterrichtsbeispiele in der gegenwärtigen Gesprächsphase weiter als der Versuch neuer Grundsatzdiskussionen – weil die Grundsätze nur am Detail, d. h. in ihren konkreten Konsequenzen, überprüfbar sind. Damit könnte man durch Unterrichtsversuche, die durch empirisch-pädagogische Forschungen zu begleiten wären, den nächsten notwendigen Schritt vorbereiten.

i) Damit ist schon das letzte Thema, das ich zur Diskussion empfehlen möchte, angeschnitten: Im Sinne des von Schulz genannten Prinzips der Kontrollierbarkeit didaktischer Entwürfe stellt sich die Aufgabe, in allen Fachgebieten Leistungs- bzw. Beurteilungskriterien für kleinere oder größere Abschnitte des Bildungsplanes zu entwickeln, und dieser Klärung müßte dann der Entwurf entsprechender Leistungstests folgen. Das Thema ist für ein Fach, den Deutschunterricht – und zwar vorwiegend für die gymnasiale Oberstufe – in m. E. sehr produktiver Weise durch Erika Essens Buch »Zur Neuordnung des Deutschunterrichts auf der Oberstufe« (Heidelberg 1965) exponiert worden.

1 Anmerkung W. K. 1972: Inzwischen beurteile ich die Frage der inneren Bündigkeit, nicht zuletzt die Frage der wissenschaftstheoretischen Begründung der »Berliner Konzeption« kritischer. Es sind vor allem vier Aspekte, unter denen diese Konzeption heute m. E. der Revision bzw. der produktiven Weiterentwicklung bedarf:

1. Wissenschaftstheoretisch gesehen leidet das Modell an einem unaufgelösten Widerspruch zwischen einem positivistischen Ansatz (es soll ein wertfreies, generelles Beschreibungsmodell des Unterrichts entwickelt werden) und einem kritischen Anspruch (es soll zugleich Planungshilfe für demokratisch-emanzipatorische Unterrichtsgestaltung leisten).
2. Als Planungshilfe verstanden, sind die Dimensionen der Intentionalität und der Thema-

tik – abgesehen von der unter 1. genannten Unklarheit – in diesem Modell zu wenig differenziert entfaltet worden.

3. Die soziale Dimension des Unterrichts – Unterricht als Interaktionssystem zwischen Lehrer(n) und Schülern und zwischen Schülern – und damit auch die Problematik »sozialen Lernens« kommen nicht hinreichend zur Geltung.
4. Das programmatische Prinzip, die Interdependenz aller Faktoren herausarbeiten zu wollen, wird in der konkreten Ausarbeitung des Modells mehrfach nicht eingelöst. Z. B. kommt die weitreichende Vermittlung der »anthropogenen« durch »sozio-kulturelle« Faktoren nicht zulänglich zur Sprache, und die schematische Aufgliederung der »Intentionalität« in die kognitive, die emotionale und die pragmatische Dimension vernachlässigt die Frage, wie diese Dimensionen gezielt in Beziehung gesetzt und ihre Verselbständigung und Isolierung verhindert werden kann.

Vgl. vom Verf. die Neubearbeitung des Artikels »Didaktik«, jetzt: Unterricht (Didaktik, Curriculum, Methodik), im Fischer-Lexikon Pädagogik, Neuauflage 1973, außerdem den Beitrag von Wilfried Hendricks: Interview mit Wolfgang Klafki über Probleme und neue Aspekte der didaktischen Analyse. In: Die Deutsche Schule 1972, H. 3, S. 138–148.

Wolfgang Schulz

Zur Diskussion über Probleme der Didaktik

Antworten auf Fragen der Schriftleitung

»Rundgespräch« hat mir einige Fragen zum gegenwärtigen Stand der Didaktik-Diskussion zugesandt. Es sei mir gestattet, diese Fragen der Reihe nach zu beantworten, soweit ich kann, ohne daß ich den Versuch mache, die Antworten zu einem systematischen Beitrag zu ordnen. Zur ersten Frage:

1. Wie beurteilen Sie den augenblicklichen Stand der »Probleme der Didaktik«? – Ist das Interesse an den didaktischen Fragen weiterhin wach oder hat sich die wissenschaftliche Pädagogik mehr anderen Problemen zugewandt?

Wer Ende der fünfziger und Anfang der sechziger Jahre an der Grundsatzdiskussion um »das Problem der Didaktik« teilgenommen hat, ist, soweit ich sehe, bei seinem damaligen Engagement geblieben. Da die Diskussionspartner von damals heute in der Mehrzahl auf Lehrstühlen Pädagogischer Hochschulen oder in wissenschaftlichen Instituten sitzen, einige als Ordinarien an der Universität, hat das Gewicht didaktischer Fragen innerhalb der Erziehungswissenschaft eher zugenommen.

Wenn es gegenwärtig keine didaktische Frage gibt, die die Lehrstühle so durchweg bewegt wie damals die nach dem Exemplarischen, Elementaren, Fundamentalen und die damit zusammenhängende Neufassung des Bildungsbegriffs, dann steht dies nicht im Widerspruch zur ersten Feststellung. In der Diskussion um das Exemplarische und den Bildungsbegriff war wohl bis in die sechziger Jahre hinein zunächst einmal eine z. T. über Jahrzehnte andauernde Diskussion zusammenzufassen und vorläufig abzuschließen. Viele der Teilnehmer am damaligen Gespräch bewegte denn auch zumindest der Gedanke, daß die Fruchtbarkeit der entwickelten Gedankengänge nun erst einmal im Bereich der Speziellen Didaktiken abgewartet werden müsse.

Deutlicher als die gewünschte konkretisierende Weiterführung bildungstheoretischer und geisteswissenschaftlich-didaktischer Gedankengänge hat sich, so meine ich, in der Folgezeit eine vielgestaltige Gegenbewegung zu den Anfang der sechziger Jahre vorherrschenden Ansätzen Derbolavs und Klafkis herausgebildet. Ein Bildungsdenken, das über der Erörterung wünschbarer Lehrerfolge die Erprobung der Realisierungschance didaktischer Postulate vernachlässigte, hat zu einer wachsenden Nachfrage nach Aussagen über tatsächliches Lernverhalten von Heranwachsenden und nach den Möglichkeiten erfolgreicher Einflußnahme darauf geführt.

Diese Nachfrage wird zum großen Teil von Autoren befriedigt, die eine zusammenfassende Aufarbeitung der Ergebnisse internationaler Lernforschung mit dem Versuch verbinden, ein auf diesen Ergebnissen fußendes Lehrverhalten zu konzipieren. Diese Entwicklung hatte sich bei Guyer, Roth und Hillebrand angekündigt und hat sich dann in so unterschiedlichen Ansätzen wie denen von Aebli, Correll, Bernhard Möller, Hans Schiefele, dem Ehepaar Tausch und Johannes Zielinski fortgesetzt. Die Kybernetik hat in ihrer von der Seinsweise der Objekte absehenden Betrachtung dazu ermuntert, durch Formalisierung die lerntheoretischen Ansätze auf eine gemeinsame theoretische Basis zurückzuführen, wie Felix von Cube das versucht hat. Helmar Frank berichtet über Versuche, konstruktives didaktisches Denken an Computer zu delegieren. Alle diese Ansätze interessieren sich mehr für die Steigerung der Effektivität des Lehrverhaltens als für seine Normgerechtheit.

Bis jetzt haben diese beiden Flügel didaktischen Denkens wenig Notiz voneinander genommen. Ein Interesse daran besteht vor allem bei Vertretern einer Position, wie sie 1962 erstmalig von Heimann artikuliert worden ist. Aus der Sicht einer Didaktik als Theorie des Lehrens, insbesondere des Unterrichts, betonen die an der Verständigung über letzte Ziele orientierten Bildungstheoretiker und die nach möglichst effektiver Unterstützung Lernender strebenden Lerntheoretiker zwei Hauptprobleme didaktischer Theorienbildung und didaktischen Forschens, die nur in einem beide einbeziehenden didaktischen Gedankengang gelöst werden können.

2. Hat sich Ihre Sicht von den Problemen der Allgemeinen Didaktik, wie Sie sie 1962 dargelegt haben, geändert? Haben sich für Sie Korrekturen bzw. neue Akzente ergeben?

Die Entwicklung hat die von uns vertretenen Grundpositionen bisher nicht erschüttert, eher bestätigt. Als Grundpositionen sehe ich in diesem Zusammenhang an: die Analyse der Unterrichtsziele und Unterrichtsverfahren, ihrer Voraussetzungen und ihrer Folgen als strukturellen Zusammenhang, dessen Momente sich wechselseitig beeinflussen. Die prinzipielle Trennung zwischen Zielsetzung und Analyse dieser Setzung, m. a. W. der Verzicht auf die Herstellung des pädagogischen Consensus' im Sinne Wilhelm Flitners, um mit der Didaktik ein Instrument der Selbstkontrolle der Setzenden zu institutionalisieren. Andererseits die prinzipielle Bindung der Methodendiskussion an die Erörterung des cui bono, um Didaktik nicht zur Manipulationstheorie im Dienste jedweder Ziele werden zu lassen. Der Zug zur Integration der Ergebnisse, Methoden und Problemstellungen anderer anthropologisch-sozialwissenschaftlicher Disziplinen unter dem Aspekt des Lehrens. Die Betonung des Zusammenhangs von Wünschbarkeit und Effektivität im sozialen Verhalten. Das Interesse an didaktisch intentionierter empirischer Forschung. Die betonte Einbeziehung technisch vermittelter Instruktion.

Dennoch wird die nächste systematische Darstellung, die aus »Unterricht – Analyse und Planung« folgt, im einzelnen terminologische Korrekturen enthalten, auf deren Notwendigkeit man erst durch Mißverständnisse bei Gesprächspartnern aufmerksam wird. Über Akzentverschiebungen und Ergänzungen wird noch weiter unten zu berichten sein.

3. Wenn wir es richtig sehen, liegen im Bereich der wissenschaftlichen Didaktik drei unterschiedliche Ansätze vor (Derbolav, Klafki, Heimann). Sehen Sie
a) Ansätze zu einer Annäherung der Standpunkte auf wissenschaftlicher Ebene,
b) Möglichkeiten der Integration im Blick auf die Unterrichtsvorbereitung?

Auch in der notwendig vereinfachenden Betrachtungsweise, die hier zweckmäßig ist, um eine Übersicht zu gewinnen, würde ich auf den Ansatz der sich lernpsychologisch oder kybernetisch begründenden Didaktiker bei der Aufzählung der neueren Ansätze nicht verzichten wollen. Eine Annäherung der Standpunkte scheint mir am ehesten zwischen den mit den Namen Klafki und Heimann verbundenen Ansätzen möglich und teilweise in der Praxis schon vollzogen zu sein. Am Beispiel der Unterrichtsvorbereitung lassen sich dazu in der gebotenen Kürze am ehesten einige Hinweise geben. Der »Didaktischen Analyse« Klafkis entnimmt man, was die Strukturierung des Lehrgegenstandes betrifft, manche Anregung, die man nicht missen möchte. Sie stellt, zusammengedacht mit Wolfgang Kramps Weiterführung, eine vollständige Betrachtung des Unterrichts dar, wie sie auch von den Berlinern angestrebt wird. Über die Rolle des Bildungsbegriffs bei der Planung, über das Verhältnis von Bildungsinhalt und Bildungsgehalt einerseits und Thematik und Intentionalität andererseits wäre ebenso noch zu diskutieren wie über die Interdependenz zwischen Entscheidungen über Ziele und denen über Verfahren. Aber es ist eben zu diskutieren.

Von der von mir gewählten Position aus sind die philosophischen Überlegungen Derbolavs da, wo sie in der Unterrichtswirklichkeit sich zeigen, als Teile dieser Wirklichkeit, als Selbstverständnis von Unterrichtenden ohne weiteres faßbar. Von da aus wäre die Funktion zu untersuchen, die dieses Selbstverständnis in Planung und Unterrichtsverlauf hat, wären die weltanschaulichen Vorentscheidungen, die in ihrer Begründung enthalten sind, zu explizieren. Die Bedeutung dieses Selbstverständnisses für das Ergebnis ist ebenfalls unter Umständen prüfbar.

Ebensowenig wie auf die Erörterung von Bildungskategorien braucht der

Strukturtheoretiker des Unterrichts auf das Gespräch mit den lernpsychologisch oder kybernetisch orientierten Didaktikern zu verzichten. Er wird lernpsychologische Erkenntnisse zu integrieren suchen, ohne sich die gleiche Selbstbeschränkung auf Effektivitätsprobleme aufzuerlegen wie seine Gesprächspartner. Er wird nicht darauf verzichten zu fragen, was in dem in ihrer Reflexion ausgesparten Bereich der Zielsetzungen geschieht, und zu untersuchen, ob in den zweckmäßigen Methoden, die sie entwickeln, nicht intentional und thematisch relevante Vorentscheidungen stecken, bestimmt von unreflektiert gebliebenen Auffassungen über Mensch und Gesellschaft.

4. Sie haben Ihren didaktischen Entwurf nicht nur zur Fortentwicklung der pädagogischen Forschung vorgelegt, sondern auch in der Absicht der Hilfe für die Praxis. Sehen Sie im Blick auf die Praxis Ihre Absicht bestätigt oder zeigen sich Gefahren und Mißverständnisse?

Man kann nicht erwarten, daß alle Adressaten eines theoretischen Entwurfs sich in völlig gleicher Weise seiner bedienen. Dennoch ist es beunruhigend, wie vor allem bei der Unterrichtsplanung Begriffe und Gliederungsschemata als bloße Worthülsen und Hilfsmittel zur Herstellung einer gefälligen Ordnung benutzt werden, ohne daß man sich der auf Sachverhalte hinweisenden, Probleme exponierenden Funktion bedient, die allein das Angebot einer solchen Ordnung rechtfertigt. Derartiges habe ich bei der Planung nach »Unterricht – Analyse und Planung« ebenso beobachtet wie bei der Planung nach »Didaktische Analyse als Kern der Unterrichtsvorbereitung«. Es wird auch an unseren Darstellungen liegen, aber vielleicht ebenso daran, daß das Lehren des kritischen und konstruktiven Gebrauchs solcher theoretischer Entwürfe in den üblichen akademischen Lehrformen nicht gelingt.

5. Wie sehen Sie den Zusammenhang zwischen der Allgemeinen Didaktik und der Besonderen Didaktik der einzelnen Schularten? Tritt die Bedeutung der Allgemeinen Didaktik hinter der Didaktik der Schularten zurück oder wäre besonders auf die übergreifenden Aussagen der Allgemeinen Didaktik hinzuweisen?

Jede Unterrichtsstunde stellt sich dem analysierenden ebenso wie dem planenden Didaktiker als ein Geflecht besonderer Aufgaben dar. Die unteilbare Aufgabe der, wenn sie wollen, Allgemeinen Didaktik, diese jeweilige komplexe Besonderheit zu strukturieren, ist natürlich prinzipiell arbeitsteilig nach Fächern, Altersstufen, sogar nach Methoden und Medien unterschieden zu bearbeiten, immer mit der Chance, die Besonderheit der Situation präziser zu fassen, und in der Gefahr, den Zusammenhang des Spezialgebiets mit den übrigen aus den Augen zu verlieren. Eine Didaktik einzelner Schulzweige zu entwickeln, erscheint mir besonders problematisch. »Der Eigengeist der

Volksschule« und »Das Exemplarische im Bildungsraum des Gymnasiums« und ähnliche theoretische Überlegungen verleihen gesellschaftlich bedingten, leicht überholbaren Organisationsformen das Ansehen von natürlichen Personen, die man nicht ohne Schaden an Leib und Leben teilen oder zusammentun kann. Der erklärte Zweck der Institution Schule ist es, Unterricht relativ unabhängig vom Wechsel der Lehrenden und Lernenden zu organisieren. Eine Didaktik, die sich von vornherein in der gegebenen Schule einrichtet, verzichtet auf die Untersuchung der Zweckmäßigkeit dieser Institution.

Ich bedauere, auf die Fragen 6 bis 8* nicht in gleicher Weise antworten zu können, weil es mir nicht möglich war, die Diskussion im Rundgespräch ständig zu verfolgen. Die Vorläufigkeit der Antworten auf die vorgelegten Fragen ist aus Mangel an Raum und Zeit bewußt betont worden, in dem Bemühen, lieber eine vorläufige Antwort als gar keine zu geben.

* Anmerkung des Herausgebers: Vgl. diese Fragen in dem vorhergehenden Beitrag Klafkis, S. 178–182.

Nachworte zur Diskussion

1. Wolfgang Klafki

Meine Ansätze zur Entwicklung einer Didaktik, die in den Diskussionen mit Helmut Seiffert und Wolfgang Schulz erörtert wurden, müssen heute (1973) auf dem gegenwärtigen Stand des erziehungswissenschaftlichen Problembewußtseins neu gefaßt, z. T. modifiziert, z. T. kritisch-systematisch fortgeführt werden. Die wesentlichsten Dimensionen einer solchen neuen Konzeption lassen sich aus meiner derzeitigen Sicht in äußerster Kürze andeuten:

Ausgang einer umfassenden Neukonzeption der Didaktik von einem zugleich gesellschaftlich und pädagogisch reflektierten emanzipatorischen Erkenntnisinteresse,

kritische Bezugnahme auf den Stand der Diskussion über Curriculumforschung und Curriculumentwicklung, insbesondere auf die Problematik der Lernzielbestimmung,

Einordnung der Didaktik in eine kritische Theorie der Schule,

Erweiterung der Perspektive auf Unterrichtsorganisation und Methodik ohne Aufgabe des »Primats der Didaktik im engeren Sinne«,

Ortsbestimmung der empirischen Unterrichtsforschung im Rahmen der didaktischen Theorie.

Einige Aspekte einer solchen Neukonzeption sind seit den Diskussionen mit H. Seiffert und W. Schulz in folgenden Veröffentlichungen des Verfassers in Ansätzen skizziert worden:

Didaktik. In: Geisteswissenschaftliche Pädagogik am Ausgang ihrer Epoche – Erich Weniger. Hrsg. von Ilse Dahmer und Wolfgang Klafki. Weinheim 1968, S. 137–173.

(Zusammen mit Th. Dietrich): Gesichtspunkte zur Didaktik im Rahmen eines pädagogischen Kernstudiums. In: Das Kernstudium der Erziehungswissenschaft. Weinheim 1968, S. 31–37.

(Zusammen mit G. M. Rückriem, W. Wolf, R. Freudenstein, H. K. Beckmann, K.-Chr. Lingelbach, G. Iben, J. Diederich): Erziehungswissenschaft (Funkkolleg), 3 Bde., Frankfurt/M. 1970ff.; darin besonders: Analyse der Schule als organisierter Institution, Bd. 1, S. 153–193; Der konsequenteste Schulversuch in der Bundesrepublik: Die Integrierte Gesamtschule, Bd. I, S. 194–214; Normen und Ziele in der Erziehung, Bd. 2, S. 13–51; Die Inhalte des Lernens und Lehrens – das Problem der Didaktik im engeren Sinne, Bd. 2, S. 55–122; Die Methoden des Unterrichts und der Erziehung, Bd. 2, S. 127–166.

Interview ... über Probleme und neue Aspekte der didaktischen Analyse, durchgeführt von Wilfried Hendricks. In: Die Deutsche Schule 1972, S. 138–148.

(Zusammen mit K.-Chr. Lingelbach und H.-W. Nicklas, Hrsg.): Probleme der Curriculumentwicklung. Frankfurt/M. 1972.

Unterricht – Didaktik, Curriculum, Methodik. Neufassung des Fischer-Lexikons Pädagogik, hrsg. von H. H. Groothoff. Frankfurt/M. 1973.

Integrierte Gesamtschule. In: W. Klafki, A. Rang, H. Röhrs: Integrierte Gesamtschule und Comprehensive School, 2. erweiterte Aufl. Braunschweig 1972, S. 101–203 und 210–240.

Erziehungswissenschaft als kritisch-konstruktive Theorie: Hermeneutik – Empirie – Ideologiekritik. In: Zeitschrift für Pädagogik 1971, S. 351–385.

2. Wolfgang Schulz

Das Problem der Didaktik muß – so meine ich heute (1973) – nach dem heftigen Aufbegehren der Neuen Linken und der wirtschaftlich bevorzugt gestützten Verselbständigung der didaktischen Technologie neu gestaltet werden. Die gesellschaftliche Funktion der Lehr- und Forschungspraxis in diesem Bereich ist zu untersuchen, ohne von vornherein zu unterstellen, die unterrichtlichen Prozesse seien nichts als eine Folgeerscheinung außerschulischer gesellschaftlicher Bedingungen, eine Folge, die man nicht zu untersuchen braucht, nicht neu zu gestalten vermag, solange die Bedingungen sich nicht prinzipiell ändern. Das Mißverständnis der unterrichtlichen Kommunikation als vorzugsweise technisch zu regulierendes Problem ist auf die undurchschaute (oder akzeptierte) Interessenverbundenheit dieses Ansatzes zurückzuführen, ohne daß damit die Frage nach der Effektivität der Weisen der Kommunikation unterdrückt wird. Als meine ersten drei Schritte in dieser Richtung nenne ich die Aufsätze:

Didaktik. Umriß der lehrtheoretischen Konzeption einer erziehungswissenschaftlichen Disziplin. In: H. Röhrs (Hrsg); Frankfurt/M. 1971, S. 17–29.

Revision der Didaktik. In: b : e, Heft 6/1972.

Unterricht zwischen Funktionalisierung und Emanzipationshilfe. Zwischenbilanz auf dem Wege zu einer kritischen Didaktik. In: Ruprecht, Beckmann, von Cube, Schulz: Modelle grundlegender didaktischer Theorien. Hannover 1972.

4. Zusammenfassungen

Hans-Karl Beckmann

Allgemeine Didaktik als Disziplin der Schulwissenschaft

Die Pädagogik als Wissenschaft befindet sich in einem Prozeß der Differenzierung ihrer Bereiche. Der entscheidende Grund für diese Entwicklung liegt in einer Grundvoraussetzung wissenschaftlichen Arbeitens, in der Notwendigkeit einer sinnvollen Begrenzung der Fragestellungen und Arbeitsgebiete[1]. So ist z. B. zu unterscheiden zwischen einer Geschichte der Pädagogik, einer systematischen Pädagogik, einer Sozialpädagogik, einer Schulpädagogik, einer Theorie der Erwachsenenbildung etc[2]. Für den Praktiker bedeutet die Entwicklung in wachsendem Maße, daß die Arbeitsgebiete der pädagogischen Wissenschaft für ihn von unterschiedlicher Relevanz sind. Wir können von daher und von den jeweiligen Gegenstandsbereichen aus von praxisnahen und praxisfernen Gebieten der Pädagogik als Wissenschaft sprechen.

Es liegt auf der Hand, daß die zunehmende Differenzierung auch ihre Gefahren hat: Die Spannung zwischen Theorie und Praxis wird immer größer; der Wissenschaftler verliert u. U. die drängenden Fragen der Schulwirklichkeit aus dem Auge, und der Praktiker kann mit Ergebnissen von Einzelforschungen nichts anfangen. In diesem Zusammenhang muß auf einen weiteren Gesichtspunkt hingewiesen werden: Einerseits werden zwar die Arbeitsgebiete begrenzt, andererseits nimmt die Vielfalt der in diesem Gebiet zu berücksichtigenden Methoden und Aspekte zu (soziologische, anthropologische, politische). Auf die Dauer wird es deshalb notwendig sein, die Aufgabe der Integration der Einzelaspekte und Einzelbereiche als einen Auftrag von Forschung und Lehre ernst zu nehmen[3]. Es wurde eingangs betont, daß diese Abgrenzung oder Ausgrenzung einzelner Gebiete sinnvoll sein muß. Dabei dürften sowohl der Gegenstand als auch die Fragestellung ausschlaggebend sein. Zu warnen ist hier vor Verhärtungen oder Dogmatisierungen. In jedem Falle wird man sich im Gespräch über die jeweilige Abgrenzung und ihre Voraussetzungen verständigen müssen. Es ist also selbstverständlich, daß es unterschiedliche Möglichkeiten der Ausgliederung gibt und daß jeweils eine Rückbindung an das Ganze – z. B. die systematische Pädagogik – gesichert sein muß.

Was hier zunächst ganz allgemein formuliert wurde, gilt in gleichem Maße für den Bereich der Schulpädagogik, wobei m. E. mit Recht besser von einer »Theorie der Schule« zu reden wäre. »Die Schulpädagogik fragt danach, was das, was in der Schule geschieht, für die Kinder und Jugendlichen bedeutet ... Die Theorie der Schule dagegen fragt ausdrücklich nach der Schule, nach dem, was sie in einer bestimmten geschichtlichen Tradition geworden ist und was dementsprechend in ihr möglich ist[4].«

Entwürfe zu einer so verstandenen Theorie der Schule liegen aus den 20er Jahren vor (z. B. Hoerdt, Nohl, Reichwein u. a.); Beiträge zu wichtigen Aspekten sind in den letzten zehn Jahren erschienen[5]. Immer mehr setzt sich die Überzeugung durch, daß zur Erhellung dessen, was Schule ist und sein soll, rechtliche, gesellschaftliche und politische Bezüge mit berücksichtigt werden müssen, so daß der Terminus »Theorie der Schule« zu eng erscheint. Dafür den Begriff »Schulwissenschaft« als umfassende Bezeichnung für alle Aspekte zu setzen, hat sich noch nicht durchgesetzt[6]. Preissler hat die vier unterschiedlichen Aspekte dieser Wissenschaft genannt: a) Probleme des Schulaufbaues, b) Probleme der Schulbildungsinhalte, c) verfassungsmäßige und schulrechtliche Grundlegung des Schul- und Bildungswesens, wissenschaftliche Klärung der Ordnungen der Schulverwaltung und der Schulaufsicht und d) statistisch-bildungsökonomische Betrachtung[7].

Zu den genannten Aspekten liegt eine Vielfalt von Einzeluntersuchungen und Hypothesen vor. Beispielsweise stellten ein neues Verständnis des Begabungsbegriffes (Begabung als ein dynamisches und komplexes Phänomen)[8], ein Aufmerksammachen auf den Zusammenhang von Sozialstatus und Schulerfolg[9] und die gesteigerten Anforderungen an die Schule die bisherigen Vorstellungen über unsere Schulorganisation in Frage. Aber eine Theorie der Schulorganisaton liegt nicht vor, wenn auch in den veröffentlichten Schulplänen und deren Interpretationen (Rahmenplan und Bremer Plan) eine Theorie immanent ist. Darüber hinaus fehlt eine umfassende Untersuchung, die die Probleme einer Schulorganisation mit denen der Inhalte verkoppelt, denn Fragen der inneren und äußeren Reform dürfen nicht gegeneinander ausgespielt, sondern müssen zusammengesehen werden[10]. Einerseits sind historisch-systematisch Theorien der Schule mit den Realitäten der Schule zu konfrontieren[11], andererseits ist die Tragfähigkeit einer pädagogischen Anthropologie für Probleme der Schulorganisation und der Inhaltlichkeit zu untersuchen. Wenn es gelingt, diese beiden Ansätze aufzunehmen und unter Aufarbeitung der neuen Forschungsergebnisse auf empirischer Grundlage eine Theorie der Schule zu entwerfen, dürften die Schulwissenschaft und die

Schulpraxis wesentliche Impulse erhalten. In diesen Tagen ist ein Werk mit diesem Anspruch erschienen[12]. Der Verfasser, Theodor Wilhelm, charakterisiert seinen Ansatz wie folgt: »Das Fundament der vorliegenden Schultheorie ist die anthropologische Notwendigkeit des Lernens und die Zuspitzung dieser Notwendigkeit zu einer systematischen Lernökonomie im Zeitalter der wissenschaftsgeleiteten Schule[13].« Es bedarf genauerer und längerer Beschäftigung mit dieser Veröffentlichung, ehe diese vorgelegte Theorie für »Wirklichkeit und Wandel der Schule und die Erziehungsaufgaben unserer Zeit« kritisch fruchtbar gemacht werden kann.

2. Hauptrichtungen der Allgemeinen Didaktik

In diesem Feld, das im vorangegangenen Abschnitt abgesteckt wurde, hat auch die Allgemeine Didaktik ihren Platz. Durch die Diskussion im letzten Jahrzehnt sollte deutlich geworden sein, daß es sich nicht nur um eine Modetendenz oder um eine überflüssige Problemstellung handelt. Die Allgemeine Didaktik konzentriert sich auf die Struktur des Unterrichts und besonders auf das Problem der Inhalte und hat damit ihren Ort innerhalb der Schulwissenschaft. Auch hier gilt, daß erst eine sinnvolle Begrenzung der Fragestellung die Voraussetzung für weiterführende Forschungsergebnisse ist. Aus der Begrenzung der Fragestellung in der Didaktik folgte, daß hier »die zielstrebigste Detailforschung« (Th. Wilhelm) geleistet wird. Damit kann auch der Vorwurf abgewehrt werden, daß es noch zu wenige Untersuchungen auf dem Gebiet der Allgemeinen Didaktik gibt: Im Vergleich zu anderen Fragen der Schule oder der Erziehung liegen für die Didaktik eine Anzahl von grundsätzlichen Entwürfen und eine Vielfalt von Konkretisierungen vor; das gilt besonders für die Strukturuntersuchungen des Unterrichts, für Probleme des Lehrplans und der Stoffauswahl (z. B. das »Exemplarische«) und Fragen der Unterrichtsvorbereitung. Der Mangel liegt hier mehr auf dem sehr unterschiedlichen Echo der Fachwissenschaften, die aufgerufen sind zu einem Gespräch mit der Allgemeinen Didaktik zur Entwicklung der einzelnen Fachdidaktiken.

Die Hauptrichtungen der Allgemeine Didaktik wurden von W. Klafki und W. Schulz bereits charakterisiert. Zu einem intensiven Gespräch zwischen den Richtungen ist es noch nicht gekommen; gewisse Annäherungen stellt W. Schulz zwischen Paul Heimann und Wolfgang Klafki fest[14]. Wir wenden uns deshalb diesen beiden Richtungen noch einmal zu[15].

Die geisteswissenschaftliche Didaktik wurde vor allem – unter Bezug auf die Theorien von Schleiermacher, Pestalozzi, Rousseau u. a., auf die Wissenschaftstheorie W. Diltheys und die Erfahrungen der Pädagogischen Reformbewegung – von H. Nohl, E. Weniger und W. Flitner begründet. Gemeinsam ist diesen Autoren die Hinwendung zur Erziehungswirklichkeit, die Konzeption der Theorie in Verantwortung vor der Praxis und die Bejahung der Bildung als Aufgabe der Schule. Keineswegs nur von historischem Wert, sondern von aktueller Bedeutung sind die Beiträge Erich Wenigers zur Allgemeinen Didaktik[16]. Das gilt besonders für die »Theorie der Bildungsinhalte und des Lehrplans«, in der Weniger den Lehrplan – als eine Objektivation der Schulwirklichkeit – mit allen seinen Bezügen untersucht. Unbeschadet von systematischen Unzulänglichkeiten, Unklarheiten und überholten Einzelaussagen (das gilt besonders für den Staatsbegriff und die zu schwache Betonung der Wissenschaftlichkeit der Schulfächer) ist es Weniger gelungen, die vielfältigen legitimen Ansprüche an die Schule zu analysieren und den spezifischen eigenständigen Auftrag der Schule aufzudecken. Darüber hinaus entwickelt er Kategorien zur Erstellung des Lehrplans, die noch heute sowohl für den Gesamtauftrag einer Schulform als auch für die Aufgabe eines Faches erhellend sein können. Betrachtet man beispielsweise seinen dynamischen Bildungsbegriff, seine Theorie des Klassischen, die existentielle Konzentration als Auswahlprinzip, so ist man überrascht, daß dieser Band bereits 1930 zum ersten Mal aufgelegt wurde[17]. Neben diesen theoretischen Ansätzen, die beispielhaft an E. Weniger angedeutet wurden, dürfte die drückende Stofflast in allen Schularten die treibende Kraft zu einer didaktischen Neubesinnung sein[18]. Untersuchungen über das Exemplarische, Fundamentale und Elementare sind erste Ergebnisse dieser Wendung zur Didaktik. Wesentliche Anstöße zur weiteren Entwicklung gaben die Pädagogischen Hochschultage, vor allem das Grundsatzreferat von W. Klafki 1962 in Trier[19]. Besondere Resonanz fand in der Praxis die Anregung zur Unterrichtsvorbereitung, die »Didaktische Analyse als Kern der Unterrichtsvorbereitung«. Hier kam es bald zu Verhärtungen und Verkürzungen, da der Bezug der didaktischen Analyse zum Gesamtentwurf der Didaktik und der Hinweis auf notwendige Erprobung und Veränderung für die einzelnen Fächer zu wenig beachtet wurden. »Die vier Dimensionen des didaktischen Feldes[20]« geben wichtige Grundlinien einer Theorie der Schule, vermitteln Kategorien zur Auswahl der Inhalte für einzelne Schulfächer und zeigen die didaktischen Forschungsaufgaben. Charakteristisch für die geisteswissenschaftliche Didaktik sind folgende Merkmale:

a) Bejahung der *Bildungs*aufgabe für die Arbeit der Schulen bei neuer Bestimmung des Bildungsbegriffs,
b) Vorrang der Didaktik i. e. S. vor allen weiteren Fragen des Unterrichts,

d. h. eine Hinwendung zu den Problemen der Auswahl der Inhalte und der Begründung der Schulfächer,

c) Betonung der Geschichtlichkeit aller didaktischen Überlegungen, d. h. sowohl notwendige Bindung an die jeweilige konkrete Situation als auch Beachtung der aus der Geschichte wirkenden Kräfte[21].

Der Berliner Arbeitskreis für Didaktik wurde im Jahre 1960 gegründet. Führend sind Paul Heimann, Gunter Otto und Wolfgang Schulz in diesem Arbeitskreis[22], dem es um eine »weitgehend erfahrungswissenschaftlich orientierte Durchforschung und Klärung unserer Schulwirklichkeit« (P. Heimann) geht. Gegenstand der Forschung ist der Unterricht, genauer: eine Unterrichtsstunde oder Unterrichtseinheit. In ihr werden alle wirksam werdenden Faktoren analysiert. Auf diese Weise gelingt es dem Kreis unter Anwendung deskriptiv-analytischer Methoden, die Grundkategorien, die »die Bedingungen der Möglichkeit von Unterricht überhaupt bezeichnen«, zu nennen: Intentionalität, Inhaltlichkeit, Methodenorganisation, Medien, anthropologisch-psychologische und situativ-sozialkulturelle Bindungen. Charakteristisch ist zunächst, daß der Begriff Bildung nur »abhängigen Stellenwert« (P. Heimann) hat. Heimann vertritt die These, daß »der ›Bildungsbegriff‹ vielleicht grundsätzlich ungeeignet ist, auf ihm eine praktikable Didaktik aufzubauen«[23], und entwickelt deshalb eine lerntheoretisch orientierte Didaktik. Sie ist eine Didaktik i. w. S., da die Fragen der Methoden und der Medien mit in die Reflexion hineingenommen werden. Die Ausklammerung der Methodenorganisation bei W. Klafki wird als ein »Akt folgenschwerer Desintegration« (P. Heimann) bezeichnet. Hier wird zweifellos ein Moment überbetont, um den anderen Ansatz herauszustellen. Von den Vertretern der geisteswissenschaftlichen Didaktik wird an keiner Stelle gesagt, daß Fragen der Methode völlig ausgeklammert werden. Es geht lediglich um den *Vorrang* der Reflexion über die Inhalte, da sie die Auswahl der Unterrichtsmethode mitbestimmen. Demgegenüber weicht der Berliner Arbeitskreis der Frage nach dem Woher der Inhalte, ihrer Auswahl und Struktur weitgehend aus. Heimann geht es um das »in den Wissenschaften und Künsten sich anbietende Lernpotential«; in der Auswahl werden »Mächte, Ideologien und Faktizitäten des gesellschaftlichen Raumes« wirksam. Uns scheint, daß gerade die Frage nach den legitimen Ansprüchen der Mächte an die Schule und den eigenen Möglichkeiten der Schule von E. Weniger schärfer herausgearbeitet wurde. Zusammenfassend ist als charakteristisch für den Berliner Arbeitskreis[24] herauszustellen:

a) Ablehnung des Bildungsbegriffs, Orientierung an modernen Lerntheorien,

b) Betonung der durchgehenden Interdependenz der im Unterricht wirksam werdenden Faktoren,
c) Herausarbeitung der den Unterricht konstituierenden Faktoren auf analytisch-deskriptivem Wege.

Beiden Richtungen gemeinsam ist das Bestreben, Unterricht bewußter zu gestalten und damit den Erfolg zu steigern. Dem Berliner Arbeitskreis ist es gelungen, die den Unterricht bestimmenden Faktoren genau zu benennen (wenn auch in sehr schwieriger Terminologie), die geisteswissenschaftliche Didaktik hat unter Beschränkung auf die Inhaltsfrage die entscheidenden Bezüge aufgedeckt. Wünschenswert wären Erfahrungsberichte aus der Praxis, wie mit den unterschiedlichen didaktischen Entwürfen gearbeitet werden kann. Die vorliegenden verschiedenen didaktischen Ansätze sind ein Zeichen für die Komplexität der Schulwirklichkeit und die Vielfalt wissenschaftlicher Methoden. Dogmatisierungen gefährden den angestrebten höheren Grad an Bewußtheit im Unterricht. Die Arbeit des Lehrers soll mehr von Sachkenntnis (pädagogischer und fachwissenschaftlicher Art) bestimmt sein als von persönlichen Meinungen und Bekenntnissen. Deshalb wäre die behördliche Anordnung, einen bestimmten didaktischen Entwurf anzuwenden, höchst bedenklich, denn »alle theoretischen Bemühungen, die die Schulpraxis anzuregen vermögen und in denen sich die Schule selbst wiederfindet, seien gepriesen, mögen sie sich nun auf dem Boden der Bildungstheorie oder dem der Lerntheorie bewegen[25]«.

3. Aktuelle Aufgaben der Allgemeinen Didaktik

Die beiden vorangegangenen Abschnitte zeigen, welche Differenziertheit im Bereich der Allgemeinen Didaktik bereits erreicht ist und welchen Ort diese Disziplin in der »Schulwissenschaft« einnimmt. Es wird sich noch mehrfach zeigen, daß das Ganze der Schulwissenschaft und auch der Bereich der Didaktik weiterentwickelt werden müssen. Deutlich wurde bereits, daß diese praxisnahen Theorien für die tägliche Unterrichtsarbeit unerläßlich und daß ein weiterer Ausbau und eine weitere Klärung dringlich sind. Folgende Aufgaben drängen sich u. E. auf:

a) Ziel der Schule

Die beiden hier charakterisierten didaktischen Entwürfe unterscheiden sich u. a. wesentlich in den Zielvorstellungen. Fraglos hat die Reduzierung des schulischen Auftrages auf Übermittlung eines klar umrissenen Wissens und bestimmter Fertigkeiten vieles für sich. Die Lehrer könnten klare Anweisungen erhalten, technische Hilfsmittel könnten in weitem Umfang eingesetzt werden, und die Ergebnisse ließen sich exakt überprüfen. Darf sich die Schule damit begnügen? Es geht hier keineswegs um ein Entweder-Oder. Theodor Wilhelm hält es für eine Belastung, daß »Wenigers Gedanken zur Didaktik und Methodik im Grunde lauter Variationen der Melodie der allgemeinen Menschenbildung sind[26]«. Allerdings ging es Weniger um Bildung in dem Sinne, daß der junge Mensch auf seine Verantwortung im Erwachsenendasein vorbereitet wird, und Kenntnisse und Fertigkeiten sind nur die dritte Schicht in seiner Theorie des Lehrplans. Man kann nicht gegen die »autonome Bildung« polemisieren, ohne sich mit dem heutigen Verständnis von Bildung auseinandergesetzt zu haben. Wolfgang Klafki hat in systematischer Absicht die Erkenntnisse der neueren Bildungstheorie zusammengefaßt[27]; wer wollte sagen, daß diese Zielvorstellungen überholt seien? – Die Auseinandersetzung zeigt, daß sich die Allgemeine Didaktik um weitere Klarheit bemühen muß:

Einerseits geht es um eine schärfere Fassung dessen, was an Kenntnissen und Fertigkeiten gelernt werden muß. Man sollte sich um die Entwicklung eines Minimal-Kanons bemühen, denn zur Zeit wird in den Schulen vielfach viel zu viel gepaukt und Wichtiges nicht gelernt. Die Frage: Was muß ein »gebildeter Laie« wissen, sollte genauer beantwortet werden.

Andererseits sollte entschieden daran festgehalten werden, daß Schule mehr erreichen will, als Wissen zu vermitteln. Es muß ihr um Wahrung des Menschseins in unserer Zeit gehen, nicht nur – aber auch – um eine fachliche Bewährung im Erwachsenendasein. Dabei ist unbestritten, »daß Bildung nichts Statisches, Antiquiertes meinen darf, sondern etwas Dynamisches bezeichnet, eine in jeder Epoche neu aufgegebene und neu zu gewinnende Geistigkeit, die uns unsere Souveränität lebendig zu erhalten hat, gleichgültig in welche Schicksalsmächte, politische oder technische, wir verflochten und verstrickt sind[28].« Diesen Vorgang der Bildung muß die Didaktik weiter klären. Das Erreichen von Bildungszielen als unplanbar zu bezeichnen, kommt einer didaktisch-methodischen Kapitulation des Lehrers gleich. Das Bemühen der Didaktik geht gerade dahin, das Ziel der Schularbeit, nämlich Bildung, zu erreichen. Es trifft nicht zu, daß erst dort die entscheidende Phase der Bildung beginnt, wo der planmäßige, didaktisch-methodische Unterricht seine Grenzen hat[29].

b) Das Problem der Schulstufen

Wir sind gewohnt, in den verschiedenen Schulformen zu denken. Die klare Trennung zwischen einer »volkstümlichen Bildung« für die Volksschule und einer wissenschaftlich fundierten für das Gymnasium wirkt noch nach. Ein dynamischer Begabungsbegriff, die Entwicklungspsychologie und die Verwissenschaftlichung unserer Welt zwingen zu einem Umdenken. Bereits heute zeigt es sich, daß eine große Anzahl von fachdidaktischen Beiträgen im »Rundgespräch[30]« bei objektiver Betrachtung nicht mehr nur an eine Schulform gebunden ist. In wachsendem Maße zeigt sich Übergreifendes, so daß mehr die horizontale Gliederung, d. h. die Aufteilung in Schulstufen, betont werden muß[31]. Das Umdenken wird dann allerdings bei den Schulstufen nicht haltmachen können. Die Notwendigkeit der Förderung der einzelnen Individualität zwingt zu einer starken inneren Differenzierung oder aber zu einer Auflösung der Jahrgangsklassen[32]. Es ist im Grunde unvorstellbar, daß eine Klasse eines bestimmten Jahrgangs wie ein militärischer Block Jahr für Jahr und in jedem Fach geschlossen vorgeht. Unsere Schulwirklichkeit entspricht diesem Bild.

Gegenüber dieser Auflösung alter Vorstellungen unseres Schulwesens tritt fordernd das spezifische Ziel der einzelnen Schulformen. Es zeigt sich hier eine Vielfalt von Problemen; dabei sind die organisatorischen diejenigen, die noch am leichtesten zu lösen sind. Schließlich gibt es Computer zur Erstellung von Stundenplänen. Aber drängend sind die didaktischen Probleme. Für die Förderstufe hat H. Roth beispielhaft eine Didaktik einer Schulstufe entwikkelt[33]. Die gymnasiale Oberstufe zeigt sich ebenfalls als eine eigene Schulstufe. Demgegenüber steht die Entwicklung einer Didaktik des 7.–10. Schuljahres am Anfang. W. Klafki hat in seinen Antworten auf die fragwürdigen Lösungen für die Mittelstufe des Gymnasiums hingewiesen. Die Allgemeine Didaktik müßte in Verbindung mit den Fachdidaktiken Stufendidaktiken entwerfen und Wege zeigen, wie eine weitgehende Förderung des einzelnen bis zu einem bestimmten Grade in Einklang zu bringen ist mit dem Anstreben bestimmter Schulabschlüsse.

c) Der Sinn der Schulfächer

Es wurde bereits darauf hingewiesen, daß eine der wichtigsten Aufgaben der Didaktik in der Überprüfung des Sinns der einzelnen Schulfächer liegt. Wolfgang Kramp hat einmal in überzeugender Weise die ideologischen Begründungen der Schulfächer untersucht[34]. Es besteht Übereinstimmung, daß in einem Zeitalter, in dem die Ergebnisse der Wissenschaften weithin unser Leben bestimmen, die fachwissenschaftliche Fundierung unserer Schulfächer für alle Schulformen dringlich geworden ist. Unterschiede bestehen allerdings in der Art der Verbindung der Schulfächer zu den Fachwissenschaften. Einerseits wird einer geradlinigen Ableitung aus den Fachwissenschaften das Wort geredet, die nach Th. Wilhelm durch eine Veränderung der Fachwissenschaften möglich geworden ist: »In allen modernen wissenschaftlichen Disziplinen rundet sich die Aufgabe der wissenschaftlichen Forschung erst durch die Frage vollends ab, was das Erkannte für die Existenz in der Gegenwart bedeutet[35].« Immerhin gibt Th. Wilhelm damit zu, daß eine geradlinige Ableitung der Schulfächer aus den entsprechenden Fachwissenschaften nur dann sinnvoll ist, wenn diese die Relevanz ihrer Erkenntnisse für den Menschen in ihre Reflexion mit aufnehmen. Nun dürfte Th. Wilhelm ein zu genauer Kenner der Universität sein, als daß er behaupten könnte, daß die Relevanz auf die menschliche Existenz in den fachwissenschaftlichen bzw. fachdidaktischen Veranstaltungen der Universität mit bedacht würde. Eine Analyse der Vorlesungsverzeichnisse würde zeigen, daß einmal dieser Aspekt kaum Beachtung findet und daß zum anderen die Fragestellungen – legitimerweise – mit den Fragen des Schulfaches nicht in Einklang stehen. Es zeigt sich darüber hinaus, daß unser Fächerkanon keineswegs mit dem Aufbau der Wissenschaft synonym ist, sondern daß der Fächerkanon das Ergebnis eines geschichtlichen Prozesses ist, in dem jeweils anderen Forderungen einzelner Bildungsmächte Rechnung getragen wurde. Selbst bei einer dringend notwendigen Überprüfung unseres Fächerkanons werden viele wissenschaftliche Disziplinen unberücksichtigt bleiben müssen. Damit zeigt sich, daß die Forderung einer *Ableitung* aus den Fachwissenschaften irrelevant ist.

Die Allgemeine Didaktik hat nie den Anspruch erhoben, allein über die Inhalte der Fächer zu entscheiden, sondern zu einem Gespräch mit den Fachwissenschaftlern aufgerufen. Dabei handelt es sich weder um eine Ableitung noch um eine »falsche Pädagogisierung« der Inhalte. Aber die Aufgabe der Transposition bleibt bestehen. Immer geht es um eine »Transposition der erkannten Wahrheit in eine Einsicht, die auf den fragenden, sinnsuchenden, verstehen- und überlebenwollenden Menschen Rücksicht nimmt[36]«. Eine Reihe von Beiträgen macht diese Frage an die Fachwissenschaft deutlich[37]. Darüber hinaus aber bleibt die Aufgabe der Didaktik, sowohl die Fächergruppen unter Beachtung der geistigen Grundrichtungen neu zu bestimmen als im Gespräch mit den Fachwissenschaftlern die wissenschaftliche Grundlage der Schulfächer abzusichern. Die Hemmung, Lehrstühle für die Didaktik der einzelnen Fächer zu konstituieren, läßt wenig Hoffnung, dem Ziele bald näherzukommen.

d) Lehrplangestaltung

Eine wesentliche Aufgabe der Didaktik liegt in der Kritik an den vorliegenden Lehrplänen, Richtlinien und Bildungsplänen und in der Hilfe bei der Erarbeitung neuer Pläne. Die didaktische Theorie hat sowohl Lehrplantheorien als Kategorien zur Stoffauswahl entwickelt, die für die Erarbeitung von neuen Plänen hilfreich wären[38]. Es ist keinesfalls so, daß die Didaktik diese Aufgabe nicht seit Jahren erkannt hat, und es sind bereits genügend Prinzipien und Kategorien entwickelt worden, auf deren Grund neue brauchbare Lehrpläne erstellt werden könnten. Aber man hat weithin den Eindruck, daß die didaktischen Reflexionen des letzten Jahrzehnts noch keine Wirkung auf die Lehrplanarbeit gehabt haben. Darüber hinaus scheint in einigen Bundesländern noch die Vorstellung zu herrschen, daß allein das Ministerium die Lehrpläne zu erarbeiten hat, ggf. unter Heranziehung einiger bewährter Praktiker. Abgesehen davon, daß dieses Verfahren wenig demokratisch ist, reicht es auch sachlich nicht aus. Wenn die Erarbeitung neuer Lehrpläne nicht heißen soll, von alten weitgehend abzuschreiben (hier wäre eine vergleichende Untersuchung fruchtbar) und Korrekturen aufgrund punktueller Erfahrungen vorzunehmen, dann sind Schulverwaltung und Praktiker bei der Erstellung wirklich neuer, in die Zukunft weisender Pläne überfordert. Zumindest wären Gutachten von Didaktikern, Psychologen und Soziologen anzufordern. Wirksamer erscheint, die Erarbeitung neuer Lehrpläne an einen wissenschaftlichen Beirat zu delegieren, der von sich aus Fachleute aus Verwaltung und Praxis heranzieht (so wird z. Z. in Nordrhein-Westfalen gearbeitet)[38a]. Nur so kann man *einen in sich geschlossenen, nach didaktischen Prinzipien strukturierten und differenzierten Lehrplan* erhalten. In einer solchen Arbeit sind sowohl die Fachbereiche zu überprüfen wie der Einsatz der einzelnen Fächer und die Auswahl der einzelnen Inhalte. Auch sollten Zuordnungen zwischen den Schulformen, die Aufstellung der Stundentafel und des Stundenplanes unkonventionell durchdacht werden. Entscheidend für einen Erfolg dieser Lehrplanarbeit ist der Ausgangspunkt von übergreifenden didaktischen Prinzipien für alle Schulformen und Schulfächer; der Ansatz bei einzelnen Fächern – wie es z. Z. noch in Hessen geschieht – zementiert die bestehenden Zustände.

Auf diese Weise wäre es möglich, neue Erkenntnisse der Didaktik auf dem Wege über den Lehrplan in der Praxis wirksam werden zu lassen. Allerdings müßte der Didaktik auch die Möglichkeit gegeben werden, die Erprobung der Lehrpläne zu überprüfen. Ob ein Lehrplan wirklich richtig konzipiert ist, entscheidet sich erst in der Praxis. Deshalb sollten besonders in einer Erprobungszeit Didaktiker und Praktiker eng zusammenarbeiten. Sinnvoll wäre es, in einer Auswahl von Schulen durch wissenschaftliche Begleitung einen Plan zu erproben, ehe er für das ganze Land freigegeben wird. Darüber hinaus sind veröffentlichte Erfahrungsberichte oder Modelle für die Weiterentwicklung der Lehrpläne hilfreich; deshalb sollte das »Rundgespräch« auch in Zukunft solche Beiträge abdrucken[39].

e) Die Aufgaben des Lehrers

Erich Weniger wies einmal darauf hin, daß es eine sehr wichtige Aufgabe der Didaktik ist, den *wahren Ort der Freiheit des Lehrers* zu bestimmen[40]. Zweifellos besteht im Blick auf die »verwaltete Schule« weiterhin die Notwendigkeit, über die Freiheit des Lehrers zu wachen. Aber diese Freiheit meint auf keinen Fall Willkür; sie wird erst deutlich durch die Bindungen, in denen der Lehrer steht. Dazu gehören die pädagogische Theorie, die Vertrautheit mit der zu vermittelnden Sache, der Lehrplan und die Tatsache, daß der Lehrer Amtsträger ist[41].

Von der Didaktik sind weiterhin die Strukturmomente des Unterrichts genauer zu untersuchen; es sind Forschungsergebnisse beispielsweise über den Führungsstil nutzbar zu machen[42]. Es ist genauer zu fragen, ob bzw. wieweit die Herstellung des pädagogischen Bezuges in großen Klassen eine Utopie ist und ob dieses persönliche Verhältnis zwischen Lehrer und Schüler tatsächlich »die Rationalisierung des Lehrer-Schüler-Verhältnisses weitgehend ausschließt[43]«.

Die Bedeutung der Erziehungspersönlichkeit wird auch in der Gegenwart mit Nachdruck betont. Das gilt nicht nur für die Aufgabe des Erziehens, sondern auch für den Unterricht. Hier wird Repräsentation gefordert, d. h. die eigene lebendige innere Beziehung zu dem, was gelehrt wird[44].

Fußend auf M. Buber macht R. Maskus den Vorschlag, »die Frage nach der Repräsentanz der Inhalte in der Person des Lehrers« den Grundfragen der didaktischen Analyse hinzuzufügen[45]. Das würde konkret bedeuten, daß z. B. ein Lehrer, der keinen Bezug zur modernen Literatur oder zur Romantik hat, Gedichte oder Prosastücke aus dieser Zeit nicht durchnehmen muß. Aus diesem Beispiel wird bereits deutlich, daß man die Schularbeit nicht ganz der Subjektivität des Lehrers ausliefern kann und darf. Eine solche generelle Frage nach der Repräsentanz in der didaktischen Analyse würde diese Subjektivität fördern[46]. Die Didaktik sollte aber noch schärfer herausarbeiten, *welche Inhalte* in den einzelnen Fächern für die *geistigen Grundrichtungen exemplarisch gebracht werden müssen.* Das gilt auch, wie bereits in anderem Zusammenhang angedeutet, für Kenntnisse und Fertigkeiten. Darüber hinaus ist der Raum abzustecken, in dem die Überzeugung des Lehrers wirksam werden kann und muß. Aber auch hier gilt wieder die andere Seite: Zur Repräsentanz gehört notwendigerweise die Freigabe des Schülers.

4. Schlußbemerkung

Der Versuch, wichtige Positionen der Allgemeinen Didaktik zu umreißen, führte zur Markierung drängender Aufgaben der Allgemeinen Didaktik für die nahe Zukunft. Sie zielen in drei verschiedene Richtungen, müssen aber trotzdem in Verbindung gesehen werden:

a) Vom erreichten Standort aus ist mit dem Ziele einer weitgehenden Übereinkunft schärfer herauszuarbeiten, welche *Aufgabe die Schule in unserer Zeit* hat. Von der Klärung dieser Frage hängen wesentlich die Entwicklung einer Didaktik der Schulstufen und der Sinn der Schulfächer ab. Daneben ist eine Theorie des pädagogischen Handelns zu entwickeln, die dem Lehrer eine bessere theoretische Grundlage vermittelt und die Möglichkeiten und Grenzen seiner Freiheit zeigt.

b) Parallel zu dieser weiteren theoretischen Klärung muß die Verantwortung vor der Praxis unmittelbar wirksam werden; das gilt vor allem in der Hilfe bei der Erstellung *neuer Lehrpläne* und bei der *wissenschaftlichen Begleitung von Schulversuchen.*

c) Darüber hinaus muß die Allgemeine Didaktik ihren Teil zur *Entwicklung einer Schulwissenschaft* beitragen, in der sie eine wichtige Stelle hat. Die unter a und b genannten Aufgaben sind letztlich nur unter Beachtung der soziologischen, politischen, rechtlichen und organisatorischen Bezüge zu lösen. Die Vielfalt der Aspekte zeigt die Notwendigkeit einer Teamarbeit von Pädagogen, Soziologen, Psychologen, Juristen und Fachwissenschaftlern.

Ziel dieser notwendigen theoretischen Bemühungen ist die Schule, deren Arbeit sinnvoller und effektiver werden muß und in der erfüllte Gegenwart und Aufgaben der Zukunft in gleicher Weise ihren Platz haben müssen.

1 Vgl. Wolfgang Klafki: Studien zur Bildungstheorie und Didaktik. Weinheim 1963, S. 84.

2 Institutionell hat sich diese Entwicklung erst in Ansätzen niedergeschlagen: Die Differenzierung geht am weitesten im »Pädagogischen Zentrum« in Berlin; die Pädagogischen Hochschulen unterscheiden im allgemeinen nur Allgemeine Pädagogik und Schulpädagogik (bzw. Allgemeine Didaktik), während an den Universitäten weithin nur Parallellehrstühle ohne Unterscheidungsmerkmale im Lehrauftrag anzutreffen sind.

3 Vgl. Heinrich Roth: Situation und Auftrag der pädagogischen Hochschulen. In: Die Deutsche Schule, 1963, S. 231 f.

4 Edgar Reimers: Art. »Schule«. In: Fischer-Lexikon Pädagogik, hrsg. von H. Groothoff. Frankfurt 1964, S. 256.

5 Hier seien genannt:
Fritz Bohnsack: John Deweys Theorie der Schule. In: Pädagogische Rundschau 1964, S. 249 ff.
Leonhard Froese: Erziehung und Bildung in Schule und Gesellschaft. Weinheim [2]1967.
Heinrich Heise: Die entscholastisierte Schule. Stuttgart 1960.
M. J. Langeveld: Die Schule als Weg des Kindes. Braunschweig 1963.
Ernst Lichtenstein: Bildungsauftrag der Schule und die Bildungsbedürfnisse der Gesell-

schaft. In: Die Deutsche Schule, 1960, S. 192 ff.
Wilhelm Roessler: Zur Theorie der Schule. In: Bildung und Erziehung, Bochum, 1966, S. 1 ff.

6 Vgl. Gottfried Preissler: Aufgaben und Ziele der Schulwissenschaftlichen Forschungsstelle der Pädagogischen Gesellschaft. In: Rundgespräch 1966, S. 113 ff.

7 Gottfried Preissler: Grundfragen der Pädagogik in westdeutschen Zeitschriften seit 1960. Frankfurt [2]1966, S. 145 f.

8 Vgl. Heinrich Roth: Pädagogische Psychologie des Lehrens und Lernens. Hannover [8]1965, bes. S. 129 ff., und Heinrich Roth: Pädagogische Anthropologie, Bd. 1. Hannover 1966.

9 Vgl. P. M. Roeder, A. Pasdzierny, W. Wolf: Sozialstatus und Schulerfolg. Heidelberg 1965.
O. G. Brim: Soziologie des Erziehungswesens. Heidelberg 1963.

10 Carl-Ludwig Furck: Innere oder äußere Schulreform. In: Zeitschrift für Pädagogik 1967, S. 99 ff.

11 Vgl. Wilhelm Roessler: Die Entstehung des modernen Erziehungswesens in Deutschland. Stuttgart 1961.

12 Theodor Wilhelm: Theorie der Schule, Hauptschule und Gymnasium im Zeitalter der Wissenschaften. Stuttgart 1967, 468 S.

13 a. a. O., S. 10.

14 Vgl. dazu: Wolfgang Klafki: Studien zur Bildungstheorie und Didaktik. Weinheim 1963, [8/10]1967, S. 85; Wilhelm Steffens: Die didaktische Analyse in Theorie und Praxis. In: Rundgespräch 1964, bes. S. 44–46.

15 Erste Information über eine Didaktik auf kybernetischer Grundlage gibt Helmar Frank: Lernen im Zeitalter der Automation. In: DIE ZEIT, Nr. 24, 22. Jg., Hamburg, 16. 6. 1967, S. 28.

16 Erich Weniger: Didaktik als Bildungslehre, Weinheim.
Teil I: Die Theorie der Bildungsinhalte und des Lehrplans 1952, [6/8]1965.
Teil II: Didaktische Voraussetzungen der Methode in der Schule 1960, [4/6]1965.

17 Eine eingehende Würdigung und kritische Verarbeitung erfährt die Didaktik E. Wenigers durch W. Klafki. In: J. Dahmer und W. Klafki (Hg.): Geisteswissenschaftliche Pädagogik am Ausgang ihrer Epoche – Erich Weniger. Weinheim 1967.

18 Siehe: Die »Tübinger Beschlüsse«. In: W. Flitner: Grundlegende Geistesbildung. Heidelberg 1965, S. 193 ff.

19 Vgl.: Das Problem der Didaktik, 3. Beiheft der Zeitschrift für Pädagogik 1963; W. Klafki: Studien, a. a. O., S. 82 ff. und Bericht vom Verfasser. In: Rundgespräch. 1962, S. 223 ff.

20 Wolfgang Klafki: Studien ..., a. a. O., S. 101 ff.

21 Konkretisierungen dieser Position für einzelne Fächer finden sich im »Rundgespräch« u. a. Vom Verfasser für den ev. Religionsunterricht im Jg. 1963, S. 169 ff. und von G. Hecker für die Leibesübungen im Jg. 1967, S. 22 ff.

22 Als wichtige Veröffentlichungen sind zu nennen:
Paul Heimann: Didaktik als Theorie und Lehre. In: Die Deutsche Schule 1962, S. 407 ff.
Heimann – Schulz – Otto: Unterricht, Analyse und Planung, Auswahl, Reihe B, Heft 1/2, Hannover 1965. Der Arbeitskreis gab Informationen heraus, die schwer zu erhalten und schnell vergriffen waren. Eine erneute Herausgabe, u. U. erweitert in einem Sammelband, wäre im Blick auf die weitere Diskussion sehr wünschenswert.

23 Paul Heimann: Didaktik als Theorie und Lehre, a. a. O., S. 410.

24 Gunter Otto gibt im »Rundgespräch« gute Beispiele der Anwendung: Jg. 1964, S. 12 ff., S. 114 ff.

25 Theodor Wilhelm: Die erziehungswissenschaftliche Diskussion über die Aufgaben der Didaktik. In: Der Gymnasialunterricht, Reihe III, Heft 6, 1966, Stuttgart, S. 51.

26 Theodor Wilhelm: Die erziehungswissenschaftliche Diskussion ..., a. a. O., S. 12.

27 Wolfgang Klafki: Studien ..., a. a. O., S. 94 ff.

28 Heinrich Roth: Pädagogische Anthropologie ..., a. a. O., S. 26.

29 Rudi Maskus: Das Bildungsproblem unter dem Aspekt der Allgemeinen Didaktik. In: Rundgespräch 1966, S. 251.
30 Z. B.: Hermann Helmers: Moderne Literatur in der Hauptschule. In: Rundgespräch 1963, S. 20 ff.
Helmut Postel: Zur Didaktik der Fachgruppen ... 1963, bes. S. 208 ff.
Vom Verf.: Problem einer Fachdidaktik für den ev. RU 1963, S. 169 ff.
Peter Brömse: Das didaktische Verständnis des Fundamentalen ... 1965, S. 56 ff.
Helmut Sauer: Gebrauchssprache und linguistische Didaktik, 1965, S. 190 ff.
31 Karl Seidelmann: Bildung in Stufen. In: Rundgespräch 1966, S. 119 ff.
Wolfgang Klafki: Das pädagogische Problem des Elementaren und die Theorie der kategorialen Bildung, Weinheim [2]1963, S. 393 ff.
Gottfried Preissler: Erziehungswissenschaft und Bildungspolitik. In: Die Deutsche Schule 1965, S. 362 f.
32 Vgl. Karl-Heinz Flechsig: Zur Umgestaltung der Unterrichtsorganisation. In: H. v. Hentig (Hrsg.): Analysen und Modelle zur Schulreform, 3. Sonderheft der Neuen Sammlung 1966, S. 13 ff.
33 Heinrich Roth: Jugend und Schule zwischen Reform und Restauration, a. a. O., S. 114 ff.
34 Wolfgang Kramp: Fachwissenschaft und Menschenbildung. In: Zeitschrift für Pädagogik 1963, S. 148 ff.
35 Theodor Wilhelm: Die erziehungswissenschaftliche Diskussion ..., a. a. O., S. 27.
36 Heinrich Roth: Päd. Anthropologie, a. a. O., S. 29.
37 Vgl. Wilhelm Steffens: Bedingen Technik und modernes Wirtschaftsleben eine Veränderung der Aufgaben im Bereich der muttersprachlichen Bildung. In: Rundgespräch 1962, S. 150 ff.
Hermann Helmers: Moderne Literatur in der Hauptschule. In: Rundgespräch 1963, S. 20 ff.
Vom Verf.: Probleme einer Fachdidaktik ... In: Rundgespräch 1963, bes. S. 172–177.
Wolfgang Klafki: Allgemeine Didaktik – Fachdidaktik – Didaktische Analyse. In: Rundgespräch 1964, S. 244 ff.
38 Vgl. z. B.: Erich Weniger: Theorie der Bildungsinhalte und des Lehrplans, a. a. O.
Psychologie und Soziologie im Studium der Erziehungswissenschaft, 6. Beiheft der »Zeitschrift für Pädagogik« 1966, S. 109 ff.
38a Der Vortrag von Prof. Dr. Robinsohn, Direktor am Institut für Bildungsforschung in der Max-Planck-Gesellschaft, am 10. Juli 1967 in Frankfurt/M. über das Thema »Grundfragen der Curriculumforschung« ist als Auftakt einer Neugestaltung der hessischen Bildungspläne anzusehen.
39 Vgl. Heinrich Geiss: Die neuen Bildungspläne der Gymnasien. In: Rundgespräch 1962, S. 195 ff.
Ulrich-J. Kledzik: Die 10. Klasse als Pflichtschuljahr. In: Rundgespräch 1966, S. 209 ff.
40 Erich Weniger: Theorie der Bildungsinhalte ..., a. a. O., S. 14.
41 Vgl. Erich Weniger: Theorie der Bildungsinhalte ..., a. a. O., S. 15.
Erich Weniger: Die Eigenständigkeit der Erziehung in Theorie und Praxis, Weinheim, S. 521 ff. (Der Lehrer als Staatsbeamter).
42 Vgl. Heinrich Roth: Pädagogische Psychologie des Lehrens und Lernens, a. a. O., S. 239 ff.
43 Theodor Wilhelm: Die erziehungswissenschaftliche Diskussion ..., a. a. O., S. 43.
44 Vgl. E. Weniger: Didaktische Voraussetzungen der Methode in der Schule, a. a. O., S. 8.
Heinrich Roth: Pädagogische Psychologie des Lehrens und Lernens, a. a. O., bes. S. 121 (es wäre hier zu fragen, ob das eigene Betroffensein des Lehrers nicht zu stark betont wurde).
45 Rudi Maskus: Das Bildungsproblem unter dem Aspekt der Allgemeinen Didaktik, a. a. O., S. 251 f.
46 Im übrigen werden in der Beantwortung der Fragen II und III der didaktischen Analyse (Gegenwarts- und Zukunftsbedeutung) die persönliche Überzeugung, Stellung des Lehrers zu den Inhalten notwendigerweise mitschwingen.

Hans-Karl Beckmann

Nachwort (1972)

Aus heutiger Sicht sind einige Bemerkungen nötig zum Stand der Diskussion, ohne den Anspruch auf Vollständigkeit oder Systematik zu erheben:

a) Der in dem vorstehenden Beitrag gekennzeichnete Differenzierungsprozeß der Erziehungswissenschaft ist sachlich und institutionell weiter vorangetrieben worden (vgl. Klafki, Rückriem u. a.: Erziehungswissenschaft Bd. 3, Frankfurt 1971, S. 225 ff.); auffallend sind zwei divergierende Tendenzen: einerseits Differenzierung nach wissenschaftlichen Methoden, andererseits nach Anwendungsfeldern.

Den Begriff »Disziplin« würde man heute für die Allgemeine Didaktik vermeiden; der Begriff »Teilbereich« erscheint angemessener, wenn man unter *Disziplin* eine Wissenschaft, unter *Bereich* die durch den Differenzierungsprozeß entstehenden Teile einer Wissenschaft versteht.

Die Formulierung »Rückbindung an das Ganze« erscheint mißverständlich, zumal von dem Vorhandensein einer systematischen Pädagogik keine Rede sein kann. Trotzdem wird hier eine Kernfrage der Erziehungswissenschaft berührt: Welches ist ihre spezifische Fragestellung, die sie tragende Grundidee? Die Aussage, sie sei eine Integrationswissenschaft, trägt nicht weit. So suspekt heute Formulierungen geworden sind, wie: Das Dennoch des pädagogischen Tuns, das Engagement an dem jungen Menschen, Hilfe zum Menschsein, so wird m. E. die Antwort in dieser Richtung zu suchen sein, wenn Erziehungswissenschaft sich nicht selbst aufgeben will.

b) Die Kennzeichnung der Allgemeinen Didaktik unter dem Abschnitt 2 ist inkorrekt. W. Klafki hat im Funkkolleg Erziehungswissenschaft (a. a. O., Bd. 2) mit Recht darauf hingewiesen, daß die Fragestellungen und Kategorien der Allgemeinen Didaktik keineswegs an die Schule gebunden sind, sondern für alle Institutionen gelten, wo es um Lehre bzw. Unterricht geht (so z. B. auch für die Vorschulerziehung, die Volkshochschule, die Universität).

Die Allgemeine Didaktik hat in den letzten Jahren eine weitere Abklärung erfahren; die Unterscheidung Didaktik i. e. S. und i. w. S. hat sich durchgesetzt, die sich bereits damals abzeichnende Annäherung der geisteswissenschaftlichen und lerntheoretischen Ansätze hat sich fortgesetzt. Erhebliche Erweiterungen hat es durch die curriculare Forschung und die Lernzielforschung gegeben, die in Theorie und Praxis noch nicht bewältigt wurden. Konkret zeigt sich das im Problem der Unterrichtsvorbereitung, wo Lösungen einerseits in bedenklichen Absolutsetzungen (»Lernzielfetischismus«) und andererseits im unreflektierten Mischen verschiedener Ansätze gesucht wird (vgl. zur Unterrichtsvorbereitung: Erziehungswissenschaft, Bd. 3, S. 184 ff., vgl. zum gesamten Problem: Blankertz 1968; Ruprecht u. a. 1972).

Das eben Gesagte darf nicht zu dem Mißverständnis führen, die Allgemeine Didaktik sei als Teilbereich der Erziehungswissenschaft etabliert; aus unterschiedlichen Lagern (Soziologen, Psychologen, Fachwissenschaftler) werden die Aufgabe und Funktion einer Allgemeinen Didaktik bestritten.

c) Der Verfasser hält nach wie vor an der Notwendigkeit fest, eine Schulwissenschaft zu entwickeln (er hofft eine Einführung 1974 vorlegen zu können). Dahinter steht die Überzeugung, daß die Bedeutung der Schule eine Aufarbeitung der verschiedenen wissenschaftlichen Einsichten für dieses Anwendungsfeld nötig macht, selbst wenn dadurch erst einmal deutlich würde, wie wenig wir im Grunde über die Schule wissenschaftlich begründet wissen können.

Die im vorstehenden Beitrag angesprochene Veröffentlichung von Th. Wilhelm erschien sehr bald in der 2. Auflage; wie eine Reihe von Rezensionen zeigt, wird sie dem Anspruch einer »Theorie der Schule« nicht gerecht; sie ist eher eine Allgemeine Didaktik i. e. S. W. Kramp weist in einer profunden Analyse nach, wie sehr die Entwicklung einer Theorie der Schule noch in den Anfängen steckt (in: Handbuch päd. Grundbegriffe, Bd. 2. München 1970).

Die Einsicht in die Bedeutung von innerer und äußerer Schulverfassung ist generell gewachsen; anders gewendet: Die Abhängigkeit der Schule von politischen und wirtschaftlichen Entwicklungen ist allgemein einsichtig. Dabei besteht die Gefahr, die These von der Schule als Funktion der Gesellschaft absolut zu setzen.

Allgemeine Didaktik (i. e. S. und i. w. S.) liegt m. E. quer zur Schulwissenschaft, weil die Kategorien der Struktur und Auswahl der Inhalte, der Unterrichtsstruktur zwar auch in den Rahmen einer Wissenschaft der Schule als Teilbereich der Schule gehören, aber auch außerhalb der Schule für andere pädagogische Institutionen Bedeutung haben.

Im vorstehenden Beitrag wurden wissenschaftstheoretische Fragen nur angedeutet. Zwei Bemerkungen sind dennoch nötig: Einmal sieht man deutlicher den Dienstcharakter von wissenschaftlichen Methoden; je nach Fragestellung entscheidet man sich für die jeweils angemessene Methode. Zum anderen ist der Methodenpluralismus zu betonen, zumindest aber das Zusammenwirken von der geisteswissenschaftlichen, empirischen und ideologie-kritischen Methode, wobei viele Fragen nach Zusammenwirken und Beurteilungskriterien noch offen sind. Die in jüngster Zeit wieder deutlicher gewordene Ideologieanfälligkeit und Neigung zu geschlossenen Systemen macht die angeschnittenen Fragen noch brennender.

d) Die genannten aktuellen Aufgaben sind keineswegs gelöst, nur drängender geworden: Die Ziele der Schule werden heute unter dem Aspekt verschiedener Modelle von Schulen diskutiert: Strukturplan (Bildungsrat), demokratische Leistungsschule (Sander/Rolff/Winkler), Freie Schule (Privatschulen verschiedener Ausprägung), kritische Schule (Gamm), Entschulung (Illich). Zwei charakteristische Merkmale der gegenwärtigen Diskussion müssen genannt werden (sie werden m. E. der Aufgabe von Schule als Staatsschule in einer sich demokratisch verstehenden Gesellschaft nicht gerecht): Absolutsetzung einer Ideologie und Reduzierung der Ziele der Schule auf Überprüfbares, Kontrollierbares.

Das Umdenken von Schularten auf Schulstufen beschäftigt auch heute die Fachwelt. Eine Theorie der Stufen ist erst in der Entwicklung; sie ist am weitesten für die Primarstufe gediehen und für die Sekundarstufe II am schwierigsten. Im übrigen kommen die stufenübergreifenden Probleme der Schule wieder mehr in den Blick; stufenspezifische Aufgaben sind nicht so häufig, wie ursprünglich angenommen; sie sind Konkretisierungen des Allgemeinen.

In der Reform des Fächerkanons ist man in den letzten Jahren nicht weitergekommen; im Grunde blieb es bei der Addition neuer Aufgaben zu den alten. In der Theorie wird unterschieden zwischen herkömmlichen Schulfächern, fächerübergreifenden Lernbereichen und Lehrgängen; die Unterrichtsorganisation strukturiert sich weithin noch nach den Schulfächern. Das Prinzip der Verwissenschaftlichung, das sich sowohl auf die Fundierung der Inhalte als auch auf die Lehrmethoden bezieht, beginnt sich durchzusetzen. Gelegentlich droht bereits der Umschlag ins andere Extrem, so daß die besondere Situation einer Schulklasse aus den Blick gerät.

Anmerk. 38a weist auf die Aktivitäten von S. B. Robinsohn hin. Es ist sein Verdienst, daß das Bewußtsein über die Bedeutung der wissenschaftlichen Entwicklung der Lehrpläne geschärft wurde. Die Strategie der Lehrplanentwicklung ist überzeugend; inzwischen aber hat es sich gezeigt, daß der Spannungsbogen zu groß ist, so daß konkrete Ergebnisse auf sich warten lassen. Hier werden die Kategorien der Allgemeinen Didaktik wieder wichtiger, um zumindest den Rückschlag in alte Formen der Richtlinienerarbeitung abzuwehren.

Von einem »in sich geschlossenen Lehrplan« würde ich nicht mehr reden; es geht um ein offenes System, das den Lehrer nicht zum ausführenden Organ degradiert.

Die Fachliteratur über den Lehrer ist erheblich gewachsen: Abgewogene Veröffentlichungen (Betzen/Nipkow, Döring, Stock) und ideologisch bestimmte stehen sich gegenüber (Gamm). Unter dem Zielbegriff der Emanzipation wird der Lehrer gelegentlich zum politischen Funktionär umgemünzt. Das aber ist nicht seine Aufgabe; er muß die Schüler so unterrichten, daß sie später selbstverantwortlich politisch handeln können. So schwer die Aufgabe auch ist, der Lehrer muß sich um Objektivität mühen und nicht Entscheidungen erzwingen.

e) Die in der Schlußbemerkung genannten Aufgaben, die allerdings über den Rahmen der Allgemeinen Didaktik hinausgehen, bestehen weiter: Von einer Übereinkunft über Aufgaben der Schule sind wir weiter entfernt als zuvor, aber es geht um die Sicherung eines – wenn auch begrenzten – Bestandes an Gemeinsamkeiten, nicht für die Schule, sondern für unser Volk.

Der Rückfall in Richtlinien, die im wesentlichen von den Ministerien erarbeitet werden, macht die Wirkungslosigkeit curricularer Theorien in der Breite deutlich. Die Euphorie über die wissenschaftliche Begleitung von Schulversuchen geht zurück und zeigt die Bedeutung der begrenzten, aber realisierbaren wissenschaftlichen Beratung.

Die Forderung nach Teamarbeit ist kein Allheilmittel; einerseits sollte jede sich bietende Möglichkeit zur Kooperation genutzt werden; andererseits darf die systematische Arbeit der einzelnen Disziplinen nicht aufgegeben werden. Die Erziehungswissenschaft sollte den erreichten Stand des Niveaus und der Reflexion nicht aufs Spiel setzen.

Karl Ernst Nipkow

Allgemeindidaktische Theorien der Gegenwart Gegenstandsfeld und Theoriebegriff*

Das didaktische Phänomen kann unterschiedlich angegangen, die Allgemeine Didaktik entsprechend unterschiedlich exponiert werden[1]. Für den Praktiker wie für den Theoretiker entsteht so das Bedürfnis, die divergierenden pädagogischen Konzeptionen kritisch vergleichend aufeinander zu beziehen. Dies Bedürfnis ist in letzter Zeit spürbar gewachsen[2]. Versuche einer Zusammenfassung können leicht den Anschein erwecken, als begänne eine epigonale Phase in der didaktischen Arbeit, nach der Phase lebhafter Exploration und Aufschlüsselung der didaktischen Probleme nun die der Systematisierung und Konsolidierung endgültig gewonnener Ergebnisse. Eine solche Annahme wäre jedoch irreführend. Wenn nicht alle Anzeichen trügen, wird die Diskussion auf neue Weise in Bewegung geraten, einmal durch die das didaktische Gesamtbewußtsein erweiternde Einbeziehung neuer *Fragestellungen,* die sich zum Teil allerdings auch als Wiederaufnahme bekannter Fragestellungen von neuen Aufgaben her erweist (z. B. bezüglich sog. Curriculum-Forschung)[3], zum anderen durch eine den Wissenschaftscharakter tangierende Anwendung neuer *Methoden,* die bereits jetzt von neuen Überlegungen zur didaktischen Theoriebildung begleitet wird.

Mit der Anwendung neuer Methoden ist empirische didaktische Forschung gemeint, mit der Erweiterung der Fragestellungen die schrittweise sich fortsetzende Bewußtwerdung der didaktischen Gesamtproblematik. Sehr vereinfacht läßt sich vorwegnehmend formulieren, daß die Didaktik den von ihr untersuchten Gegenstand im folgenden Sinn zu erweitern im Begriff ist: Nachdem die Analyse der Unterrichts*inhalte* als Schwerpunkt der bildungstheoretisch orientierten Göttinger didaktischen Schule (E. Weniger, W. Klafki)[4] bereits um die Analyse der Unterrichts*prozesse* einschließlich ihrer Voraussetzungen und Wirkungen als dem Schwerpunkt der lerntheoretisch und informationstheoretisch orientierten Didaktiker erweitert worden ist – neben lernpsychologischen Entwürfen (H. Aebli)[5] sowie kybernetischen (H. Frank, F. v. Cube)[6] ist vor allem der Berliner Arbeitskreis Didaktik zu nennen (P. Heimann, W. Schulz u. a.)[7]–, bahnt sich, von eben den gleichen Berliner Didaktikern ins Bewußtsein gehoben und gefördert, eine neue Erweiterung an, die Analyse der didaktisch relevanten Faktoren in der *Schulorganisation*[8]. In der Tat muß als Gegenstand einer in diesem Sinne erweiterten »didaktischen Analyse« der Gesamtzusammenhang von inhaltlich-intentionalen, prozessualen und organisatorisch-institutionellen Bezügen angesehen werden[9].

Die genannte Entwicklung verläuft nicht zufällig. Sie ist die Reaktion auf eine fortschreitende Problematisierung von pädagogischen und didaktischen Sachverhalten, die bis zu dem jeweiligen Zeitpunkt fraglos gültig waren oder zumindest so schienen. Diese Problematisierung hat über die Krise der Bestimmung der Bildungseinheit und der Bildungsinhalte (Didaktik als Theorie der Bildungsinhalte) und das Fragwürdigwerden der Effektivität der Unterrichtsprozesse (Didaktik als Lerntheorie und Strukturtheorie des Unterrichts) nun auch die Schulorganisation erfaßt (Didaktik in Integration mit Theorie der Schule bzw. der Schulorganisation)[10]. Schritt für Schritt wird mit der Bewußtmachung des ganzen Umfanges der didaktischen Problematik die Naivität der Unterrichtenden aufgehoben. Die didaktische Theorie selbst entwickelt sich dabei zu einem theoretischen Instrument, das immer kritischer den eigenen Theoriecharakter reflektiert. Die folgenden Ausführungen wollen diese Entwicklung an charakteristischen Stationen nachvollziehen[11] und die Ausbildung der didaktischen Theorie insbesondere unter wissenschaftstheoretischen Gesichtspunkten überprüfen. Dies ist bisher kaum versucht wordern[12].

I

Der allgemeine Hintergrund für Erich Wenigers »Theorie der Bildungsinhalte und des Lehrplanes« (erste Fassung 1930) ist die Absicht, im Anschluß an Wilhelm Dilthey und an die Begründung einer geisteswissenschaftlichen Pädagogik in der Dilthey-Schule (E. Spranger, H. Nohl, Th. Litt) zu erweisen, daß auch die Didaktik »nur eine geisteswissenschaftliche sein kann« (Didaktik I,5). Ihr Ausgangspunkt liegt »nicht in der Theorie selbst oder in Prinzipien«, sondern in der »Erziehungswirklichkeit« (ebd.), deren prägnanteste didaktische Objektivation die »Gegebenheit des Lehrgefüges« (ebd.) ist. Die didaktischen Aussagen sind nicht mehr deduktiv zu gewinnen, sondern nur im Zusammenhang einer geschichtlichen Besinnung.

Der besondere Hintergrund der Didaktik E. Wenigers, aus eben jener geschichtlichen Analyse des eigenen Standorts bedrängend bewußt geworden, ist die in den 20er Jahren keine Beschönigung mehr erlaubende Krise der Kultur, verstanden als Krise der kulturellen Werte, ihres Geltungsanspruches, ihrer hierarchischen Ordnung und damit der »geistige(n) Einheit der Zeit«

(S. 64), eine Erschütterung, die im pädagogischen Bereich die Auflösung der inhaltlichen »Einheit der Bildung« zur Folge haben mußte[13]. Daher durchzieht genau diese Frage leitmotivartig Wenigers bedeutende didaktische Schrift: angesichts der früheren, jetzt nicht mehr allgemein verbindlichen einheitstiftenden Prinzipien neue Voraussetzungen für *Auswahl, Zuordnung und Einheit* der Inhalte zu finden. Didaktik muß zwangsläufig Theorie der *»Bildungsinhalte«* und des *»Lehrplans«* werden. Der Umstand, daß und warum die aus der Religion, der Kulturphilosophie, dem nationalen Erbe, den Fachwissenschaften oder den traditionellen Bildungstheorien selbst stammenden geistigen Zusammenhänge, die bisher die Lehrplaninhalte bestimmt, legitimiert und miteinander verbunden haben, fragwürdig geworden sind, muß in einem eigenständigen, auf das »Lehren und Lernen« bezogenen (S. 3), und das heißt eben didaktischen Gedankengang bewußtgemacht werden, um im Zuge dieser Kritik einen neuen tragenden Ansatz zu entwickeln. Lehrplantheoretisch gesprochen konzentriert sich für Weniger die didaktische Suche in der Frage nach dem »regulierenden Faktor« (32) des Lehrplans; die »wichtigste Frage« wird die nach der in einer pluralistischen Gesellschaft von allen Zeitgenossen und Pädagogen akzeptablen »rangobersten und beherrschenden Macht« (23). Das »überhöhende Gemeinsame« (66), das die neue Einheit ausdrückt, bezeichnet Weniger zwar immer noch mit dem herkömmlichen Begriff des »Bildungsideals« (ebd.); und als den Faktor, der die neue Ordnung garantiert, nennt er in zum Teil mißverständlichen Ausführungen den »Staat« (32, 62 f.). Im Grunde meint er beide Male etwas sehr Modernes und Nüchternes.

Da das *»Bildungsideal«* aus den je neuen, geschichtlich sich wandelnden konkreten *»Aufgaben«* (65) gewonnen werden soll – es handelt sich »um die aus der für Volk, Staat und Kultur vorliegenden allgemeinen Situation sich ergebende Fortentwicklung der Erziehung und Bildung, in der das geistig-gesellschaftliche Fortleben von Volk und Staat gesichert wird« (65) –, macht Weniger die Lösung der inhaltlichen Auswahl- und Ordnungsprobleme in Wirklichkeit von dem nie vorgegebenen, sondern stets aufgegebenen Consensus der verantwortlichen Träger der Erziehung über eben diese gegenwärtigen und zukünftigen gesellschaftlichen Aufgaben abhängig. Weniger verweist die Normenproblematik an den sich wandelnden *Geist der Zeit*, nicht an den »Zeitgeist« im depravierenden Sinn. Gemeint ist nicht, daß der Unterricht um jeden Preis »auf bestimmte Vorkommnisse ›des Lebens‹ oder ›der Zeit‹ aktuell bezogen« sein soll (99). Das Vertrauen in den Geist der Zeit spiegelt das tiefere Vertrauen in die »sich ergebende Fortentwicklung der Erziehung und Bildung« (65), im Grunde in den Geist des *»Lebens«*. Auch die »Unruhe der Zeit« ist »letzten Endes nichts anderes als die Unruhe des Lebens selber« (99) und daher sinnhaft. Im Lehrplan kann sich lediglich der Besitz der »jeweils erwachsenen Generation« kodifizieren. Es ist nicht zu erwarten, »daß Lehrpläne ein Menschenalter überdauern« (63).

Genau die gleiche Sicherung einer *zeit*-gerechten Repräsentation der geschichtlich-gesellschaftlichen Veränderungen in den Unterrichtsinhalten soll auch durch Wenigers Rückgriff auf den *Staat* als den »regulierenden Faktor« bewirkt werden (32 ff., 62 ff.). Wenn der Staat als »Erziehungsstaat« abgehoben wird vom Staat als (politischer) »Macht neben anderen Mächten« (62) und mit der *»Schule selbst«*, ihrer »eigentümlichen Ordnung der Bildungsvorgänge« geradezu identifiziert wird (63), die Schule ihrerseits aber in ihrer geistigen Gestalt auf die *Lehrerschaft* angewiesen ist – die Lehrpläne richten sich »in erster Linie an den Lehrer, sie umschreiben den geistigen Besitz, den der Staat von seinen Lehrern verlangen muß« (63) –, so rekurriert Weniger in diesem eigenartig verschränkten Gedankengang durch das ordnende Medium des Staates hindurch auf die Lehrer als Glieder der Gesellschaft und damit auf den Spannungsreichtum der pluralistischen *Gesellschaft* selbst. Für Weniger bedarf es allerdings bei diesem Prozeß einer ausdrücklichen Hilfestellung durch »Bildung und Politik«. »Bildung und Politik müssen die Gesellschaft erst wieder Wirklichkeit werden lassen« (42). Er meint, es sei »nirgends zu sehen, daß die Gesellschaft aus sich heraus ein Bildungsideal, einen Bildungsgehalt hervorbringen könnte« (ebd.). Diese Äußerung verdeckt jedoch, daß im Grunde auch bei Weniger die Funktion des Staates wie die der bildungstheoretisch-didaktischen Theorie in bezug zur Gesellschaft gleichsam »subsidiär« bleibt[14]. Mit unübertroffener Klarheit hinsichtlich der insofern keineswegs absolut eigenständigen Bildungstheorie (45 ff.), weniger unmißverständlich hinsichtlich des Staates (62 ff.), führt Weniger selbst aus, daß weder die pädagogische Theorie, in welcher Spielform auch immer, noch der Staat von sich aus verbindliche Unterrichtsinhalte einfach setzen können. Staat und Schule sind vielmehr »auf den tatsächlichen geistigen Besitz des Volkes, auf die in der *Zeit* noch lebendigen Gehalte« angewiesen (63, Hervorhebung von mir). Auf diesen geistigen Besitz sich zu besinnen, ihn in sich lebendig werden zu lassen, wird logischerweise zur grundlegenden didaktischen Forderung der didaktischen Theorie.

Der zuletzt genannte Umstand ermöglicht es, den Charakter der Didaktik Wenigers – und wie wir sehen werden auch noch Klafkis – von einer anderen Seite her wissenschaftstheoretisch genauer zu kennzeichnen. Sie ist nicht nur *Theorie der Bildungsinhalte* und hat darin ihre *objektive* Seite. Sie ist zugleich *Theorie des Selbstverständnisses des Lehrers* – dies ihre *subjektive* Seite[15]. Didaktik klärt das Selbstverständnis des Lehrers im wortwörtlichen Sinn des Begriffs »Selbst«-Verständnis auf, insofern dies Selbst als Schnitt- und

Sammelpunkt des Geistes der Zeit mitsamt der dieser Zeit innewohnenden pädagogisch-didaktischen Problematik theoretisch entfaltet wird. In jeweils anderer Komplexion spiegelt sich in den Lehrern die geistige Situation und baut sich aus der immer noch theoretisch vermittelten Praxis die übergreifende kritische didaktische Theorie auf. Der Schüler entwickelt sich nach Weniger, indem er sich mit den ihm in seinen Lehrern gegenübertretenden, in je anderer Weise einwirkenden geistigen Mächten der Zeit auseinandersetzt und die in den Lehrern sich verkörpernde spannungsreiche geistige Welt »in die Bewegung zurückverwandelt, aus der sie entstanden ist« (64). Weniger wagt es, an dieser Stelle »trotz aller Gegensätze« von der dem Schüler sich in seinen Lehrern vermittelnden »geistigen Einheit der Zeit« und »dahinter« der »Einheit des geistigen Lebens überhaupt« zu sprechen (64). Nichts kennzeichnet noch einmal deutlicher als diese Wendungen einerseits den Ausgangspunkt der Didaktik Wenigers, die Erschütterung der Einheit der Kultur und daher Einheit der Bildung, andererseits das an sich fast aussichtslose Unterfangen, trotz der mit dem geschichtlichen Bewußtsein einhergehenden Relativierungen an den Begriffen der Einheit und des Bildungsideals, wenn auch offenbar mehr als regulierenden Ordnungsgesichtspunkten (»regulierender Faktor«) denn als metaphysisch überhöhten Idealen, festzuhalten.

Der in Fortführung Diltheys gewählte geisteswissenschaftliche Ansatz der didaktischen Theorie wie der pädagogischen überhaupt hat eine wichtige Folge. Mit dem Rekurs auf das geschichtlich und gesellschaftlich sich verändernde Kräftefeld, auf die in einem Prozeß der »Fortentwicklung« gesehene »Erziehungswirklichkeit« anstelle vorgegebener Prinzipien, sowie mit dem engen Anschluß der Theoriebildung an die vorgefundenen theoretischen Bemühungen des Lehrers, der selbst im Handlungs- und Entscheidungsfeld der »Zeit« steht, tritt die didaktische Theorie bewußt in den hermeneutischen Zirkel einer Sinn*klärung*. Die Sinnklärung ist immer schon von einer *vorgängigen* Sinndeutung bestimmt, will diese auch keineswegs ausklammern, vielmehr im Blick auf den möglichen, an den »Aufgaben« sichtbar werdenden Sinn der geschichtlichen »Fortentwicklung der Erziehung und Bildung« (S. 65) kritisch verifizieren oder falsifizieren, wodurch die Theorie ausdrücklich auch an der *nachgängigen*, zukunftsgerichteten Sinn*gebung* teilnimmt. So kommt es, daß die Didaktik das Selbstverständnis des Lehrers nicht nur *erhellt*, sondern *konstituiert*, weil und obwohl sie selbst in der Reflexion des pädagogisch Handelnden wurzelt. Der Widerspruch löst sich, da die *Theorie zur dialektischen Selbstvermittlung der Praxis* wird.

Weniger weist das Selbstverständnis des Lehrers und damit die didaktische Theorie in eine *doppelte* Verantwortung ein, in die Verantwortung vor den Aufgaben der »Zeit«, im Dienst der »Bewegung« oder »Bewegungen« des

»Lebens« (96 ff.) – der lebensphilosophische Hintergrund klingt an – und etwas weniger deutlich als später wieder bei W. Klafki, der hier entschiedener an H. Nohl anknüpft, in die Verantwortung vor dem Kind in seiner Gegenwart und Zukunft (S. 64, 90 ff., bes. 92). Im Grunde soll sich hierdurch die Frage nach den pädagogisch-didaktischen Normen aus der geschichtsimmanenten Normenproduktivität des sich verändernden gesellschaftlichen Lebens und der sich mit ihr entwickelnden Erziehungswirklichkeit selbst, ihrer sich durchhaltenden und abwandelnden inneren Struktur, beantworten. Mit diesem für den Lehrer verbindlich gemachten Denk- und damit Sinnhorizont – mag er auch offen und folglich relativ formal sein – erhält die didaktische Theorie über ihren analytischen Sinn hinaus einen normativ anweisenden Charakter[16], der sich jedoch nicht reglementierend verfestigen will und kann, weil die geschichtliche Überholbarkeit der theoretischen Aussagen immer mitgesetzt ist. Der oben so genannte »vorgängige« und »nachgängige« Praxisbezug der Theorie postuliert und relativiert die normativen Aussagen in einem. Die kritische Selbstreflexion der Theorie impliziert immer auch ihre mögliche Selbstaufhebung und völlige Metamorphose.

II

E. Weniger konnte seine didaktische Konzeption nach 1945 in ihrem Kern unverändert zur Diskussion stellen, weil sich die inhaltlichen und intentionalen Probleme des Unterrichts keineswegs abgeschwächt, sondern im Gegenteil verschärft hatten. Auch wenn wohlmeinende, im Grunde jedoch realitätsblinde pädagogische Kreise unmittelbar nach 1945 bestimmte metaphysisch-religiöse Vereinheitlichungsversuche als für alle verbindliche Lösung der pluralistischen Situation vorzutragen wagten[17], ist die »innere« Entwicklung der Schule diesen Bemühungen, aufs ganze gesehen, nicht gefolgt. Es kennzeichnet vielmehr die geistige Gesamtlage, daß gerade Schüler Erich Wenigers, unter ihnen vor allem Wolfgang Klafki, mit ihrer kritisch modifizierenden Fortführung des Wenigerschen Ansatzes die Diskussion bis heute nachhaltig bestimmen konnten.

Auch jetzt, in den 50er und bis Anfang der 60er Jahre, erscheinen die inhaltlichen Probleme als die spezifisch didaktischen. Sie müssen es sein, da das von Weniger diagnostizierte und aufgeschlüsselte *inhaltliche Dilemma* fortbesteht. Weder die religiösen Intergrationsversuche vor allem katholischer Didaktiker noch die Wiederbelebung abendländisch-humanistischer Bildungsvorstellungen können ohne weiteres eine allgemeinverbindliche Grundlage für ein didaktisches System abgeben. Ebensowenig vermögen die Fachwissenschaften – wie schon zur Zeit des Wenigerschen Entwurfes – die Fragen der

Auswahl, Anordnung und Zielsetzung zu lösen. Solche Versuche werden zwar (bis heute) unternommen. Aber weder der aus der Erfahrung der Universitäten aufgestellte, rein additive Maturitätskatalog läßt ein »Prinzip« erkennen – dies Ungenügen bloß fachwissenschaftlich orientierter Stellungnahmen wird ein Anlaß für die gymnasialdidaktischen Untersuchungen W. Flitners[18] –, noch kommt etwa der von der Arbeitsgemeinschaft Deutsche Höhere Schule vorgelegte Entwurf über eine additive Summierung fachgebundener Unterrichtsziele hinaus: das »allgemeine Bildungsziel« wird »durch die Summe der fachlichen Bildungsziele« umschrieben[19]. Gleichzeitig dringen jedoch in die Fächer selbst immer mehr Inhalte ein. Der Ruf nach dem Exemplarischen bricht auf (Tübinger Beschlüsse 1951). Besonders unter diesem Gesichtspunkt gerät die fachdidaktische Diskussion in den unter der Stoffülle leidenden Sachfächern Physik, Geschichte, Erdkunde, aber auch in der Mathematik in Bewegung.

W. Klafkis didaktisches Werk ist eine Antwort auf genau diese Situation. Es knüpft auch begrifflich, etwa hinsichtlich der Begriffe des »Elementaren« und »Fundamentalen«, an die geisteswissenschaftliche Bildungstheorie und Didaktik der älteren Generation an (E. Weniger, Th. Litt, W. Flitner, E. Spranger), holt jedoch in der *problemgeschichtlichen* Aufarbeitung der spezifisch allgemeindidaktischen Fragestellung viel weiter aus[20]. Vor allem aber versucht es, die laufende *fachdidaktische Diskussion* einzubeziehen[21] und die allgemeindidaktischen Einsichten bis in die *konkrete Unterrichtsanalyse* und *Vorbereitung* weiterzuführen[22]. Ein didaktisches Denken, das sich in dieser Weise in verschiedenen didaktischen Ebenen bewegt, ermöglicht es, *Umkreis* und *Zusammenhang* des didaktischen Gegenstandsfeldes viel deutlicher als bisher sichtbar zu machen. Klafkis systematische Aufgliederung in Allgemeine Didaktik, Spezielle oder Besondere Didaktik (als Didaktik der Schulformen, Bildungsstufen usw.) und Fachdidaktik sowie seine Bestimmung des Verhältnisses dieser didaktischen Denkebenen zueinander als ein Verhältnis wechselseitiger kritischer Partnerschaft und nicht einseitiger deduktiver Ableitung[23] sind daher in der allgemeindidaktischen Diskussion prinzipiell unwidersprochen geblieben. Auch die Vertreter der Berliner didaktischen Schule erkennen diesen Denkrahmen ausdrücklich an[24].

Während sich der Raum didaktischen Denkens bei Klafki gegenüber Weniger geschichtlich weitet und er systematisch noch klarer durchstrukturiert wird, ändern sich der *Gegenstand* als solcher und vor allem der Theoriebegriff dieser didaktischen Theorie nicht nennenswert, abgesehen von der bei Weniger noch zurücktretenden Forderung nach empirischer didaktischer Forschung[25]. Didaktik bleibt *»Theorie der Bildungsaufgaben* und *Bildungsinhalte* bzw. der *Bildungskategorien:* Sie fragt nach ihrem *Bildungssinn* und den *Kriterien* *für ihre Auswahl,* nach ihrer *Struktur* und damit auch ihrer *Schichtung,* schließlich nach ihrer *Ordnung,* verstanden einerseits als *zeitliche Anordnung* in lockeren Stufengängen oder inhaltlich straff geplanten Lehrgängen, andererseits als *Zuordnung* verschiedener gleichzeitig zu erschließender Sinnrichtungen« (a. a. O., S. 84). Der Ursprung des didaktischen Denkens Klafkis aus der allgemeinen Kulturkrise und damit aus der Krise des traditionellen »Bildungs«-Denkens bleibt ebenfalls für die Struktur dieser didaktischen Konzeption schlechthin bestimmend: Die didaktische und die bildungstheoretische Blickrichtung werden in einem strengen, unauflösbaren Korrespondenzverhältnis gesehen. Der Frage nach der »Sinngebung«, »Auswahl« und »Ordnung« der »Aufgaben« und »Inhalte« als der eigentlichen didaktischen Frage entspricht die bildungstheoretische Frage auch der »Gesamtverfassung des Menschen« bzw. ihrer »Vorformen im Kindes- und Jugendalter, die durch die Aneignung eines Welt- und Selbstverständnisses sowie eines bestimmten entspricht die bildungstheoretische Frage nach der »Gesamtverfassung des wir ›Bildung‹ nennen«. Diese bildungstheoretische Blickrichtung ist »die andere Seite« der didaktischen Fragestellung (89). In der Folge der Veröffentlichungen W. Klafkis werden daher auch die didaktische Konzeption als Analyse der Dimensionen des »didaktischen Feldes« (s. den Trierer Vortrag von 1962 und schon zuvor die Abhandlung über die didaktische Analyse von 1958)[26] und die bildungstheoretische Konzeption der sog. »kategorialen Bildung« (1957, 1959)[27] als ein in sich zusammenhängendes Ganzes entwickelt und entsprechend dargestellt.

Was bedeutet dies für den *Theoriebegriff?* Ähnlich wie für Weniger heißt auch für Klafki didaktisches Denken nicht nur, das didaktische Feld zu analysieren, zu beschreiben und es sich in seiner komplexen Problematik zu vergegenwärtigen. Auch jetzt entspricht dieser objektiven Seite die subjektive Aufforderung an den Lehrer, sein *Selbstverständnis* hinsichtlich der »Bestimmung« des Menschen und des »Wesens« der Bildung zu klären, mehr noch, in ganz bestimmter Weise auszurichten. Auch Klafkis Didaktik will über eine bloße *Erhellung* hinaus zur inhaltlichen *Konstituierung* dieses Selbstverständnisses beitragen, da mit der Konzeption der kategorialen Bildung, die ja eine nicht ablösbare »Seite« der didaktischen Feldanalyse ist, ein bestimmter sinnhafter Bezugsrahmen für das didaktische Denken und Handeln verbindlich gemacht wird. Hierauf wird noch ausführlich einzugehen sein.

III

Die deutlich explizierte Erweiterung des didaktischen Gegenstandes über die Analyse der Inhalte hinaus ist in systematischer Weise erst durch den *Berliner Arbeitskreis* vollzogen worden. Wir meinen die Ausweitung in Richtung auf eine Analyse der Unterrichts*prozesse*, einschließlich der diesen Prozessen zugrunde liegenden *Voraussetzungen* und der durch diese Prozesse beabsichtigten und tatsächlich erreichten *Wirkungen*. Klafki bemerkt zu dieser von ihm selbst mit allem Nachdruck begrüßten und für notwendig erachteten Ausweitung der didaktischen Thematik, daß die Probleme des tatsächlichen Unterrichtsgeschehens in Wenigers und in seiner eigenen Konzeption »mehr vorausgesetzt als differenziert expliziert« worden seien, »während sie bei den Berliner Didaktikern im Mittelpunkt stehen[28]«. Genau umgekehrt kann von dem Berliner Entwurf festgestellt werden, daß hier bewußt die inhaltlichen und lehrplantheoretischen Fragen mehr vorausgesetzt als expliziert werden. Im Vordergrund stehen in dem Entwurf von Wolfgang Schulz von 1965[29] die »Grundzüge der Unterrichtsanalyse«, aufgegliedert in »Strukturanalyse« und »Bedingungsprüfung«. Die »Unterrichtsplanung« schließt sich begrifflich dicht an die Kategorien der Unterrichtsanalyse an und wird nur kurz abgehandelt. Sie bleibt hinter der zumal bei E. Weniger anzutreffenden vielschichtigen Aufschlüsselung dieses didaktischen Themenkreises, der tief in gesellschaftliche und politische Grundlagenprobleme hineinreicht, weit zurück[30]. In einer neueren Schrift[31] wird die »Strukturanalyse« von W. Schulz treffender als in der älteren Arbeit in *»Voraussetzungsprüfung«*, *»Prozeßanalyse«* und *»Effektivitätsprüfung«* aufgegliedert und gleichzeitig der *»Planungsanalyse«* ein größerer Raum gewährt. Außerdem tritt als neuer Begriff der der *»Relationsforschung«* hinzu. Relationsforschung meint die Untersuchung der »Beziehungen zwischen Ausgangslage, Planung, Durchführung und Erfolg des Unterrichts« (a. a. O., S. 91).

In diesem didaktischen Ordnungschema sind die didaktischen Teilaufgaben angemessener proportioniert. Trotzdem muß man bei der Feststellung bleiben, daß die didaktischen Probleme der Auswahl, Sinngebung und Anordnung der Unterrichtsinhalte nur nach formalen Kategorien gestreift, nicht nach inhaltlichen entfaltet werden. Hier ist die Didaktik Wenigers und Klafkis nach Klafkis eigenen Worten in der Tat »aspektreicher[32]«. Dieser Sachverhalt wird von der Berliner Schule neuerdings deutlicher anerkannt. Nach anfänglich z. T. scharfer Kritik[33] zeigen die ausdrückliche Hervorhebung des wissenschaftlichen Verdienstes E. Wenigers und W. Klafkis in der Behandlung der inhaltlichen und intentionalen Fragen sowie die bezeichnenden Verweise auf E. Wenigers bahnbrechende didaktische Schrift an jenen Stellen von

»Unterricht – Analyse und Planung«, an denen die »anthropologische(n) und kulturtheoretische(n) Voraussetzungen« berührt werden, eine abgewogenere Würdigung an[34]. Die Ausklammerung darf folglich zunächst als legitime Arbeitsteilung bzw. Schwerpunktverlagerung angesehen werden. Die Berliner Didaktik will nicht eine bereits erkannte Herausforderung, sondern eine neue beantworten. Die lerntheoretisch orientierte moderne Didaktik interessiert sich »mehr für die Steigerung der Effektivität des Lehrverhaltens als für seine Normgerechtheit[35]«. Zu dieser Wendung vom Wünschenswerten zur Analyse der tatsächlichen Prozesse und ihrer effektiven Wirksamkeit hat die bildungstheoretisch fundierte Didaktik als Theorie der Bildungsziele, Bildungsaufgaben und Inhalte aufgrund ihrer eigenen Versäumnisse mit beigetragen. »Ein Bildungsdenken, das über die Erörterung *wünsch*barer Lehrerfolge die Erprobung der *Realisierungschance* didaktischer Postulate vernachlässigte, hat zu einer wachsenden Nachfrage nach Aussagen über *tatsächliches* Lernverhalten von Heranwachsenden und nach den Möglichkeiten erfolgreicher Einflußnahme darauf geführt[36]«.

Die eigentlich charakteristischen, weil neuen didaktischen Fragestellungen in dem Entwurf des Berliner Arbeitskreises sind daher gar nicht so sehr der Wille zu einer »Totalerfassung« aller im Unterrichtsgeschehen wirksamen Faktoren[37], diese Vollständigkeit erstrebt auch die Didaktik der Göttinger Schule[38]. Es ist auch nicht die grundsätzlich ebenfalls von Klafki, Kramp und anderen gesehene Vieldimensionalität und Komplexion des Unterrichtsgeschehens[39]. Noch ist es die Einsicht, daß didaktische Probleme nur durch einen Methodenpluralismus bewältigt werden können, der jener Faktorenkomplexion und Problemvielfalt entspricht[40]. Die Notwendigkeit einer intensiven Anwendung empirischer Methoden und eine stärkere Beachtung soziologischer Faktoren zeichnen sich allerdings für Klafki erst in den letzten Jahren deutlicher ab[41]. Wirklich charakteristisch ist, von dem noch gesondert zu behandelnden unterschiedlichen wissenschaftstheoretischen Ansatz zunächst abgesehen (s. u.), die nachdrücklich hervorgehobene Bedeutung permanenter und radikaler *Kontrolle*. Bedingung für die Realisation des Berliner didaktischen Ansatzes ist die »Dauerbeobachtung der Unterrichtswirklichkeit[42]«. Im einzelnen richtet sich die kritische Beobachtung, Feststellung und Kontrolle auf die Voraussetzungen der Prozesse (Situationsanalyse), auf die Prozesse selbst und auf die erreichten Ergebnisse (Effektivitätsprüfung). Die kennzeichnendste Frage betrifft das Verhältnis von Erwartetem und Erreichtem.

Diese neue didaktische Richtung ist durch zwei Umstände herausgefordert. Die Didaktik des Berliner Arbeitskreises dringt erstens auf eine größere Redlichkeit in Entwurf und Planung; diese ist ohne eine schonungslose Überprüfung der Unterrichtsrealität nicht zu erreichen. Sie dringt ferner um besserer Leistung willen auf eine größere Sicherheit in der Anwendung der angemessenen didaktischen und methodischen Mittel. Auch hierfür bedarf es der kontrollierenden Rückkoppelung durch die Erforschung der Praxis. Das neue Untersuchungsfeld der didaktischen Theorie ist damit nicht mehr in erster Linie durch das Dilemma des Normenpluralismus veranlaßt, sondern – zunächst jedenfalls (vgl. noch unten VI) – durch eine viel elementarere Krise: durch die Unzufriedenheit über die *allgemeinen Leistungsschwächen* der deutschen Schule sowie durch die Unerträglichkeit eines *unglücklichen pädagogischen Bewußtseins,* das die Erfolglosigkeit pädagogischen Handelns, gemessen an hochgesteckten Zielen, zwar schmerzlich erlebt, aber diese Erfolglosigkeit in ihren Ursachen sich nicht eingestehen kann und will, weil es die Aufdeckung der gegebenen Zustände und damit den Zwang zu einer möglichen Veränderung fürchtet.

Erst von diesem neuen Ansatz her gewinnt der Gebrauch *empirischer* Methoden in der Berliner Didaktik seinen Stellenwert: Die Einübung der Studenten in die systematische Beobachtung, Aufnahme und Analyse der Unterrichtswirklichkeit, die Anfertigung von »Totalprotokollen« und die Handhabung der Fragebogenerhebungen. »Die in den Planungen enthaltenen Angaben über erwartbares Verhalten von Schülern, über sozialkulturelle Bedeutung von Inhalten, über das Vorwissen von Kindern, die Forderung nach genereller Kontrolle, wieweit Erwartungen und Ziele im Unterricht realisiert werden – all dies gibt der Empirie ein die theoretischen Voraussetzungen veränderndes Gewicht. Mehr noch: Die Empirie hat die Dauerfunktion, die Anfangswerte der Theorie zu kontrollieren. Unterrichtsplanung ohne Situationsanalyse und Unterricht ohne Ergebniskontrolle sind im Rahmen dieses Modells inadäquat[43]«.

IV

Wie wirkt sich diese Erweiterung des Gegenstandsfeldes der didaktischen Theorie und die damit verbundene Verlagerung des didaktischen Interesses auf die Bestimmung der *Lehrerrolle* aus? Diese bereits oben berührte Frage sei aufgeworfen, um den *Theoriecharakter* der Didaktik Wenigers und Klafkis im Vergleich zur Didaktik Heimanns und Schulz' ausführlicher zu analysieren und zu vergleichen.

Da sich die Didaktik der Göttinger Schule nicht nur als eine deskriptiv-analytische, sondern als eine geisteswissenschaftlich begründete »Reflexion am Standort der Verantwortung des Denkenden« (Wilhelm Flitner) versteht, konnte sie als eine aus dem Selbstverständnis des Unterrichtenden konstituierte wie auch ihrerseits dies Selbstverständnis konstituierende Theorie angesehen werden. Zweifellos beeinflußt auch die didaktische Theorie der Berliner Schule das Selbstverständnis des Lehrenden. Beide Male wird ein waches *»Struktur-, Methoden- und Problembewußtsein«* des Lehrers angestrebt[44]. Ähnlich wie es der didaktischen Theorie im Sinne Wenigers und Klafkis darum geht, »die Echtheit der persönlichen Entscheidung zu ermöglichen, die Mittel zur Entscheidung umfassend zur Verfügung zu stellen und damit den wahren Ort der pädagogischen Freiheit des Lehrers zu bestimmen[45]«, kann Heimann die Aufgabe der didaktischen Theorie definieren: »Sache der Theorie ist es allein, die *Bedingungen* von Unterrichtsentscheidungen zu klären und die an ihnen beteiligten *Real- und Idealfaktoren* zu ermitteln und so im Wege der Rückkoppelung die jeweilige (kollektive oder Einzel-) Entscheidung zu modifizieren oder gar zu korrigieren« (a. a. O., S. 10). Hier wie dort wird die Theorie auf das Selbstverständnis des zum Handeln genötigten Lehrers bezogen. Auf beiden Seiten beabsichtigt die Theorie, die Fähigkeit des Lehrers zu »umfassender« Klärung aller für die rechte Entscheidung zu beachtenden Bedingungen, Faktoren und Mittel zu steigern. Dieser klärenden Überprüfung ist auch das persönliche Engagement unterworfen. Nicht nur die Berliner Didaktik »läßt den über sich selbst und seinesgleichen aufgeklärten Erzieher auch sein Engagement noch befragen[46]«. Auch die Didaktik der Göttinger Schule ist von ihrem Ansatz her kritische Aufklärung aller den Entscheidungs- und Verantwortungshorizont des Lehrers bestimmenden Faktoren. In der Konsequenz dieses Ansatzes kann die Überprüfung und Infragestellung des eigenen Vorverständnisses nicht ausgenommen sein. Und doch kündigt sich gerade hier der charakteristische Unterschied an.

Es ist bereits umrissen worden, daß die Didaktik Wenigers und Klafkis das Selbstverständnis des Lehrers nicht nur klärt, sondern in bestimmter Richtung anweist, wenngleich dies gegenüber ausdrücklich normativ (etwa religiös) fundierten didaktischen Lehren in sehr zurückhaltender Weise erfolgt. Die Didaktik der Berliner Schule will auch diese Form der Verquickung zweier möglicher Funktionen von Theorie durch eine strikte Trennung von Engagement und Reflexion noch vermeiden. Das Berliner didaktische Modell versteht sich zumal in seiner ersten analytischen Hälfte, der Strukturanalyse, als *»wertfreie(s) Beschreibungsmodell[47]«*. In seiner zweiten analytischen Hälfte, der Bedingungsprüfung, »überschreitet« die Berliner Didaktik »die Grenzen einer rein beschreibenden Disziplin, wenn sie nach den Bedingungen fragt, die zu dem Strukturprofil geführt haben, das sie ermittelt hat«. Mit dieser Bemerkung von W. Schulz (a. a. O., S. 37) ist jedoch nicht der angestrebte strenge Theoriebegriff prinzipiell zugunsten einer in gewisser Weise nun doch normativ fundierten Theorie abgeschwächt, jedenfalls nicht im direkten Sinne (s. dazu noch unten VI). Die Ausführungen von Schulz stünden sonst im Widerspruch zu den deutlichen Ausführungen Heimanns, nach denen die »Entscheidung« als Akt der Freiheit den »theoretischen Bereich transzendiert« und Sache der Theorie *»allein«* die *Klärung* der Unterrichtsbedingungen und -strukturen ist (a. a. O., S. 10). Die »Entscheidung« bzw. Normen*setzung* ist auch für W. Schulz »nicht das Ergebnis wissenschaftlichen Denkens« (S. 40). Wohl aber ist es Aufgabe der wissenschaftlichen didaktischen Theorie, die Normensetzung wie überhaupt alle normativen Erwartungen, die an Unterricht und Erziehung herangetragen werden (die sog. soziokulturellen Voraussetzungen) kritisch zu analysieren und zu überprüfen, und diese *Kritik* ist etwas anderes als bloße *Deskription.* »Der Didaktiker wird die Unterrichtsnormen zunächst auf ihre semantische Eindeutigkeit als Handlungsanweisung hin untersuchen, ihre Vereinbarkeit miteinander prüfen, die Begründungen prüfen oder wenigstens charakterisieren, die für die Setzung angegeben werden, nach der Herkunft der Setzungen und nach ihren möglichen Nutznießern fragen, die prüfbaren Folgen ermitteln, die die Setzungen in der Durchführung gehabt haben. Die nähere Bestimmung des Normcharakters ermöglicht eine Aussage über die Verbindlichkeit, die sie in einer pluralistischen Gesellschaft beanspruchen kann« (ebd.).

Mit der *Setzung* von Normen wie überhaupt mit dem Bestreben, im Namen und im Rahmen von Wissenschaft einen Consensus über den Normenhorizont herzustellen, ist die *Analyse dieser Setzung* nicht zu verwechseln. In einer Stellungnahme zum Berliner Entwurf betont Schulz als Merkmale dieser Theorie »die prinzipielle Trennung zwischen Zielsetzung und Analyse dieser Setzung« und damit den »Verzicht auf die Herstellung des pädagogischen Consensus im Sinne Wilhelm Flitners[48]«. Andererseits soll die »Methodendiskussion« (doch wohl überhaupt die didaktische Diskussion?) grundsätzlich »an die Erörterung des cui bono« gebunden bleiben, »um Didaktik nicht zur Manipulationstheorie im Dienste jedweder Ziele werden zu lassen« (ebd.). Es wird jedoch angenommen, daß die Erörterung des cui bono sich von der Festlegung dessen, was substantiell für die didaktische Entscheidung verbindlich sein soll, freihalten könne. Nur das Denken und Handeln des Unterrichtenden selbst überschreitet in dieser Sicht die von der Theorie künstlich vollzogene Trennung, sofern der Unterrichtende, anders als der wissenschaftliche Didaktiker, nicht nur vorgefundene oder potentielle Normen im Sinne von Bedingungsaussagen diskutiert und kritisiert, sondern immer wieder konkret in der Unterrichtspraxis selbst Vorentscheidungen außerwissenschaftlicher Art übernehmen und eigene neue Entscheidungen eben solcher Art fällen muß, eine Notwendigkeit, der selbstverständlich die kritische wissenschaftliche Überprüfung dieser Entscheidungen auch auf der Seite des Praktikers streng zugeordnet bleibt. Dazu will ihn gerade die auf eine solche Trennung bedachte Didaktik befähigen. In dieser Weise wird somit auch in der Berliner Didaktik das Verhältnis von Wissenschaft und Praxis dialektisch, sofern im reflektierten Handeln Nichtidentität und Identität von »Theorie« und »Entscheidung« dialektisch zusammenfallen.

V

Bevor auch dies wissenschaftstheoretische Modell auf seinen eigenen Begriff hin befragt werden soll, darf aufgenommen werden, daß das Theoriemodell der Göttinger Schule die didaktische Theorie von vornherein gar nicht auf eine wertfreie Theorie angelegt wissen *will.* Die didaktischen Aussagen und Definitionen stellen selber »geistige Entscheidungen« dar, schon die Wahl der Begriffe bedeutet »das Eintreten der Theorie in die konkrete lebendige Fragestellung der Praxis, die Teilnahme der Theorie an dem pädagogischen Tun, den Verzicht auf Objektivität im Sinne einer leidenschaftslosen Beschreibung der erzieherischen Phänomene in einer deskriptiven Pädagogik, zugunsten der Mitverantwortung am Geschehen innerhalb des Lehrgefüges[49]«.

Dem geisteswissenschaftlichen Ansatz haftet eine für ihn spezifische strukturelle Schwäche an. Während die so begründete didaktische Theorie sich von jeder ausdrücklich normativ bestimmten abzugrenzen sucht, neigt sie selbst entweder dazu, wie W. Klafki kritisch zu Wenigers Konzeption bemerkt, »um der zugleich praktischen Verantwortlichkeit der Theorie willen die Reflexion auf die Voraussetzungen der eigenen Aussagen an dieser Stelle abbrechen zu können[50]«, oder, wie bei Klafki selbst, die eigene normative Verbindlichkeit für geringer einzuschätzen, als sie tatsächlich ist. Äußerungen Klafkis in den »Studien« wie in jüngeren Stellungnahmen, *»Denkmodelle«* im Bereich der Pädagogik »könnten nie Lösungsmodelle *sein, sondern immer nur Problemmodelle[51]«, bzw. der Entwurf der didaktischen Analyse* sei als »ein variables Fragenschema« gedacht und zur Hand zu nehmen[52], können den Anschein erwecken, als seien die Gesichtspunkte der »didaktischen Analyse« ein rein formales Instrumentarium, das von Lehrern unterschiedlicher weltanschaulicher Bindung bei unterschiedlichen weltanschaulichen Schulzielen ohne weiteres benutzt und mit je eigenem Inhalt gefüllt werden kann. Auch die Äußerung Klafkis, es lägen hinsichtlich der Anwendbarkeit des Göttinger und Berliner didaktischen Systems in der Unterrichtsvorbereitung »nirgends sachliche Gegensätze« vor (ebd.), könnte so verallgemeinert werden, als sei überhaupt hier wie dort der gleiche wissenschaftstheoretische Ansatz eingenommen. Bezeichnenderweise geht Klafki in der zitierten Stellungnahme zwar auf den unterschiedlichen thematischen Ansatz, aber nicht auf den vorhandenen unterschiedlichen wissenschaftstheoretischen Ansatz ein. Gerade auch dieser wissenschaftstheoretische Unterschied muß jedoch für den, der sich der beiden allgemeindidaktischen Theorien bedienen will, scharf ins Bewußtsein gehoben werden.

Die Didaktik W. Klafkis wie die von P. Heimann und W. Schulz bieten Gefüge allgemeiner didaktischer Kategorien an, die in der Tat zunächst jeweils in hohem Grade aufeinander *abbildbar* sind. Daneben verfolgt jede Konzeption ein besonderes Interesse, enthält aber die in der anderen Theorie explizierte Thematik als implizit mitbedacht. Von hier gesehen sind beide Systeme, das eine durch das andere, *ergänzungsbedürftig* und auch *ergänzbar*. Der unterschiedliche wissenschaftstheoretische Ansatz bewirkt darüber hinaus einen bei Klafki im Vergleich zum Berliner Modell weniger formalen Charakter der didaktischen Theorie. Von hier gesehen sind beide Konzeptionen *gegensätzlich*. Diese Gegensätzlichkeit gilt allerdings nur relativ. Wie sich zeigen wird, führt auch die Berliner didaktische Theorie ein – prinzipiell nicht ausschmelzbares – Vorverständnis mit. Da auf diesen dritten Vergleichspunkt das besondere Gewicht gelegt werden soll, darf der unter den beiden ersten Blickwinkeln zu vollziehende Vergleich, der für den Theoriebegriff weniger belangvoll ist, abgekürzt werden.

Abbildbar sind beide Systeme, da sich folgende didaktische Fragen bzw. Kategorien entsprechen. Dem bei Heimann und Schulz so genannten Bereich der *»Intentionalität«* mit seiner Ausdifferenzierung möglicher Ziele nach ihrem »kognitiven«, »emotionalen« oder »pragmatischen« Charakter und der hinzukommenden Unterscheidung nach der »Anbahnungs«-, »Entfaltungs«- und »Gestaltungsstufe[53]« entspricht vor allem die erste (aber auch die zweite und dritte) Frage der »didaktischen Analyse«, die bei Klafki zur Besinnung auf den Charakter des intendierten *»Sinn-* oder *Sachzusammenhang(es)«* auffordert[54]. Sofern dieser ein »Gesetz« oder ein »Kriterium« ist (ebd.), gehört er, in der Sprache der Berliner, zum »kognitiven« Bereich; sofern er eine »Haltung« meint (ebd.), zum »emotionalen« (bei Schulz »Gesinnung«), sofern er eine zu erwerbende »Technik« meint (ebd.), zum »pragmatischen« (vgl. »Fähigkeit« und »Fertigkeit« auf der Anbahnungs- bzw. Entfaltungsstufe). Zweifellos ist die Aufgliederung beim Berliner Entwurf systematischer, darum jedoch nicht ergiebiger. Der große Raum, den der Bereich der Intentionalität bei Klafki einnimmt, wird deutlich, wenn die Gesichtspunkte der »didaktischen Analyse« aus dem Zusammenhang des didaktischen Gesamtwerks interpretiert werden[55].

Der Frage nach der *»Thematik«* mit ihren Unterfragen nach dem »Strukturzusammenhang« der Sache, der »Bedeutungsschichtung«, der »Fachbezogenheit« des Themas usw. entspricht bei Klafki aufs genaueste die IV. Frage der didaktischen Analyse, die hier ebenfalls als Frage nach der *»Struktur«* formuliert ist, im einzelnen als Frage nach den »Momenten« des Inhalts, dem »Zusammenhang« dieser Momente, der »Bedeutungsschichtung« usw.[56].

»Methodik« und *»Medienwahl«* werden bei Klafki bewußt ausgeklammert. Daher vergleicht man in diesem Punkt gewöhnlich die Theorie der Berliner mit dem Aufriß Kramps[57], in welchem, wie Klafki meint, die Methodenfragen »sehr präzise und erheblich differenzierter aufgeschlüsselt (sind), als das später etwa Wolfgang Schulz und seine Mitarbeiter getan haben[58]«. Schulz selbst möchte allerdings dies Urteil durch den Hinweis auf den stark additiven Charakter des von Kramp entworfenen Kategorienschemas einschränken[59].

Nach den *»anthropogenen«* Voraussetzungen fragt Klafki vornehmlich in der II. Frage der didaktischen Analyse. Hier geht es darum, die Rolle des Gegenstandes im Leben des Kindes und der Klasse zu ermitteln, die je spezifischen »Frage-, Interessen-, Verstehens- und Handlungsmöglichkeiten«, kurz: *»Bildsamkeit und Erziehbarkeit«*[60]. Einbezogen sind auch die Fragen nach den Bildungsstufen und Altersphasen, Phänomene, die für Klafki wie für die Berliner nur mit Hilfe verschiedenster Nachbardisziplinen der Pädagogik festgestellt werden können[61]. Übrigens werden die anthropogenen Voraussetzungen in den späteren didaktischen Abhandlungen W. Klafkis im Zusammenhang der zweiten Dimension des »didaktischen Feldes« deutlicher entfaltet als in der Abhandlung über die didaktische Analyse, zweifellos deutlicher auch als in den knappen Ausführungen hierzu bei W. Schulz[62].

Die Frage des Berliner Entwurfs nach den *»sozial-kulturellen Voraussetzungen«* meint das Insgesamt der an die Schule herangetragenen Wünsche, Erwartungen, Zielvorstellungen. Sie gehen als »kulturtheoretische« Voraussetzungen in das didaktische Feld ein[63]. An dieser Stelle des Berliner Entwurfs verbirgt sich unter dem Begriff der »Voraussetzungen« das bei Weniger so zentrale Normenproblem. Was die Gesellschaft von der Schule erwartet, auf welche Ziele mithin der Unterricht ausgerichtet werden soll, konzentriert sich bei Klafki vor allem in der III. Frage der didaktischen Analyse nach der »Bedeutung des Themas für die Zukunft der Kinder«. Gemeint sind zunächst ebenfalls die Erwartungen der Erwachsenen, aber auch die neuen, lebendigen Impulse in der Jugend selbst. Erläuternd fragt Klafki: »Hat dieser Inhalt eine lebendige Stellung im geistigen Leben der Jugendlichen und der Erwachsenen, in das die Kinder hineinwachsen sollen, oder läßt sich begründen, daß er sie erhalten wird oder erhalten müßte? (Z. B. die Bewältigung unserer jüngsten Vergangenheit, die Sicherung der Grundlagen unserer Demokratie, das Problem des Kommunismus, die Frage der europäischen Einigung, die Doppelrolle der Frau, die Gestaltung der Freizeit, die Auseinandersetzung mit der modernen Kunst usw.) Wird dieser Inhalt von den Erwachsenen wirklich ... ernst genommen[64]«?

Wie die Abbildbarkeit ist auch die *Ergänzungsbedürftigkeit* beider Theoriegefüge einsichtig. Gegenüber dem Berliner Entwurf werden in der Göttinger didaktischen Schule die inhaltlichen Probleme eingehender expliziert. Erwähnt sei nur die grundsätzliche Erörterung des Verhältnisses von didaktischem und fachwissenschaftlichem Denken, die in dem Berliner Modell so gut wie vollständig fehlt. Umgekehrt sagt Klafki selbst, daß er die Berliner Konzeption unter dem Gesichtspunkt der Beschreibung und Analyse *wirklicher* Unterrichtsabläufe »für das mit Abstand beste und differenzierteste Kategoriensystem halte, das bisher in der Erziehungswissenschaft vorgelegt worden sei[65]«.

Wo liegt die *Gegensätzlichkeit* zwischen beiden Modellen? Während die Berliner Didaktik im Bereich der Intentionalität Unterrichtsziele rein *formal* als kognitiv, emotional oder pragmatisch beschreibt sowie im Bereich der Normenkritik vorgegebene Ziele *immanent* kritisiert, stellt Klafkis Didaktik das didaktische Denken hinsichtlich der zu verfolgenden Ziele in einen verbindlich gemachten Sinnzusammenhang, wird doch in seiner Konzeption keineswegs jede mögliche unterrichtliche Grundtendenz akzeptiert oder etwa jeder Auswahlgesichtspunkt gleichgewichtig akzentuiert. Klafki klärt daher nicht nur die Voraussetzungen und formale Struktur möglicher normativer Entscheidungen auf, sondern entscheidet selbst für den Praktiker mit, wenn auch in relativ allgemeiner Form.

Als erstes wird ausdrücklich die *pädagogische Verantwortung gegenüber dem Kind* zur »Generalinstanz didaktischer Entscheidungen« erklärt[66] und damit zu einem streitbaren Kriterium erhoben, dem die substantielle Bestimmung der Unterrichtsziele nicht gleichgültig ist. Für die Berliner Theorie gehört die Frage nach den anthropologischen Voraussetzungen, damit die Frage nach dem Schüler, dem Kind, selbstverständlich auch zur Vollständigkeit des zu berücksichtigenden Faktorenzusammenhangs. Es klingt sogar gelegentlich an, daß das »Schülerverhalten die Hauptsache in einer Unterrichtsstunde (sei), das, was gut geschätzt werden muß, was durch Lehrerverhalten gefördert werden soll[67]«. Dieser Gedanke wird jedoch in keiner darüber hinaus erkennbaren Weise ähnlich wie bei Klafki zu einem durchgehenden didaktischen Sinnprinzip. Ob das didaktische kategoriale System mehr zur Erreichung überindividueller, etwa kulturpädagogischer, gesellschaftlicher, kirchlich-religiöser Schulziele verwendet wird oder mehr zur Erreichung individual-pädagogischer, wird im Berliner Modell nicht entschieden. Klafkis Didaktik ist an dieser Stelle aufs stärkste engagiert. Sie reflektiert nicht nur über mögliches Zielengagement, sondern ist in ihren Aussagen selbst *engagierte Theorie.*

Die »didaktische Generalinstanz« strukturiert das Spannungsfeld zwischen Vergangenheit, Gegenwart und Zukunft in »charakteristischer«, und d. h. keineswegs selbstverständlicher, Weise. Der »Einstieg« für die didaktischen Überlegungen und Entscheidungen soll beim Kind und Jugendlichen in ihrer *»Gegenwart«* liegen; das Kind hat Anspruch »auf erfüllte Gegenwart[68]«. Eine Pädagogik der erklärten Einfügung in überlieferte Ordnungen ist von diesem Ansatz her ausgeschlossen. In der didaktischen Analyse fehlt die Frage nach der vergangenen Bedeutung des Stoffes als ausdrücklich abgehobene, selbständige Frage der Analyse. Hervorgehoben sind die Fragen nach der Bedeutung des Inhalts für Gegenwart und Zukunft. Schon diese Auswahl der didaktischen Fragestellung präformiert das didaktische Bewußtsein. Das Engagement des Didaktikers und Schulreformers ist überhaupt in diesem Zusammenhang besonders spürbar. Von den bestimmenden Interessen der Gegenwart und Zukunft her sollen die Lehrpläne der allgemeinbildenden Schulen grundlegend revidiert werden. Technik, Arbeitswelt, geschichtlich-politische Probleme der Gegenwart, moderne Kunst u. a. sind wichtiger als viele traditionelle Inhalte[69].

Ein weiteres auffallendes Merkmal für die stellungnehmende Rahmengebung der Didaktik Klafkis ist seine Konzeption des *gebildeten »Laien«*. Sie wird in der zweiten didaktischen Dimension entfaltet (a. a. O., S. 108). Ausdrücklich wird diese Konzeption als der für die Didaktik *»maßgebliche Horizont«* angesehen (ebd.). Für bestimmte gymnasiale Formen weiterführender Schulen wäre an sich auch die stärkere Ausrichtung des Unterrichts auf eine wenn auch nicht direkt fachspezifische, so doch grundlegende wissenschaftspropädeutische Zielsetzung denkbar. Die gymnasialdidaktische Diskussion zeigt zumindest Offenheit und auch Unsicherheit in der Frage, ob den mehr »allgemeinbildenden« oder den »wissenschaftspropädeutischen« Zielen der Vorrang gebührt. Klafki akzentuiert eindeutig, auch hinsichtlich des Gymnasiums: »Es geht in den Schulfächern weder in der Höheren Schule noch in der Volksschule primär um Wissenschaftspropädeutik, auch nicht nur um theoria ›um ihrer selbst willen‹, nicht um den Aufbau eines stimmigen Systemzusammenhanges, sondern zentral darum, ›leben zu lernen‹ ...« (111).

Eine letzte für Klafki charakteristische inhaltliche Ausprägung erfährt seine Didaktik durch die in der vierten didaktischen Dimension (S. 118 ff.) bzw. I. Frage der didaktischen Analyse (135 ff.) entfaltete Aussage, daß nur das *»Allgemeine«* wahrhaft bilde. Diese Annahme geht auf eine alte bildungsphilosophische Tradition zurück (Platon, Hegel u. a.). Neben dem Blick auf den Heranwachsenden als der didaktischen Generalinstanz, der Entscheidung für die Gegenwart und Zukunft gegenüber der Vergangenheit, der Entscheidung für den gebildeten Laien gegenüber möglichen anderen Leitbildern ist der Gedanke des Allgemeinen und die damit zusammenhängende Idee der kategorialen, das Allgemeine erschließenden Bildung ein abschließendes und durchgreifendes Kriterium für Auswahl und Ausrichtung der Inhalte. »Einzig und allein jene Inhalte, die den im Begriff der kategorialen Bildung geeinten Kriterien entsprechen, dürfen im Raum der Bildung einen zentralen Platz beanspruchen. Alles, was nicht repräsentativ für grundlegende Sachverhalte und Probleme ist«, was nicht bereits in der Gegenwart vom jungen Menschen als *»seine* Zukunft« erfahren wird, alles, was nicht den Durchstoß zum »Fundamentalen«, »zu den tragenden Kräften der Grundbereiche unseres geistigen Lebens« erlaubt – »alles das sollte in unserem Bildungswesen keinen Ort – jedenfalls keinen zentralen Ort – mehr haben« (a. a. O., S. 44 f.). An diesen Gedanken schließt sich die lehrplantheoretische Forderung nach radikalen stofflichen Kürzungen der hergebrachten Bildungspläne an. Mit etwas anderen Begriffen wird das von Klafki Gemeinte als Verhältnis von »Bildungsinhalt« und »Bildungsgehalt« ausgedrückt. »Jene Momente nun, die solche Erschließung des Allgemeinen im Besonderen oder am Besonderen bewirken, meint der Begriff des Bildungs*gehaltes«* (134). Die Form der subjektiven Bildung erfüllt sich nicht in beliebiger Weise, sondern nur im Medium dieses durch die didaktische Analyse zu ermittelnden Allgemeinen (ebd.).

Was bei Klafki noch mit ausgesprochen bildungsphilosophischen Anklängen formuliert wird, hat von den Ergebnissen der Lern- und Informationstheorie her gesehen seinen durchaus überzeugenden Sinn. Wenn Einsicht nicht nur Behalten meint, sondern Voraussicht (H. Roth) und damit produktiv werden soll, kommt es auf die Transferierbarkeit (Übertragbarkeit) der gewonnenen Ergebnisse an. Diese Transferierbarkeit aber ist nachweislich abhängig von der möglichen Verallgemeinerungs- bzw. Generalisierungsfähigkeit des erkannten Besonderen. Funktionszusammenhänge, Gesetzmäßigkeiten, Methoden (vgl. Frage I der »didaktischen Analyse«) sind in diesem Sinn ein »bildendes Allgemeines«. Auf der anderen Seite besteht ungeachtet des hier richtig Erkannten die Gefahr, durch die Hervorhebung der Generalisierbarkeit als objektivem Maßstab der Auswahl und der Generalisierungsfähigkeit als subjektiv erstrebtem Merkmal von Bildung die komplementäre, ebenso notwendige Fähigkeit der Diskriminierung, d. h. Unterscheidung und Entdekkung des Besonderen, zu vernachlässigen. Mag auch, *prinzipiell* gedacht, das eine mit dem anderen aufs engste zusammenhängen, die *faktische* Bestimmung des Schwerpunkts der schulischen Arbeit ist damit noch nicht vollzogen. Auch hier findet sich, genau genommen, noch eine *offene* didaktische Entscheidungslage. Die Wendung mag daran erinnern, was überhaupt die letzten Ausführungen zu zeigen beabsichtigten.

Sie haben sichtbar zu machen versucht, daß die didaktische Theorie W. Klafkis nicht nur formale didaktische Gesichtspunkte entwickelt, sondern diesen Gesichtspunkten didaktische Entscheidungen substituiert. Die Entfaltung der Dimensionen des didaktischen Feldes, z. B. die Explikation der Spannung zwischen Vergangenheit, Gegenwart und Zukunft, ist zunächst als ein formal-analytischer Zusammenhang deutbar. Die Akzentuierung von Gegenwart und Zukunft innerhalb dieser formalen Analyse hat eine inhaltlich anweisende Funktion. Entsprechendes gilt für die anderen beschriebenen Beziehungen. Die aufgeworfenen Fragen wollen nicht eine eingehende Sachauseinandersetzung mit den didaktischen Kriterien Klafkis darstellen; sie müßte weit ausführlicher sein. Die sachliche Übereinstimmung mit dem vorliegenden Entwurf ist außerdem größer, als nach dem Vorstehenden angenommen werden könnte. In der Breite der didaktischen Diskussion wächst zumal die Überzeugung, daß auf die gegenwärtige Welt der Jugendlichen ungleich stärker Rücksicht genommen werden muß. Solche Erwägungen können, konsequent zu Ende gedacht, außerordentlich weitreichende lehrplantheoretische Veränderungen vor allem in jenen Fächern zur Folge haben, die bislang vergangenheitsorientiert waren, wie etwa der evangelische Religionsunterricht mit der Mittelpunktstellung der Interpretation vergangener biblischer und kirchengeschichtlicher Texte[70]. Andrerseits lassen sich hinsichtlich gerade dieses Faches erkenntnistheoretische und hermeneutische Einwände gegen die Prämissen Klafkis erheben, die die generelle Anwendbarkeit seiner Allgemeinen Didaktik auf den genannten Unterrichtsbereich einschränken[71].

Aber darum ging es hier nicht in erster Linie. Nachzuweisen war, daß auch die didaktische Theorie W. Klafkis, ihrem geisteswissenschaftlichen Theoriebegriff entsprechend, als in einer bestimmten Richtung substantiell engagierte Theorie nur einen *relativ* formalen Charakter hat. Die Auffassung H. Nohls, der sich Klafki anschließt, die pädagogische Theorie habe grundsätzlich »eine klärende, nicht aber dogmatisch normierende Funktion[72]«, gilt für diese didaktische Theorie wie auch für die Wenigers und für Nohls Pädagogik selbst im strengen und genauen Sinne nicht. Man muß den *analytischen* und *zugleich anweisenden Charakter* der zur Rede stehenden Theorien durchschauen, um mit ihnen kritisch bewußt umgehen zu können, wollen sie doch gerade der Freiheit der pädagogisch-didaktischen Entscheidungen des Lehrers und Fachdidaktikers dienen (s. o.). Der hier analysierte wissenschaftstheoretische Sachverhalt betraf daher weniger die in der didaktischen Theorie der Göttinger Richtung enthaltenen Kriterien als solche, sondern ihre Aussageform und die Form ihrer Anwendung in einem theoretischen System, die diesem Aussagesystem seinen spezifischen Theoriecharakter verleihen. Zweifellos weist die didaktische Theorie Klafkis einen *hohen Allgemeinheits- und Formalitätsgrad* auf, weil sie, ähnlich wie die Didaktik der Berliner Schule, auf den Horizont einer sich wandelnden, offenen Gesellschaft hin entworfen ist. Dennoch ist ihr Formalitätsgrad eingeschränkt; dieser Umstand muß innerhalb jener doppelten Abgrenzung, die jede geisteswissenschaftliche Theorie sowohl gegenüber normativen wie positivistischen Theoriebildungen vorzunehmen pflegt, richtig abgeschätzt werden.

VI

Die *Berliner didaktische Theorie* ist beträchtlich formaler. Sie sucht eine Präformierung des didaktischen Denkens in dieser oder jener Richtung zu vermeiden. Zweifellos ist in ihr keine substantiell gefüllte Bildungstheorie so explizit und – wie wir sahen – implizit enthalten wie in der Theorie der Göttinger Schule. Tritt diese theoretische Begründung damit aus dem hermeneutischen Zirkel der geisteswissenschaftlichen Theoriebildung heraus, oder vollzieht sich die theoretische Unterscheidung von Analyse und Wertsetzung doch selbst noch wieder innerhalb eben jenes genannten Zirkels[73]?

Bemerkenswert, wenn auch an sich selbstverständlich, ist bereits die Feststellung von W. Schulz, daß seine als wertfreies Beschreibungsmodell konzipierte Didaktik »keinen Anspruch auf alleinige Vertretung didaktischen Denkens« erhebe[74]. Wichtiger jedoch ist der Umstand, daß sich auch an diesem Modell die Stichhaltigkeit der geisteswissenschaftlichen Einsicht von der methodisch zwar in hohem Grade zu relativierenden, prinzipiell aber nicht aufzuhebenden Unentrinnbarkeit der hermeneutischen Zirkelstruktur zeigt, die schon mit dem sprachlichen Medium des Erkenntnisprozesses gegeben ist und in die jeder kognitive Akt eingebunden bleibt. Wenn die didaktische Theorie des Berliner Arbeitskreises die Suche nach einem Consensus über die didaktischen Ziele ausklammert, greift sie bereits indirekt eben *durch diese wissenschaftstheoretische (Vor)-Entscheidung als solche* in die Normendiskussion richtungweisend ein[75], weil diese Entscheidung aus einem Rollenverständnis des Wissenschaftlers geboren ist und ein entsprechendes des Praktikers zur Folge hat, das das vorgegebene Rollenverständnis nicht unverändert läßt, vielmehr es auf eigene Weise beeinflußt. Indirekt wird auch die Theorie der Berliner Didaktik eine *Theorie des Selbstverständnisses* des Lehrers.

Zur Rolle des Lehrers soll es gehören, »daß er zur unvoreingenommenen Beobachtung des Unterrichtsgeschehens fähig ist, zur Verarbeitung dieser Beobachtung zu einer *Theorie*, zu einem System widerspruchsfreier Aussagen, das durch intersubjektiv verfügbare Fakten verifiziert oder falsifiziert werden könnte[76]«. Ein Lehrer, der sein Verhältnis zu Theorie und Praxis in diesem Sinn versteht, gewinnt eine andere Einstellung zur Substanz seines Tuns als bei einem weniger strengen Theorieverständnis. »Unterricht, Unterrichtende und zu Unterrichtende werden in der auf sie entworfenen pädagogischen Disziplin als radikal aufklärbar angesehen; d. h. von der Wurzel ihrer Voraussetzungen her bis in die feinsten Verästelungen ihrer Folgen hinein versucht die lehrende Intelligenz im System der Didaktik ihre Handlungssituation aufzuklären, um zu wissen und einer aufgeklärten Gesellschaft gegenüber verantworten zu können, was sie tut« (17). Mit anderen Worten, die Entscheidung für eine wertfreie, auf Verifikation und Falsifikation bedachte wissenschaftliche Didaktik bejaht in einer Weise den Gedanken der rationalen Aufklärung der Unterrichtswirklichkeit und darin der Wirklichkeit überhaupt, die ihre inhaltlichen Konsequenzen hat. Vom Ansatz seines gewählten Theorieverständnisses her wird ein solcher Didaktiker wahrscheinlich weniger bereit sein, einer naiv oder stillschweigend geduldeten Perpetuierung bestimmter unterrichtlicher oder schulischer Verhältnisse beizupflichten. Er wird auf Grund der Impulse, die diese Theorie besonders im Zusammenhang der Verpflichtung zu ständiger Kontrolle der Wirklichkeit ausübt (s. o.), *prinzipiell stärker dem Gedanken der Veränderungsbedürftigkeit und Veränderbarkeit der Erziehungswirklichkeit* ausgesetzt als bei einem anderen didaktischen Denkmodell.

Eine zwingende Determinierung des didaktisch-schulpolitischen Handelns geht von den betreffenden theoretischen Aussagen allerdings keineswegs aus. Der Handlungsdruck, den Erkenntnisse ausüben, die insbesondere die Widersprüchlichkeit der Wirklichkeit aufdecken, ist zwar groß, setzt sich aber nicht ohne pädagogische oder politische Entscheidungen um. Der Handlungsdruck als Auswirkung der analytischen Funktionen dieser Theorie ist daher auch zu trennen von den mehr oder weniger ausdrücklich mit einer Theorie dieser Art verfolgten leitenden Interessen, die der Setzung der wertfreien Theorie insgeheim oder offen zugrunde liegen.

Gunter Otto läßt das Hintergrundmotiv der Berliner Didaktik und ihre implizite Wirkung in einer Äußerung durchblicken, die zeigt, daß zwar theoretisch Reflexion und Engagement geschieden werden, diese Scheidung selbst aber aus einem bestimmten *gesellschaftspolitischen* Engagement erfolgt. »Jene nur empirisch zu beantwortenden Fragen werden auch durch eine Auffassung von Kind, Schule und Gesellschaft aufgeworfen, in der die Tendenz zur Pluralität der Erscheinungsformen und zum dynamischen Wandel der Unterrichtsvoraussetzungen größer ist als die Bereitschaft, sich mit singulären und verfestigten Zuständen abzufinden[77].« Dieser Satz ist deutlich. Wer wie die

Berliner Didaktiker die Unterrichtswirklichkeit und durch sie die gesellschaftliche Wirklichkeit verändern möchte, kann in einer empirisch ausgerichteten, »strengen« Theorie das Instrument finden, um durch die mit dieser Theorie verbundenen analytischen Wirkungen die bereits vorher vorhandenen gesellschaftspolitischen Absichten zu befördern und diese wiederum rückwirkend vom Feed-back des wissenschaftlichen Erkenntnisvorganges aus zu modifizieren und korrigieren. Vor allem unter der wichtigen Voraussetzung, daß die empirisch orientierte Theorie die *Widersprüchlichkeit zwischen Normenbewußtsein und Realität* aufdeckt – dies hängt u. a. davon ab, wie die Analysen in der Wirklichkeit angesetzt werden –, legt sie die Veränderungsbedürftigkeit der Verhältnisse nahe. Im Falle der Berliner Didaktik kann kein Zweifel darüber bestehen, daß die Entscheidung für eine Wissenschaft, die Reflexion und Entscheidung trennt, selbst eine metatheoretische Vorentscheidung darstellt. Sie mutet mit dem gewählten Wissenschafts*begriff* eine bestimmte wissenschaftliche *Haltung* an, die nicht nur wissenschaftliche, sondern bestimmte *außertheoretische*, d. h. *praktische Wirkungen* hat. An den folgenden abschließenden Ausführungen kann dieser Sachverhalt noch von einer anderen Seite her näher veranschaulicht werden.

VII

Wie schon zu Anfang angedeutet, ist die didaktische Theorie im Begriff, nach den Inhalten und den Prozessen als drittes die *institutionellen, organisatorischen* Faktoren von Unterricht als neuen Umkreis didaktisch relevanter Untersuchungen einzubeziehen. Diese Ausweitung ist sachlich begründet: Unterricht vollzieht sich stets in einem unterrichtsorganisatorischen Rahmen; Unterricht ist zweitens eingebettet in das Selbstverständnis einer bestimmten Schulform (Volksschule, Realschule, Gymnasium usw.); Unterricht ist ferner allgemein mit abhängig von den funktionalen Wirkungen, die die Schule als eine in bestimmter Weise strukturierte bürokratische Institution ausübt. Mit sachlicher Notwendigkeit steuert die Didaktik daher diesen weiteren Kreis didaktisch bedeutsamer Faktoren an. Didaktische Theorie und Theorie der Schule beginnen sich zu integrieren. Hierbei ist allerdings durchaus fragwürdig, ob von einem *gleichgewichtigen* Interdependenzverhältnis zwischen »inneren« und »äußeren« Faktoren gesprochen werden darf, wie die Berliner Schule anzunehmen scheint. Es ließe sich zeigen, daß nach wie vor die den Lehrplan betreffenden inhaltlichen Probleme, die auch von der neuen Curriculum-Forschung wieder stärker aufgegriffen werden, den Primat behalten.

Bezeichnenderweise wird die unbeschadet der getroffenen Einschränkung richtige Ausweitung ebenfalls insbesondere von W. Schulz und anderen Berliner Didaktikern gefördert. In einem Zwischenbericht über den Unterricht an integrierten Gesamtschulen begründet Schulz diese Ausweitung wie folgt: »Offenbar ist die Didaktik von der Heftigkeit des schulorganisatorischen Neuerungswillens überrascht worden. Ihre bevorzugten Themen, die Bildungsrelevanz der Lehrinhalte und die Strukturierung des Lern- und Lehrprozesses waren weitgehend unter Tolerierung des schulorganisatorischen Rahmens als naturgegebener, ja, geradezu heilsamer Grenze abgehandelt worden. Die Variation des Bildungsdenkens nach Schulformen und die Ausklammerung der gesellschaftlichen Bedingtheit des Lehrens aus der didaktischen Diskussion signalisieren eine Tendenz zu selbstgenügsamer Autonomie: Man beschränkt sich auf den Raum, der von politischen Überlegungen noch vergleichsweise frei ist, und bezahlt seine Entfaltung auf dem eingeschränkten didaktischen Feld mit Einflußlosigkeit auf die Schulorganisation, die alle didaktischen Bemühungen z. B. in den Dienst eines bildungsständischen Effektes zu stellen vermag[78].« Die schulorganisatorische Einflußlosigkeit soll nun durch ein didaktisches Denken aufgehoben werden, »das die getrennte Erörterung von Unterricht und Schule als unangemessene Verengungen der erziehungswissenschaftlichen Reflexion überwindet« (ebd.).

Mit anderen Worten, die didaktische Theorie, bisher Theorie des Unterrichts – und zwar der Inhalte, der Prozesse oder von beidem zusammen –, wird allein schon dadurch, daß sie Überlegungen zu möglichen Veränderungen der Schulorganisation (Differenzierungsmaßnahmen, Gesamtschulkonzeptionen usw.) einbezieht, die *Nebenwirkung* haben, daß die Veränderungsbedürftigkeit der gegebenen Schulverhältnisse aufgedeckt und die Notwendigkeit zur Veränderung dadurch zwingender deutlich wird. Hinter der Didaktik des Berliner Kreises steht, wie die Ablehnung »bildungsständischen Denkens« zeigt, ein gesellschaftspolitisches Interesse, das durch die an sich formale didaktische Theorie gefördert werden soll. Man wird die ganze Didaktik des Berliner Kreises nur verstehen können, wenn das gesellschaftspolitische Engagement mitgedacht wird. Es ist die geheime List einer als wertfrei deklarierten didaktischen Strukturtheorie, daß sie gerade als solche eine umstürzende Kraft entwickeln kann – allerdings nicht muß. Ihre Analysen können auch in den Dienst einer Gesellschaftspolitik und Pädagogik treten, die die bestehenden Verhältnisse zu erhalten sucht. Die Richtung der gesellschaftsbezogenen Funktionalisierung von Wissenschaft hängt bereits von der vorgängigen Themenstellung und damit Auswahl der Gegenstände der Analyse ab. Die Einbeziehung der schulorganisatorischen Fragen bedeutet von sich her schon einen Einbruch in die Vorstellung, der Schulaufbau in Deutschland müsse immer so sein, wie er ist. Die Wahl *des Theoriebegriffs* wie auch die

Auswahl der Gegenstände dieser Theorie haben bereits eine außerwissenschaftliche Wirkung.

Was gemeint ist, kann auch an der Bereitschaft bzw. Nichtbereitschaft abgelesen werden, eine *Didaktik der besonderen Schulformen* zu entwickeln. Die Schultheorie Theodor Wilhelms bezeichnet sich ausdrücklich als Theorie der »Hauptschule« und des »Gymnasiums[79]«. Indem diese Bezeichnungen im Untertitel des Werkes gebraucht werden, übt die Theorie der Schule Th. Wilhelms eine von vielen als restaurativ angesehene schulpolitische Nebenwirkung aus. Genau umgekehrt zeigt W. Schulz an diesem Punkt auffallende Zurückhaltung. »Eine Didaktik einzelner Schulzweige zu entwickeln, erscheint mir besonders problematisch[80]«. Im Gefüge der didaktischen Reflexionsebenen neigt W. Schulz absichtlich allgemeindidaktischen Erwägungen zu, weniger denen der sog. speziellen oder besonderen Didaktik als Didaktik einer besonderen Schulform. Diese Zurückhaltung in der Bearbeitung der für die jeweilige Schulform spezifischen didaktischen Probleme (Volksschuldidaktik, Gymnasialdidaktik usw.) will vermeiden, durch die ausdrückliche Behandlung solcher Probleme die Dignität und Eigenständigkeit jener Schulzweige weiter zu stützen. »›Der Eigengeist der Volksschule‹ und ›Das Exemplarische im Bildungsraum des Gymnasiums‹ und ähnliche theoretische Überlegungen verleihen gesellschaftlich bedingten, leicht überholbaren Organisationsformen das Ansehen von natürlichen Personen, die man nicht ohne Schaden an Leib und Leben teilen oder zusammentun kann« (ebd.). An keiner Stelle wird nochmals so deutlich, daß auch die in Anlehnung an das Wissenschaftsverständnis der empirischen Sozialwissenschaften beabsichtigte strenge Theoriebildung an den gesellschaftlich-geschichtlichen Verantwortungshorizont gebunden bleibt.

Die didaktische Theorie, die in dieser Hinsicht die Bedingungen ihrer theoretischen Form durchschaut, sollte den nicht ausschmelzbaren und im Grunde gewollten Anteil metatheoretischer Vorentscheidungen nicht gezwungenermaßen an sich tragen. Ihr impliziertes gesellschaftspolitisch aufklärerisches Interesse weist zur Konzeption einer engagierten kritischen Theorie hinüber, die in unserer pädagogischen Gesamtsituation ihren tiefen Sinn hat[81]. Nur eben müßte dies Interesse eingestanden, in einer Reflexionsstufe höheren Grades expliziert, damit zugleich objektiviert und beurteilbar gemacht werden, wodurch sich eine kritische pädagogische Theorie selbst in ihren bestreitbaren Prämissen und Intentionen intersubjektiv und d. h. wissenschaftlich zu rechtfertigen vermag[82]. Es ist nicht von der Hand zu weisen, daß die konsequent zu Ende gedachte geisteswissenschaftliche pädagogisch-didaktische Theorie den Sinn der hier gemeinten *hermeneutisch-kritischen* Theorie unter Einschluß *empirischer* Forschung zu erfüllen vermag[83], da in ihr sowohl der Realitätsbezug wie die kritische Selbstaufhebung der theoretischen Aussagen, damit aber die geschichtliche Dynamik ab ovo angelegt sind (s. o.). Die Trennung von Engagement und Reflexion, von normativer Setzung und Analyse dieser Setzung vollzieht sich innerhalb des umgreifenden geschichtlich-gesellschaftlichen Bewußtseins; sie schärft das Instrumentarium, mit dem die Wirklichkeit, auch die pädagogische, erfaßt werden muß, provoziert jedoch im Maße ihrer »positivistischen« Entäußerung die um so wichtiger werdende sinndeutende Auslegung und kritische Entscheidung.

* Zuerst in: Zeitschrift für Pädagogik, 14. Jg. 1968, H. 4, S. 335–365.

1 »Das didaktische Phänomen zeigt sich je verschieden nach dem Aspekt, von dem aus der einzelne Bearbeiter seinen Zugang sucht . . . Es ist ein anderes, ob ich mich als Lehrer oder Entwerfer von Richtlinien, als Lehrerbildner oder Fachwissenschaftler, als ›Praktiker‹ oder ›Theoretiker‹ zu didaktischen Fragen veranlaßt sehe«. (7). Es ergibt sich, »daß die Exposition einer Allgemeinen Didaktik entscheidend geprägt wird vom jeweiligen Aspekt, von dem aus diese komplexe Aufgabe angegangen wird« (28) (G. Wehle: Aspekte der didaktischen Fragestellung. In: didactica, 1. Jg. 1967, H. 1, S. 5 ff.).

2 Vgl. Th. Wilhelm: Die erziehungswissenschaftliche Diskussion über die Aufgaben der Didaktik. In: Der Gymnasial-Unterricht III-6, Stuttgart 1966, S. 5 f.; G. Wehle; a. a. O., s. ferner die Anfragen der Schriftleitung der Zeitschrift »Rundgespräch« an W. Klafki u. W. Schulz und die Antworten beider in Jg. 1967, H. 3/4 sowie die zusammenfassenden Beiträge zur didaktischen Diskussion im gleichen Heft von H.-K. Beckmann: Allgemeine Didaktik als Disziplin der Schulwissenschaft – Rückblick und Ausblick. [hier: S. 171 ff.]

3 Vgl. S. B. Robinsohn: Bildungsreform als Revision des Curriculum. Neuwied 1967; H. Roth: Stimmen die deutschen Lehrpläne noch? oder Die kommende Revolution der Inhalte. In: Die Dt. Schule, 60. Jg. 1968, H. 2, S. 69 ff.

4 E. Weniger: Didaktik als Bildungslehre, Teil I: Die Theorie der Bildungsinhalte und des Lehrplanes. Weinheim 1952, 6/81965, ursprüngliche Fassung im »Handbuch der Pädagogik«, hrsg. von H. Nohl und L. Pallat, Bd. 3. Langensalza 1930; Teil II: Didaktische Voraussetzungen der Methode in der Schule. Weinheim 1960 (im folgenden zitiert Didaktik I – nach der Ausgabe von 1952 – bzw. Didaktik II). – W. Klafki: Das pädagogische Problem des Elementaren und die Theorie der kategorialen Bildung. Weinheim 1957, 3/41964; ders.: Studien zur Bildungstheorie und Didaktik. Weinheim 1963, 101971.

5 H. Aebli: Psychologische Didaktik. Stuttgart 1963.

6 H. Frank: Kybernetische Grundlagen der Pädagogik. Baden-Baden 1962; F. v. Cube, Kybernetische Grundlagen des Lehrens und Lernens. Stuttgart 1965; ders.: Zum Begriff der Didaktik. In: Die Dt. Schule, 60. Jg. 1968, H. 6, S. 391 ff.

7 P. Heimann: Didaktik als Theorie und Lehre. In: Die Dt. Schule, 54. Jg. 1962, H. 9. [Päd. Kontroversen 2, S. 115 ff.], vgl. auch im gleichen H. die Artikel von W. Schulz: Die didaktische Akte; G. Otto: Das Didacticum als Form der schulpraktischen Studien; s. ferner W. Schulz: Die Schule als Gegenstand der Pädagogik. In: Die Dt. Schule, 56. Jg. 1964, H. 6, S. 325 ff. [Päd. Kontroversen 2, S. 141 ff.]; P. Heimann – G. Otto – W. Schulz: Unterricht – Analyse und Planung. Hannover 1965 (Auswahlreihe B 1/2).

8 W. Schulz – H. Thomas: Schulorganisation und Unterricht. Päd. Forschungen Bd. 40 (Gesellschaft und Erziehung), Teil VI, Heidelberg 1967; W. Schulz: Unterricht an integrierten Gesamtschulen – didaktische Forderung und didaktische Aufgabe, Manuskriptdruck des Päd. Zentrums, Abtl. Didaktik 1967.

9 Da alle Unterrichts- und Erziehungsprozesse mehr oder weniger sprachlicher Natur zu sein scheinen und auch die Didaktik als Theorie dieser Vollzüge ein sprachliches Aussagensystem

ist, werden die Möglichkeit und Dringlichkeit einer sprachwissenschaftlichen Durchleuchtung der Didaktik verständlich. Die jüngste Entwicklung in dieser Hinsicht, der Brückenschlag zwischen *»Didaktik und Linguistik«*, verspricht aufschlußreiche Ergebnisse. Vgl. das gleichnamige Referat von H. v. Hentig auf der Arbeitstagung der Deutschen Gesellschaft für Erziehungswissenschaft im April 1968 in Göttingen, die unter dem Thema »Sprache und Erziehung« stand. (Beiheft 7 der Z. f. Päd. 1968 enthält im Rahmen des Tagungsberichtes den Vortrag v. Hentigs im Wortlaut.)

10 Selbstverständlich ist die Einbeziehung der schulorganisatorischen Probleme nicht ohne die Anstöße durch die großen Reformpläne zur Neugestaltung des deutschen Schulwesens zu denken (Rahmenplan, Bremer Plan). Auf den speziellen Zusammenhang der didaktischen Theorie des Berliner Arbeitskreises mit den seit 1961 auf Anregung von C.-H. Evers in Berlin in Gang gekommenen Gesamtschulplanungen wird noch eingegangen werden. Während die Einbeziehung der die Schule im ganzen betreffenden Fragen in die Didaktik eine sinnvolle Erweiterung der didaktischen Fragestellung ausmacht, ist eine Beschränkung der Theorie der Schule auf eine *»didaktische* Theorie der Schule« (W. Schulz) zwar möglich, vielleicht von den Erwartungen an einen strengen Theoriebegriff her gesehen auch zweckmäßig, aber sicherlich nicht ausreichend. Zu den verschiedenen Dimensionen einer Theorie der Schule vgl. die Auseinandersetzung des Verf. mit Th. Wilhelm in der Z. f. Päd. 1968, H. 2. Die weiträumigen Aufgaben einer solchen Schultheorie faßt G. Preißler unter dem Begriff der »Schulwissenschaft« zusammen (Aufgaben und Ziele der Schulwissenschaftlichen Forschungsstelle der Pädagogischen Gesellschaft Kassel. In: Rundgespräch 1966, S. 113 ff.). Für den Begriff der Schulwissenschaft und das Verständnis der »Allgemeine(n) Didaktik als Disziplin der Schulwissenschaft« tritt auch H.-K. Beckmann ein, Rundgespräch 1967, S. 146 [Päd. Kontroversen 2, S. 193 ff.].

11 Die Auswahl der zu behandelnden Konzeptionen beschränkt sich auf die »Göttinger Schule« (E. Weniger – W. Klafki) und die »Berliner Schule« (P. Heimann – W. Schulz). Es wäre wünschenswert, in einem anderen Zusammenhang weitere Entwürfe, besonders auch aus dem Raum der katholischen Pädagogik, ausführlicher zu würdigen, als das bisher geschehen ist (vgl. die Arbeiten von J. Derbolav, J. Drechsler, H. M. Elzer, J. Esterhues, F. Kopp, F. März, A. Regenbrecht, G. Siewerth).

12 Das Desiderat in dieser Richtung deutet auch G. Wehle an, a. a. O., S. 31 f.

13 Zum Problem der Bildungseinheit in jenen Jahren vgl. bes. auch die Schriften H. Richerts. Zur Problematik des Begriffs heute s. vom Verf.: Zum Begriff der Bildungseinheit – Sein Bedeutungswandel in der Gymnasialpädagogik seit 1945. In: Neue Sammlung, 6. Jg. 1966, H. 1, S. 65 ff.

14 In der erst nach Fertigstellung dieser Arbeit veröffentlichten Weniger-Gedenkschrift bemerkt auch W. Klafki, Weniger gehe mit diesen Äußerungen hinter seine Einsicht zurück, »daß der demokratische Staat, mindestens seiner Idee nach, selbst nur aus dem beständigen Ringen der in ihm enthaltenen Kräfte Gehalt und Macht gewinne« (W. Klafki, Didaktik. In: Geisteswissenschaftliche Pädagogik am Ausgang ihrer Epoche – Erich Weniger. Hrsg. von I. Dahmer u. W. Klafki, Weinheim u. Berlin 1968, S. 154). Ausführlich zum problematischen Gesellschaftsbegriff E. Wenigers in der gleichen Gedenkschrift W. Schulenberg: Pädagogische Theorie und Gesellschaftsbegriff, S. 209 ff.

15 Die inzwischen vorliegende vorzügliche Analyse des Verhältnisses von »Theorie und Praxis« bei E. Weniger durch Ilse Dahmer in der schon genannten Gedenkschrift bestätigt und präzisiert diesen – hier nur angedeuteten – Zusammenhang, verfolgt zugleich die Verbindungen zum wissenschaftstheoretischen (und lebensphilosophischen) Ansatz Diltheys. Sein »Rückgang auf die Selbstreflexion (zur Begründung des Zusammenhangs von Gegenstandsanalyse und wertender Regelgebung, Vf.) wird von Weniger – entpsychologisiert – übernommen als Forderung, vom Selbstverständnis des Handelnden auszugehen« (S. 47). »Geistige Bewegungen, so formuliert Weniger, besitzen in ihren eigenen Zusammenhängen auch die Mittel zu ihrer theoretischen Durchleuchtung. Gemeint ist – im Sinne der lebensphilosophischen Identität –, daß das Subjekt einer ›geistigen Bewegung‹, der Erzieher also, in der Reflexion auf sein eigenes Tun, seinen geistigen wie gesellschaftlichen Standort und

seine Voraussetzungen, seine Absichten, Partner, Gewährsleute und Kontrahenten, mithin in der ›Selbsterfassung‹ oder ›Selbstbesinnung‹ die der Sache immanenten Kategorien, die ›einheimischen‹ Begriffe finden oder herausbilden wird« (52). I. Dahmer sieht von hierher Selbstverständnis und Sachverständnis geradezu identisch (»Selbst-[Sach]verständnis«) (52, 65).

16 So auch I. Dahmer: »Analysierend *und* stellungnehmend bereitet sie (die Theorie) die praktische Bewältigung der Aufgaben vor.« (a. a. O., S. 62, s. ferner S. 57 f., 65.)

17 Vgl. v. Verf.: Zum Begriff der Bildungseinheit, a. a. O., S. 68 ff.

18 W. Flitner: Hochschulreife und Gymnasium. Heidelberg 1959, S. 36; der Maturitätskatalog ist ebenfalls dort abgedruckt, S. 33–35.

19 Bildungsauftrag und Bildungspläne der Gymnasien, Berlin, Göttingen, Heidelberg, 1958, S. 31. Vgl. W. Kramp: Fachwissenschaft und Menschenbildung. In: Z. f. Päd., 9. Jg. 1963, S. 148 ff.

20 Vgl. den umfangreichen historischen Teil in: »Das päd. Problem des Elementaren und die Theorie der kategorialen Bildung«, a. a. O.

21 Außer auf jene schon genannten Schriften sei für die genannte Integration allgemeindidaktischer, bereichsdidaktischer und fachdidaktischer Fragen auf folgende Veröffentlichungen Klafkis hingewiesen: Die Einführung in die Arbeits- und Wirtschaftswelt und ihre gesellschaftlich-politische Bedeutung als Aufgabe der Volksschuloberstufe (Hauptschule). In: W. Klafki – G. Kiel – J. Schwerdtfeger: Die Arbeits- und Wirtschaftswelt im Unterricht der Volksschule und des Gymnasiums, Päd. Forschungen Bd. 27, 2., durchgesehene u. erweiterte Aufl. Heidelberg 1967; ders.: Probleme der Kunsterziehung in der Sicht der Allgemeinen Didaktik. In: Kunstunterricht und Gegenwart, hrsg. v. H. K. Ehmer, Frankfurt (Main) 1967, S. 27 ff.; ders.: Bedeutung und Stellung der Werkerziehung in allgemeinbildenden Schulen. In: Werkerziehung in der technischen Welt, hrsg. v. F. Kaufmann u. E. Meyer, Stuttgart 1967, S. 37 ff.

22 Vgl. hierfür die vielleicht am weitesten bekannte Abhandlung Klafkis über »Didaktische Analyse als Kern der Unterrichtsvorbereitung«. In: Die Dt. Schule, 1958, S. 450, wiederabgedruckt in: Auswahl. Grundlegende Aufsätze aus der Zeitschr. Die Dt. Schule, Hannover 1962 (Auswahl, Reihe A, Bd. 1) und in den »Studien . . .« a. a. O., S. 126 ff.

23 Vgl. hierzu: Studien zur Bildungstheorie und Didaktik«, a. a. O., S. 90 f.

24 G. Otto, in: P. Heimann – G. Otto – W. Schulz: a. a. O., S. 201.

25 Studien . . . a. a. O., S. 105, 107, 124 u. a.

26 Studien . . . a. a. O., S. 82 ff. S. 126 ff.

27 Das päd. Problem des Elementaren . . . ^{1}1957; Studien, a. a. O., S. 25 ff.

28 Zur Diskussion über Probleme der Didaktik – Antworten auf Fragen der Schriftleitung. In: Rundgespräch, Jg. 1967, H. 3/4, S. 134. [Päd. Kontroversen 2, S. 174]

29 W. Schulz: Unterricht – Analyse und Planung. In: Heimann – Otto – Schulz: a. a. O., S. 13 ff.

30 Man beachte jedoch, daß das Buch »Unterricht – Analyse und Planung« lediglich einen *ersten* didaktischen Entwurf des Berliner Arbeitskreises darstellt. W. Schulz wird die ausgeführte didaktische Theorie in nächster Zeit erst noch vorlegen.

31 W. Schulz – H. Thomas: Schulorganisation und Unterricht, a. a. O., S. 52 ff.

32 W. Klafki: Zur Diskussion über Probleme der Didaktik, a. a. O., S. 134. [Päd. Kontroversen 2, S. 175]

33 Vgl. P. Heimann: Didaktik als Theorie und Lehre, a. a. O., S. 410, 418; W. Schulz: Die Schule als Gegenstand der Pädagogik, a. a. O., S. 333 f., 340 ff. [Päd. Kontroversen 2, S. 186]

34 W. Schulz. In: Heimann – Otto – Schulz: a. a. O., S. 15 u. 25.

35 W. Schulz: Zur Diskussion über Probleme der Didaktik . . . In: Rundgespräch, 1967, H. 3/4, S. 142. [Päd. Kontroversen 2, S. 186]

36 W. Schulz: a. a. O., S. 141 (Hervorhebung von mir).

37 P. Heimann – Otto – Schulz: a. a. O., S. 9.

38 Klafkis »Didaktische Analyse stellt, zusammengedacht mit Wolfgang Kramps Weiterführung, eine vollständige Betrachtung des Unterrichts dar . . .«, so W. Schulz: a. a. O., S. 143.

Klafki selbst fordert: »Es geht darum, ein Denkmodell zu skizzieren, in dem *alle* Grundbeziehungen zur Sprache kommen, die in jeder Gesamtkonzeption einer Besonderen Didaktik oder einer Bereichs- bzw. Fachdidaktik ebenso aber bei einer einzelnen didaktischen Entscheidung wie auch in der didaktischen Vorbereitung des Lehrers auf eine Unterrichtsstunde berücksichtigt sein wollen ...« (Studien ... a. a. O., S. 99, Hervorhebung von mir.)

39 Vgl. P. Heimann: a. a. O., S. 9; W. Klafki: Studien ..., a. a. O., S. 101 ff., W. Kramp: Hinweise zur Unterrichtsvorbereitung für Anfänger. In: Auswahl, Reihe A, Hannover 1/2 1962, S. 35 ff.

40 P. Heimann: a. a. O., S. 10; W. Klafki: a. a. O., S. 106 f., bes. 109, passim.

41 Zur Diskussion über Probleme der Didaktik. In: Rundgespräch, a. a. O., S. 132. [Päd. Kontroversen 2, S. 172 f.]

42 G. Otto. In: Heimann – Otto – Schulz: a. a. O., S. 202.

43 G. Otto: a. a. O., S. 201 f.

44 P. Heimann: a. a. O., S. 10.

45 E. Weniger: Die Theorie der Bildungsinhalte und des Lehrplanes, a. a. O., S. 13.

46 W. Schulz. In: Heimann – Otto – Schulz: a. a. O., S. 17.

47 W. Schulz: a. a. O., S. 24.

48 Zur Diskussion über Probleme der Didaktik, a. a. O., S. 142. [Päd. Kontroversen 2, S. 186]

49 E. Weniger: Didaktik I, S. 14.

50 W. Klafki: Weniger-Gedenkschrift, a. a. O., S. 143.

51 Studien ..., a. a. O., S. 99.

52 Zur Diskussion üb. Probleme der Didaktik, a. a. O., S. 135. [Päd. Kontroversen 2, S. 177]

53 P. Heimann – G. Otto – W. Schulz: a. a. O., S. 25 ff.

54 Studien ..., a. a. O., S. 135 ff.

55 Vgl. u. a. die erste Studie über »Bildung und Erziehung im Spannungsfeld von Vergangenheit, Gegenwart und Zukunft«, Studien, S. 9 ff., sowie die bildungstheoretische Analyse im Trierer Vortrag, Studien, S. 94 ff.

56 P. Heimann – G. Otto – W. Schulz: a. a. O., S. 28 ff.; W. Klafki: Studien ..., a. a. O., S. 137 ff.

57 Vgl. Anmerkung 39.

58 Zur Diskussion über Probleme der Didaktik, a. a. O., S. 135 [Päd. Kontroversen 2]

59 In einer persönlichen Äußerung gegenüber dem Verfasser.

60 P. Heimann – G. Otto – W. Schulz, S. 36; W. Klafki: Studien, a. a. O., S. 136, 106 ff.

61 Vgl. Anm. 40.

62 Vgl. Studien, a. a. O., S. 105 ff.

63 P. Heimann – G. Otto – W. Schulz: a. a. O., S. 36, 25.

64 a. a. O., S. 137.

65 Zur Diskussion über Probleme der Didaktik, a. a. O., S. 133 [Päd. Kontroverse 2, S. 174]

66 Studien, a. a. O., S. 101.

67 W. Schulz. In: Heimann – Otto – Schulz: a. a. O., S. 46.

68 Studien, a. a. O., S. 101 ff., s. auch S. 9 ff.

69 Studien, a. a. O., S. 87 f., vgl. ferner den Abschnitt: Pädagogische und schulorganisatorische Voraussetzungen der Neuordnung der Hauptschule – darin: Pädagogische und didaktische Aspekte (W. Klafki). In: Grundsätze, Bildungspläne, Richtlinien zur Neuordnung der Hauptschule in Nordrhein-Westfalen. Ratingen 1967.

70 Vgl. v. Verf.: Christlicher Glaubensunterricht in der Säkularität – Die zwei didaktischen Grundtypen des evangelischen Religionsunterrichts. In: Der Evangelische Erzieher, 20. Jg. 1968, S. 169 ff.

71 Vgl. v. Verf.: Grundfragen des Religionsunterrichts in der Gegenwart. Päd. Forschungen, Bd. 35. Heidelberg 1967, 4. Studie.

72 Studien ..., a. a. O., S. 116.

73 Zur Werturteilsdiskussion und wissenschaftstheoretischen Fundierungsproblematik in den Sozialwissenschaften vgl. E. Topitsch (Hrsg.): Logik der Sozialwissenschaften, Köln 1965; zu der aufgeworfenen Frage in der pädagogischen Diskussion vgl. H. Thiersch: Erfahrungs-

wissenschaft und Hermeneutik. Zum Methodenstreit in der Pädagogik. In: Die Dt. Schule, 58. Jg. 1966, S. 3 ff.; W. Brezinka: Die Krise der wissenschaftlichen Pädagogik im Spiegel neuer Lehrbücher. In: Z. f. Päd. 12. Jg. 1966, S. 53 ff.; C. Menze: Erziehungswissenschaft und Erziehungslehre. In: F.-J. Holtkemper (Hrsg.): Pädagogische Blätter, H. Döpp-Vorwald z. 65. Geburtstag. Ratingen 1968.

74 In: Heimann – Otto – Schulz: a. a. O., S. 24 f.

75 Schon »der Entschluß, Wissenschaft im Sinne der Wertfreiheit zu treiben, ist eine Entscheidung, kein kognitiver Akt ...« (H. Albert: Das Werturteilsproblem im Lichte der logischen Analyse. In: Zs. f. d. gesamte Staatswissenschaft, 112. Bd. [1956], S. 439, vgl. ders.: Probleme der Wissenschaftslehre in der Sozialforschung. In: R. König [Hrsg.]: Handbuch der empirischen Sozialforschung, Bd. 1. Stuttgart 1962, S. 48.)

76 In: Heimann – Otto – Schulz: a. a. O., S. 13.

77 G. Otto: a. a. O., S. 202.

78 W. Schulz: Unterricht an integrierten Gesamtschulen – Didaktische Forderung und didaktische Aufgabe, a. a. O., S. 5.

79 Th. Wilhelm: Theorie der Schule, Stuttgart 1967.

80 Zur Diskussion über Probleme der Didaktik, S. 144. [Päd. Kontroversen 2, S. 188]

81 Vgl. v. Verf.: Der aufklärerische Charakter moderner Pädagogik. In: Die Dt. Schule 1968, H. 3, S. 149 ff.

82 So schon E. Spranger: Der Sinn der Voraussetzungslosigkeit in den Geisteswissenschaften. Berlin 1929, Nachdruck Heidelberg 1963.

83 Vgl. die in dieser Richtung folgerichtig fortgeführte Interpretation der Theorie E. Wenigers durch Ilse Dahmer: a. a. O.

Quellennachweis

Helmut Seiffert: Muß die Pädagogik eigenständig sein? – Neue Pädagogische Bemühungen, Bd. 19/20 (1964), S. 9, 15–20, 33, 37–54 (Verlag Neue Deutsche Schule, Essen)

Wolfgang Klafki: Muß die Didaktik eigenständig sein? – Eine Auseinandersetzung mit Helmut Seifferts Schrift »Muß die Pädagogik eigenständig sein«. In: Die Deutsche Schule, 57. Jg., H. 7/8 (1965), S. 409–420 (Hermann Schroedel Verlag, Hannover-Berlin-Darmstadt-Dortmund)

Helmut Seiffert: Muß die Didaktik eigenständig sein? Eine Antwort an Wolfgang Klafki. In: Die Deutsche Schule, 58. Jg., H. 3 (1966), S. 174–181 (Hermann Schroedel Verlag, Hannover)

Wolfgang Klafki: Replik. In: Die Deutsche Schule, 58. Jg., H. 3 (1966), S. 182–189 (Hermann Schroedel Verlag, Hannover)

Peter-Martin Roeder: Bemerkungen zu Wolfgang Klafkis Untersuchungen über »Das pädagogische Problem des Elementaren und die Theorie der kategorialen Bildung«. In: Die Deutsche Schule, 53. Jg., H. 12 (1961), S. 572–581 (Hermann Schroedel Verlag, Hannover)

Wolfgang Klafki: Zu Peter Roeders »Bemerkungen ...«. In: Die Deutsche Schule, 53. Jg., H. 12 (1961), S. 582–593 (Hermann Schroedel Verlag, Berlin-Hannover-Darmstadt)

Peter-Martin Roeder: Zur Problematik der historisch-systematischen Methode (zugleich eine Fortsetzung des Gesprächs mit Wolfgang Klafki). In: Die Deutsche Schule, 54. Jg., H. 1 (1962), S. 39–44 (Hermann Schroedel Verlag, Berlin-Hannover-Darmstadt)

Paul Heimann: Didaktik als Theorie und Lehre. In: Die Deutsche Schule, 54. Jg., H. 9 (1962), S. 407–427 (Hermann Schroedel Verlag, Berlin-Hannover-Darmstadt)

Wolfgang Schulz: Die Schule als Gegenstand der Pädagogik. In: Die Deutsche Schule, 56. Jg., H. 6 (1964), S. 325–347 (Hermann Schroedel Verlag, Hannover)

Wolfgang Klafki: Zur Diskussion über Probleme der Didaktik – Antworten auf Fragen der Schriftleitung; In: Rundgespräch, H. 3/4 (1967), S. 131–140 (Verlag Moritz Diesterweg, Frankfurt-Berlin-Bonn-München) (mit einem Nachwort von 1973)

Wolfgang Schulz: Zur Diskussion über Probleme der Didaktik – Antworten auf Fragen der Schriftleitung; In: Rundgespräch, H. 3/4 (1967), S. 144 (Verlag Moritz Diesterweg, Frankfurt-Berlin-Bonn-München), (mit einem Nachwort von 1973)

Hans-Karl Beckmann: Allgemeine Didaktik als Disziplin der Schulwissenschaft – Rückblick und Ausblick. In: Rundgespräch, H. 3/4 (1967), S. 145–155 (Verlag Moritz Diesterweg, Frankfurt-Berlin-Bonn-München), (mit einem Nachwort 1972)

Karl Ernst Nipkow: Allgemeindidaktische Theorien der Gegenwart – Gegenstandsfeld und Theoriebegriff. In: Zeitschrift für Pädagogik, 14. Jg., H. 4 (1968), S. 335–365; jetzt in: Schule und Religionsunterricht im Wandel (1971), S. 68–97 (Verlag Quelle & Meyer, Heidelberg/Patmos-Verlag, Düsseldorf) (aus letzterem Band übernommen.)

Angaben über die Autoren

Beckmann, Hans-Karl, Dr. phil.; geb. 5. Januar 1926 in Kassel; Professor für Erziehungswissenschaft (Schwerpunkt: Theorie der Schule) an der Gesamthochschule Kassel.
Veröffentlichungen (u. a.): Lehrerseminar-Akademie-Hochschule. Das Verhältnis von Theorie und Praxis in drei Epochen der Volksschullehrerausbildung 1968; Ergebnisse der neueren Didaktik und ihre Relevanz zur Erarbeitung neuer Lehrpläne. In: Reform von Bildungsplänen, Grundlagen und Möglichkeiten [2]1971; Grundfragen der Unterrichtstheorie. In: Handbücher des Willmann-Instituts (Der Lernprozeß). 1969; Darstellung und Analyse des Schulwesens in der BRD/Unterrichten und Beurteilen als Beruf/Das Verhältnis von Theorie und Praxis im engeren Sinn. In: Erziehungswissenschaft (Funkkolleg) Bd. 1, Bd. 3, 1970/71; Aspekte der geisteswissenschaftlichen Didaktik. Voraussetzungen, Positionen, Bleibendes. In: Ruprecht, Beckmann, v. Cube, Schulz: Modelle grundlegender didaktischer Theorien 1972.

Heimann, Paul, geb. 16. März 1901 in Mittelwalde (Schlesien); o. Professor für Pädagogik, Allgemeine Unterrichtslehre an der Pädagogischen Hochschule Berlin; gest. 30. 6. 1967 in Berlin. Veröffentlichungen (u. a.): Das Erziehungswesen der Sowjet-Union 1956; Jugend und Fernsehen (zus. mit O. Foerster, E. Jorswieck, H. M. Ledig) 1958; Gegenwartsprobleme der Lehrerbildung. In: Schule und Erziehung 1960; Der Einfluß der gewandelten Welt auf den Unterricht. In: Handbuch für Lehrer 1960; Zur Bildungssituation der Volksschuloberstufe in der Kultur und Gesellschaft der Gegenwart. In: Das 9. und 10. Schuljahr 1963; Film, radio and television as educational forces in modern civilization. In: Developments in audiovisual education 1964. Fernsehen schulintern (zus. mit E. Frister, W. Schulz) 1965; Unterricht-Analyse und Planung (zus. mit G. Otto, W. Schulz)[6] 1972.

Klafki, Wolfgang, Dr. phil.; geb. 1. September 1927 in Angerburg (Ostpr.); o. Professor für Erziehungswissenschaft an der Universität Marburg (Lahn).
Veröffentlichungen (u. a.): Das pädagogische Problem des Elementaren und die Theorie der kategorialen Bildung [4]1964; Studien zur Bildungstheorie und Didaktik [10]1969; Erziehungswissenschaft (Funkkolleg, zus. mit Rückriem, Wolf, u. a.) 3 Bde., 1970/71; Geisteswissenschaftliche Pädagogik am Ausgang ihrer Epoche – Erich Weniger (zus. mit I. Dahmer, Hrsg.) 1968; Probleme der Curriculumentwicklung (zus. mit Chr. Lingelbach, H. Nicklas-Hrsg.) 1971; Arbeitslehre in der Gesamtschule (zus. mit W. Schulz, Fr. Kaufmann) [5]1971; Integrierte Gesamtschule und Comprehensive School (zus. m. A. Rang, H. Röhrs) [2]1972; Erziehungswissenschaft als kritisch-konstruktive Theorie: Hermeneutik – Empirie – Ideologiekritik. In: Z. f. Päd. 1971.

Nipkow, Karl Ernst, Dr. phil.; geb 19. Dezember 1928 in Bielefeld; o. Professor für Religionspädagogik an der Universität Tübingen (N. lehrt zugleich Pädagogik im Fachbereich Sozial- und Verhaltenswissenschaften).
Veröffentlichungen (u. a.): Grundfragen des Religionsunterrichts in der Gegenwart [2]1969; Christliche Bildungstheorie und Schulpolitik 1969; Schule und Reli-

gionsunterricht im Wandel 1971; Der Lehrer in Schule und Gesellschaft (zus. m. K. Betzen-Hrsg.) ²1972; Politische Aspekte der Lernzieldiskussion. In: H. Hauke (Hrsg.); Aspekte des Lernens 1972.

Roeder, Peter-Martin, Dr. phil.; geb. 27. November 1927 in Berlin; o. Professor für Erziehungswissenschaft an der Universität Hamburg.
Veröffentlichungen (u. a.): Bildung und Lernen. In: Pädagogische Rundschau 1962; Soziologie der Erziehung. In: Pädagogik (Fischer Lexikon) 1964; Sozialstatus und Schulerfolg. Bericht über empirische Untersuchungen (zus. mit W. Wolf, A. Pasdzierny) 1965; Erziehung und Gesellschaft (Marburger Forschungen zur Pädagogik, Bd. 1) 1968.

Schulz, Wolfgang; geb. 1929 in Berlin; o. Professor für Allgemeine Didaktik an der Pädagogischen Hochschule Berlin.
Veröffentlichungen (u. a.): Unterricht – Analyse und Planung (zus. mit P. Heimann, Gunter Otto) 1965; ⁶1972; Schulorganisation und Unterricht (zus. mit H. Thomas) 1967; Umriß einer didaktischen Theorie der Schule. In: Furck, Müller, Schulz, Wellendorf: Zur Theorie der Schule 1969; Didaktik. In: H. Röhrs (Hrsg.): Didaktik 1971; Unterricht zwischen Funktionalisierung und Emanzipationshilfe. In: Ruprecht, Beckmann, v. Cube, Schulz: Modelle grundlegender didaktischer Theorien 1972.

Seiffert, Helmut, Dr. phil.; geb. 27. April 1927 in Hameln; Akademischer Oberrat am Pädagogischen Seminar der Universität Erlangen-Nürnberg.
Veröffentlichungen (u. a.): Muß die Pädagogik eigenständig sein? Neue Pädagogische Bemühungen Bd. 19/20, 1964; Erziehungswissenschaft im Umriß 1969; Hochschuldidaktik und Hochschulpolitik 1969; Einführung in die Wissenschaftstheorie, 1. Bd. 1969, 2. Bd. 1970; Marxismus und bürgerliche Wissenschaft 1971; Einführung in das wissenschaftliche Arbeiten 1972.

Ergänzende Literaturhinweise

(Es kann sich im folgenden nur um eine Auswahl handeln. – Vgl. zur Ergänzung H. Blankertz: Theorien und Modelle der Didaktik. München ⁵1971, S. 197–209. – Die didaktischen Veröffentlichungen der Autoren dieses Bandes sind hier nicht erneut aufgeführt.)

Aebli, H.: Psychologische Didaktik, Stuttgart 1963

Achtenhagen, F.: Möglichkeit und Grenzen einer Taxonomie von Lernzielen. In: Die Deutsche Berufs- und und Fachschule 1969.
Langfristige Curriculum-Entwicklung und mittelfristige Curriculum-Forschung (zus. mit P. Menck). In: Z. f. Päd. 16, 1970 Curriculum-Revision. Möglichkeiten und Grenzen (zus. mit H. Meyer), München ²1971

Bartusch, S.: Anthropologische Voraussetzungen der Didaktik. München 1970

Becker, E.: Strategien der Bildungsproduktion (zus. mit G. Jungbluth) Frankfurt 1972

Blankertz, H.: Artikel »Didaktik«. In: Handbuch pädagogischer Grundbegriffe. Hrsg. von Speck/Wehle, Bd. 1. München 1970.
Theorien und Modelle der Didaktik. München ⁵1971.
Curriculumforschung. Strategien, Strukturierung, Konstruktion. Essen 1971.

Bloom, B. S. (u. a.): Taxonomie von Lernzielen im kognitiven Bereich. Weinheim 1972

Bokelmann, H.: Die ökonomisch-sozialethische Bildung. Problem und Entwurf einer didaktischen Theorie für die gymnasiale Oberstufe. Heidelberg 1964

Bruner, J. S.: Der Prozeß der Erziehung. Berlin-Düsseldorf 1970

Comenius, J. A.: Große Didaktik, übers. u. hrsg. v. A. Flitner. Düsseldorf-München ²1960

Cube, F. v.: Kybernetische Grundlagen des Lernens und Lehrens. Stuttgart ²1968

Dahmer, I.: Erziehungswissenschaft als kritische Theorie und ihre Funktion in der Lehrerbildung. In: didactica 1969

Dallmann, G.: Allgemeine Didaktik. Auswahlbibliographie (zus. mit W. Schulz). Weinheim 1969

Derbolav, J.: Versuch einer wissenschaftstheoretischen Grundlegung der Didaktik. In: 2. Beiheft der Z. f. Päd. 1960.

Dietrich, Th. (Hrsg.): Unterrichtsbeispiele von Herbart bis zur Gegenwart. Bad Heilbrunn ³1969.

Dohmen, G. (Hrsg.): Unterricht. Aufbau und Kritik (zus. mit F. Maurer). München 1968

Dolch, J.: Lehrplan des Abendlandes. Ratingen ²1965

Drechsler, J.: Bildungstheorie und Prinzipienlehre der Didaktik. Heidelberg 1967

Eigler, G.: Didaktische Modelle und die Frage nach einem gemäßen Lernbegriff – ein Beitrag zum Problem des programmierten Unterrichtes. In: Die Deutsche Schule 1964

Esterhues, J.: Didaktik. Paderborn ⁴1950

Frank, H.: Kybernetische Grundlagen der Pädagogik. Baden-Baden ²1969
ALZUDI-Beispiel einer formalen Didaktik (zus. mit K. D. Graf). In: Z. f. erziehungsw. Forschung 1967

Die Didaktik ist keine Didaktik. In: Programmiertes Lernen 1967 (Kontroverse Schulz/Frank)
Zur Objektivierbarkeit der Didaktik. In: Programmiertes Lernen und programmierter Unterricht 1967
Flechsig, K.-H.: Die technologische Wendung in der Didaktik. Konstanz 1969
Frey, K.: Lehrplananalyse als Teil der Curriculum-Forschung. In: Internationale Zeitschr. f. Erziehungsw. 1969.
Eine Handlungstrategie zur Curriculumkonstruktion (zus. mit Horn, Isenegger, Lattman, Rickenbacher, Santini). In: Z. f. Päd. 17, 1971.
Gamm, H. J.: Kritische Schule. München 1970
Das Elend der spätbürgerlichen Pädagogik. München 1972
Glogauer, W.: Das Strukturmodell der Didaktik. München 1967
Hammelsbeck, O.: Zum Didaktikproblem. In: Viertelj. schr. f. wiss. Päd. 1963
Hausmann, G.: Didaktik als Dramaturgie des Unterrichts. Heidelberg 1959
Heiland, H. (Hrsg.): Didaktik, Bad Heilbrunn 1968
Heitger, M.: Die Aufgabe der Didaktik im wissenschaftlichen Pädagogikstudium. In: Neue Folge der Ergänzungshefte zur Viertelj.schr. f. wiss. Päd. H. 2, 1964
Hentig, H. v.: Platonisches Lehren I. Stuttgart 1966
Allgemeine Lernziele der Gesamtschule. In: Lernziele der Gesamtschule, Gutachten und Studien der Bildungskommission des Deutschen Bildungsrates Bd. 12. Stuttgart 1969
Himmerich, W.: Didaktik als Erziehungswissenschaft. Frankfurt a. M. 1970
Huisken, F.: Zur Kritik bürgerlicher Didaktik und Bildungsökonomie. München 1972
Klafki, W.: Das Problem der Didaktik, 3. Beiheft der Z. f. Päd. Weinheim 1963
Die Arbeits- und Wirtschaftswelt im Unterricht der Volksschule und des Gymnasiums (zus. mit G. Kiel, J. Schwerdtfeger). Heidelberg ²1967
Klein, H.: Schulpädagogik Teil I: Didaktik (zus. mit K. Tomaschewski). Berlin (Ost) 1963
Klingberg, L.: Abriß der Allgemeinen Didaktik (zus. mit H. G. Paul, H. Wehge, G. Winke). Berlin (Ost) 1965
Knab, D.: Curriculumforschung und Lehrplanreform. In: Neue Sammlung 1969
Möglichkeiten und Grenzen eines Beitrags der Curriculumforschung zur Entwicklung von Bildungsplänen. In: Reform von Bildungsplänen, Sonderheft 5 zu: Rundgespräch. Frankfurt a. M. 1969
Konsequenzen der Curriculum-Problematik im Hinblick auf Curriculumforschung und Lehrplanentscheidungen in der Bundesrepublik. In: Probleme der Curriculumforschung. Bericht über den 5. Kongreß des Deutschen Instituts für wissenschaftliche Pädagogik, Hrsg. v. J. Speck. Münster 1969
Kramp, W.: Fachwissenschaft und Menschenbildung. In: Z. f. Päd. 1963
Loser, F.: Die Notwendigkeit einer pädagogischen Theorie des Lehrens und Lernens. In: Neue Sammlung 1967
Mager, R. F.: Lernziele und programmierter Unterricht. Weinheim 1965
Menck, P.: Allgemeine Didaktik und Fachdidaktik. In: Vierteljahresschr. f. wiss. Päd. 1970
Meyer, H. L.: Einführung in die Curriculum-Methodologie. München 1972
Möller, B. u. Chr.: Perspektiven der didaktischen Forschung. München 1966
Möller, Chr.: Technik der Lernplanung. Methoden und Probleme der Lernzielerstellung. Weinheim 1969

Möller, H.: Was ist Didaktik? Bochum o. J.
Nicklis, W. S.: Kybernetik und Erziehungswissenschaft. Bad Heilbrunn 1967
Nipkow, K. E.: Allgemeine Didaktik und evangelischer Religionsunterricht. In: Päd. Rundschau 1965
Northemann, W.: Geplante Information: Paul Heimanns didaktisches Konzept (zus. mit G. Otto, Hrsg.). Weinheim 1969
Odenbach, K.: Studien zur Didaktik der Gegenwart. Braunschweig 1961
Reitinger, J.: Der neue Weg zur Menschenbildung. Grundlagen eines einheitlichen Begriffssystems für die Allgemeine Didaktik. München 1964
Robinsohn, S. B.: Bildungsreform als Revision des Curriculum. Neuwied [2]1969
Ein Strukturkonzept für Curriculum-Entwicklung. In: Z. f. Päd. 1969
Curriculum-Entwicklung in der Diskussion. Eine Aufsatzsammlung aus »Bildung und Erziehung« (Hrsg.). Stuttgart–Düsseldorf 1972
Rössner, L.: »Emanzipatorische Didaktik« und Entscheidungslogik. In: Z. f. Päd. 1972
Roth, H.: Pädagogische Psychologie des Lehrens und Lernens. Hannover [8]1965
Begabung und Lernen (Hrsg.). Stuttgart 1968
Ruhloff, J.: Didaktik und Wissenschaftsmethodologie. In: Welt der Schule 1967
Schäfer, K. H.: Kritische Erziehungswissenschaft und kommunikative Didaktik (zus. mit K. Schaller). Heidelberg 1971
Scheuerl, H.: Die exemplarische Lehre. Sinn und Grenzen eines didaktischen Prinzips. Stuttgart 1961
Schiefele, H.: Lehrprogramme in der Schule. München 1966
Schmidt, G. R.: Die Wert- und Zielproblematik in der amerikanischen Curriculum-Theorie seit 1950. In: Z. f. Päd. 1971
Schorb, A. O.: Der programmierte Unterricht. Automatisierung der Bildung? Essen 1966
Schulz, W.: ALZUDI ist keine Didaktik. In: Programmiertes Lernen 1967
Schwerdt, Th.: Kritische Didaktik. Paderborn [15]1963
Siewerth, G.: Didaktik als Wissenschaft. In: Vierteljahrsschr. f. wiss. Päd. 1962
Stenzel, A.: Gedanken zur anthropologischen Grundlegung der Didaktik. In: Deutsche Schule 1965
Tymister, J.: (Hrsg.): Beiträge zur Didaktik und Erziehungswissenschaft. Paderborn 1971
Wegenast, K.: Der biblische Unterricht zwischen Theologie und Didaktik. Gütersloh 1965 (bes. S. 36–54)
Wehle, G.: Aspekte der didaktischen Fragestellung. In: didactica 1967
Weniger, E.: Didaktik als Bildungslehre, Teil 1: Die Theorie der Bildungsinhalte und des Lehrplans. Weinheim [4]1962
Didaktik als Bildungslehre, Teil 2: Die didaktischen Voraussetzungen der Methode in der Schule, Weinheim 1960
Die Eigenständigkeit der Erziehung in Theorie und Praxis, Weinheim [2]1961
Wilhelm, Th.: Die erziehungswissenschaftliche Diskussion über die Aufgaben der Didaktik. In: Der Gymnasialunterricht 1966
Theorie der Schule. Stuttgart 1967
Wulf, Chr.: Curriculum-Evaluation. In: Z. f. Päd. 1971
Zabeck, J.: Die didaktische Fragestellung in der Berufs- und Wirtschaftspädagogik. In: didactica 1968

Namenregister

Hinweis des Herausgebers: Um die Lektüre der »pädagogischen Kontoversen 2« zu erleichtern, sind die Seitenhinweise im laufenden Text, die sich auf *hier* zusammengestellte Beiträge beziehen, auf die Zählung dieses Sammelbandes umgestellt worden.
Ergänzungen des Herausgebers im Anmerkungsteil sind durch *eckige* Klammern zu erkennen.